がんとがん保険

［新版］

がん保険基本マニュアル

佐々木 光信

保険毎日新聞社

序　文

　2015 年に本書を上梓して、4 年近く経過した。がん保険は、がんという疾病とその療養を対象とする以上、4 年間といえども周辺環境の変化は速い。がんを取り巻く医療環境の変化、中でも医療制度と医療技術の進展は目を見張るものがあり、今回本書を改訂することにした。初版で提示したデータも、できる限り新しいものに交換しているが、基本的にがん保険の仕組みが大きく変わることはなく、がん保険の商品的意義についても本質的に変化はしていない。

　一方、保険業法における意向把握義務および情報提供義務が明確化され、募集人の説明義務は重要になっている。商品の一般的な説明のみならず、がんを対象とする保険の意義を商品の背景から根本的に説明しないと、消費者の納得のある同意は得られない。がん保険や医療保険など第三分野商品の背景に、医学、医療、および療養する患者と家族が存在する。適切な保障の提供は、これまで以上に社会的な要請となり、適切な商品説明のために、多少なりともがんの知識の必要性も高まっている。この観点から、今ほど保険会社の営業教育への期待が高まっている時期はないのであろう。教育の一環で、複数社の商品を扱う代理店と話をする機会が多いが、保険料や手数料への対応とは異なり、営業教育への期待を寄せる声が強くなっていると感じている。

　初版に引き続き保険に関係する方の基礎資料になることを前提にしているが、最終的に消費者が多様な商品の中から、募集における適切な説明を参考に、自分に適した保険を選択できるようになることを意図して本書の改訂に臨んだ次第である。

2019 年 4 月吉日

佐々木　光信

注：「がん」と「癌」の表記について、限定された疾病名については「癌」を
使用し、それ以外は「がん」を使用している。また限定された疾病名であっ
ても慣用的に「癌」より「がん」が使用されている場合は、慣用例に従って
いる。なお、特別に付記しない限り「がん」は悪性新生物を意味する用語と
して使用する。

目　　次

はじめに ……………………………………………………………………… *1*

第Ⅰ章　がんとがん保険 ……………………………………………… *5*

Ⅰ-1　がん保険提供の意義 …………………………………………… *5*

Ⅰ-2　がんの理解 ………………………………………………………… *13*

1) がんの疫学と基本統計 ……………………………………………… *13*
2) がんの生物学 ………………………………………………………… *18*
3) がんの予後 …………………………………………………………… *22*

Ⅰ-3　がんの医療環境 …………………………………………………… *26*

1) 日本のがん対策の歴史について …………………………………… *26*
2) がん予防と早期発見 ………………………………………………… *32*
3) がん診療連携拠点病院と均てん化 ………………………………… *40*
4) 地域におけるがん医療と緩和ケア ………………………………… *45*
5) がん専門医 …………………………………………………………… *50*
6) がん医療の高額化と患者負担 ……………………………………… *53*
7) がんゲノム医療推進とがん医療革命 ……………………………… *64*
8) 標準治療とセカンドオピニオン …………………………………… *80*
9) がんサバイバーの諸問題（就労、妊孕対策） …………………… *86*
10) がん医療の今後 ……………………………………………………… *93*

第Ⅱ章　がん保障の歴史と特定疾病保険 ………………………… *97*

Ⅱ-1　がん保険販売の経緯 …………………………………………… *97*

1) がん保険の販売開始から規制の時代 ……………………………… *97*
2) 新保険業法導入と日米保険協議、チャネルの自由化の時代へ … *98*
3) TPP 交渉とがん保険 ………………………………………………… *99*

Ⅱ-2　がんを保障する商品 …………………………………………… *100*

1) がん保険におけるがん保障 ………………………………………… *100*
2) 入院特約の手術給付とがん保障 …………………………………… *102*
3) 成人病入院特約と特定疾病の入院保障 …………………………… *102*

Ⅱ-3　その他の特定疾病保険 ………………………………………… *103*

1) 疾病障害保険の流行 ………………………………………………… *103*

iii

目　次

2) 三大疾病保障保険の登場とがん保険、基本コンセプトの違い……… *104*

第Ⅲ章　がん保険の各種商品考察……………………………… *107*

Ⅲ-1　がん保障商品の基本 …………………………………… *107*

Ⅲ-2　がん入院給付金 ………………………………………… *108*

Ⅲ-3　がん手術給付金 ………………………………………… *112*
1) 給付のタイプ ……………………………………………… *112*
2) 治療を直接の目的とした手術 …………………………… *115*

Ⅲ-4　先進医療保障と公的混合診療 ………………………… *116*
1) 保険外併用療養費制度の意義 …………………………… *117*
2) 先進医療の歴史 …………………………………………… *120*
3) 先進医療の実績 …………………………………………… *126*
4) 商品としてのがん先進医療 ……………………………… *128*
5) 先進医療制度と混合診療拡大の今後（制度改正と制度の意義）… *129*
6) 患者申出療養 ……………………………………………… *131*
7) 商品上の課題 ……………………………………………… *133*

Ⅲ-5　がん放射線治療給付金 ………………………………… *136*
1) 放射線治療の概略 ………………………………………… *138*
2) 治療施設と専門医および治療実績 ……………………… *141*
3) 粒子線治療と公的保険適用 ……………………………… *143*
4) 粒子線治療稼働施設と装置の進歩 ……………………… *147*

Ⅲ-6　抗がん剤治療給付金 …………………………………… *149*
1) 抗がん剤治療の実績 ……………………………………… *150*
2) 高額化する抗がん剤とその影響 ………………………… *153*
3) 未承認薬と薬事承認および保険承認 …………………… *162*
4) 抗がん剤を保障する商品 ………………………………… *167*

Ⅲ-7　診断給付金複数回支払 ………………………………… *172*
1) 商品の仕組みと課題 ……………………………………… *172*
2) 診断複数回支払の主要約款 ……………………………… *174*
3) 今後診断複数回支払に求められるもの ………………… *176*

Ⅲ-8　がん保険の健康体割引 ………………………………… *177*

Ⅲ-9　がんの部位・種類別保障や進行度別保障 …………… *179*

Ⅲ-10　罹患者用保険 ………………………………………… *182*
1) がんサバイバー …………………………………………… *182*

iv

2) 罹患者用がん保障と課題 ································ *185*

3) 再発リスクと重複癌リスク ························· *188*

Ⅲ-11　条件体と特別条件 ···························· *192*

1) がん保険のリスクの分布 ························· *192*

2) がん保険における条件体 ························· *193*

3) 約款に見る特別条件 ···························· *195*

4) 特別条件の種類 ······························· *196*

Ⅲ-12　がん保険の付帯サービス ···················· *199*

1) 付帯サービスとは ····························· *199*

2) 各社の付帯サービスの現状 ······················· *200*

3) がん保険と付帯サービス：健康相談事業、セカンドオピニオンサービス ·· *202*

第Ⅳ章　がんの定義（上皮内新生物を含む）と保障 ·········· *207*

Ⅳ-1　ICD11 改正について ························· *207*

Ⅳ-2　がんの定義について ························· *212*

1) 定義の具体的記述 ····························· *212*

2) がんの定義と公的基準 ··························· *217*

3) がんの確定診断の要件（がん診断確定の定義） ·············· *222*

4) その他の基準（取扱い規約と TNM 分類） ················ *225*

5) 契約時主義と発生時主義および約款の世代管理 ·············· *227*

Ⅳ-3　上皮内新生物保障 ·························· *229*

1) 上皮内新生物保障の歴史と課題 ····················· *229*

2) 上皮内新生物の代替呼称「初期がん」、「早期がん」の問題 ········ *231*

3) 各種保険商品と上皮内新生物 ······················ *233*

4) 上皮内新生物に関連する医学知識 ···················· *235*

5) 患者数と定義の変更 ···························· *239*

第Ⅴ章　がん保険の約款 ···························· *243*

Ⅴ-1　無効規定 ······························ *243*

1) がん無効規定と規定の根拠 ······················· *244*

2) 契約前不担保規定と無効規定の関係 ··················· *248*

3) 告知義務違反の解除権と無効規定の重複する場合 ············· *249*

4) 無効規定が争われた事案 ························· *250*

5) 上皮内新生物と無効規定 ························· *251*

v

目　次

Ⅴ-2　待ち期間規定 ･･ 253
　1）待ち期間規定の根拠 ･･･････････････････････････････････････ 253
　2）待ち期間の日数 ･･･ 256

Ⅴ-3　がん保険の失効、復活および復活契約における無効規定 ･･ 258
　1）失効と復活をめぐる最近の事情（無催告失効の約款規定の係争）･･ 260
　2）復活制度と、危険選択の必要性 ･･･････････････････････････ 261
　3）復活における危険選択のあり方 ･･･････････････････････････ 263
　4）復活制度とがん無効規定 ･･･････････････････････････････････ 266

Ⅴ-4　がん保険約款のその他の諸問題 ･････････････････････････ 267
　1）裁定審査会の申立てとがん保険 ･･･････････････････････････ 267
　2）「がんの治療を直接の目的とする療養」の約款解釈 ･･･････ 269
　3）合併症入院の事例 ･･･････････････････････････････････････ 271
　4）裁定審査会の標準解釈 ･･･････････････････････････････････ 272
　5）国民生活センターの事例（治療準備の入院）･･･････････････ 274

第Ⅵ章　危険選択、その他 ･･････････････････････････････････････ 279

Ⅵ-1　がん保険加入時の危険選択 ･････････････････････････････ 279
　1）医学的リスクの違い ･･･････････････････････････････････････ 279
　2）がん保険と環境選択（入れ墨、反社）･･･････････････････ 281
　3）がん保険の選択手段 ･･･････････････････････････････････････ 283
　4）がん保険・がん保障商品の告知書 ･･･････････････････････ 285
　5）がんのリスク以外の危険選択について ･･･････････････････ 288
　6）ゲノム医療と保険引受け（遺伝子情報と法規制）･･･････････ 288

Ⅵ-2　支払い査定の課題 ･･････････････････････････････････････ 295
　1）がんの認識 ･･･ 295
　2）請求用帳票の問題 ･･･････････････････････････････････････ 297
　3）医療機関対応照会対応 ･････････････････････････････････････ 300
　4）不知対応 ･･･ 301
　5）補完代替医療、標準外治療への対応 ･･･････････････････････ 302
　6）支払い査定者教育 ･･･････････････････････････････････････ 304

おわりに ･･･ 307

●追補（全国がん登録 2016 年罹患データ）･･･････････････････ 310

●主要資料・データ ･･･ 313

●事項索引 ･･･ 317

はじめに

　福沢諭吉は、今から150年以上前の1867年に「西洋旅案内」の中で初めて「災難請合の事イシュアランス」というタイトルで商人の間で行われていた保険制度（万一の場合に備えて平時に金を拠出し合う仕組み）について紹介している。具体的には生涯請合、火災請合、海上請合の3種の保険を紹介し、生涯保険が人保険に相当し、死亡による遺族補償以外に傷病による保険や老後年金が紹介されている。当時から、傷病の保障の存在が認識されていたことが分かる記述である。しかし、実際に日本国内で保険の引受けリスクとして、「がん」が登場するのは、昭和49（1974）年である。保険制度が紹介されて100年以上経過し、がんが死因の1位になる昭和56（1981）年までには、まだ時間があった時期である。当時すでに国民皆保険が整備された日本で、何故「がん保険」が販売される必要性があったのだろうか。

　多くの会社が、医療費に「＊＊万円の費用が掛かります」、「がんの手術で入院すると＊＊万円掛かります」という内容の募集資材を用意することがある。厚生労働省は、「データが正確ではない」「日本の医療保険制度では、高額な患者負担は生じない、セーフティネットが存在している」と保険業界に厳しい目を向けた。確かに、医療費の実額を正確に算出するのは難しい。

　本当に、患者の負担が重くなっているのか、医学会に出席していると特にがんを専門にする臨床家から患者の負担が高額で困っているという声を聞くことが多くなっている。臨床家のいう患者負担とは、何を意味しているのだろうか。一方、抗がん剤治療を受けた患者から治療費が高くて困ったという声も聞く。これは、治療に関する直接費用の話らしい。疾病の治療にかかる費用は、治療に限定した直接費用と通院やサプリメント購入にかかる間接費用も含まれるが、どうも臨床家の話は、患者の声と一致して直接費用の話であるらしい。それでは、厚生労働省が負担は少ないと主張していたことは、一体何をいっていたのだろうか。状況は変化したのだろうか。

　調べてみると、平均入院日数は短縮しているが、入院単価は上昇していることを厚生労働省が認めていることが分かった。[1]これは、治療の直接費用に関

1）後述するが、高額療養費の給付額が急増している背景の説明に伴っての発言である。

する評価である。やはり、以前の厚生労働省の見解と現在の状況は変化したらしい。さらに、このような状況は、がん医療の変化が大きく影響しているという。

　読者も知っているように、がん治療には副作用がある。抗がん剤を投与して吐き気があれば制吐剤を投与する。これは支持療法と呼ばれ、治療の副作用を軽減する治療である。しかし、最近問題になっているのは、がん治療の**経済的毒性という副作用**である。さらに、その毒性は重症化している。残念ながら主治医は、経済的毒性に対する支持療法を持ち合わせていない。公的医療保険制度も助けにはならない。もちろん、政策的に医療費の適正化という処方箋もあるが、即効性はない。すなわち、**経済的毒性という副作用に対しては、いまのところ民間保険しか支持療法としての治療法はないようである。その結果、臨床医から民間保険に対する期待の声も上がっている。**

　がんの医療の問題は、日本の医療問題の縮図である。諸問題を抱えながら療養をするがん患者と家族がいる。しかし、がんを取り巻く環境は経済的毒性を含め大きく変化している。改めて、がんという疾病を見つめ直し、正確なデータを基にこれらの環境変化を確認し、がんを保障する意義を再確認しなければならない。その先には、経済的毒性に対する適正な処方箋がみつかるはずである。

　さて、初版でも述べたようにがん保険が日本で販売されてすでに45年近くの年月が経過し、いまや第三分野商品を代表する商品として医療保険と共に存在価値はゆるぎない。一方、がんという疾病だけを保障する特定疾病保障保険としての特徴を有する保険であり、死亡保険や医療保険とは様相を異にしている。すなわち、商品性、商品設計、約款、危険選択のいずれも特異性がある。しかし、給付対象であるがんやがんの療養は、医療環境の変化に日常的に影響を受け変化し続けている。がん保険を販売する宿命として医療技術の進歩、医療サービス提供主体（病院や診療所等および医療関係者）の環境変化や公的医療保険制度の変化を常にウォッチしてキャッチアップしておく必要に迫られているわけである。

　今や大きく日本社会に浸透したがん保険だからこそ、商品意義の特殊性を改めて見つめなおし、健全な商品サービスの提供と次世代に向けて商品の進化を考える責務を我々は負っているのである。

初版からすでに4年経過し、がんを取り巻く医療の環境は、本当に大きく変化している。したがって、がん保険のマニュアルあるいは教科書としてもらうために、必要なデータを加え可能な限り新しいデータを網羅して、本書をまとめた。新しく章立てとして解説を加えたのは、第Ⅰ章では、がん治療の経済的毒性の背景やがんのゲノム医療のパラダイムシフトが進捗している状況、がんのサバイバーの問題、急性期の治療や在宅医療を受ける具体的療養環境について解説を新たに加えた。Ⅱ章は、初版以後確認すべき日米交渉に触れ、新しく章立てはしていないが、第Ⅲ章の商品の解説部分には多くの内容を新しく加えた。第Ⅳ章では、がん保険に限らず特定の疾病を保障する上でこれから導入されるICD-11の影響の部分を、第Ⅴ章ではがん保険約款をめぐる生命保険協会裁定審査会の申立て状況として、がんの入院給付金の支払いに関係する部分を追加した。そして第Ⅵ章の危険選択の部分では、引受け査定に関連する環境選択と遺伝子情報取扱いについて解説を加えた。また、がん保険には他の商品と異なる請求用証明書の問題に関して説明した。もちろん、がん医療もがん保険も変化していない部分もあるので、その部分は初版と大きくは変えていない。

　最後に、人類が長らく求めてきた長寿が、その理想と異なり新たな人生のリスクになりつつある。生前どのように生活できるのかが人々の関心事になり、これまでと異なる資産形成やその方法を考えなくてはならなくなった。同時に第三分野商品という生前給付型商品のニーズは確実に高まり、これまで以上に保険業界の成長商品となるはずである。一方、第三分野商品に関係する医療・医学の知識を理解する必要性に迫られていても習熟することが難題である。筆者の信念として「**がん保険販売に習熟することが、第三分野商品販売の入り口である。自信を持ってがん保険販売ができれば他の第三分野商品販売は、その応用である**」と多くの募集人の方々へ説明してきた。本書をその一助にしてもらうために、初版の内容を継続しつつ、必要なポイントを改訂した。

　なお、初版同様に内容的には周知のことも多く、必要なければ読み飛ばしていただいても構わない。また、冗長な部分や難解な部分もあると思われるので、その点はご容赦願いたい。

第Ⅰ章　がんとがん保険

Ⅰ-1　がん保険提供の意義

✚ がんは日本人の死因第一位で、毎年 37 万人が死亡し、約 99 万人が罹患している。

✚ 家族を含めてがん患者には、特別な負担がある。

✚ がん保険は、がん医療の重要なインフラになっているが、医療における経済格差の問題が波及しつつある。

✚ がん保険も時代の変化、がんの医療の環境変化に合わせて商品の鮮度維持が重要。

　がん保険を語る前に、「がんとは何か」を知る必要がある。日本人の死因 1 位が、がんであることは昭和 56（1981）年から変わっていない。多くの者が闘病生活を送り、がんの死亡や闘病で生活が困窮することや、家族の生活設計に支障を来すことの原因になっている。がんに限らず一部の難病も同様である。しかし、患者の規模は比較にならないほどがん患者は多い。具体的には、年間99 万人が新たにがんに罹患する時代になっている。[1] 2018 年の世界のがんの新患者数は 1810 万人とされているので、[2] 世界のがん罹患者の約 20 分の 1 は日本の患者である。世界と日本の人口比で考えると日本にがん患者が多いことが分かるはずである。「日本はがん大国」と評する者もいるが、このようなデータを根拠にしているはずである。

　「早期発見、早期治療すればがんは治る」のキャッチフレーズが叫ばれ、確かに早期がんの発見が増えたとはいえ、年間 37 万人が命を落としている。これは、進行がんで診断されると現在でも生命に大きなリスクがあることを意味

1）国立がん研究センター公表の地域がん登録全国推計によるがん罹患データによると 2014 年の罹患数推計値は、男女合計で 87.7 万人である。一方、同センター公表の全国がん罹患モニタリング集計 51 頁（2018 年 3 月）によると男女合計の罹患数推計は、86.7 万人であったが、2016 年の全国がん登録の結果が 2019 年 1 月に公表され 99 万人になっている。

2）国際がん研究機関の統計 GLOBOCAN2018 による数値

第1章　がんとがん保険

している。表Ⅰ-1-1 は、療養の負担が大きな進行度Ⅲ期以上の進行した状態で発見される患者の割合である。肺癌を例にすると、診断時に進行度Ⅲ期以上で見つかるのは患者の約5割で[3]、闘病の肉体的負担のみならず、精神的負担は大きく療養期間も長期間に及ぶ。治療を受けても多くの者が、不幸な転帰を迎えているのである。がんは国民病といわれ日本人の死因1位になって以来、他の死因と比べ死亡数も大きく伸展し、今後も 2034 年まで増加すると予想されている[4]。高齢者が増えているのでがん死亡数が増えることは当然であるが、年間 37 万人という死亡数は大変な規模であり、地方中核都市の人口に匹敵している。表Ⅰ-1-2 からは、その他主要死因の動向も知ることができるが、三大死因と呼ばれてきた悪性新生物、心疾患、脳血管疾患の順位も、2015 年のデータでは、肺炎が三大死因に入り脳血管疾患が外れ、2017 年では、老衰が4位にまで急増している。がんの動向のみならず、このような死因の増減についても背景に何が影響しているのか保険業に携わるものは、考えなくてはならな

表Ⅰ-1-1　初診診断で進行度（ステージ）Ⅲ期、Ⅳ期の率

部位	胃	大腸	肺	乳腺	膵臓	前立腺	子宮頸部
率（％）	21.8	31.4	47.7	11.6	64.3	37.7	11.0

出典：がん診療連携病院等院内がん登録全国集計 2016 年より治療前の臨床進行度（UICC の TNM
　　　分類）

表Ⅰ-1-2　人口動態統計死因別死亡者数の推移

	1975	1985	1995	2005	2015	2017
全死因	702,275	752,283	922,139	1,083,796	1,290,444	1,340,397
悪性新生物	136,383	187,714	263,022	325,941	370,346	373,334
心疾患	99,226	141,097	139,206	173,125	196,113	204,837
脳血管疾患	174,367	134,994	146,552	132,847	111,973	109,880
肺炎	37,462	51,363	79,629	107,241	120,953	96,841
老衰	29,916	27,804	21,493	26,360	84,810	101,396

出典：厚生労働省、平成 29（2017）年人口動態統計（確定数）の概況、統計表第 7 表：死因簡単分
　　　類別に見た性別死亡数・死亡率

3）がん診療連携拠点病院等院内がん登録 2016 年全国集計による、進行度Ⅲ期は治療前の診断である。手術で転移等が確認されるので、手術後では進行度Ⅲ期以上の患者の率は治療前と異なる。進行度Ⅲ期は、肺では腫瘍が大きいか周囲へ広がっている状態
4）平成 28(2016)年度科研費研究（B）、一般日本人におけるがんの原因・寄与度:最新推計と将来予測、国立がん研究センターがん情報サービス「がん登録・統計」

い。

　がんの実死亡数が増加しているという数字は確認したが、高齢者の人口が増加している要因が影響しているので公衆衛生的な視点でがん死亡率の推移を見るには、その影響を除いた年齢調整死亡率の推移で分析する必要がある。表Ⅰ-1-3を見ると戦後一過性に増加してきた年齢調整がん死亡率も、現在は減少に転じていることが分かる。実死亡数だけでは見えなかった様々ながん対策の効果が反映されているはずである。中でも社会的な禁煙キャンペーンによる喫煙率の低下により、さらに年齢調整死亡率が改善すると専門家は予測している。ただし、改善しても他の死因と比較すると、引き続きがんは高い死亡率で推移することが予想される。

表Ⅰ-1-3　年齢調整死因別死亡率の推移（人口10万対）

		1975	1985	1995	2005	2015	2017
全死因	男	1036.5	812.9	719.6	593.2	486.0	471.4
	女	685.1	482.9	384.7	298.6	255.0	247.3
悪性新生物	男	198.9	214.8	226.1	197.7	165.3	157.5
	女	121.1	113.1	108.3	97.3	87.7	85.0
心　疾　患	男	150.0	146.9	99.7	83.7	65.4	63.7
	女	106.3	94.6	58.4	45.3	34.2	32.7
脳血管疾患	男	265.0	134.0	99.3	61.9	37.8	35.5
	女	183.0	95.3	64.0	36.1	21.0	19.4

出典：平成29（2017）年人口動態調査上巻　死亡　第5.14表　死因年次推移分類別にみた性別年齢
　　　調整死亡率、基準人口は、昭和60年モデル人口

　多くの人命を奪うがんという病気は、がんの病名告知＝余命の告知（死の宣告）と捉えられ、がんの告知を忌避する時代が日本社会では長く続いていた。しかし、1990年前後の調査で10％台であった病名の告知率が、2012年には70％台を超え、専門の医療機関では100％に迫るという結果が報告されているように、がんの告知は社会に受け入れられつつある。病名告知率の改善

────────────

5）2014年2月14日がん対策協議会第42回岡山大学大学院消化器外科藤原俊義氏提出資料34頁および議事録、2016年がん診療連携拠点病院等院内がん登録全国集計では、初回の治療決定時の告知率が調査されており、成人について自施設で治療する患者に限った場合、告知率の中央値は94.7％になっている。
6）第42回「がん対策推進協議会」で告知率100％時代について議論されている。また、抗がん剤

は、以下の要因が関係している。

- 早期発見や医療の進歩に伴う予後の改善
- 医療情報の自己管理や治療への主体的参加の伸展
- 患者の権利意識の変化

このような背景が影響していると考えられている。一方、がんの余命告知は、病名告知と意義も異なり、早期がんを除いて両者の告知率には乖離があると考えられるが、残念ながら国民全体の統計は確認されていない（告知率の推移は、第Ⅴ章で提示する）。行政も余命告知のあり方に関心を示しており、医師の告知技量向上に注目している[7]。以前は、がん告知の有無でトラブルになることがあったが、現在では余命告知の不備でトラブルになる事例も生じている[8]。

人が、がんに持つイメージは、悪性新生物の病名に含まれている「悪性」が基本なのである。医学辞書を紐解いても、悪性が病名に付されている疾病は限られている。がんで死亡しなくて済む時代になるまで、病名から「悪性」が消えることはないはずである。すなわち、がんを保険リスクの対象として考えなくてもよい時代（がん保険の終焉あるいは不要な時代）が到来するまである。後述する最新科学が進歩しても、まだ、しばらくはがんとは共存できる対象ではなさそうである[9]。がん＝悪性がもたらす具体的な疾病のイメージや、精神的混乱は、

- 致死率の高さによる死のイメージ醸成
- 闘病の過酷さへの恐怖の到来
- 不確定な死期から明確な死期の認識

などによる。がんが早期で見つかれば、このようなイメージを持つ必要はなくなる時代になっているが、これまで示したデータのとおり、進行した状態で診

等の治療に関するアドヒアランス（患者が治療に積極参加すること）向上のために、がん告知率は高くなる医学的背景が存在する。

7）がん対策推進総合研究、抗がん剤治療中止時の医療従事者によるがん患者の意思決定支援プログラムの開発、2017年、研究代表内富康介では、余命に関する伝え方について報告されているが、余命告知では配慮すべき様々なポイントの検討が必要である。

8）余命告知により患者の精神不安発症で治療ができない状況について医師の配慮義務違反が争われる事案がある（2013年徳島地裁）。逆に余命告知をしなかったことにより残りの人生の充実不足を理由とする訴訟もある（2018年大分地裁）。

9）ノーベル賞受賞に際し、本庶佑氏は「がんと共存は2050年に可能」（2018年12月6日記者会見）と発言している。

断される患者がいることや、年間 37 万人が死亡することも現実である。また、患者のみならず患者の家族も闘病生活の当事者の一員であり、精神的、経済的負担を共有することになる。精神腫瘍学（サイコオンコロジー）の研究では、告知を受けた多くの患者とその家族が一時的にうつ的な様相を呈することが調査されており、精神的負担の実態が確認されている。保険会社が給付請求を通して向き合うのは、このような特殊な環境にある患者と家族である。保険金支払い実務では少数ながら不知の患者の請求を経験するが、患者に知られることなく保険金を支払うにもノウハウが必要である。不知対応をはじめ配慮が必要な場面は、

- 療養経過で変化する患者の不知への適切な対応
- 会社が契約者である場合の対応
    がんの罹患という個人情報を勤め先に知られたくないと思っている患者が存在する
- がんの罹患による保険料払い込み免除特約条項が付加された従業員への対応
    患者が不知の場合、給与引き去り停止で患者にがん罹患が知られてしまう場合
    給与引き去り停止の処理を通じて、罹患情報が給与支払いの担当者に知られたくない患者が存在する

など実際に給付の際に対応を迫られる。契約上書面であらかじめ了解をもらっていても個別の事情に配慮しなければならず、できるかぎり患者と家族に対する精神的サポートに配慮した給付取扱いも考えなくてはならない。年間死亡する 37 万人には、末期がん患者（高度進行がんともいう）としての療養実態があり、新たに罹患する約 99 万人には、がん告知でスタートする患者としての生活が繰り広げられるのである。それぞれの療養は異なるかもしれないが、患者とその家族が精神的負担を抱えることは共通しているのである。

　次に、療養の経済的負担について考えると、がんの医療では急速に進歩する医療技術の進展による高額な医療の影響を受けている。臨床現場にも暗い影を落とし、患者が治療薬の投与を断念せざるをえないケースがあるというデータも確認されている（第Ⅲ章-6「抗がん剤治療給付金」参照）。生活保護を申請

第1章　がんとがん保険

し、扶助により薬剤投与を行っているもの、高額療養費制度を意識しながら負担が一定範囲で収まるように治療を受けている患者もいる。まさに経済格差が医療格差を生む現実である。多くの医師が、依然として新しい医療技術の効果について関心があるのは当然であるが、治療の副作用として**経済的副作用（あるいは経済的毒性、経済的有害事象）**にも関心を払わなければならなくなっている。しかし、治療医にできることは、最適薬を変更し安価な治療薬を選択するか、患者と話し合って治療を中断する方法しかなく、最後に「よく効く、安い薬を開発してくれ」と呟くのである[10]。

　経済的負担の問題は、学術団体でも大きく取り上げられるようになっている。2009 年の日本癌治療学会の総会で、半世紀にわたる同学会の歴史始まって初めてともいうべき、がん患者の自己負担に焦点が当たったシンポジウムが開催された。その席で、東北大学の濃沼信夫教授から 1 年間のがん患者の自己負担総額は 1 兆円にものぼるとの発表があった[11]。引き続き、2012 年の総会では、「高額医療にどのように立ち向かうのか」という直接的なタイトルで、高額化する医療に関するシンポジウムが開催され、世界中から医療経済学者が参加して討議が行われた。新規の医療技術と創薬される抗がん剤の高額化が、全世界の医療と公的医療保険制度維持に影を落としているという認識が示された[13]。以後、主要な医学会では、医療費や患者治療費をめぐる研究発表やシンポジウムは珍しいことではなくなっている。また抗がん剤治療を専門にする医師の学会である日本臨床腫瘍学会の 2016 年次学術集会では、抗がん剤治療や保険外併用療養費制度に関連した民間保険の保障がシンポジウムで取り上げられている。これまで、臨床医にとって民間保険業界への関心は低かったが、高額化し

10）現在、分子標的薬の主役である抗体医薬品が高額で、核酸製剤などの中分子薬品が量産可能になれば治療医の要望に応えられると期待されている。

11）東北大学の濃沼教授は、がん患者自己負担に関する班研究の主任である。数年間かけて患者からのアンケートをもとに多様な分析を行っている。口述では 1 兆円であったが、報告書では約 8 千億円であった。

12）行政的に医療技術とは、医薬品、医療材料およびこれらを使用する医療関係者の技術（手術等）を意味すると定義されている（中医協、2013 年 9 月 4 日資料等）。

13）世界的に医療技術評価 HTA（health technology assessment）が、重要な政策課題になっており、特に費用対効果の検証が中心テーマになっている。日本おいても、厚生労働省に 2012 年 5 月「費用対効果評価専門部会」が創設され、2018 年度中に費用対効果評価による薬剤の価格の本格的調整がについて結論が出される予定である。

I-1　がん保険提供の意義

表I-1-4　世帯加入率（％）

	がん保険	3大疾病保障
2015	60.7	44
2012	62.3	43.4
2009	59.5	41
2006	56.4	44.4
2003	55.5	47

出典：生命保険文化センター平成27（2015）年調査

表I-1-5　平成26（2014）年の医療保険・がん保険の契約状況

給付金額（百万円）	
入院給付金	680,429
手術給付金	386,193
その他の給付金	538,681
合計	1,605,303
年度末保有件数	
医療保険	31,947,937
がん保険	21,978,288

出典：保険研究所インシュアランス統計号平成27年版

た抗がん剤の治療費用への保障を民間保険業界に期待する声が高まっている現れであろう。表I-1-4、表I-1-5のデータは、筆者がその際シンポジストとして民間保険のがん保障について講演した時の資料であり、民間保険は現在がん医療に大きく貢献していることを説明した[14]。

　がん保障の商品は様々であるが、民間保険業界は多様な商品の品揃えでがん医療の経済的負担を下支えしているのである。表I-1-5のデータでは、給付金額の合計が1兆6千億円になっているが、この全てががん保障への給付ではない。濃沼教授のデータでは診断後1年目の患者自己負担の総額は1兆円であり、筆者が具体的に民間保険業界のがん給付を積み上げて推計しても、数千億円にとどまり1兆円をカバーできる規模になっていないと推測された。

　「がん」の不安もさることながら、がん療養を取り巻く環境は大きく変化し、医療における経済格差の現実、さらには社会保障の縮小の流れが、民間保険を利用した自助努力の必要性をますます増加させている。保険会社は、保険販売を通して日本の医療のインフラの整備に貢献するという自覚を持ち、これまで以上に社会インフラ構築に資する産業としての自負と自覚が求められているのである。これを実現する手段としての商品開発への期待も高まることであろう。常に要求されるのは時代に合ったがん保険のニーズへの対応であり、治療費用

14）抗がん剤の治療医が集まる第14回日本臨床腫瘍学会（2016年）へ筆者が招聘され、民間保険業とがん保障の紹介および解説をしたのも、医学会から民間保険への期待の表れであり、実際主催者からそのような意向を聞いている。

第1章　がんとがん保険

保障から就業不能やがん予防あるいはがん罹患時の相談など、がんという疾病と患者の生活全体を見つめた包括的なサービスにまで及ぶはずである。幸いなことに各社の提供する最近の商品には、在宅療養、メンタルサポート、収入保障などその傾向が見てとれるのである。矮小な視点に立った、商品スペックの比較などつまらない話である。多様な商品開発が期待され、各社がそれぞれ独自の得意な商品をこれまで以上に提供することが期待されている。患者とその家族に訪れた闘病生活という特殊な環境を忘れず、古くから患者の不知対応をしてきたように、がん医療のインフラ整備や患者が受ける医療の現実に対して、誠実に対応すべきである。これまで何度も保険サービスが、医療の適正な選択や医療資源の適正配置といった医療サービスのインフラ整備ではなく、逆にその実態を歪めてきた歴史を目にしてきている。高額医療費をカバーする保険の提供が、高額医療の不適切推進の後押しをしてはならない。保険は、治療の選択肢を増やすためになっても、保険があるからといって医療機関でもない保険会社や募集人が、高い医療を推奨することは適切ではない[15]。その意味で商品提供と保険募集の際には、医療や福祉を勉強し深く理解していなければならない。

　生命保険文化センターの「生命保険に関する全国実態調査〈速報版〉　平成30（2018）年9月」では、生命保険、医療保険（特約を含む）およびがん保険の世帯加入率は、それぞれ79.1％、88.5％および68.2％である。医療保険の販売はすでに飽和状態に近く、残された市場の一つとしてがん保険販売に多くの会社が参入してきている。第三分野商品の中で、医療保険とがん保険は介護保険（世帯加入率は14.1％）以上に普及力が高く、主力商品になりつつあるのも事実である。がん保障を単品商品とする会社、三大疾病保障として商品を提供する会社、特約で保障する会社など様態は様々であり、今後も多様な商品が開発されてゆくはずである。がん保険は、がんで入院した場合に給付される医療保険タイプから始まり、診断を受けた際に一時金が給付される商品が登場した。最近では今まで以上に治療保障を前面に打ち出す商品が提供されるなど、時代

15）先進医療は、保険適用の是非を確認する試験的医療であり、先進医療として承認されていることや高い医療であることが良い医療とは決まっていない。この点を誤解して、保険給付を利用して高い医療を選択する傾向がある。

12

に合わせて商品を大きく変化させてきた。がん保障に求められる根本的なニーズ（＝がんとがん療養のリスク）は何かを常に考え直し、商品の鮮度を担保することが保険会社に求められている。がんという疾病が国民病として身近になったとしても、**がんという病気は他の疾病と異なり、消費者が受ける病気に対するイメージは特殊である。その特殊性があるために単独でがんという特定疾病を保障する意義もあるのである。**

I-2　がんの理解

+ がんの死亡率は上昇し死亡数も増加しているが、高齢化の影響を除くと死亡率は減少している。
+ 部位により、流行り廃りがある。乳癌、前立腺癌、大腸癌は増加した。背景にはライフスタイルの変化も影響する。
+ 悪性新生物には、無制限の増殖と浸潤・転移という特徴がある。
+ 治療成績は、全体に改善しているが、進行がんの治療成績改善は緩やかである。

1）がんの疫学と基本統計

　今や国民病といわれ2人に1人ががんに罹患し[16]、3人に1人ががんで死亡する時代である[17]。何故、国民病と呼ばれるようになったのであろうか。日本人が、他国よりも発癌物質を多く摂取していると聞いたことはなく、また発癌物質に暴露されたとして数年で発症することは珍しく、通常は数十年をかけてがんは発症する。この点を考えると日本人と数十年前の環境変化について考える必要がある。

　すべての環境要因と発癌の関係の中で最大の要因は高齢化である。すなわち日本社会が高齢化し、世界最長寿国になったことこそが国民病としてがんが死因の一位を占めるに至った理由である。平成29（2017）年の簡易生命表によれば、日本人の平均寿命は、男性81.09歳、女性87.26歳であり、共に80歳を超

16）生涯罹患率
17）年間の日本人総死亡数に占めるがん死亡者数の割合

第 1 章　がんとがん保険

えている。長寿化に伴い様々な社会問題が話題になる中で、がんの問題も重要な 1 テーマとなり、がん対策基本法の成立に至ったことはよく知られている。世界には最短平均寿命国があり、世界保健機関（WHO）が公表している 2016 年の統計では、中央アフリカ共和国、シエラレオネの平均寿命は男女合算で 53 歳である[18]。いずれも、内戦や貧困あるいは上下水道や医療公衆衛生に関する行政を含めた社会インフラの未整備が原因で、新生児を含めた子供たちが育つ環境は劣悪である。これらの国にとって国民病は即ち感染症であり、がん保険はビジネスとして成り立たない。

さて、日本人の死因 1 位が、がんになったのは昭和 56（1981）年であるが、それまでの死因の 1 位は、脳血管疾患である。図Ⅰ-2-1 に死因占率の変化を示した。死因の変化だけを見ても疾病動向の一端を知ることができる。

次にがんの部位別年齢調整死亡率と罹患率の推移を見ると、がんにも流行り廃りがあることが分かる。がん全体を語ることも大事であるが、公衆衛生的には部位別の施策が重要となっている（図Ⅰ-2-2、3）。またがん保険の視点で考えると、商品の企画、保険料計算に関係することはもちろんであるが、罹患数、

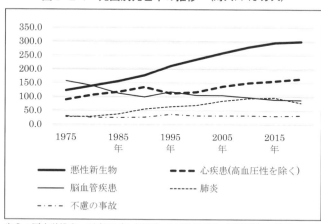

図Ⅰ-2-1　死因別死亡率の推移　（対人口 10 万人）

出典：厚生労働省　平成 29 年（2017）人口動態統計（確定数）の概況
　　　死亡第 12 表 1975 年 -2017 年推移

18）アフリカの西海岸にあるが、2014 年に周辺諸国と共にエボラ出血熱が流行したことが知られている。

14

I-2 がんの理解

図 I-2-2 がん主要部位別年齢調整死亡率

男性
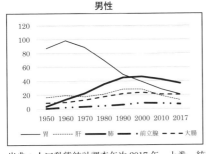

女性
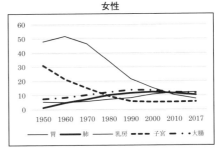

出典：人口動態統計調査年次 2017 年　上巻　統計表 5-26

図 I-2-3 がん主要部位別年齢調整罹患率（対人口 10 万人）

男性
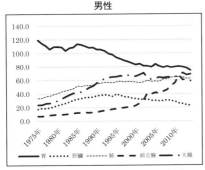

女性
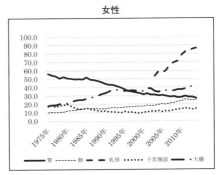

出典：地域がん登録全国推計によるがん罹患データ（1975 年～2014 年）

　死亡数の多い部位のがんは、保険請求事務の仕事量にも影響するので、データの推移と今後の予測を確認しておくことは重要である。

　男女ともに注目に値するのは、性ホルモンと関係する前立腺癌と乳癌の罹患率が急増している点である。増加している要因は様々に研究されているが、5年生存率で見ると両部位とも比較的に予後の良いがんのため、罹患者が増加すれば、がんのサバイバーが増加することにつながり、保険サービスのあり方にも影響を与えることになっている。表 I-2-1 で、がん部位別罹患数の順位を見ると、男性では、これまで胃癌、肺癌、大腸癌が上位を占めていたが、急増している前立腺癌は 2 位に入り近い将来 1 位になると予想されている。女性の罹患部位順位では、乳房、大腸、胃の順になっているので、死因では乳癌の順位が 5 位であるのと比較して大きく異なっているのが特徴である。

第1章　がんとがん保険

表 I -2-1　罹患数の順位上位の罹患数、罹患率

	罹患数順位	1位	2位	3位	4位	5位	6位	7位	8位	9位	10位	
男	部位	胃	前立腺	大腸	肺	肝臓	食道	膵臓	腎・尿路	悪性リンパ腫	膀胱	全部位
	罹患数（万人）	9.27	8.97	8.96	8.38	2.85	2.14	2.09	1.98	1.83	1.77	56.66
	粗罹患率	150.1	145.3	145.1	135.7	46.1	34.7	33.8	32.0	29.6	28.7	917.3
	年齢調整罹患率	73.9	68.3	77.5	65.3	22.8	18.2	17.0	18.0	16.7	13.3	469.8
女	部位	乳房	大腸	胃	肺	膵臓	子宮体部	悪性リンパ腫	肝臓	甲状腺	卵巣	全部位
	罹患数	9.48	6.85	4.2	4.16	1.98	1.63	1.59	1.43	1.4	1.34	42.85
	粗罹患率	145.5	105.1	64.4	63.9	30.3	25	24.5	21.9	21.5	20.5	657.5
	年齢調整罹患率	102.3	47.3	26.5	27.2	11.6	18.6	12.5	7.7	16.7	15.9	354.1

出典：全国がん登録データ 2016 年

　さて、胃癌や子宮頸癌の死亡率は減り、大腸癌は増加している。また、過去の喫煙率（現在の喫煙率ではない）が高かったことが、肺癌の罹患率の増加につながっていたが、ようやく喫煙対策が浸透してきたのか、肺癌の年齢調整罹患率は、男女共に 2011 年をピークに減少に転じている[19]。では、子宮頸癌や胃癌は、死亡率も罹患率もなぜ減ったのだろうか。子宮頸癌や胃癌の死亡率低下は治療技術が進んだことは否定できないが、罹患率が減少したことも含めて考えると実は家庭内入浴設備（内風呂）や上水道の普及、および冷蔵庫の普及が影響した結果である。多くの子宮頸癌は、ヒトパピローマウイルスが原因で発症することが解明されているが、子宮頸癌には性感染症としての側面があり、内風呂の普及で、人々は毎日入浴ができるようになり、身体の清潔さが保てるようになったことが子宮頸癌減少の一因と考えられている。

　胃癌については水道の普及で、安全な水（細菌に汚染されていない、特にヘリコバクターピロリ菌に汚染されていない水）が利用できるようになったことに加え、冷蔵庫の普及で生鮮食料品の摂取が容易になり、塩蔵加工食品の摂取が抑

---

19) 地域がん登録全国推計値 1975-2014 年データ参照

図 I-2-4 都道府県別年齢調整死亡率 75 歳未満男性（対人口 10 万人）

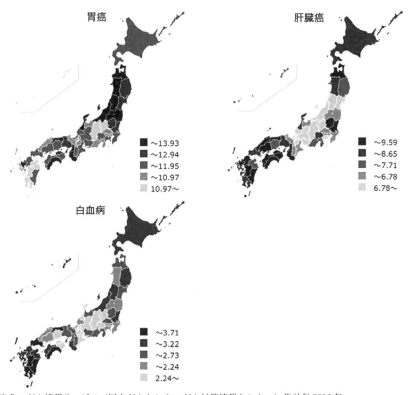

出典：がん情報サービス（国立がんセンターがん対策情報センター）集計年 2016 年

えられ、日本人の塩分摂取量が減ったことが減少につながったと考えられている[20]。このように、生活環境やライフスタイルの変化が、何年も経過してがんの動向に影響している。禁煙キャンペーンは、公衆衛生としての能動的な取り組みであり、すでに日本の肺癌動向に影響を与えている。また、ライフスタイルとの関係では、糖尿病と癌に関する委員会報告が公表されて以来、糖尿病とがんの関係が話題になっている。報告書では糖尿病の有病者は、がん罹患率が高いが、厳密に糖尿病患者を管理しても罹患率は必ずしも減少しないという結果で、さらにデータの蓄積による検証が必要とされている[21]。データを詳細に

---

20) がん対策推進企業アクション事務局 https://www.gankenshin50.go.jp/susume/contents8.html
21) 日本糖尿病学会と日本癌学会合同の「糖尿病と癌に関する委員会報告」糖尿病 56（6）：374-

見る限り、がん保険加入に際して、糖尿病患者の申し込みを拒絶したり、条件を付与したりするほどのリスクではないと考えられる。

次にがん死亡率を地域別に見ると、特徴があることが分かる。胃癌や肝臓癌、白血病で地域差が明確である（図Ⅰ-2-4）。

胃癌は、生活環境との関係で述べたように、地域別の塩分摂取量と関係していることが検証されている。肝臓癌は、肝臓癌の原因である肝炎ウイルスの地域別感染率と関係し、白血病も原因の一つである白血病ウイルス（ATLウイルス、HTLV-1）の地域別感染率と関係している[22]。このように部位別に詳細ながんの罹患や死亡動向を見ると、それぞれの癌の違いが浮き彫りになるのである。この点でも、ライフスタイルの個別性や地域性を確認分析することは、がんの予防にとって重要なのである。

2）がんの生物学

日本人の国民病であるがんは、死因1位になって40年近く経過したが、もっと長期的な視野に立ってがんという病気を見れば、まだ40年程度しかたっていないという言い方もできる。古代の地球で繁栄した恐竜もがんで死んだことが分かっており[23]、がん自体は古くから地球上に存在している。

江戸時代以前は、外死因（飢饉、戦乱、不慮の事故等）以外は、死因解明などされていなかった時代なので、がんの闘病記録はあまり知られていないが、江戸時代中期の医師である華岡青洲[24]が、全身麻酔による乳癌の外科手術をしたことは、小説「華岡青洲の妻」で知られている[25]。江戸時代も身体の外表面を侵す乳癌は、民衆にとっての脅威であった。しかし、江戸時代の人々の関心は、飢饉などと共にコロリ（現在のコレラ）に代表される感染症であった。日本も中央アフリカ共和国やシエラレオネなどの国々と同じく、戦前まで感染症が国

390、2013、糖尿病59（3）174-177、2016。糖尿病有病者の罹患リスクは大規模コホート研究JPHCでは、男性1.27倍、女性1.21倍であり、これを含めた複数の報告の検証では、男女ともに全がん罹患ハザード比は1.2倍であったと報告されている。

22）成人T細胞白血病の原因ウイルスで、日本では九州地域に感染者が多いことが知られている。

23）恐竜は25,000万年前から6,500万年前まで生息していた。2004年の調査で、米国スミソニアン博物館に展示されている恐竜の化石に、がんに侵食された骨病巣の跡がエックス線検査で確認されている。巨大な恐竜もミクロの世界のがんの増殖に侵されていたのである。

24）はなおか せいしゅう（1760年～1835年）、江戸時代の医師

25）有吉佐和子著（新潮社、1970年）

民病であり、数十年前まで結核が死因の一位であったことはよく知られている。

さて、何故がんは発生するのかを説明することは簡単ではないが、よく細胞の遺伝子の複製ミスが原因と説明されている。しかし、最近は遺伝子そのもの以外に、ノンコーディンDNAや、長鎖RNAあるいは染色体の融合異常など、遺伝子やDNAの周辺環境（エピゲノム）の影響も受けることが分かってきている。誤解のないよう説明すると、遺伝子の複製ミスがすぐに細胞をがんにするわけではない。細胞１個で癌細胞か非癌細胞か判別することは困難であり、無制限で無秩序な増殖と浸潤および転移の生物学的特質を備えて、初めてがん細胞といえるのである。このような状態になるには複製ミス（具体的には、正常であった遺伝子が変異すること）から何年もの時間が必要と考えられている。浸潤するためには、周囲組織に入り込む能力を獲得する必要があるし、転移には、転移先の組織に潜り込み定着し増殖する能力が必要である。人間が生活する上で新陳代謝は常に行われており、毎日細胞の新旧の入れ替わりに合わせて数千個の複製ミスが発生するといわれている。その多くが自己免疫の機構の中で臨床癌にならずに治癒している。しかし、ある種の腫瘍では、これらの免疫機構を避けながら、無秩序に細胞の増殖を牽引する能力を獲得した遺伝子変異を有することが分かっており、このような遺伝子はドライバー遺伝子と呼ばれている。がんゲノム医療については別に解説するが、がんゲノム医療を理解する上での主役になっている。もちろん、がんが増殖する原因はこれだけではなく複雑であるが、この領域の科学の進歩が、臨床に応用される時代が来たのである。

このようにがんはミクロの細胞レベルの話である。後に触れるが、がん保険の給付支払事由は、がんであることが前提で約款には、がんの診断確定についての定義（がんを認める条件）があり、多くの会社の商品で診断確定は病理組織検査によると規定されている。現在の段階では、病理組織検査で診断することが診断確定の条件である（いまのところゲノム診断は、まだ確定診断には採用されていない）。ところが、約款に定義されているにもかかわらず、病理検

---

26) ノンコーディンDNAは遺伝子以外でRNAに転写されるDNAで長鎖RNAはタンパク合成に直接関係しないがRNAや遺伝子の発現に影響するRNAである。これらもがんの原因になる異常が知られている。最近では、エピゲノムが原因の癌を治療する薬剤の開発も始まっている。

27)「全国がん登録届け出マニュアル」32頁には、診断根拠として病理組織診断がない腫瘍が一部認

査や病理学についてがん保険に関わる者が、十分な知識を持ち合わせていない。知っていたとしても、顕微鏡で検査する程度の知識である。顕微鏡で何を見ているのかを知っている者はほとんどいないのが現実であろう。

　検査や手術で採取された組織を固定（一般には、水分をパラフィンで置換する）[28]し、薄切する。薄切された検体を染色して初めて顕微鏡による検体の組織構造や細胞の形態が観察できるのである。

　病気の原因、特にがんの組織の確認に顕微鏡の検査は重要である。これだけのことを知っておく必要があるのだが、さらに病理検査のための病理学とは何の学問か理解しておかなければならない。医師の多くは、何らかの専門領域で診療・研究を行っている。[29]外科医は眼科医の診療ができないのと同様に、臨床医に病理医の行う専門的な病理診断能力はないのである。病理医の記載する検査報告書は、病理医の責任において報告され、臨床医の治療行為に非常に大きな影響力を持っている。病理医は、有病者あるいは有病の可能性のある者の組織を健常者のそれと比較し、細胞の形態、組織構造の乱れを、専門経験で積み重ねた膨大な病理パターンの中から選び出して診断を下すのである。つまり、病気に関する組織像のパターン認識の作業を行っているのである。このような診断も脳腫瘍や乳腺など部位別に専門が細分化され、病理医間の意見交換も重要である。ところが、全国の病院を見ると、がんの治療を専門に行っている病院ですら、病理医は不足している。病理検査の外注化が加速すれば、病理診断の精度も問題になり得る。[30]2008 年の日本医師会の調査では、病理専門医は当時全国で 2,100 名程度であり産婦人科医の不足より深刻であると報告されている。[31]日本病理学会の最新の調査では病理専門医は 2,483 名である。厚生労働省の調査でも、がん診療連携拠点病院で病理専門医（常勤）の不在率は、平成 24 年で 13.4％であり平成 26 年は 12.7％と若干減少し、不足状況は今日まで続い[32]

　められている。リンパ腫などは臨床的に遺伝子診断を認める場合はある。
28）手術中の迅速病理検査では、パラフィン固定は時間がかかるので、凍結固定で処理が行われる。
29）最近では医師の専門医制度で、開業医の専門資格に相当する総合診療医制度が導入され、開業医にもそれなりの専門性が要求される時代になる。
30）外部の検査機関では、複数の病理医によるダブルチェックが行われていないことが多い。また検査機関でアルバイトをする病理医に対して件数比例報酬になっていると、質より量に目が向きがちになる。
31）「病院における必要医師数調査」（医師会、2008 年）
32）「がん対策推進基本計画中間評価報告書」27 頁（厚生労働省がん対策推進協議会平成 27 年 6 月）

ている。³³⁾このように病理医の不足は、いまや医療のみならず社会インフラの問題といえる。給付の根幹に係わる病理組織診断を担う人材の不足は、がん保険の健全維持の面でも問題になるのである。医療への AI 応用が進んでいるが、病理診断の世界でも病理医不足を補う AI の応用や遠隔病理診断の普及が期待されている。³⁴⁾

さて、病理学の対象は、病気のある患者かその疑いのある人であるが、病理学の関連学問である解剖学や組織学との関係を表に整理しておく（**表Ⅰ-2-2**）。

表Ⅰ-2-2　組織学と解剖学

	健常者	有病者（疑いを含む）
肉眼の検査	解剖学	病理解剖学
顕微鏡の検査	組織学	病理学

出典：筆者作成

病理学が進歩するには、人の正常な生体構造を理解する必要があり、日本の歴史では杉田玄白の解体新書の話に遡る。腑分けという解剖は現代にまで学問として続いている。その後顕微鏡が導入され、正常組織の微細構造が解き明かされ組織学という医学の 1 領域が確立するのである。そして、病気の組織構造の理解という病理学の発展につながったのである。では、がん保険で問題になるがん細胞の大きさとはどれほどの大きさであろう。一般に病理検査は、100倍から 400 倍の倍率で組織を観察している。1 ミリメートルの 1000 分の 1 〜10 の世界である。約款上がんの確定診断を「病理組織診断による」と規定していることは、臨床医学のコンセンサスである「がんの診断確定は病理組織検査による」と一致している。画像診断がいかに進歩してもその診断精度はミリメートルであり、病理検査とは精度が違うのである。³⁵⁾

さて、病理組織検査で診断確定を行うことは重要であるが、それ以前にがん

33）病理医の年齢構成が高齢層にシフトしており、今後定年等で大量の引退も問題になっている。平成 30（2018）年 7 月 31 日付、厚生労働省健康局長通知「がん診療連携拠点病院等の整備について」（健発 0731 第 1 号）においても、専従の病理医を 1 名以上配置することが、地域がん診療連携拠点病院の指定要件とされている。

34）AMED（国立研究開発法人日本医療研究開発機構）の病理画像情報集積プラットフォーム構築事業が立ち上がっており、将来の AI の病理診断支援システム開発が進んでいる。すでに部分的な病理診断において AI 診断が病理医の診断精度を上回ったとの報告がある。

35）最新の 320 列マルチスライス CT スキャンでは、0.5 mm 幅で撮影するまで進歩している。

という病気には、無制限に増殖すること以外に、下記の二大生物学的特徴があり、その結果としてがんの臨床病像が存在する。二大特徴とは、

- 浸潤
- 転移

である。

　浸潤は、一定の境界を越え、周囲組織に染み入るように増殖することであり、転移は原発部位のがんが遠隔の臓器に拡がり、その部位で増殖することである。これががんの生物学的特徴の本質であり、これによりがんで侵された臓器は機能不全になり、患者は死亡する。つまり、**重要臓器が機能不全にならなければ、人はがんと共存できる**ともいうことができる。臓器不全に至るような臨床症状も全てミクロの世界から発生するのである。上皮内新生物について別に解説するが、日本の保険会社で問題になっているがんと上皮内新生物の問題も、ミクロの世界における浸潤の有無の話である。[36)]

3) がんの予後

　① がん患者の予後（地域がん登録の結果）、がん死亡率改善目標

　年間100万人に近い人数のがん罹患者に対して37万人が死亡している現実を考えると、がんは今のところ克服することのできない病気の代表である。一方で、肺癌や膵臓癌は、予後が悪く、乳癌や前立腺癌は、予後が良い癌という話を聞く。読者の周囲にも、がんサバイバーとして乳癌や前立腺癌の罹患者がいるはずである。では、実際主要な部位のがんの予後は、どれだけであろうか。予後統計として規模が大きく信頼性が高いのは、地域がん登録による結果と、[37)]全がん協加盟施設の生存率共同調査（KapWeb）である。[38)]前者は、宮城県、山

---

36) ヒトの体細胞の大きさは大体数十ミクロンである。

37) 全国がん登録が始まり、今後は正確に罹患者の発生が全国民規模で把握できるようになれば、国民ベースの予後調査がいずれ可能になるが、今のところ地域がん登録のデータが使用されている。

38) 全がん協データ提供施設は、北海道がんセンター、青森県立中央病院、岩手県立中央病院、宮城県立がんセンター、山形県立中央病院、茨城県立中央病院、栃木県立がんセンター、群馬県立がんセンター、埼玉県立がんセンター、千葉県がんセンター、国立がん研究センター東病院、国立がん研究センター中央病院、がん研究会有明病院、東京都立駒込病院、神奈川県立がんセンター、新潟県立がんセンター新潟病院、石川県立中央病院、福井県立病院、愛知県がんセンター中央病院、名古屋医療センター、大阪国際がんセンター、国立病院機構大阪医療センター、兵庫県立がんセンター、呉医療センター・中国がんセンター、山口県立総合医療センター、四国がんセンター、九州が

I-2　がんの理解

形県、福井県、新潟県、大阪府および長崎県の6府県の地域がん登録データを
もとに結果が、国立がん研究センターがん情報サービスから公開されている。
執筆時点の最新データは、1993年から2006年までに診断確定された患者につ
いて調査した予後結果である。**表I-2-3**は、男女別部位別の10年相対生存率
（10年後予定された生存数に対して実際の生存数の比）を示している。

表I-2-3　がんの部位別10年目の生存率％（15-99歳）

部位	男性	女性	部位	男性	女性
口腔・咽頭	41.4	53.6	子宮頸部		66.1
食道	24.0	32.4	子宮体部		75.6
胃	61.3	58.2	卵巣		43.9
結腸	68.9	62.8	前立腺	78.0	
直腸	60.8	63.2	腎・尿路（膀胱除く）	59.3	57.1
肝臓	9.6	9.1	膀胱	74.6	62.8
胆嚢・胆管	18.5	15.5	脳・中枢神経系	21.5	24.4
膵臓	4.6	4.8	甲状腺	87.1	94.8
肺	18.1	31.2	悪性リンパ腫	43.1	50.6
皮膚	86.6	90.4	多発性骨髄腫	11.4	14.3
乳房		79.3	白血病	20.5	20.5

出典：国立がん研究センターがん情報サービス「がん登録・統計」

　また、それぞれの部位のがんについて診断後生存期間別に、5年生存率のデ
ータも算出され、診断後5年経過して生存していても肝臓癌のように死亡リス
クが続くことが確認できるようになっている。がん罹患者の保険加入は死亡保
険ではよく経験するので、がんのサバイバーの予後が集計されたことは引受け
査定の精度向上にもつながり有益である。[39] データの提示は省略するが、がん
の治療成績は国別に大きく異なっていることはよく知られており、罹患者の予
後評価には日本人の治療成績が必要である。

　次に後者の全がん協の予後データを示す。**図I-2-5**は、進行度（TNM分類
の進行度は第IV章-2-4で解説するが、病期を4ランクにする分類し、IV期が最も進

　んセンター、大分県立病院、滋賀県立総合病院（データ転載では、このようにデータ提供施設の掲
　示が指示されている）
39）がんの治療成績は、国別に大きく異なっており保険引き受け査定では日本人データが必要であ
　る。

23

第1章　がんとがん保険

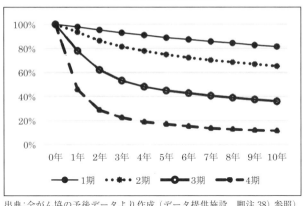

図Ⅰ-2-5　進行度別相対生存率

出典：全がん協の予後データより作成（データ提供施設　脚注38）参照）

行している病期）別に診断後10年までの生存率の変化を見たものである。進行度分類の精度を裏付けるかのように、進行度が異なると予後も異なることが明瞭に見てとれる。

　では、これらの治療成績は本当に改善してきているのか確認したい。国立がん研究センターがん対策情報センターは、地域がん登録のデータを基にがん全体の治療成績を集計しており（図Ⅰ-2-6）、1993-1996年と2003-2005年に診断された患者の5年生存率は、それぞれ53.2％、58.6％で生存率は、治療により改善していると報告している。しかし、このデータは全ての進行度の患者が合算されたデータであることや、リードバイアスと呼ばれる影響が含まれているので、本当に予後が改善しているか評価することは実は難しい。したがって、進行度別に予後がどのように改善しているのか診断された新旧の年代で比較確認する必要がある。

　図Ⅰ-2-7は、1997年に診断された患者と2009年に診断された患者の治療成績を進行度別に比較したものである。ようやく、**この結果で進行しているがん患者の治療成績も改善していることが分かり、医学が進歩して成績が向上し**

40）リードバイアスとは、いずれ死亡する疾病を死亡の直前に発見するか、かなり以前に発見するかで発見から死亡までの期間は異なる。しかし、その疾病が原因で死亡することに変わりはなければ、早期発見するほど計算上、早期した集団の予後は改善して見えるが、実際には早期発見は疾病の延命改善に貢献してない。このようなバイアスが、予後調査に含まれている。

図I-2-6　診断年次別5年相対生存率（%）の改善

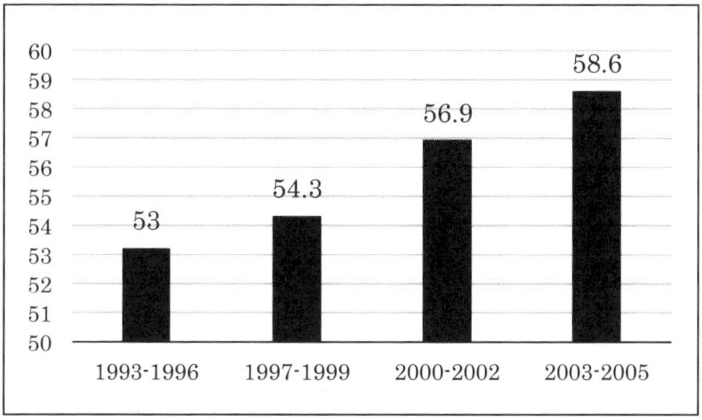

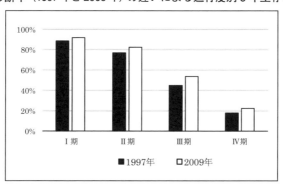

1993-1996	1997-1999	2000-2002	2003-2005
53	54.3	56.9	58.6

出典：地域がん登録より国立がん研究センター集計

図I-2-7　診断年（1997年と2009年）の違いによる進行度別5年生存率（%）の比較

出典：全がん協の予後データより作成（データ提供施設　脚注参照）

表I-2-4　75歳未満年齢調整がん死亡率（対人口10万人）の改善状況

年次	1995年	2000年	2005年	2010年	2015年
死亡率	108.4	102.6	92.4	84.3	78.0

出典：国立がん研究センター2016年12月21日プレスリリース、「がんの75歳未満年齢調整死亡率2015年集計結果とがん対策推進基本計画におけるがん死亡者の減少目標について」より作成

ていることが分かったのである。その後も新しい治療薬が多数臨床に導入されており、2009年診断患者の成績より現在は、さらに予後改善はしていると予想される。しかし、図から見て分かるように進行度IV期の治療成績の改善の程度は、がん克服にはほど遠い結果である。

さて、第1期がん対策推進基本計画では、重点取り組み課題とは別に全体目標として、2005年と比較して10年間で75歳未満の年齢調整がん死亡率を20％低減させることが盛り込まれた。しかし、残念ながら目標は達成できなかった。データを見たとおり、がんの治療成績は改善しており年齢調整がん死亡率の改善に寄与したことは間違いないはずである。しかし、目標達成できなかったのは事実であり、これを受けて平成27年に「がん対策加速化プラン[41]」が作成されている。

I-3　がんの医療環境

+ がん対策基本法やがん登録制度が整備された。がん対策の各論として一次予防や二次予防について、またがん医療の中心である、がん診療連携拠点病院や専門医制度について正しい理解が必要。
+ がん医療は、ゲノム医療を中心に個別化医療が伸展しているが、高額医療も導入されつつある。
+ がん医療を取り巻く環境変化をサバイバーの諸問題を含め勉強する必要がある。

1) 日本のがん対策の歴史について

第二次大戦後、しばらくは結核や脳卒中が主要な死因であったが、前述したとおりがんが第一位を占めるようになったのは昭和56（1981）年からである。以前は、結核対策、脳血管疾患対策が公衆衛生上の重要課題であったが、現在は、がん対策基本法の下に国家事業としてがん対策の取り組みが、国、都道府県そして市町村レベルで行われている。がん対策として初版と異なるのは、第三期がん対策推進基本計画が新たに策定されたことである。

① がん対策の歴史的骨子

昭和31（1956）年に厚生大臣（当時）の諮問機関である「成人病予防対策

---

41) 目標未達の対応として緊急対策プラン作成の指示が平成27（2015）年6月1日に安倍総理から出された。目標達成のためには、喫煙対策の更なる充実を中心とした1次予防の重要性が示されている。

協議連絡会」が創設され、翌年にがん専門機関の設置が答申された。昭和 37（1962）年 1 月に　国立がんセンター（がんその他の悪性新生物に関し、診断及び治療、調査および研究ならびに技術者の研修を行う）が開設に至っている。現在、日本のがん医療を担う中心的医療機関に位置づけられ、昭和 41（1966）年から整備される地方のがん医療センター（2014 年 10 月末で県立のがんセンターは 13 カ所、またがん医療を中心的に提供する病院の団体である全国がん（成人病）センター協議会は、加盟施設数は 32 カ所である）のモデルとなった。[42] 昭和 40（1965）年には、政務次官会議がん対策小委員会で「がん対策の推進について」を決議し、具体策を提言している。また、昭和 58（1983）年には内閣に「がん対策関係閣僚会議」が設けられ「対がん 10 カ年総合戦略」が策定された。[43] 平成 18（2006）年 6 月、「がん対策基本法」が成立し、がん対策の根拠法が整備されることになるのである。さらに、平成 25（2013）年 12 月には「がん登録等の推進に関する法律」も成立し、平成 28（2016）年 1 月から全国がん登録が開始された。[44] これにより、がんに関する科学的知見の集積とビッグデータの分析が、可能になる予定である。以上の経過をまとめると以下のとおりである。

- 昭和 31（1956）年　成人病予防対策協議連絡会
- 昭和 37（1962）年　国立がんセンター開設
- 昭和 41（1966）年　各地区のがんセンター整備開始
- 昭和 58（1983）年　がん対策関係閣僚会議、対がん 10 カ年総合戦略等作成開始
- 平成 18（2006）年　がん対策基本法成立
- 平成 28（2016）年　全国がん登録開始

---

42) 国立がんセンターは、平成 22（2010）年 4 月独立行政法人化し、国立病院のナショナルセンターとして高度先駆的医療技術等の研究開発・医療の均てん化・人材育成・患者、医療機関等への情報提供・国に対する政策提言等の機能を発する基本的な役割を担っている。

43) 小林仁「立法と調査」2007 年 No265　http://www.sangiin.go.jp/japanese/annai/chousa/rippou_chousa/backnumber/2007pdf/20070302055.pdf

44) がん登録には、病院内でがん患者の診断が確定された患者が登録される院内がん登録と地方自治体が責任者としてがんの患者を登録する地域がん登録があった。地域がん登録は、死亡後登録もあり全罹患者の把握ができていない問題や、データの精度問題などが指摘されてきた。また地域がん登録に参加していない県も存在し、不完全な登録であったが、法律により地域がん登録は全国がん登録へ移行することになった。

第1章　がんとがん保険

② 対がん 10 カ年総合戦略

前記の「がん対策関係閣僚会議」の方針に始まり、これまで 3 回の対がん 10 カ年の総合戦略が策定され、実行された。10 年間を一区切りとするがん対策計画である。

- ●昭和 59（1984）年　第一次対がん 10 カ年総合戦略
- ●平成 6 （1994）年　第二次対がん 10 カ年総合戦略（がん克服新 10 カ年戦略）
- ●平成 16（2004）年　第三次対がん 10 カ年総合戦略 （がんの罹患率、死亡率の激減が戦略目標）
  - ➢ 以後、がん対策推進基本計画へ
- ●平成 26（2014）年　がん研究 10 カ年戦略

いずれの戦略においても、がん研究、予防、診断および医療に関して対策が立案され、計画が実施されてきている。これに加えて、平成 17（2005）年には「がん対策推進アクションプラン 2005」が厚生労働省から公表され、対がん 10 カ年総合戦略とは別に厚生労働大臣を本部長として「がん対策推進本部」が設置された。がん対策を推進するための各種アクションプランが盛り込まれていた。

過去三回にわたり 10 カ年総合戦略が策定されたが、次項で述べるがん対策基本法の成立により、がん対策は、10 カ年総合戦略から 5 年ごとに見直しのある「がん対策推進基本計画」に役割が引き継がれることになった。なお、平成 26（2014）年からのがん研究については、第二期がん対策推進基本計画に従って、「がん研究 10 カ年戦略」が策定されている。

③ がん対策基本法

がん対策の法制化は、古くは昭和 43（1968）年の日本対がん協会による「第 1 回ガン征圧全国大会」における法制化促進の決議に遡る。その後設立された NPO 法人「対がん患者団体協議会」や「がん患者団体支援機構」を通してがん患者からの法制化を要望する声を反映した活動が広がっていた。法制化について与野党それぞれの対応も活発化したが、最終的に「がん対策基本法」が平成 18（2006）年 6 月 13 日衆議院本会議、同 16 日参議院本会議において全会一致で可決され、成立している。

法案審議の過程で、当時末期がん状態であった山本孝史議員（当時民主党）

28

の働き掛けで、大きく与野党合意へ前進したことは有名なエピソードである。[45]
また、同議員の提言で、「がん対策推進協議会」が厚生労働省内に設置され、
メンバーにがん患者が含まれることになり、がん患者の声が政策に反映され
るようになったのである。なお、法制化とがん対策の経緯については、厚生労
働委員会調査室（当時）の小林仁氏が詳細を報告しており、本書もその内容を
多々参照している。[46]

　以上の経過のとおり日本にも法律が成立したが、昭和46（1971）年に「国家
がん法」が制定された米国に遅れること35年経過し、またがんが死因の第一
位になって25年経過して、ようやく日本においてもがん対策は法的根拠を得
たのである。[47]すなわちがん対策は、単独省庁の施策から国民全員が順守すべ
き目標になったのである。

　法律は、がん対策の方向性を示したものであり、法第三章に基本的施策とし
て「がんの予防と早期発見の推進」、「がん医療の均てん化の促進等」、「研究の
推進等」の大きく3点が主要施策として盛り込まれている。公的医療保険制度
のもとに、一定価格で、一定水準の医療の提供を図ってきた国も、がん医療に
格差（地域間、医療施設間）が存在することを公的に認め、均てん化目標を基
本法に明示した点は、医療の現実を踏まえた点で、関係者には意義深く受け止
められた。

　平成28（2016）年12月9日に「がん対策基本法の一部を改正する法律」が
衆議院にて全会一致で成立し、がん対策基本法は改正された。次項で述べる
第1期、第2期がん対策推進基本計画が進捗する中で、がん患者を取り巻く社
会的な課題が浮き彫りになり、改正がん対策基本法では、がんになっても安心
に暮らせる社会を目指して、第1条の目的に「がん患者（がん患者であった者
を含む。）がその状況に応じて必要な支援を総合的に受けられるようにするこ
とが課題となっていることに鑑み、……医師等及び事業主の責務を明らかにし、

45）平成18（2006）年5月22日、参議院本会議において山本孝史議員が自らのがん罹患を公表し、
　　与野党間で溝のあったがん対策基本法案の調整が大きく進むことになる（第164回国会参議院本会
　　議録第26号8頁）。
46）小林仁・前掲注43）論文
47）各国でがん対策が実施されており、米国では国家がん法がニクソン元大統領の時代に成立し、以
　　来様々ながん対策が講じられてきた。2016年からは新しい国家プロジェクトとしてMoonShotプ
　　ロジェクトが発足し、強力にがん治療薬の開発を官民挙げて推進することになっている。

第1章　がんとがん保険

……がん対策を総合的かつ計画的に推進することを目的とする」が明記された
（下線の波線部分は新規）。3つの主要施策以外に、就労問題対策などがんと共生
できる社会の実現も施策として法に加えられたのである。

④　がん対策推進基本計画

実際の具体策になるがん対策推進基本計画は、がん対策推進協議会の審議を
経て立案される。同計画は5年に1度見直しがあり閣議決定を経て、これまで
3回策定されている。前述したとおり、がん対策推進協議会には、患者会の代
表が複数選ばれている。したがって、平成19（2007）年策定の第1期基本計画
の基本方針として、「がん患者を含めた国民」の視点に立ったがん対策を実施
することが、含まれていた。基本法成立とがん対策推進基本計画の年次経緯を
まとめた表が、**表Ⅰ-3-1** である。

表Ⅰ-3-1　がん対策基本法とがん対策推進基本計画

平成 18（2006）年 6 月　がん対策基本法の成立
平成 19（2007）年 4 月　がん対策基本法の施行
平成 19（2007）年 6 月　がん対策推進基本計画（第 1 期基本計画）の閣議決定
平成 24（2012）年 6 月　がん対策推進基本計画変更（第 2 期基本計画）の閣議決定
平成 27（2015）年 12 月　がん対策加速化プラン（年齢調整がん死亡率目標未達対応緊急対策）
平成 28（2016）年 12 月　改正がん対策基本法の成立
平成 30（2018）年 3 月　がん対策推進基本計画変更（第 3 期基本計画）の閣議決定

出典：筆者作成

これまでの基本計画における重点的取組課題は、**表Ⅰ-3-2** とおりである。

第1期の計画として実際に実施された具体的施策は多数あるが、直接的に国
民に影響するのは、がん検診受診率の向上や禁煙対策と均てん化を目指して、
各地区にがん診療連携拠点病院が指定されたことである。第2期基本計画では、
「働く世代や小児へのがん対策の充実」が加わり、がん患者の就労問題への取
り組みが強化された。また前述したがん登録のための法律整備も実現している。
平成30年3月に閣議決定された第3期の計画は、これから実行段階に入るが、
基本計画変更のポイントとして受動喫煙対策が基本計画に盛り込まれたことが
強調されている。[48] また、新たにがん医療に関する施策の第1番に、「がんゲノ
ム医療」の充実が組み込まれた点が新機軸として注目されている。

48）「『がん対策推進基本計画』の変更について」（平成 30（2018）年 3 月 9 日健康局がん・疾病対策課）
（http://www.mhlw.go.jp/stf/houdou/0000181704.html 2018 年 9 月 19 日アクセス）

30

I-3 がんの医療環境

表 I-3-2　がん対策推進基本計画の重点施策

平成 19 年　第 1 期　がん対策推進基本計画
1.　放射線療法及び化学療法の推進ならびにこれらを専門的に行う医師等の育成 2.　治療の初段階から緩和ケアの実施 3.　がん登録の推進
平成 24 年　第 2 期　がん対策推進基本計画
1.　放射線療法及び化学療法の推進ならびにこれらを専門的に行う医療従事者の育成 2.　がんと診断された時からの緩和ケアの推進 3.　がん登録の推進 4.　働く世代や小児へのがん対策の充実
平成 29 年　第 3 期　がん対策推進基本計画
1.　がん予防（1 次 2 次予防） 2.　がん医療の充実（がんゲノム医療、支持療法、希少癌、小児・AYA 世代がんなど） 3.　がんとの共生（緩和ケア、相談支援、就労を含めた社会的問題など） 4.　これらを支える基盤の整備（がん研究・人材育成、がん教育・普及啓発）

出典：厚労省資料より転記

⑤　がん登録等の推進に関する法律（平成 25 年 12 月 13 日法律第 111 号）の
　　成立

　平成 25（2013）年 12 月 13 日がん登録等の推進に関する法律（以下、「がん登録推進法」という）が成立し、平成 28（2016）年 1 月に施行された。がんの罹患、診療および転帰を登録整備するための法律である。それまで実施されてきたがん登録は、院内がん登録と地域がん登録であり、[49] 地域がん登録に関しては都道府県ごと取り組み姿勢に違いが見られ、登録データの精度の差も大きくなっていた。[50] がん登録推進法成立により地域がん登録は、全国がん登録へ[51] 移行する。全国民のデータを把握し、がんの発生状況や治療成績を比較する上で重要な法律が成立したことは、日本のがん対策史上画期的なことである。法律では登録の事務局は国立がん研究センターに設置され、各都道府県庁そして各市区町村へ登録事務の指導が行われている。

49）院内がん登録は、医療機関でがんの診断・治療を受けた全ての患者について、がんの情報（部位、組織型など）、治療情報、予後情報を収集し登録する仕組み。地域がん登録は、地域でがんの診断・治療を受けた全ての患者について、情報を収集し登録する仕組みで、死後登録も含まれる。

50）個人情報保護を理由にがん登録参加への積極性に差が見られていた。

51）精度管理には、DCO、DCN、I/D 比の指標が用いられている。DCO は、死亡後に登録される罹患データ、DCN は、生存中に登録される罹患データである。両者の比で死亡後登録データが少ないほど精度は良好である。I/D は、罹患と死亡数の比で、低いほど精度不良である。地域がん登録では、この視標に地域別格差が見られている。

第1章　がんとがん保険

2）がん予防と早期発見

　がん予防は、一次予防、二次予防、三次予防の三つに分かれる[52]。がんにならない食生活やライフスタイルを取り入れ、罹患を予防することが一次予防。がん検診でがんを早期発見し治療することは、がんの二次予防である。また用語として使用される機会は少ないが、がんの三次予防とは、一般的に徹底的な治療による癌死からの解放を目指すことを意味し、拡大手術や集学的治療などである[53]。

　①　一次予防

　厚生労働省は、第一次対がん10カ年総合戦略（1985～1993年度）として「がんを防ぐ12カ条」（表Ⅰ-3-3）を掲げ、がん予防の啓発活動を推進した。

表Ⅰ-3-3　がんを防ぐ12カ条

1条　バランスのとれた栄養をとる
2条　毎日、変化のある食生活を
3条　食べすぎをさけ、脂肪はひかえめに
4条　お酒はほどほどに
5条　たばこは吸わないように
6条　食べ物から適量のビタミンと繊維質のものを多くとる
7条　塩辛いものは少なめに、あまり熱いものはさましてから
8条　焦げた部分はさける
9条　かびの生えたものに注意
10条　日光に当たりすぎない
11条　適度にスポーツをする
12条　体を清潔に

出典：第一次対がん10ヵ年総合戦略

　一方、平成17（2005）年に国立がん研究センターがん予防・検診研究センター長、津金昌一郎氏が、日本人に対して効果が検証されているライフスタイルと食生活を「科学的根拠に基づくがん予防8カ条」として公表し[54]、がん検診受診を含めた形で現在、㈶がん研究振興財団から「がんを防ぐための新12カ条」としてアレンジされ公開されたのが、以下の表とおりである（表Ⅰ-3-

---

52）一次予防と二次予防以外に、三次予防もあり国立がんセンターは、元気に過ごせる期間を延ばし苦痛を軽減すること解説している。また、積極的な根治治療や再発予防をいう場合もある。

53）拡大手術は根治を目指して、できるだけ広範囲に切除する方法。集学的治療は、手術、化学療法、放射線治療を組み合わせて治療する方法

54）独立行政法人国立がん研究センターがん対策情報センターのHPで解説されている。http://ganjoho.jp/public/pre_scr/prevention/evidence_based.html

4）。第三次対がん 10 カ年総合戦略の中で、国民への普及が図られた。なお、1
条から 9 条については、津金氏が多数の書籍で詳細を解説しているので一読す
ることをお勧めする[55]。その後予防研究は進み、禁煙、節酒、適正体重の維持、
身体活動および食生活（減塩、野菜・果物の摂取）が予防の骨格とされている。

表Ⅰ-3-4　がんを防ぐための新 12 カ条

1 条　たばこは吸わない
2 条　他人のたばこの煙をできるだけ避ける
3 条　お酒はほどほどに
4 条　バランスのとれた食生活を
5 条　塩辛い食品は控えめに
6 条　野菜や果物は豊富に
7 条　適度に運動
8 条　適切な体重維持
9 条　ウイルスや細菌の感染予防と治療
10 条　定期的ながん検診を
11 条　身体の異常に気がついたら、すぐに受診を
12 条　正しいがん情報でがんを知ること

出典：がん研究振興財団 HP

② 　二次予防（がん検診）

がん検診については、がん検診の効果や必要性について理解し、現状どのよ
うな検診が実施されているのか理解する必要がある。またがん対策の指標とな
っているがん検診率の状況についても理解しなければならない。

がん検診には、人間ドックのような個人が実施する“任意型検診”と公衆衛
生的な視点で集団に導入される“対策型検診”がある[56]。家族性疾患や遺伝性
疾患によりがん罹患率が高いと考えられる場合は、個別に重点的ながん検診が
必要である。いずれも検診であり、患者に対する診断と異なるプロセスである
ことをまず理解しなければならない。なお、集団検診が有効であるための前提
は表Ⅰ-3-5 のとおりである。

対策型検診は、昭和 58（1983）年 2 月に老人保健法が施行され、老人保険事
業第 1 次 5 カ年計画として胃がん、子宮がん検診が導入されことを嚆矢とす

55）『がんの予防　科学的根拠にもとづいて』（小学館、2010 年）、『科学的根拠にもとづく最新がん
　予防法』（祥伝社、2015 年）、『生活習慣の改善でがんを予防する 5 つの法則』（日東書院本社、2017
　年）など。

56）http://ganjoho.jp/professional/pre_scr/screening/screening.html#03

第1章　がんとがん保険

表Ⅰ-3-5　対策型がん検診（集団検診）の前提

● リスクの低い人に行われること
● メリットはがん死亡数が減らせること
● デメリットとして有害事象（副作用）を伴うことがあるが、メリットがデメリットを上回ること
● 検診受診はシステム（制度、法律等）として勧奨される必要があること

出典：第24回日本癌治療学会教育セミナー資料、2018年10月20日

表Ⅰ-3-6　5部位のがん検診

	対象	検診内容
肺がん	40歳以上、年1回	問診、胸部X線および喀痰検査
乳がん	40歳以上、2年に1回	問診、マンモグラフィー
胃がん	50歳以上、2年に1回	問診、胃X線または内視鏡検査
大腸がん	40歳以上、年1回	問診、便潜血
子宮頸がん	20歳以上、2年に1回	問診、視診、細胞診および内診

出典：がん予防重点健康教育及びがん検診実施のための指針について（健発第0331058号）

る。以後検診部位は順次拡大した。また平成10（1998）年には、がん検診費用が一般財源化されている[58]。現在、科学的根拠に基づくがん検診として5部位の癌（胃、肺、大腸、子宮、乳腺）に対して推奨され（**表Ⅰ-3-6**）、健康増進法（平成14年法律第103号）を根拠法として、市町村が事業主体となって実施されている。検診受診率は、がん対策推進基本計画の視標になっており各都道府県は、市区町村の検診受診率を向上推進するための各種施策を実施している[59]が、後述するように検診の実施主体が様々で、精度の高い検診受診率の比較ができていない問題が指摘されている。

　対策型検診のメリットは、まさにがんの2次予防のメリットである。しかし、がん対策推進基本計画の中で推奨されているがん検診に対しても批判する研究者も存在する[60]。したがって、「科学的根拠に基づくがん検診」の科学的根拠とは何かを知る必要がある。

57）第1次計画は昭和57（1982）年に策定、第3次計画で、胃、子宮、乳腺、肺、大腸の5部位に拡大している。
58）厚生労働省健康局　第1回がん検診のあり方に関する検討会資料
　　http://www.mhlw.go.jp/stf/shingi/2r9852000002bifz-att/2r9852000002biky.pdf
59）検診手帳の配布や無料クーポン券の配布など。
60）岡田正彦『がん検診の大罪（新潮選書）』（新潮社、2008年）

Ⅰ-3　がんの医療環境

　検診の目標や効果は、検診の対象集団の総死亡数・がん死亡数や総死亡率・がん死亡率を下げることである。[61]一方、がん検診に伴う有害事象（検診の副作用で、乳癌検診では、マンモグラフィーの集団検診の後に針生検という侵襲的な精密検査が必要であり、またエックス線検査は被曝を受けることで逆に健康を害する可能性がある）とのバランスや、税金を投入して実施する費用対効果の問題も無視できないのである。[62]有害事象とのバランスで、米国では乳癌検診の実施年齢を最近引き上げている。では、日本における科学的根拠としてがん死亡率や総死亡率を低下させる根拠のデータは、どこにどのように公表されているのだろうか。

　この点については、厚生労働省健康局管下に「がん検診のあり方に関する検討会」が組織され、現在まで議論されている。[63]これらの議論の前提である元データは、東北大学医学部公衆衛生学久道茂元教授を総班長とする厚生労働省の研究班が、平成10（1998）年4月に公表した「がん検診の有効性評価に関する研究」班報告書にまとめられている。これは、当時老人保健法の保健事業で実施していた胃癌、子宮頸癌、子宮体癌、乳癌、肺癌、大腸癌の各検診について調査し、検診の手法別に効果を評価したものである。その後、同研究班のメンバーにより追加の報告書が平成13（2001）年に出版されている。上記各がん検診に加え、卵巣癌、肝癌、前立腺癌の検診の効果も評価されている。結果は、有効、無効、保留の3区分に分かれ、有効であった検診部位は、胃、子宮頸部、乳腺、肺、大腸および肝臓である。ただし肝臓は、肝臓癌の腫瘍性病変を早期にスクリーニングすることと異なり、その前段階の肝炎ウイルスのチェックについて評価するものである。以後、日本人に対して科学的有効性のあるがん検診として胃、子宮頸部、乳腺、肺、大腸の5部位検診が推奨され、がん対策の柱になっていくのである。今後、がん検診受診率向上に伴い日本人のデータが蓄積されれば、真の意味で科学的根拠が得られることが期待されている。

61）がん死亡数やがん死亡率を下げることは、検診の評価視標の1つであるが、最も重要なのは集団の死亡率を下げることである。がん死亡数を減らしても、総死亡数が増える場合は検診のあり方に検討が必要である。
62）がん検診の有効性を評価する学術指標は、詳細に研究されている。
63）平成15（2003）年以後「がん検診に関する検討会」が設置され、各検診の見直しについて検討が行われ、平成19（2007）年には「がん検診事業の評価に関する委員会」が設置され、受診率向上に向けた検討が行われた。

第1章　がんとがん保険

　なお、がん検診の効果としては、リスクの低い健常者から、余計な負担をかけずに「がんを早期発見・治療できること」によりがん死亡を減らすことがあげられ、がんの統計 '05 の大阪府がん登録のデータが有名であったが[64]、最近では、国立がん研究センターがん予防・検診研究センターが、がん検診とそれ以外で発見されたがんの進行度を比較したデータを公表している。全体として検診由来のがんが、早期の段階で診断されていることが判明している[65]。

　がんの予後が改善していることや、年齢調整のがん死亡率が改善していることはすでに解説したが、がん検診の普及もその一因のはずである。では、がん検診によってどれだけ早期発見されているか、**がん患者の初診時の進行度を比較したのが、表 I-3-7 である。4 部位で程度に差はあるが 10 年間で早期発見率が上昇している**ことが見てとれる。

表 I-3-7　初診時の進行度 0 期、I 期の割合（%）

	進行度	2007 年調査	2016 年調査
胃	I 期	60.6	63
大腸	0 期、I 期	36.1	46.9
肺	I 期	37	39.5
乳腺	0 期、I 期	49.4	55.2

出典：がん診療連携拠点病院全国調査　（2007 年は子宮頸部データが報告されていない）

　がん検診が早期発見に有効である効果は確認されたが、一方、検診受診率については、諸外国と比較して日本のがん検診受診率は低いと指摘されている。しかし、日本は健康診断大国であり何らかの健康診断を受診している率は、おそらく諸外国に比べ高いはずである[66]。ここで取り上げられているがん検診受診率は、市町村が事業主体となって実施している検診（**表 I-3-8**）の調査や、

64）がん研究振興財団「がんの統計 '05、表 11　検診およびその他の方法で発見されたがんの臨床進行度および生存率」（データは大阪府がん登録　1995-99 年診断）

65）日本がん登録協会「がん検診由来や検診受診率と診断時のがん進行度との関係について」ノモグラム No20, 2014（2007 年診断のデータ）：検診の早期発見効果は認められるが、若年者のがん検診による過剰診断の問題も指摘している。

66）独立行政法人労働者健康福祉機構は、海外では予防健診に国は原則介入しないと解説している。日本は少なくとも被用者に対しては労働安全衛生法で健康診断が実施されており、平成 19（2007）年労働者健康状況調査では、約 70％の受診率（非正規雇用を含む）であり、諸外国に比較して健診大国になっている。また以前、筆者が死亡保険加入者の告知を調査したところ 2 年以内の健康診断受診率は 80％を超えていた。

I-3　がんの医療環境

表I-3-8　がん検診受診者数及び受診率の年次推移

		平成22年度(2010)	23年度('11)	24年度('12)	25年度('13)	26年度('14)	27年度('15)	27年度('16)
胃がん	受診者数	2,469,699	2,459,339	2,430,249	2,364,411	2,324,571	2,372,716	1,998,387
	受診率(%)	10.1	9.7	9.9	9.6	9.3	6.3	8.6
肺がん	受診者数	3,863,145	3,928,324	3,978,830	3,961,043	4,026,567	4,208,687	4,071,463
	受診率(%)	15.7	15.4	16.2	16.0	16.1	11.2	7.7
大腸がん	受診者数	3,916,400	4,584,068	4,704,400	4,780,888	4,867,353	5,241,847	4,639,186
	受診率(%)	15.5	17.6	18.7	19.0	19.2	13.8	8.8
子宮頸がん	受診者数	4,113,335	4,058,829	4,022,053	3,933,049	4,195,819	3,923,636	3,805,018
	受診率(%)	30.1	30.6	31.2	31.1	32.0	23.3	16.4
乳がん	受診者数	2,180,706	2,188,659	2,038,273	2,072,935	2,183,873	2,115,752	2,563,703
	受診率(%)	26.6	26.3	25.9	25.3	26.1	20.0	18.2

出典：平成26、27、28年度地域保健・健康増進事業報告

表I-3-9　医療保険加入別がん検診受診率（%）

	国民健康保険・市町村	国民健康保険・組合	被用者保険・本人	被用者保険・家族	後期高齢者医療制度	その他
胃がん	28.9	28.9	42.3	23.8	31.7	18.5
肺がん	31.8	32.7	48	27.6	32.6	19.4
大腸がん	29.9	28.9	37.7	25	31.3	16.9
子宮頸がん	25.7	31.4	41.1	37.9	10.1	18.5
乳がん	25.2	25.9	34.4	31.1	11.7	14.8

出典：平成25（2013）年国民生活調査（各医療保険で提供されたがん検診とは限らない）

国民生活基礎調査（抽出世帯へのアンケート調査でがん検診率は3年に1度調査）などであり、受診率の結果は、それぞれ異なっている[67]。したがって、営業教育資材や募集資材等にがん検診率を掲載する場合は、調査の名称と調査年の提示は必須である。

　また、被用者は労働安全衛生法により職域で1年に1度の健康診断は受診している。基本的健診項目に加え、がん検診がオプションになっているため、国民全体のがん検診受診率は、**表I-3-9**に示したとおり保険者間や職域別に差

---

67) がん検診率は、国民生活基礎調査（毎年公表されているが、がん検診率は3年に1度）、地域保健・健康増進事業報告（毎年）および推計対象者（住民検診から職域がん検診受診可能者を除く住民）を基にした受診率（毎年）が公表されている。

第1章　がんとがん保険

が認められている。

したがって、がん検診受診率結果の精度が問題になっているため、平成28（2016）年6月に厚生労働省健康局主管で「がん検診受診率等のあり方に関するワーキンググループ（WG）」が立ち上がり、検討が行われた。最終的にWGでは図Ⅰ-3-1の集計方法にしたがって、がん検診受診率として精度の高いデータを今後作成することが目標になった。しかし、実際の作成は難しく、住民中心のがん検診と職域中心のがん検診の受診率について正確な把握に基づく、国民全体のがん検診率は補足されていない。正確に集計するには、図Ⅰ-3-1に示した方法によるデータが必要である。結局、**現在の日本のがん検診は、「職域の健康診断に付加されるがん検診は任意型であり、受診者は本来対策型集団がん検診の対象者なのである」という問題を抱えている**[68]。**したがって、検診率の比較をする場合には慎重でなければならないが**、米国と比較して日本人のがん検診受診率が低いことは間違いない。

いずれにせよ、がん検診は科学的に評価され早期発見、早期治療によりがん

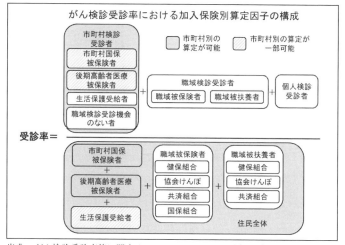

図Ⅰ-3-1　正確にがん検診受診率を比較するための集計方法の最終目標

出典：がん検診受診率等に関するワークンググループ平成28年9月報告書

---

[68]「科学的根拠に基づくがん検診法の有効性評価とがん対策計画立案に関する研究」の研究代表を務めた斉藤博氏が、2018年第56回日本癌治療学会で口述している。

Ⅰ-3　がんの医療環境

を進行させずに治療し、死亡率を改善させ、早期治療の医療費軽減効果も期待されるのであるから、公衆衛生的には評価が高いことはいうまでもない。この効果は、死亡保険にも直接的に影響すると考えられることは自明である。また医療保険でも、早期がん発見率の増加で入院という保険事故の発生確率は高くなっても、進行がんの場合より簡便な治療で済み、平均入院日数が短く給付日数は少なくなる影響を受けるはずである。逆に早期発見されなければいずれ進行がんとして保険事故につながっていたと考えれば、がん検診受診率向上のメリットを享受できるのである。一方、がん保険は、がんの種類やがんの進行度に関係なく、がんと診断されれば**一時金を給付するタイプの商品が普及しており、検診受診率は保険事故発生率に影響する**[69]。また早期の悪性新生物のみならず上皮内新生物の発見も検診の効果であり、悪性新生物と共に上皮内新生物を保障するタイプの商品の保険事故発生率に与える影響は無視できないはずである。

　なお、がん検診の結果がんが発見される率については後述する（第Ⅲ章-11「特別条件」）。またがん検診の費用対効果については、学術的にも研究、検証されているが紙面の都合上割愛する。

　③　がん簡易検査の動向

　最近、「血液1滴でがん発見」「線虫でがん検診」という報道を耳にする[70]。いずれも、バイオマーカー（Ⅰ-3-7参照）に関連したがんの補助診断の検査であり、リキッドバイオプシーの1種であると考えられる。また、2018年12月には、北九州市立大学の研究グループが、唾液検査で口腔がんを発見する技術を開発したとの報道があり[71]、この分野の研究が進んでいることを印象づけた。さらに、これらの簡易検査を集団のがん検診へ応用するための研究も検討するという。今後、がんを早期発見できる有用性、集団検診への可能性の確認など応用に向けて様々な検証が行われるはずである。

69）最近は、がんの重症度や進行度を勘案した一時金給付も登場している。
70）2017年4月18日HIROTUバイオサイエンスと日立製作所が共同で線虫によるがん検診の2019年末に向けて実用化開発を目指すことを公表している。線虫が、がん患者の尿に反応することを利用している。
71）2018年12月10日新聞各紙報道では、北九州市立大国際環境工学部の李丞祐教授のグループが、唾液中のがんの匂いを検出する技術を開発したことが報道されている。

39

第1章　がんとがん保険

　従来のがん検診の有効性を確認してきた検診手法と大きく変わり、新たな検診技術として従来の検診との有効性（科学的有効性と費用対効果などの有効性）に関する比較検証も必要である。このようにがん検診を大きく変化させる可能性を秘めているが、当然現時点でも利点と問題点が浮かび上がっている。

　利点としては、以下の点があげられる

● 従来のがん検診より非侵襲であること（有害性の減少）

● 従来のがん検診の偽陽性である精密検査指示になる対象者を減らせること（医療資源使用の効率化、経済的効果）

● 検診費用の低廉化（経済的効果）

　問題としては、

● 陽性の場合に臓器特異性が限られ、すべての臓器のがんの精密検査が必要になること

● 万一、臨床がん（現在の諸検査で存在部位が確認できるがん）より早期に見つかる場合は、被験者の不安を増強させる検査になる可能性があること

などの点が考えられる。今後、しばらくこれらの簡易検査の動向は注目すべきなのであろう。

　さて、問題は、このような簡易検診が導入された場合のがん保険事業にどのような影響があるかという質問をよく経験する。「簡易がん検診でがん保険商品は終焉をむかえる」という声まで耳にする。おそらく、簡易がん検診で簡単に逆選択が発生するという懸念だと考えるが、少し極論過ぎるであろう。要するに、これは危険選択の話であり、未来永劫現在の危険選択の手段を同じ水準で継続させる必要など何もないのである。こららの懸念は危険選択の技術論で解決できることを確信している。

3）がん診療連携拠点病院と均てん化

①　がん医療格差の要因

　がん医療の均てん化が叫ばれた背景は、がん対策基本法が成立する前、第三次対がん 10 カ年計画が平成 16（2004）年に発足したことに伴い、公的医療保険制度下における全国一定水準の医療の提供実現という視点で検討された。平成 16（2004）年 9 月厚生労働省健康局管下に「がん医療水準均てん化の推進

40

I-3 がんの医療環境

に関する検討会」が設置され、国立がんセンター総長（当時）の垣添忠生氏が座長となり審議された[72]。最終的に平成17（2005）年4月に均てん化推進のための提言が取りまとめられている[73]。単純に人口動態統計で見ると当時の都道府県別がん死亡率（年齢調整）は、男女ともに青森県が全都道府県で最も高く、逆に男性は長野県、女性は岡山県が最も低い状況で差が見られていた[74]。重要な点はなぜ医療格差が存在するのか、どの程度の格差なのか、どうすれば格差は是正されるのかである。当然、がん保険とがん医療は緊密な関係にあり、商品の方向性や給付発生率を考える上で重要である。検討会で審議された主要事項は以下のとおりである。

検討事項

(1) がん医療における地域の実態と格差を生み出している要因

(2) がん専門医等の育成

(3) 国、ブロック、都道府県（三次医療圏）、二次医療圏における各がん専門医療機関の役割分担を踏まえたネットワーク体制の整備

(4) 上記(3)を踏まえたがん専門医等の人材交流（派遣・受入れの促進）

(5) 地域におけるがん専門医等の確保

(6) 地域がん診療拠点病院制度のあり方

確かに、がん医療における資源としての人（専門医）、もの（病院、治療設備など）、金（予算）および医療のアウトプット（がん死亡率など）を指標に検討するのは当然である。また格差を論じる前に、分析対象の選定が重要であった。

検討会の報告書では、医療施設間の格差（5年生存率）、二次医療圏間の格差（5年生存率）、都道府県格差（5年生存率、がん死亡率）が分析され、データの精度に問題はあることを認めつつ、分析結果として格差が存在することを結論付けている。国民に一定水準の医療を提供しているという日本の医療制度の根幹に影響する、医療水準に格差が生じていることが確認されたのである。その要因として、専門性の高い医療スタッフの充足度、がんの早期発見に係る体制

---

72) がん医療水準均てん化の推進に関する検討会議事録。http://www.mhlw.go.jp/shingi/2004/09/txt/s0909-1.txt

73) 「がん医療水準均てん化の推進に関する検討会」報告 http://www.mhlw.go.jp/shingi/2005/04/s0419-6a.html

74) 平成29（2017）年度人口動態統計特殊報告「平成27年都道府県別年齢調整死亡率の概況」

第1章　がんとがん保険

の構築度合い、医療機関相互の機能分担とネットワークの充実度、がん登録制度の充実度および医療機関情報の提供などの差をあげている。以後、それぞれのテーマで行政の取り組みが始まることになった。

② 　がん診療連携拠点病院等

　地域住民にとって高い質の医療を受けることができるように、地域がん診療拠点病院が平成14（2002）年3月から指定が開始されていたが[75]、医療機関相互の機能分担とネットワークの充実に関連して、前述の検討会の報告書の中では、これらの医療機関を中心に病病連携（病院間連携）、病診連携（病院診療所連携）あるいは特定機能病院[76]や大学病院との連携が提言されている。この提言に基づき、新たにがん診療連携拠点病院の指定が始まるのである。具体的には、「がん診療連携拠点病院の整備について」の平成18（2006）年2月1日付通知[77]に基づき、二次医療圏[78]の中でがん医療機関の中核を担うためのがん診療連携病院の指定が開始された。以後、指定要件の変更[79]を経ながら順次指定病院数が拡大し、全国で約400のがん診療連携拠点病院が指定されている。一方、二次医療圏で全く指定されていない地域もあるなど課題が浮き彫りになり、さらに新たな類型が加わるという制度が大きく変わることになった[80]。がん診療連携拠点病院には、都道府県がん診療連携拠点病院（都道府県に1カ所）と地域がん診療連携拠点病院（二次医療圏に1カ所）の2種類が指定されてきたが、平成26（2014）年1月からは、従来の2種類のがん診療連携拠点病院に加え、新たな類型として特定領域がん診療連携拠点病院、地域がん診療病院の2種類が追加された。二次医療圏にがん診療連携拠点病院が指定されない地域については、隣接する二次医療圏のがん診療連携拠点病院とのグループ化を前

75）平成13（2001）年4月に「地域がん診療拠点病院のあり方に関する検討会」が設置され、「地域がん診療拠点病院の整備に関する指針」が策定された。主要ながんに対して地域住民の生活圏内で質の高い医療が受けられることを目的としている。

76）医療法で、高度の医療の提供、高度の医療技術の開発及び高度の医療に関する研修を実施する能力等を備えた病院を特定機能病院として厚生労働大臣が承認することになっている。

77）健発第0201004号健康局長通知

78）二次医療圏は、都道府県別に病床規制をするために医療法第30条の4第2項第10号に規定されている。考え方は、「一体の区域として病院等における入院に係る医療を提供することが相当である単位」として設定される区域である。

79）平成20（2008）年3月1日付健発第0301001号健康局長通知

80）平成26（2014）年1月10日付健発0110第7号健康局長通知

42

I-3　がんの医療環境

提に地域がん診療病院が指定される。これによりがん診療の質を全ての二次医療圏で確保するのが制度変更の狙いであった。また特定領域がん診療連携拠点病院は、特定のがん種類に対して診療実績を有する病院が指定されたのである（表I-3-10）。

表I-3-10　がん診療連携拠点病院の類型（平成26年1月10日以後）

類型	基準	平成30年4月1日の指定
都道府県がん診療連携拠点病院	都道府県に1カ所指定	348病院
地域がん診療連携拠点病院	二次医療圏に1カ所指定	50病院
地域がん診療病院	二次医療圏で地域がん診療連携拠点病院がない場所に1カ所指定	36病院
特定領域がん診療連携拠点病院	特定のがん種類に対して診療実績を有する病院で、都道府県で最も多くの患者を診ている病院	1病院

出典：平成26（2014）年1月10日付　健発0110第7号健康局長通知より作成

　さらに、がん対策推進基本計画に合わせたがん医療の充実に対応する整備が必要になり、行政内の協議を経て、地域がん診療拠点病院の指定要件が平成30（2018）年7月に再度見直されることになった[81]。**地域がん診療連携拠点病院（高度）が、新たな類型として加わり、また都道府県の医療計画に従って、これまでの2次医療圏が基本であった基準から「がん医療圏」に対する指定に変更になっている**（表I-3-11）。

　それぞれの類型については、各健康局長通知に指定要件が明記されており、概要は診療機能としては集学的治療、手術、化学療法、緩和ケア、病病・病診連携の協力体制、セカンドオピニオンを提供する体制であった。その他、医療従事者や医療施設、診療実績、研修の実施体制、相談支援センター機能、研究体制などが要件に該当することである。平成30（2018）年7月の見直しでは、各類型の指定要件が整備されているが、がん診療連携拠点病院の指定要件として、新たに加わった点の主なポイントを列挙する。

　●都道府県の指定権限の明確化

81）平成30（2018）年7月31日付健発0731第1号健康局長通知

第 1 章　がんとがん保険

表 I -3-11　がん診療連携拠点病院の類型（平成 30 年 7 月 31 日以後）

類型	基準
都道府県がん診療連携拠点病院	都道府県に 1 カ所指定
地域がん診療連携拠点病院（高度）	都道府県知事が、診療機能が特に高いものとして推薦できる。がん医療圏に 1 カ所まで
地域がん診療連携拠点病院	がん医療圏に 1 カ所指定
地域がん診療病院	がん医療圏で地域がん診療連携拠点病院がない場所に隣接するがん医療圏にある地域がん診療連携拠点病院とグループ指定
特定領域がん診療連携拠点病院	特定のがん種類に対して診療実績を有する病院で、都道府県で最も多くの患者を診ている病院

出典：平成 30（2018）年 7 月 31 日付　健発 0731 第 1 号健康局長通知より作成

- ●診療機能の強化
  - ➢　集学的治療と緩和治療の充実および体制整備[82]
  - ➢　キャンサーボード[83]の体制整備と機能の明確化
  - ➢　思春期・若年者（AYA 世代）のがん患者、小児がん患者への相談支援・関連病院との連携強化
  - ➢　生殖機能温存への対応
  - ➢　臨床研究・先進医療以外の保険適応外免疫療法の排除[84]
- ●医療に係わる安全管理のための陣容、体制、管理業務の新設
- ●その他（診療実績の新設・見直し、研修強化、情報収集体制の強化など）

このように、どこに住んでいても生活圏内でがんの診療が受けられ、一定水準の治療が受けられる体制整備が進められてきたが、さらにそれぞれの病院におけるがん診療の実態強化をする整備と、がん対策推進基本計画や地域医療構想との整合性を図る形で整備が進むことになっている。列挙したポイントの具体的内容は、分量が多く本書に掲載することは割愛する。

---

82) 集学的治療とは、手術、放射線および薬物療法を効果的に組み合わせた治療をいう（局長通知内定義）。

83) 手術、放射線診断、放射線治療、薬物療法、病理診断及び緩和ケアに携わる専門的な知識及び技能を有する医師その他の専門を異にする医師等によるがん患者の症状、状態及び治療方針等を意見交換・共有・検討・確認等するためのカンファレンスをいう（局長通知内定義）。

84) 有効性が認められていない「がん免疫療法」が、臨床研究以外で自費診療として実施されている問題が指摘された。がん診療連携拠点病院へ調査が実施され、5 施設が臨床研究以外で実施していたことが公表された（2017 年 11 月 29 日）。

I-3 がんの医療環境

③ 小児がん拠点病院

　小児のがんは、治療後に時間がかなり経過してから後遺症が見られることや、療養中に教育を受けなければならない問題など成人と比較すると特別な課題を抱えている。また年間2000人から2500人程度の発症で患者数は少ないが、小児の死因1位を占めている。平成24（2012）年5月に「小児がん医療・支援のあり方に関する検討会」が設置され、同6月に閣議決定された第2期がん対策推進基本計画において小児のがん療養を専門に行う小児がん拠点病院を整備する目標が設定された。これに合わせて、小児がん拠点病院と小児がん中央機関が指定されることになり、集学的治療、化学療法の提供や緩和ケアの提供、診療従事者の要件、医療施設要件、研究体制や小児がんの情報収集などの指定要件が決められている。小児がん中央機関は、小児がんの中核的な機関として厚生労働大臣が指定し、拠点病院を牽引する役割が決められ、平成29（2017）年1月の段階では、**小児がん拠点病院15カ所、小児がん中央機関2カ所指定されている。**さらに平成30（2018）年には、新しいがん対策推進基本計画に合わせるために、指定要件の見直しやAYA世代への対応や小児がん連携病院の新設などが検討されているが[85]、詳細は割愛する。

4）地域におけるがん医療と緩和ケア

　がん患者は、診断後の治療すなわち急性期の治療を前述したがん診療連携拠点病院を中心に受療することになる。一方、急性期の治療が終了すると自宅近傍の医療機関や在宅での療養を行うことになる。がんの療養といえば急性期の医療機関や、それらの医療機関で受ける三大治療に焦点が当たるが、急性期の治療後に、患者が療養する環境についても理解しておかなければならない。その中心は地域包括ケアシステムである。平成30（2018）年4月診療報酬と介護報酬の同時改定が実施された。報酬改定は、医療介護政策を経済的な面からサービス提供のあり方を誘導する目的が含まれており[86]、改定の目玉は、団塊世

85）「小児・AYA世代のがん医療・支援のあり方に関する検討会」が、第3期がん対策推進基本計画に合わせて、小児がん拠点病院等の指定を再検討し、平成30（2018）年7月31日に「小児がん拠点病院等の指定要件の見直しに関する報告書」をまとめている。

86）島崎謙治『日本の医療制度と政策』（東京大学出版会、2011年）362-373頁

45

第1章　がんとがん保険

代が全員 75 歳を迎える 2025 年問題を視野に、地域包括ケアシステム[87]の充実と地域医療・介護サービスの機能的充実を図ることであった。具体的には、訪問診療や訪問介護の整備と地域包括ケア病棟の充実である。残念ながら 2018年の診療報酬改定における地域包括ケアシステム整備の議論において、がん患者の在宅診療については、筆者が確認している限りにおいて、それほど濃厚な議論はされていなかったと理解している[88]。したがって、今後がん患者の在宅医療を担う施設や人材の育成整備が重要になるものと考えられる。一方、がん患者が在宅療養をするためには、がん診療連携拠点病院や大学病院などの急性期の治療を行った医療機関と在宅の療養を担う医療機関との連携が重要であると認識されている。したがって、がん診療連携拠点病院は、病院－病院連携（病病連携）、病院－診療所連携（病診連携）のためにクリティカルパス[89]の充実を図ることになっている。

　急性期の医療機関から在宅療養へ移行した患者は様々な症状を有しており、一部には緩和ケアを必要とする患者がいる。在宅における緩和ケアについては、在宅療養支援診療所・在宅療養支援病院[90]や訪問看護事業所および居宅介護事業所が担当し、がんの病状が一定以上で身体介護が必要であれば医療サービス以外に介護サービスの対象となる[91]。なお、急性期の治療を行っているがん診

---

87) 地域包括ケアシステムとは、二木立氏の『地域包括ケアと福祉改革』（勁草書房、2017 年）によれば、政府関連文書としては厚労省老健局長の私的検討会である高齢者介護研究会で初めて用いられ、2013 年 12 月成立の通称「社会保障改革プログラム法」の 4 条 4 項に「地域の実情に応じて、高齢者が可能な限り、住み慣れた地域でその有する能力に応じた自立した日常生活を営むことができるよう、医療、介護、介護予防、住まい及び自立した日常生活の支援が包括的に確保される体制」という記述が、地域包括ケアシステムの理念規定だと解説している。また、社会保障制度改革会議報告書（2013 年 8 月 6 日）では、医療と介護の連携と地域包括ケアシステムというネットワークの構築が盛り込まれており、地域包括ケアシステムは、多様な連携を基本としたネットワークであることが本質だと理解され、武藤正樹氏の『2025 年へのカウントダウン』（医学通信社、2015 年）や二木氏の『地域包括ケアと地域医療連携』（勁草書房、2015 年）の中で詳しく解説されている。

88) 議論されたのは在宅診療におけるがん疼痛治療への対応程度であった。

89) クリティカルパスは、治療を含め療養の手順である。院内の手順もあるが、転院先や退院後の在宅療養の手順も含まれている。主要部位のがんに関して現在整備が進んでいる。

90) 病院は 200 床未満で、診療所も病院も在宅医療を担当する医師の確保や 24 時間往診・訪問看護の対応ができる体制が必要で、さらに病院は緊急時の入院病床を確保していることなど一定条件を満たす必要がある。他に機能強化型在宅療養支援診療所や病院もある。

91) 介護保険の 2 号被保険者（40-64 歳）に対しては、16 の特定疾病に起因する要介護状態であれば介護保険サービスが受けることができる。がんも特定疾病に含まれているが、がんには末期要件があった。しかし、2019 年 2 月 19 日の通知で、同要件は廃止された。

I-3 がんの医療環境

療連携拠点病院の統計では患者の13%が症状緩和的治療を受けているという[92]
結果である。

　いずれにせよ、医療面で在宅療養の中心は、かかりつけ医とその他の医療・介護施設（スタッフ）との連携が重要であり、これによりがん患者への緩和ケアや支持療法への対応が充実されなければならない。特にがん性疼痛のある患者に対する適切な疼痛緩和は、安寧に在宅で過ごせるための重要なポイントであり、かかりつけ医のがん疼痛治療教育が喫緊の課題になっている。日本は、諸外国に比較してがん性疼痛に対する医療用麻薬の使用が少ない国であ[93]り、医療用麻薬の適正使用と特有の副作用に対する管理について、今後は開業医であっても習熟していなければならない。[94]

　終末期がん患者の療養となると、議論の俎上にのぼる緩和ケア病棟は、緩和ケア病棟入院料という診療報酬が設定されたことが始まりである。一定の施設基準と人員配置を満たす病棟に対して1990年に報酬が認められ（現在の入[95]院料は、表I-3-12）、以後緩和ケア病棟を有する施設数と緩和ケア病床数は着実に増加している。しかし、年間37万人以上のがん死亡者が全員生前に利用すると仮定すると、現在の緩和ケア病棟および緩和ケア病床数では全てをカバーできる数ではない。緩和ケア病棟・病床数については表I-3-13に、機能については表I-3-14にまとめている。2015年のデータでは、**平均在院日数は、32.7日、死亡退院の割合84.3%、病床利用率74.8%となっている。**[96]**緩和ケア病棟は全国で約400病棟あるが、緩和ケア機能を有するがん診療連携拠点病院であっても、全ての病院に緩和ケア病棟が開設されているわけではない**（2015

92）「がん診療連携拠点病院全国集計2016年版」102頁

93）公益財団法人がん研究振興財団がんの統計'17では、日本を含む先進10ヵ国の医療用麻薬使用量の比較がされている。モルヒネ、フェンタニル、オキシコドンの合計使用量／人口では下位2位となっており、最多使用量の米国の27分の1しか使用されていない。日本における医療用麻薬使用量の詳細は、厚生労働省作成医療用麻薬適正使用ガイダンスに2012-2015年のデータが掲載されている。特に4年間で使用量は増加していない。

94）がん疼痛治療は、世界的にWHO方式がん疼痛治療法が採用されており、「がん痛みからの解放」として出版されている。日本では、特定非営利活動法人日本ホスピス緩和ケア協会が、「がん疼痛の薬物療養に関するガイドライン」を刊行しており、かかりつけ医もこれらの内容を習得する必要がある。

95）一般病棟に病棟単位で設定され、施設基準の充足度により診療報酬は緩和ケア病棟入院料1と2が設定されている。

96）『ホスピス緩和ケア白書2017』（青海社）81頁

47

第1章　がんとがん保険

表 I-3-12　緩和ケア病棟入院料（平成 30 年 4 月）

緩和ケア病棟入院料 1	点数
30 日以内の期間	5,051
31 日以上 60 日以内の期間	4,514
61 日以上の期間	3,350
緩和ケア病棟入院料 2	
30 日以内の期間	4,826
31 日以上 60 日以内の期間	4,370
61 日以上の期間	3,300

出典：平成 30 年 4 月医科診療報酬点数表

表 I-3-13　緩和ケア病棟と病床数の年次推移

年度	1990	1995	1999	2000	2005	2009	2010	2015	2018
届出施設累計	5	23	70	88	159	209	225	361	403
届出病床累計	117	428	1294	1659	3002	4154	4495	7325	8197

出典：特定非営利活動法人日本ホスピス緩和ケア協会 https://www.hpcj.org/

表 I-3-14　緩和ケア病棟の機能

1. 苦痛緩和を必要とする悪性腫瘍及び好転免疫不全症候群の患者の緩和ケアを主に行う
2. 在宅療養の患者の緊急時に入院を受け入れる
3. 連携している保険医療機関の患者に関し、緊急の相談対応、24 時間連絡を受け入れる
4. 連携している保険医療機関の看護師、薬剤師への緩和ケアの研修

出典：診療報酬点数表から作成

年調査では、がん診療連携拠点病院指定 440 病院で緩和ケア病棟設置施設は 104）[97]。自宅の近くに病棟が存在するのか確認できるように特定非営利活動法人日本ホスピス緩和ケア協会がホームページ（https://www.hpcj.org/uses/index.html）で情報を提供している。

　なお、地域偏在などで緩和ケア病棟にアクセスできないことも考えられ、地域包括ケアシステムの中で、在宅患者の万一の場合の受け皿として、地域包括ケア病棟の存在と機能の充実も重要になると考えられている。また緩和ケア病棟における質の高いケアが、これらの病棟にも普及していかなければならない。

　今後、かかりつけ医の専門医として総合診療専門医制度（次項で解説する）

97）前掲注 96）白書 86-87 頁

が充実し、さらに緩和ケア対応が可能な医師が充足し、地域包括ケアシステムが潤滑に機能しなければ、がん患者の在宅療養は不安視されることになる。複数の会社でがん患者の在宅療養を支援する給付金が提供されているが、給付金あれどもサービスなしの状態では保険の効用は得られないので、早急に在宅療養の環境が整備されること期待したい。がん保険のサービス提供という観点に立つと、緩和ケア病棟、在宅療養支援診療所・病院、訪問看護、総合診療医および地域包括ケアシステムの動向が気になるところである。

　最後に、緩和ケアはターミナルケアや疼痛治療と同義語として使用されていることがあり、がん対策基本法の定義とは異なっている。また類義語として様々な用語も使用されているが、がん対策基本計画にも使用されている支持療法という用語も合わせて、表Ⅰ-3-15 にそれぞれの定義を提示しておくので、募集資料や教育資材にこれらの用語を使用する場合には、表の定義に準じるべきである。定義も公開されているものが複数存在するが、行政における定義は、表の上2行が正式なものといえる。

　なお、がん患者の看取りの問題も考える必要はあるが、終末期療養の具体的内容に関しては他の死因の場合と大きく差があるわけではないので、解説は控

表Ⅰ-3-15　緩和ケアと支持療法の用語の定義

緩和ケア（がん対策基本法第 15 条）： がんその他 の特定の疾病に罹患した者に係る身体的若しくは精神的な苦痛又は社会生活上の不安を 緩和することによりその療養生活の質の維持向上を図ることを主たる目的とする治療、看護その他の行為をいう。
支持療法（第 54 回がん対策推進協議会）： がん治療に伴う副作用・合併症・後遺症等を治療することにより、療養生活の質を向上させ、さらに患者が無理なく仕事と治療を両立する治療（同協議会では、支持療法は今後この定義の意味で使用するとされている）
緩和ケア（WHO）： 生命を脅かす疾患による問題に直面している患者とその家族に対して、痛みやその他の身体的問題、心理社会的問題、スピリチュアルな問題を早期に発見し、的確なアセスメントと対処（治療・処置）を行うことによって、苦しみを予防し、和らげることで、クオリティー・オブ・ライフ（QOL：生活の質）を改善するアプローチである
支持療法（国立がん研究センターがん情報サービス用語集）： がんそのものに伴う症状や治療による副作用に対しての予防策、症状を軽減させるための治療のこと

出典：表中に付記

図Ⅰ-3-2　がん療養の全体像

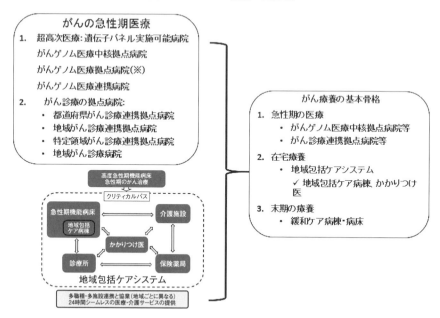

出典：筆者作成

えることにする。

　以上、がん患者の在宅療養の解説を行ったが、急性期を含めがん患者の療養の全体図を図Ⅰ-3-2に提示する。がんゲノム医療中核拠点病院については、後述する。

5) がん専門医

　専門医とは、後述する一般社団法人日本専門医機構の定義によれば、「それぞれの診療領域における、適切な教育を受けて、十分な知識・経験を持ち患者から信頼される標準的な医療を提供できるとともに、先端的な医療を理解し情報を提供できる医師」となっている。

　さて、がん医療の均てん化において、専門医の育成配備は重要な取り組み課題になっており、がん対策基本計画策定の当初から、「放射線療法及び化学療法の推進ならびにこれらを専門的に行う医療従事者の育成」が入っている。こ

の目標が入れられた根拠であるが、**諸外国と比較して放射線治療や化学療法の専門家（放射線治療専門医数：1,033 名平成 26（2014）年 10 月 1 日登録数、がん薬物療法専門医：954 名 平成 27（2015）年 2 月 1 日登録数）が少ない問題があげられる。**

　日本放射線腫瘍学会は、放射線治療専門医の認定を行っている。しかし、認定される放射線治療専門医に求められる診療上の能力とは何かはあまり知られていない。放射線治療は、照射装置を放射線技師が扱うことがほとんどであり、医師が近くに付き添っているわけでない。手術のように摘出されたがん病巣を目にすることもないため、放射線治療が終了しても治療効果を実感しにくい治療でもある。治療に伴う急性の放射線障害は、手術の合併症と異なり放射線治療の技量と関連して考えることはイメージしにくい。厚生労働省の平成 17（2005）年 4 月「がん医療水準均てん化の推進に関する検討会」の報告書を見ると、放射線治療の専門医に求められる技量とは、放射線治療計画を適切に立てることができること、かつ治療効果及び副作用を予測することができる能力ということになっている。治療計画の良否は、治療効果に直結し、また副作用の発現にも影響する。コバルト照射が主流で、現在のような精密な治療計画が立てられなかった時代、例えば子宮癌の治療に伴い多くの患者が膀胱、直腸障害や晩期の放射線性腸炎で苦しんでいたのである。

　一方で、化学療法の専門医は、欧米では臨床腫瘍内科（化学療法科）の医師として診療を担い、診療科も独立して存在しているが、日本では内科医や外科医自身が抗がん剤の治療を行ってきた歴史があり、専門病院を除いて臨床腫瘍科が標榜されていることは少ない。また、これまで日本の専門医制度が輻輳化、重層化しており日本癌治療学会が主導する「がん治療認定医（2008 年 4 月開始）」と日本臨床腫瘍学会の専門医制度である「がん薬物療法専門医（2006 年 4 月開始）」があるため、理解しにくい構図になっていた（**図 I-3-3**）。

　がん治療認定医は、がんに関する基礎的で幅広い事項に関する知識・技術を取得していることになっており、がん治療の基本的資格の位置づけである。したがって、各々のがん治療専門医制度（放射線治療専門医、がん薬物療法専門医、乳癌専門医、…など）は、がん治療認定医制度の上に追加される構図となっている。乳癌専門医は、乳癌の薬物療法を含めた乳癌治療の専門医であり、がん薬物療法専門医は、抗がん剤全般にわたって治療が行える専門医である。した

第1章　がんとがん保険

図Ⅰ-3-3　がん専門医の関係

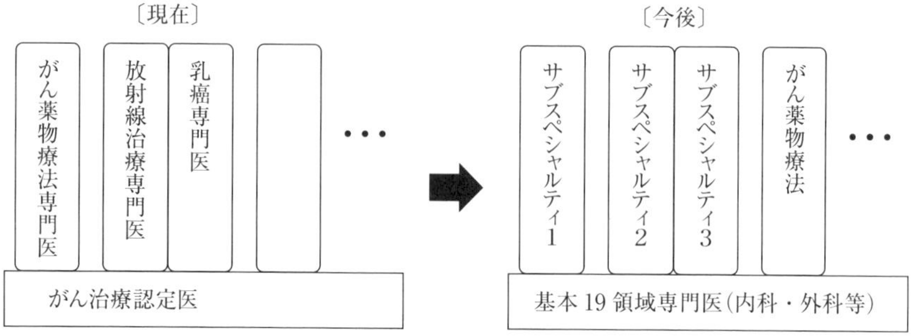

〔現在〕

| がん薬物療法専門医 | 放射線治療専門医 | 乳癌専門医 | | … |

がん治療認定医

→

〔今後〕

| サブスペシャルティ1 | サブスペシャルティ2 | サブスペシャルティ3 | がん薬物療法 | … |

基本19領域専門医(内科・外科等)

出典：筆者作成

　がって、均てん化のための化学療法専門家とは、がん薬物療法専門家を指すものと考えられている。

　がん薬物療法専門医の数は少なく、対して抗がん剤治療を受ける患者数は多い。よって、全ての患者をがん薬物療法専門医が担当することは不可能である。実際、乳癌治療において乳癌専門医が治療を行う場合とがん薬物療法専門医が治療を行う場合で治療効果に差があるとは考えにくい。しかし、高齢者や治療リスクのある患者、あるいは特異な副作用が出現する場合には、がん薬物療法専門医が担当すべき領域と考えられている。がん薬物療法専門医が配置されている病院においても、臨床腫瘍科が独立して標榜されていない病院では、がん薬物療法専門医の担当制が明確にならないなどの課題が指摘されている。

　がん薬物療法に最近では様々な新薬が投入されるにつれて、これまで経験したことがないような有害事象（身体に問題になるような副作用）に対するコントロールが必要になり、専門医制度に焦点が当たるようになっている。残念ながら前述のとおり現在専門医は不足しているが、徐々にではあるが、整備されていくものと期待される。

　このように、専門医の不足、制度が輻輳すること、専門医制度のシステムが各領域で異なるなど問題が指摘されており、厚生労働省の「専門医の在り方に関する検討会」では新しい専門医制度の創設が議論され、一般社団法人日本専門医機構が2014年5月に発足した。まず初めに内科、外科という基本18領域に加え、かかりつけ・在宅医療を加えた19の基本領域から新専門医制度が

52

I-3 がんの医療環境

2018 年間から開始されることになった。新制度導入については様々な議論があり紆余曲折して新制度発足に至っている。[98]

　なお、新専門医制度とがん治療に関連した専門医制度の関係であるが、**ポイントは、在宅医療・地域医療の専門家として総合診療医という専門医資格が、1 領域として認められたこと**であり、当然がんの在宅療養を担うためにも、がんの疼痛治療を含めた緩和ケアの研修の実効性が期待されることになる。なお、新専門医制度は 19 領域で発足するため、その他の領域は**図 I-3-3** のとおりサブスペシャルティ領域として認定され、今後どの領域を認定するのか協議が進行中である。しかし、残念なことに基本領域を横断する形の「がん治療認定医制度」などの議論はほとんど進んでいない。したがって、当面これらの制度は現状維持となりそうである。がん治療に関係した専門医の数を**表 I-3-16** に示しておく。

表 I-3-16　専門医の数

	専門医数
がん治療認定医	15,947（平成 30 年 4 月 1 日時点）
がん薬物療法専門医	1,256（平成 30 年 9 月 27 日時点）
放射線治療専門医	1,176（平成 29 年 11 月 1 日時点）

出典：筆者作成　主管する各学会のホームページより作成（2018 年 9 月 27 日アクセス）

6）がん医療の高額化と患者負担

　①高額化する自己負担と民間保険

　疾病罹患に関わる費用に関する研究は、Cost of illness（COI）という領域の研究で、医療経済学の分野では盛んに研究されており、様々な成果が報告されている。例えば、患者の費用負担の全体像を把握するためには疾病の治療費用である直接費用とそれ以外の費用である間接費用が調査されていなければならない。さらには、社会経済的負担を考えると労働喪失（就労できない個人の収入減と企業の生産性低下など）による費用も研究の対象になる。この流れを受けて、最近では治療費用保障を中心とするがん保険以外に、就業者の休業に対す

98）新制度の概要が、当初硬直的で、地域医療への影響が大きいこと、医師の地域的偏在が進むと批判されていた。

53

第1章　がんとがん保険

る所得保障をメインにする商品も提供されるようになっている。疾病による失業の原因は、メンタルの問題の次に、がん罹患であるため、がん保険と所得保障は親和性が高いと考えられる[99]。

　さて、患者の自己負担を詳細に見てみると、第Ⅲ章の抗がん剤治療給付金の部分でも詳述するが、抗がん剤治療に象徴される個別化医療と、これによる高額治療費の問題は、がん治療を受ける際の大きな問題になっている。保険適用される薬剤費も高額になり、がん療養に伴う保険適用医療の負担も高額化している。また、今後、保険外併用療養費制度の適用となる公的管理の混合診療（先進医療などの評価療養、患者申出療養および選定療養など）は、拡大することが予想され、新しい医療技術の導入は、確実に患者の自己負担を押し上げるはずである[100]。

　前述した濃沼教授が研究代表のがん患者とサバイバーへのアンケート調査[101]によると、がん診断後1年以内の患者の自己負担額は、平均101万円で、償還・給付額の平均は62.4万円となっている（表Ⅰ-3-17）。サバイバーの場合、年間の自己負担額が29.9万円で、償還・給付額は13.5万円となっていた。

　また、国立がん研究センターの濱島ちさと氏が研究代表である診断後5年間の医療費や、労働損失額についての研究が実施されている[102]。9部位のがんについて診断後5年間の医療費の調査（レセプト診療報酬請求票による直接費用の調査）では、部位によりかなり費用に差があり、最も費用が高かったのは食道がんであり、最も低額であった子宮がんの3倍になっていることが報告されている（表Ⅰ-3-18）。また、5年累積額で見ても医療費に占める入院費用が大き

99）総務省は、労働力調査（詳細集計）の中で離職理由統計を調査集計しているが、家事・健康上の離職と一括して調査するだけで健康問題の内訳は調査していない。雇用保険関連の統計も健康問題による失業者が対象になる特定理由離職者数は明確でない。公的統計としては、平成24（2012）年の労働者健康状況調査で、労働者に対する健康管理対策として、メンタルヘルスケアと共にがん検診の実施が重要課題として取り上げられていて、がんの重要性が企業に認識されていることが分かる。

100）がん医療をめぐる公的管理の混合診療については、第14回日本臨床腫瘍学会シンポジウム「保険外併用療養費制度の現状と課題」（2016年）でも取り上げられた。

101）厚生労働科学研究費補助金、第三次対がん総合戦略研究事業「がんの医療経済的な解析を踏まえた患者負担最小化に関する研究」の平成22（2010）年3月報告では、がん患者とサバイバー1万5905名へのアンケート調査が行われた。

102）濱島ちさと（研究代表者）、厚生労働科学研究費がん対策推進総合研究事業「がんによる生涯医療費の推計と社会的経済的負担に関する研究」報告書（2017年5月）

54

I-3 がんの医療環境

表 I-3-17 患者の自己負担額

	平均額（万円）	対象者%
直接費用	101.1	
入院	52.5	74.5%
外来	18.1	
交通費	4.5	
間接費用		
健康食品・民間療法	21.9	56.8%
民間保険	25.5	85.0%
償還額・給付額	62.4	
高額療養費	28.5	52.7%
医療費還付	8.8	
民間保険給付金	101.1	44.8%

出典：「がんの医療経済的な解析を踏まえた患者負担最小化に関する研究」平成 19 年度～ 21 年度総合研究報告書，粒子線治療費は含まない。
注：対象者：アンケート回答患者で該当項目を利用した患者の率、金額は対象者の負担費用の平均

表 I-3-18 健保組合レセプトデータによる 5 年間のがん医療費

部位	乳腺	肺	肝胆膵	胃	大腸	膀胱	前立腺	子宮	食道
医療費（万円）	250.5	374.0	447.3	243.7	483.8	192.9	196.1	183.3	567.7
入院費の占率（%）	40.6	80.5	74.5	69.1	58.1	65.8	73.2	71.3	85.1

出典：厚労省班研究、がんによる生涯医療費の推計と社会的経済的負担に関する研究（対象 0-75 歳）より作成
注：総医療費（直接費用の合計）であり、患者の自己負担とは異なる

く、今後もがん入院給付金が必要であることは確認できるが、部位別に見ると乳癌では外来医療費のウェイトが高いという結果である。**表 I-3-19** は、乳癌と胃癌について診断後年数別の医療費を見た結果で 1 年目の費用がやはり高いという結果である。次に乳癌と胃癌 5 年間の医療費を年齢階級別に見たのが**図 I-3-4** であり、医療費は年齢と逆相関しており、**若い世代ほど医療費が高いという結果であった。若年者であっても、がん治療費保障が必要性であることを示すデータといえよう。**

　諸外国においても Cost of illness の研究は実施されており、国情、医療制度の違いか、統一的な基準では調査が行われていない。がん治療の直接費用や間

表Ⅰ-3-19　乳癌・胃癌の診断後年数別入院・外来合計の医療費（万円）

	1年目	2年目	3年目	4年目	5年目
乳癌	186	55	44	41	4
胃癌	190	44	39	39	27

出典：厚労省班研究、がんによる生涯医療費の推計と社会的経済的負担に関する研究（対象 0-75 歳）より作成
注：総医療費（直接費用の合計）であり、患者の自己負担とは異なる

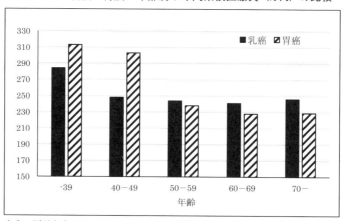

図Ⅰ-3-4　乳癌・胃癌の年齢別 5 年間累積医療費（万円）の比較

出典：厚労省班研究、がんによる生涯医療費の推計と社会的経済的負担に関する研究（対象 0-75 歳）より作成
注：総医療費（直接費用の合計）であり、患者の自己負担とは異なる

接費用以外に、労働損失額の有無など調査方法は様々である。労働損失といっても、入院や外来通院が原因の就業不能や死亡による労働損失額が一般的に調査されるが、これ以外に罹患前と比較して罹患後は、業務パフォーマンスを十分に達成できないことによる労働損失も発生している。これらは、企業にとって生産性の低下につながるが、患者にとっては収入低下につながるリスクなのである。濱島ちさと氏の研究では、入院・外来通院および死亡による労働損失総額について、40-75 歳の患者を年齢階層別に分け診断後 1 年以内と以降の額を推計している。胃癌患者全体では、診断後 1 年以内では 1,499 億円、1 年以降が 2,756 億円と推計している。詳細なデータ提示は省略するが、部位別に見ると療養の違いがあるのかそれぞれ特徴ある結果が報告されている。なお、ど

I-3　がんの医療環境

の部位の癌も死亡による労働損失が、入院や外来通院による額を超えていた。筆者が興味を持ったのは、女性の胃癌、大腸癌、肺癌、乳癌を比較すると、乳癌では死亡による労働損失額が、1年以内より診断後1年目以降で極めて大きいという結果である。報告されている結果が意味する乳癌の事情を確認してみる必要がありそうである。濱島氏の報告は、がんの治療費調査の最新のデータであり公的機関の研究であるため、結果の重要性は一般の研究者のみならず保険業界も十分理解しなければならない。

　さて、直接的な治療費用ではないが、がんの病状や治療に伴い必要になる整容（ウィッグの費用、エピテーゼなど）や将来の妊孕性維持のための卵子保存など費用など間接的ながん療養経費も、最近話題に上ることも多くなっている。卵巣摘出や抗がん剤治療後の不妊に対して現在年間2600人の患者が、治療前に卵巣・卵子を保存する処置を受けるために総額9億円に費用が掛かっていることが報告されていており、AYA世代のがん療養の重要な課題になっているが、その点は別項で解説する。**広義に考えるとこれらの整容対応や妊孕対策は、がん治療の後遺症とも考えられ、直接費用と間接費用の境界領域に位置しているので、今後は、がんの治療後遺症をどのようにがん保険の保障に組み込むのか検討が必要な領域である。**

　また濃沼教授は、抗がん剤の中でも高額であることが知られている分子標的薬の影響も調査している。固形腫瘍と非固形腫瘍の患者について、分子標的薬の使用に係る患者負担を比較しているが、いずれも分子標的薬を使用している患者の自己負担額が高くなっている。実際に分子標的薬の価格を旧来の抗がん剤の薬価と比較するとかなり高額になっていることが分かる（第Ⅲ章-6「抗がん剤治療給付金」の解説でデータ提示）。

　これらの自己負担額の分析には、粒子線治療や免疫療法が隆盛する以前のデータであり、現在はさらに、その後の最新医療の登場で、医療費負担における直接費用が増加していると考えられている。今後も、抗がん剤に限らず、再生医療や免疫療法など高額医療が導入されはずで、がん保険への期待が高まり、

103）顔面欠損部を外観上修復する人工の補塡物
104）平成27-29年度厚生労働科学研究費補助金がん対策推進総合研究事業（がん政策研究事業）「AYA世代がん患者妊孕性温存に関する研究」（古井辰郎、鈴木直也）で報告された。
105）抗腫瘍薬として承認された免疫チェックポイント阻害剤であるニボルマブ（商品名オプジーボ）

第 1 章　がんとがん保険

保険商品の存在意義も高まるはずである。

　なお、これらの医療費調査結果は平均値の提示であり、患者を個別的に見れ
ば平均額を大きく上回る費用負担に悩む者がいるため、前述したとおり臨床の
現場にも暗い影を落としている。安全で有効であることが分かっていても、患
者の懐具合（経済的状況）を確認しなければ治療の提供ができないという声が、
臨床医達から聞かれるようになっている。患者にならないと実感されない医療
費の価格の問題が徐々に浸透し、医療における経済格差が現実化しつつある。

　これまで、日本の医療を支えてきた公的医療保険制度もターニングポイント
にさしかかりつつあり、基本理念として、「有効性と安全性が確認された治療
は全て公的医療保険で提供する原則」も揺らぎつつある。まさに、国民皆保険
を維持できるのか、その瀬戸際にある。素晴らしい理念に支えられ、公平、平
等な医療サービスの提供により、国民は安心して医療が受けられ、世界に冠た
る長寿国になった。[106] 個人破産の原因 1 位が医療費負担である米国と比較して
も、[107] 日本では医療費による破産は低い率で済んでいるはずである。残念なが
ら個人破産の原因について疾病の影響を詳細に調査した国の統計がないが、弁
護士連合会等の調査では、病気・医療費による個人破産は、原因の 4 位になっ
ている。[108] 日本人の安定した生活をまさに社会保障そして社会保険が支えてき
たわけであるが、公的医療保険制度の中でも世界から羨望の的になっているの
が、高額療養費制度という保険適用医療による自己負担に対するセーフティネ
ットの存在である。月ベースの自己負担に上限が設定されていて、それを超え

　　の薬価は、非常に高額に設定され、社会に抗がん剤あるいは免疫療法の高額化の現実を世間に知ら
　　しめた。
106）日本の医療サービス提供は、低価格で公平、平等な医療を提供し、ユニバーサルカバレッジを
　　達成した原動力として、日本の公的医療保険制度は WHO から 2000 年に世界で最も優れた公的医
　　療保険制度として評価され、また 2011 年には世界的に有名な医学雑誌 Lancet にも特集号が組ま
　　れている。
107）知的資産創造、12 月号 70-85 頁に 2013 年の米国個人破産の 1 位が医療費である報告されている。
　　しかし、法制度が米国と日本では異なるため単純な比較はできないが、米国の医療費破産は高率と
　　思われる。残念ながら 2014 年から米国で俗にオバマケアと呼ばれる低価格保険の販売が始まって
　　おり、これによる破産率の変化は、これから確認してみなければならない。
108）日本弁護士連合会と消費者問題対策委員会の 2014 年破産事件及び個人再生事件記録調査では、
　　複数回答可の質問で負債原因として病気・医療費は、4 位を占めている。ハーバード大学等の研究
　　チームは、先進国と比較して米国の医療費支出が飛び抜けて高額である原因分析を行い、医療管
　　理費・薬剤費・医師給与の三大要因であると報告している（Harvard T.H. Chan School of Public
　　Health, the Harvard Global Health Institute, and the London School of Economics の報告）。

図 I-3-5 高額療養費給付総額および件数の年次推移

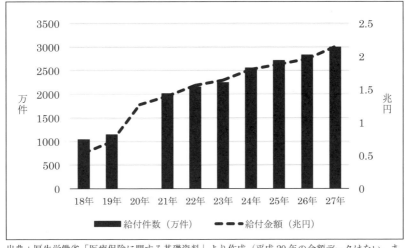

出典：厚生労働省「医療保険に関する基礎資料」より作成（平成20年の金額データはない、またデータには後期高齢者医療制度だけ合算高額療養付加金は含まれていない）

て負担することはないため、一般的な医療費の3割負担とセーフティネットの上限設定が、国民に大きな安心感をもたらしてきたのである。

しかし、図 I-3-5 で分かるように、高額療養費の給付は急増（国民医療費の伸び率を大きく上回っている）しており、本庶佑教授のノーベル賞受賞で話題になった高い治療薬であるオプジーボの登場は、高額療養費制度の維持が今後どのようになるのかを医療関係者に懸念させたのである。入院日数が短縮しているため、医療保険は不要と説明する声を聞くことがあるが、医療実態やcost of illness の理解不足であろう。公的医療保険の素晴らしい理念は、一方で贅沢な理念とも称され、根本的な見直し議論も検討されている。現実問題、受診時定額負担（大病院への紹介状のない受診の費用負担の法定化）やセルフメディケーションの推進（スイッチOTC薬品の品目拡大とセルフメディケーション税制導入）などは、公的医療保険の縮小の予兆ともいえ、今後は公私の保険の役割論議にも焦点が当たるはずである[109]。

医療費の価格に関心のなかった国民が、高額医療登場という経済的毒性（経

109）筆者「医療保険制度改革と民間保険の今後」（生命保険経営、2016年）でも患者の自己負担増の入り口となる保険外併用療養費適用医療への民間保険の役割を解説した。

第1章　がんとがん保険

済的有害事象、経済的副作用ともいう）の現実を耳にした現在、公的医療保険の
あり方を議論するとともに、表Ⅰ-3-20 に示す視点で、今後の民間保険の役目
を整理しておく必要がある。

表Ⅰ-3-20　高額医療の登場と公的医療保険縮小における民間保険の視点

マクロ的な視点では、 ・公私の保険の役割 ・高額医療や、公的管理の混合診療の受け皿 ミクロ的な視点では ・直接費用のみならず間接費用の多様なサービス提供 ・がん医療の副作用である、**経済的有害事象 Financial Toxicity**（※）への経済的支援

出典：筆者作成　※最近では、嘔吐や脱毛のような有害事象（副作用の中で、身体的に問題のものい
　　　う）のみならず、高額な医療では、経済的有害事象があると表現されるようになっている。

**　公私の役割を理解せずに無秩序な民間保険の役割拡大に対しては、営利を目
的として国民皆保険を崩壊させかねないという国民からの批判があるはずで、
自由診療への保障提供なども慎重でなければならない[110]。この点を理解した上
で、がん医療の環境変化と高額化を見据えて、がん保険も充実させなければな
らない。臨床医からも国民皆保険の堅持を大前提として、現実の問題として民
間保険に期待する声も上がっている（Ⅰ-1 参照）。医療保険制度のみならず医
療がターニングポイント迎えているのであろう。**

　なお、高額の医療技術の登場は科学の進歩の結果であり、ある意味当然であ
る。素晴らしい医療を受けたいということは多くの患者が望むことであり、国
民の医療費が毎年増加することはやむを得ないのである。しかし、日本の公的
医療保険には、医療費を効率的にコントロールする仕組みが備わっており、高
額医療費をただ傍観する必要はない。これまでも、抗結核薬の登場や透析医療
の普及といった高額医療の登場を日本は経験してきたのである[111]。しかし、政
策的にこれをコントロールして現在に至っている。高額の抗がん剤登場を嘆く

110）多くの医療が公的医療保険で実施されている限り、薬価を含め医療価格の設定における国の価
　　格交渉力が保たれ、医療価格を抑えることが可能であるが、自由診療が拡大することはそのような
　　価格交渉力を阻害し、特に海外から輸入している抗がん剤の価格に影響する。最近では、自由診療
　　と公的管理の混合診療を混同したままのサービス提供なども見られ、公的保険制度の理解をしてい
　　るのか懸念される会社も存在する。
111）二木立『医療経済・政策学の探究』（勁草書房、2018 年）151-233 頁

図Ｉ-3-6　オプジーボの薬価引き下げ経過

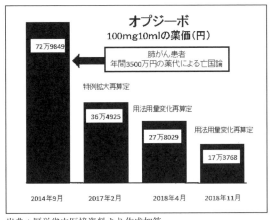

出典：厚労省中医協資料より作成加筆

のではなく、政策的にどのように価格がコントロールできるのか知恵を出してもらった。すでに、亡国の医薬品と懸念されたオプジーボの薬価も政策的に引き下げられた経験を我々は目にしているのである（図Ｉ-3-6）[112]。

　民間保険としては、高額療養費制度に代表されるような高額医療費をカバーする公的医療保険の制度もあり、さらにがんの休業が続けば傷病手当金制度などもあるため、保険募集以前にこのような情報を積極的に消費者へ周知していく取り組みも考えるべきであろう[113]。

②　高額化医療の象徴「がん医療」と公的保険制度

　これまで述べたようにがん医療は高額化しているが、その原因として抗がん剤の高額化も関係していることを述べた。背景には新しい技術を反映した創薬関連費用の高額化の問題がある。抗がん剤以外では、自己免疫疾患等の治療薬の高額化があげられ、いずれも分子標的薬やバイオ医薬品がその主役である。このような新規に開発される革新的医薬品については価格が高くなるため、各

---

[112] オプジーボ薬価は、緊急の引き下げ（特例拡大再算定）や、販売量が大きいこと、悪性黒色腫から肺がん、腎臓がん等へ適応疾患が拡大したことなどで薬価算定基準の制度に従って平成30（2018）年11月時点までに3回引き下げられている。

[113] 第58回がん対策協議会資料「がんの就労支援、現状と課題」では、高額療養費制度、傷病手当金制度、医療費控除の認知率を調査した結果、それぞれ、88.4％、44.5％、69.1％という結果であった。

第1章　がんとがん保険

薬剤に対して保険承認と共に「最適使用推進ガイドライン」が作成され、臨[114]
床で使用する場合は順守しなければならない。このほかに薬剤問題対応に焦点
を絞ると、様々な施策が導入されている。具体的には、

- 平成30年度診療報酬改定に伴う薬価制度の抜本的見直し
  - ➢ 長期収載薬剤の薬価引き下げ、
  - ➢ 薬価調査の回数、薬価基準のタイミングの見直し、
  - ➢ 外国価格調整の見直し
  - ➢ 調剤費用の見直し（門前薬局などの調剤費引き下げ）
- ジェネリック薬品の使用推進（国家目標設定）
- スイッチOTC薬品の導入

などである。各項目の解説は省略する。

　しかし、薬価対策として様々な政策が投入されても、依然として国民医療費
の総額は上昇し、抗がん剤に代表される医薬品の高額化の影響は大きい。2015
年度の薬剤費は、抗C型肝炎ウイルス薬（商品名ハーボニー、ソバルディ）の保
険承認で急増したが、ウイルス肝炎患者集団が大きく増加しないため、抗肝
炎ウイルス薬による医療費への影響は、すでに沈静化してきている。[115]しかし、
抗がん剤は毎年罹患者が増えており、抗がん剤費用の高額化の影響は持続する
ため、公的医療保険制度に与えるインパクトは大きい。

　前述しているとおり、高額医療を受けても、公的医療保険で診療を受けてい
る限り、セーフティーネットである高額療養費制度により、患者の負担は軽減
される。一方、高額療養費の償還費用の財源は公費が投入されている。したが
って、医療技術の進歩が続く限り高額療養費制度を維持することが、公的医療
保険制度の維持と共に重要な医療政策課題になっている。

　このような状況を踏まえ、前述した**平等で公平な公的医療保険制度を支えて
きた「有効性と安全性が確認された医療は、すべて国民に公的医療保険で提
供する」という理念に変化が現れてきている。**まず2012年5月23日に中医協
費用対効果評価専門部会が設置され、「経済財政運営と改革の基本方針2015」

---

114) 2016年7月27日中医協で高額薬剤対応としてガイドラインを作成することが検討されている。
　　2018年11月段階で、オプジーボ（一般名：ニボルマブ）を含め8薬剤に対してガイドラインが作
　　成されている。患者数が少ない稀少に疾患ではガイドラインは作成されない。
115) 抗C型肝炎ウイルス薬には、廉価な新しい薬剤が登場する予定である。

62

（2015 年 6 月 30 日閣議決定）では「医療の高度化への対応として、医薬品や医療機器等の保険適用に際して費用対効果を考慮することについて、2016 年度診療報酬改定において試行的に導入した上で、速やかに導入することを目指す」という内容が決まったのである。すなわち、有効性と安全性という指標以外に、**保険適用を認める指標に経済的指標である費用対効果指標の導入が始まったのである**。詳細を解説するのは紙面の都合上省略するが、対象薬剤とその他の薬剤で治療効果の差と薬剤価格の差の比[116]を検証し、費用対効果を確認するのである。各薬剤で平成 28（2016）年の診療報酬改定時期から試行的導入が行われ、平成 30（2018）年の診療報酬改定以後試行的導入を踏まえ、対象薬に対する具体的な薬価調整の技術論議が行われている。平成 31（2019）年 2 月 20 日に本格導入の骨子をまとめ中医協で承認された。骨子では、保険免責（効果があっても、見合った価格でなければ保険承認しないこと）の基準としては指標をしないことが明記された[117]。しかし、平成 30 年 10 月 9 日の財務省財政制度審議会では、高額な医薬品については、費用対効果を勘案し公的保険の対象から外すことも検討するようにとの提案が出されており、国民としても議論の動向に目が離せないのである。**経済的指標と保険免責を連動させる提案であるが、政策的に実現するには国民の反発が強いことを覚悟しなければならない**。すでに諸外国では、同様の経済的指標が公的医療サービスの評価に用いられ、特に英国の国立保健医療研究所（NICE：National Institute for Health and Care Excellence）という機関は、各医療技術（医療行為、医療機器、薬剤）の評価と保険適用に関する推奨判断をする機関として有名である。今後は、保険免責論に新たな指標が応用されるのか、薬価にとどまっていた対象が他の医療行為（例えば先進医療の保険導入の基準など）まで広がるのか目が離せないのである。戦後築かれてきた公的医療保険制度の曲がり角であることは確実で、これに合わせて、民間保険も公的医療保の補完的役割を改めて見つめ直す必要があ

116）指標として質生存年 QALY（完全な生活の質を 1 年間維持する場合 1 になる）の 1QALY あたりの増分費用効果比 ICER という指標である。国民がこれらの指標に対していくらまで払ってよいと考えるのか（支払意思額）の具体的調査については、批判的意見が出され中断している。ただし、諸外国の調査や国内の研究調査は報告されている。

117）2019 年 2 月 20 日費用対効果専門部会、薬価専門部会および保険医療材料部会の合同会議で費用対効果の指標は、保険償還可否判断に使用しないことが決まり、当面薬価の価格調整にのみ使用することが決まっている。

第1章　がんとがん保険

ろう。

7）がんゲノム医療推進とがん医療革命

①　がんゲノム医療

　イレッサという分子標的薬が、世界に先駆け日本で肺がん治療薬として販売されて15年経過した。夢の薬として騒がれたが、間質性肺炎という副作用の周知が不十分で薬害被害を生じさせたという報道を記憶している読者もいるはずである。[118] 一方、この薬は、分子標的薬に分類されているように、肺がんの細胞にEGFRという遺伝子に変異がある患者では、効果が良好であることが確認されており、投与する前に変異の有無を調べるというがん遺伝子検査を行う必要がある。2018年の日本癌学会においても国立がん研究センター理事長の中釜斉氏から、肺がんに対するイレッサの効果（奏効率）は、2002年発売当初27.5％から、その後無効が予測される症例に対する投与が回避され、効果は76.4％に上昇したというがんゲノム医療の効果を示す結果が報告された。[119] このように治療効果を治療前に予測するための検査を一般にコンパニオン診断検査と呼んでいる。すべての肺がんに効果があるわけではなく、非小細胞性肺癌患者でEGFR変異陽性の患者がイレッサ治療の対象になる。したがって、EGFR変異の有無を調べる検査が、コンパニオン診断検査に相当する。以後、様々な分子標的薬が開発され、同時に治療効果判定に有用なコンパニオン診断検査も開発されている。その中心は、がん細胞の遺伝子変異の有無を検査することである。

　一方、大腸癌は、大腸ポリープ（大腸腺腫）を放置すると大きくなって癌が発生することが知られているが、図Ⅰ-3-7のように、ポリープを経ずに大腸壁へ浸潤する癌が存在することが、臨床医の間では知られていた。ポリープを併存する大腸癌と併存しない大腸癌を検査すると、がん細胞の遺伝子変異に違いがあることが判明した。すなわち、それぞれの癌の増殖を牽引する遺伝子

118）2002年から2011年の間に間質性肺炎を原因として800人以上の患者が死亡したとされ、訴訟になっている。

119）第77回日本癌学会総会、2018年9月27日、「持続可能な最善のがん医療を実現するための医療費制度とは？」というテーマの特別企画で、後述する遺伝子パネル検査の保険適用への期待を中釜氏は、講演している。

64

図I-3-7　増殖を牽引する遺伝子の違いによる2タイプの大腸がん

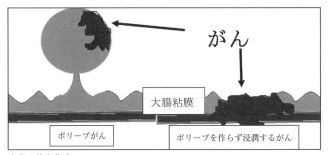

出典：筆者作成

（ドライーバー遺伝子と呼ぶ）が異なっているのである。これまでは、共に大腸癌として同じ治療法が行われてきたが、癌細胞に関するゲノム情報が蓄積されることにより両者は、異なる治療法の対象になることが理解されたのである。

　このようにがん細胞の増殖を牽引する遺伝子変異の研究が盛んになり、世界的なデータベースもできあがっている[120]。ゲノム情報を基盤とした治療が、現在のがんゲノム医療なのである。2013年に、腫瘍別にがん細胞の遺伝子変異の数が異なることが報告され[121]、多くのがん研究者を驚かせ、以後、ますますがん細胞の遺伝子研究が盛んになったのである。すでに、多数のがん増殖遺伝子変異が確認されており、遺伝子変異を網羅的に検査する多遺伝子検査が臨床研究されている。これは「遺伝子パネル」検査と呼ばれるが、正式にはがんクリニカルシークエンスと呼ばれている。遺伝子パネルは、一度に遺伝子変異の有無を100から400程度の遺伝子について検査する。なお、遺伝子パネルの種類により医療機関や研究機関別に実施される検査対象の遺伝子は異なっている。患者のがん組織を遺伝子変異のパターンに合わせて分類する試みが進み、がんの医療に、部位別のがん分類だけでなく遺伝子変異別がん分類が加わったのである。部位別に組み立てられていた治療は、遺伝子変異別に治療戦略を考える時代になり、大腸癌でも肺がんでも、変異した遺伝子が同じであれば同じ治療薬の投与が検討され、抗がん剤の創薬戦略にも影響が及んでいる。がん細胞の

---

120) The Cancer Genome Atlas（TCGA）というNCIのデータベース
121) LB Alexandrov et.al. The signatures of mutations processes in human cancer. Natue500 (7463), 2013 Aug 22

図Ⅰ-3-8 肺腺癌の遺伝子変異パターン出現率と治療薬（分子標的薬）

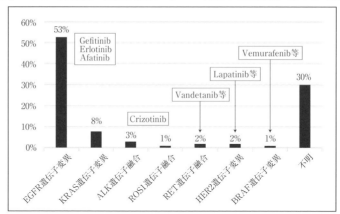

出典：日本呼吸器学会雑誌第3巻第5号「次世代シークエンサーを用いた肺癌ゲノム解析と個別化医療」

表Ⅰ-3-21 がんゲノム医療に伴う検査

遺伝子パネル	従来のコンパニオン診断検査
がん多遺伝子検査	がん単一遺伝子検査が主

出典　筆者作成

　遺伝子変異の研究は、特に肺がんでは研究が進んでおり[122]、変異パターンに合わせた治療用薬の選定も始まっている（図Ⅰ-3-8）。

　がんゲノム研究は、一部の施設や研究室で行われていたが、国立がん研究センターで研究されてきた遺伝子パネルが**2018年4月から先進医療の適用を受け**[123]**、がんゲノム医療が一般の臨床現場で実施される時代を迎えている。更に2018年12月の厚生労働省医療機器・体外診断薬部会で標準治療実施後の患者などに一部の遺伝子パネルについて保険適用の方針が検討され、検査の実施拡大が確実になっている。**この事実は、個別の抗がん剤にセットされた単独の遺伝子変異を検出することが中心のこれまでのコンパニオン診断検査と異なり、多数のがん遺伝子変異を同時に検査する多遺伝子検査の臨床導入開始という、

122）SCRUM-Japanプロジェクトでは肺癌に加え希少肺癌と大腸癌について全国規模の遺伝子スクリーニングが2013年から行われている。
123）2018年4月に先進医療に認められた遺伝子パネル検査は、NCCオンコパネルであり、次に東大オンコパネルも先進医療として認められている。2018年10月には大阪大学からOncomine™ target testシステムが認可申請され認可された。

ゲノム医療進展のマイルストーンである（**表Ⅰ-3-21**）。いよいよ本格的なゲノム医療の時代の幕が日本でも開いたという意味で、筆者は2018年を日本におけるがんゲノム医療元年と位置づけている。遺伝子パネルは、がんの遺伝子変異特性（DNA、RNA等）を調べる以外に、治療薬選択のコンパニオン診断や予後指標に用いられるが、前述のとおり各医療機関で検査するパネルが異なり、検査対象も様々である。[124]横浜市立大学付属病院は、2016年から導入した遺伝子パネル「MSK-IMPACT」[125]で480種類以上の遺伝子を一度に検査することにより、導入以来2年間で107例の患者に適切な薬剤を探し出すことができたとの結果を2018年12月に発表している。さらに、同病院に「がんゲノム診断科」を新設し、専属の医師も配置するという。まさに、ゲノム医療を実感する発表である。

　2015年1月オバマ前米国大統領は、年始の施政方針演説である一般教書演説でゲノム医療の推進で産業育成と個別化医療を推進することを公表した。ゲノム医療を基本にライフスタイルも考慮した個別化医療を**プレシジョン・メディシン（*precision medicine*）**と呼び、以後世界中のゲノム医療の研究や政策においてもプレシジョン・メディシンという用語をよく目にするようになっている。残念ながらオバマ前大統領の意思に合致した適切な日本語訳がないが、「精緻医療」という訳語が使用されることもある。また、プレシジョン・メディシン＝遺伝子パネル検査という説明がされている報道を目にすることもあるが、オバマ前大統領が使用したのは前述のとおりである。一般教書演説では、ゲノム医療を国家の経済戦略に位置づけたことは、日本の政治家はもちろん政策立案者達を驚かせたのである。以後、日本でもゲノム医療推進が強く叫ばれ、後述するゲノム医療推進体制が整えられていくのである。

② 　がん医療のパラダイムシフト

　現在、生命科学は急速に進歩し、医療は大きくその影響を受けている。まさに、医療のパラダイムシフトが進行しており、がん医療はその変化を先導しながら未来のがん医療へ向かって走っている。では、現在進行しているパラダイ

---

124) 遺伝子パネルは、基本的にがん組織の性状を調べるが、親から受け継いだ遺伝子（生殖細胞系列遺伝子検査）も同時に検査対照（コントロール群）として調べることがあり、倫理的な問題も含む検査で実施にはカウンセリングが重要である。
125) 米国FDAが初めて承認した遺伝子パネルである。日本では全て自費診療である。

第1章　がんとがん保険

ムシフトの原動力は、なんであろうか。この点を考える上で、日本の近代医学
が発展するに経過で、これまでもパラダイムシフトを経験しているので、一連
の経過を思い返してみたい。

　まず、はじめに日本の近代医学の始祖は、第Ⅰ章-2「2）がんの生物学」の
項でも解説した杉田玄白の活躍に遡る。江戸時代中期の医師である杉田玄白
らは、当時禁止されていた腑分け（現代の人体解剖）を行い、オランダの解剖
学書（ターヘルアナトミア）の正確さを確認したのである。五臓六腑という庶
民の理解から解剖学という肉眼による身体の科学的理解へ踏み出したのであり、
まさに日本の近代医学におけるパラダイムシフトが起こったのである。杉田玄
白が経験した解剖は、現在でも医学生が習得しなければならない医学領域とし
て、その意義は廃れていない。

　次のパラダイムシフトは、顕微鏡の登場である。肉眼の観察から顕微鏡を使
って、肉眼の数百倍の精度で微小な細胞や細菌などが確認できるようになった
ことである。これにより、微細な生体の理解が飛躍的に進んだのである。健康
な人体を観察する学問は「組織学」と呼ばれ、疾病を有する人体や疾病の組織
を観察する学問は、「病理学」と呼ばれるようになった。組織学も病理学も現
在も医学の重要な領域として、医学生の学習課目になっている。また、現在の
がん保険では、支払い事由の根幹をなすがんの定義に、病理組織学による確定
診断が必要であると多くの約款が定めており、顕微鏡の出現は今日の民間保険
にも大きく影響しているのである。

　そして、現在新たな第3のパラダイムシフトを牽引しているのが、ゲノム科
学である。ゲノムとは、遺伝子を含むDNAの全体を意味し、生体や病的組織
をDNAや分子レベルで理解する領域の科学である。スケールで言えば、ナノ
スケールの世界の領域である。ゲノム科学を進展させることに貢献した技術
の主なものを**表Ⅰ-3-22**に提示する。ゲノムの情報を読み取る技術も飛躍的に
進歩し、読み取り時間の短縮に加え、価格も低廉化している。一人の全ゲノ
ムの情報を読み取る価格が、2014年には1000ドルゲノム[127]として騒がれたが、[126]

126）ヒトゲノムプロジェクトという6カ国（英米独仏日中）の共同プロジェクトは、1990年から
　　2003年まで時間と総額3000億円の費用を掛けて、1人の全ゲノムを解読した。
127）米国の遺伝子検査会社大手の23&Me社がテレビで1000ドルの価格で検査することを宣伝した。

表 I-3-22　ゲノム科学進展を支えた技術

1. DNA 配列読み取り技術 　　DNA マイクロアレイ（遺伝子チップ） 　　NGS（次世代シークエンサー） 　　ナノポア技術 2. DNA を処理する技術 　　PCR 法 　　遺伝子組み替え、遺伝子編集技術 3. 読み取りデータ処理 　　バイオインフォマティクス、AI

出典：筆者作成

表 I-3-23　ゲノム検査がもたらす情報

・診断のための情報 ・治療法選択のための情報 ・治療効果判定情報 ・予後予測のための情報

出典：筆者作成

2017 年には 300 ドルの価格と短時間で読み取れる時代が訪れたと評され[128]、さらに現在は 100 ドルの価格と 1 時間を切る速度で正確に読み取れる時代になっている[129]。ヒトの体質に合わせて予防的治療を行う先制医療などは自費診療で遺伝子検査をすることが多いが[130]、遺伝子検査の費用も先制医療実現のネックになっていた。100 ドルゲノム（1 万円ゲノム）は、これの問題を解決する技術であると予想される。その一方で、我々は、1 万円で全ゲノム検査が可能になる時代の到来と向き合わなくてはならない。

「がんは、遺伝子の病気である」と以前から評されてきたが、実際にがんという病気を遺伝子レベルで理解できるようにするのが、ゲノム科学である。現

---

128) 中村祐輔「がん治療」新時代 13 号（2017）

129) オックスフォード大学と阪大の研究で、従来の読み取り方法と異なる画期的なナノポア技術を導入し、読み取り技術のブレークスルーをもたらしている。普及すれば、さらにゲノム検査普及社会が到来する。その影響は、社会的な多くの問題も抱えている。

130) 先制医療は、日本では 2015 年が取り組み元年といわれているが、がんや認知症の体質を評価して発症を予防するといった医療で先制医療と呼ばれている。遺伝性乳がん卵巣がん症候群は、BRCA1、BRCA2 の遺伝子変異の単一遺伝子疾患に属し、常染色体優性遺伝をする。したがって、遺伝子変異の有無を確認し、がん発病の前に乳腺や卵巣の摘出という予防的医療が行われるが、発病前の遺伝子検査は、予防医療のため公的医療保険が非適用で自費診療になる。以前は 40 万円程度であったが、最近は 10-20 万円程度に安くなっているが、それでも高額であり、先制医療のネックになっている。

第1章　がんとがん保険

表Ⅰ-3-24　医学におけるパラダイムシフト

	健常な人を対象	疾病有病者を対象
肉眼観察（10-3 m）	解剖学	病理解剖学
顕微鏡観察（10-6 m）※	組織学	病理学
ゲノム科学（10-9 m）※	現在進行中のパラダイムシフトがもたらす医学	

出典：筆者作成　※最近では、ゲノムレベルの観察ができる超高解像度1分子イメージングの研究も
　　　進んでいる。顕微鏡観察とゲノム科学の融合である。

表Ⅰ-3-25　リキッドバイオプシーの検査対象

血中循環腫瘍細胞（CTC）
腫瘍 DNA
エクソソーム、細胞外 miRNA 等

出典：廣瀬哲郎編『ノンコーディング RNA』（化学同
人社）134-136 頁

**在進行中のゲノム科学の進展は、診断・治療・予後等の評価に必須な情報をも
たらし（表Ⅰ-3-23）、がん医療に根本的な変革、すなわちパラダイムシフトを
もたらしているのである。**このように近代医学に起きたパラダイムシフトをま
とめると**表Ⅰ-3-24**のとおりである。

　さて、がんを増殖させる数々の遺伝子変異が知られるにしたがって、変異と
関連する生化学的な変化の研究も進み、多くの検査が開発されている。これら
は、バイオマーカー検査と呼ばれるもので、古くから検査されてきた腫瘍マー
カー（代表は前立腺癌の PSA 検査など）も含まれている。遺伝子変異の直接的
な確認は、生体組織（手術や検査で入手した組織）によるが、組織によらず簡便
に入手できる体液（血液、唾液、尿など）でバイオマーカーを検査するリキッ
ドバイオプシーも普及している。やや専門的だがリキッドバイオプシーでは、
CTC[131] や腫瘍 DNA[132] やエクソソーム・miRNA[133] なども検査されている（**表Ⅰ-3-
25**）。

　がん細胞の増殖に焦点を当て解説したが、細胞に生じる様々な変異は増殖以
外にも、浸潤や転移といったがんの生物学的特性も規定するのであり、また最

131）癌細胞はリンパ管、血管を経て転移する。血中を循環している癌細胞を血中循環腫瘍細胞という。
132）壊れた癌細胞から血中へ放出された DNA
133）エクソソームは、細胞から放出される小胞体で、中に様々な癌細胞の情報が含まれている。中
　　には癌細胞の遺伝子変異に由来し、遺伝子発現に関係する miRNA が含まれていたり、遊離した
　　miRNA が血中に検出されたり、バイオマーカーとして検査対象となる。

近は、がんの発生にゲノム以外の周辺環境の影響を受けることも知られるようになり[134]、ゲノムを含め現在様々な基礎的研究が行われている。

③　ゲノム医療推進体制の概要

前述したとおりゲノム科学が急速に進展し、臨床応用としてのゲノム医療の中でもがんゲノム医療が進展している状況を解説した。一方、ゲノム医療を推進するためには、様々な課題が議論され、解決に向けて環境が整備されなければならない。がん医療に影響を受けるがん保険を考える上で、議論の動向を注視する必要があるので、現在国がゲノム医療を推進している概況を解説する。

健康長寿社会の形成が急務になっていた政府は、「日本再興戦略 –JAPAN is BACK」を 2013 年 6 月 14 日に閣議決定し、その中で、米国の国立衛生研究所 NIH[135] を参考に、医療研究関連の司令塔として独立行政法人日本医療研究開発機構（以下、AMED といい、エーメドと呼ぶ）の創設を決め、2014 年に成立した健康・医療戦略推進法と合わせて、健康・医療分野の研究体制が整えることとした。それまでも、医療戦略は、各内閣で重要な政策課題になってきたが、これまでと大きく異なるのは、省庁縦割りの医療・健康分野の研究予算配分がAMED を介して一元管理がされるようになる点である[136]。同法と政令に従って、健康・医療戦略推進本部（以下、戦略本部）が内閣に設置された。

同法は、健康長寿社会の形成を最終目的としているが、同時に産業育成による経済成長という、政府の意向が色濃く反映されていることである[137]。日本の

134）DNA への化学的修飾などのエピゲノムの状態や、RNA の変化もがんの発生に関係していることが判明している。また染色体の機能の研究も進み、がんの発生と関係していることが知られている（染色体オーケストレーションシステムの HP 参照）。

135）米国の国立衛生研究所 National Health Institute は、生物・医学分野に関する世界最大規模のファンディング機関であり、基礎段階から臨床段階まで一貫して研究開発を行うコーディネート機能を含め年間約 300 億ドルの予算が配分されている。国立がん研究所 NCI や、複数の研究所からなり、米国の生物・医学の最先端研究を支えている。日本の AMED も NCI と連携する覚書を2016 年 1 月 11 日に締結している。

136）AMED は、日常生活に直接関係するものではないが、がん保険も、がん医療の環境変化に大きく影響を受け、研究成果が比較的短期間で臨床へ応用される時代を迎える時代が到来している。その変化のバックボーンを支える AMED、戦略本部や協議会の動向に、多少はこの機会に目を向ける必要はある。

137）健康・医療戦略推進法の第 1 条の目的を要約すると、「健康・医療に関する先端的研究開発および新産業創出を図ることは、健康長寿社会の形成と、日本の経済成長にとって重要なので、先端的研究開発および新産業創出に関する、基本理念、国の責務、推進のための基本施策を定める、施策推進のための計画（健康・医療戦略という）を作成し、健康・医療戦略推進本部を設置して、計画指針のための事項を定める」が法の趣旨である。

第1章　がんとがん保険

医薬品に関する巨額貿易赤字や、21世紀はバイオの時代とも称されるように、産業のメインターゲットは、工学系から理学系へ一部シフトしつつあり、日本の産業構造転換の遅れの危機感が現れているものと解される。

さらに戦略本部には、健康・医療戦略推進会議が設置され、各関係省庁参加の横断的組織で形成されている。また傘下に、具体的テーマごとに専門部会として、複数の協議会とタスクフォースが立ち上がることになる。ゲノム医療に関しては、ゲノム医療実現推進協議会[138]（以下協議会）の設置が決まった。

協議会は、平成27（2015）年2月以来これまで複数回開催されているが、ゲノム医療推進に関わる各施策を策定、検討および省庁間の連携と調整をする役目を果たしている。同年7月には、同協議会の「中間とりまとめ」が公表され、ゲノム医療推進のための取り組み項目として、表Ⅰ-3-26の内容が取り上げられている。すなわち、この内容が取り組みの重点目標に位置づけられている。

表Ⅰ-3-26　ゲノム医療推進のための取り組み項目

1. 医療に用いることのできる信頼性と質の確保された試料・情報の獲得・管理
2. 国民及び社会の理解と協力
3. 研究の推進（知見の蓄積・活用にむけた取組）及び臨床現場・研究・産業界の協働・連携
4. 人材育成及び医療従事者への教育強化

出典：ゲノム医療実現推進協議会　中間とりまとめ（平成27年）https://www.kantei.go.jp/jp/singi/kenkouiryou/genome/pdf/h2707_torimatome.pdf

各項目の詳細の解説は割愛するが、中間とりまとめの2番目に「国民及び社会の理解と協力」が取り上げられ、ゲノム医療をめぐる、倫理的、法的および社会的課題に対するルールの整備も取り組み施策にあげられている。**民間保険のゲノム情報取り扱い問題も検討項目に組まれていることを理解しておかなければならない。**この点は、第Ⅵ章で解説する。

2015年の中間とりまとめ以降、毎年年度報告が公表され、2016年、2017年の報告では、（ゲノム）医療実装に資する課題、研究に資する課題、社会的視点に関する課題の3課題が提示され、それぞれの取り組みに関する進捗が報告されている[139]。

---

138) 健康・医療戦略（平成26（2014）年7月22日閣議決定）及び医療分野研究開発推進計画（平成26（2014）年7月22日健康・医療戦略推進本部決定）により設置
139) 平成27年7月まで厚生労働省内に「ゲノム情報を用いた医療等の実現化推進タスクフォース」設置され、ゲノム医療の社会への実装に向けた課題について協議している。ゲノムデータを個人識

72

図I-3-9 ゲノム医療推進に関する体制図

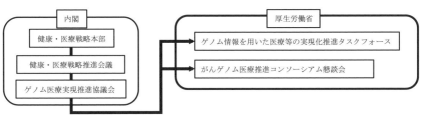

出典：健康・医療戦略本部資料より改編

表I-3-27 がんゲノム医療中核拠点病院等

- がんゲノム医療中核拠点病院（11施設）
  北海道大学病院、東北大学病院、国立がん研究センター東病院、慶應義塾大学病院東京大学病院、国立がん研究センター中央病院、名古屋大学病院、京都大学病院、大阪大学病院、岡山大学病院、九州大学病院
- がんゲノム医療中核拠点病院（30施設※）
- がんゲノム医療連携病院（135施設※）
  厚生労働省ホームページで施設名公表
  https://www.mhlw.go.jp/file/06-Seisakujouhou-10900000-Kenkoukyoku/0000199651.pdf

出典：厚生労働省、平成30（2018）年4月時点の指定病院　※は平成31（2019）年1月15日の追加情報による。

　引き続き協議会は、ゲノム情報を効果的に集積分析し、治療や創薬に役立てる仕組みの構築やがんゲノム医療の提供体制の具体的推進方法を検討するために「がんゲノム医療推進コンソーシアム懇談会」を開催することを決めている。同懇談会は2017年3月から3カ月で協議した結果を報告書にまとめ、「がんゲノム医療中核拠点病院」を整備することを提言している。以上に述べたゲノム医療推進の体制をまとめたのが図I-3-9である。

　コンソーシアムの報告を受けてゲノム医療実現推進協議会も、平成28（2016）年にはゲノム医療提供機関の整備として、**がんゲノム医療中核拠点病院**を指定する方針を報告している。同協議会は、前述したがん医療の担い手であるがん診療連携拠点病院は、必ずしもがんゲノム医療を行うための環境が整備されていないため、がんに関するゲノム医療を行うための専門性を備えた病院を指定し配置する必要性を説明している。[140] 2018年2月14日に、11の病院

別符号、ゲノム情報を要配慮個人情報に位置づけ、ゲノム情報活用の社会的な問題（保険業界にでは、「遺伝子検査と危険選択問題」といわれてきた問題）も協議した。
140）厚生労働省内の検討を経て新たに指定された要件をもとに、各都道府県あてに健康局長通知（健発1225第3号）が出され、がんゲノム医療中核拠点病院と従来のがん診療連携拠点病院等との違

第1章　がんとがん保険

が指定されている（表Ⅰ-3-27）[141]。各がんゲノム医療中核拠点病院は様々な機能要件が必要になっているが、**最重要はゲノム情報の集約である。したがって、これと連携して遺伝子パネル検査を行う病院も、がんゲノム医療連携病院として100箇所指定されている。今後、がん診療連携拠点病院と合わせて、急性期のがん診療の中心的役割を担っていく**と考えられ、第3期がん対策推進基本計画の、「がんゲノム医療の充実」目標達成の基盤が整備されたのである。その後、連携病院は35カ所追加指定、中核拠点病院の機能を補完する病院として新たな類型の「がんゲノム医療拠点病院」が30カ所程度指定される予定になっている（2019年1月15日時点）。提供される遺伝子パネルの検査は、基本的に先進医療の認可（一部は条件保険適用予定である）が必要なため、別途先進医療会議で遺伝子パネル検査の実施が可能な医療機関の施設要件も公表されている。このように徐々にゲノム医療の普及に向けて課題が解決され、ゲノム医療進展の最大の果実を享受するはずの、がんゲノム医療も、臨床で導入される環境が整備されるのである。そして前述した、2018年のがんゲノム医療元年を迎えるのである。

　なお、ゲノム医療の保険適用を求める声も大きく[142]、2018年12月には厚生省専門部会で、一部の遺伝子パネル検査の保険適用が認められる方向で協議が進んでいる。対象は標準治療実施者で効果が得られていない患者に対する検査が対象となる予定で、当面は、保険適用部分と先進医療などの制度が複合して、社会実装への各種検証が行われる予定である。がん保険との関係では、公的管理の混合診療である先進医療や患者申出療養への保障が重要になるものと考える。先行して先進医療に認可された遺伝子パネルであるNCCオンコパネルの技術料は60万円であり、粒子線の技術料約300万円に比較すると低額で、がん保険販売の訴求ポイントとして見劣りがするという声も聞くが、先進医療の利用機会の可能性から考えると、遺伝子パネルへの保障提供の意義が高いこと

　いについて周知されている。

141）がんゲノム医療中核拠点病院等の指定に関する検討会で指定病院決定

142）国民皆保険制度においてゲノム医療を社会実装することを目指して2016年から、日本癌学会、日本臨床腫瘍学会および日本癌治療学会の3学会でタスクフォースを立ち上げ、傘下のワーキンググループで、がんゲノム医療に関する診療報酬への対応を厚生労働省に働きかけているとの報告が日本癌学会の場で慶應義塾大学外科北川雄光が発言している。

I-3 がんの医療環境

表I-3-28 先進医療における遺伝子パネルと粒子線治療の比較

	遺伝子パネル	粒子線
技術料	60万円（NCCオンコパネルの費用） 91.5万円（東大オンコパネルの費用） 44.5万（大阪大学オンコマイン検査の費用）	陽子線276.5万円、重粒線314.9万円 （※1）
利用者	潜在的対象者は、がん罹患者全体	3877名（※2）

出典：筆者作成、粒子線治療データは先進医療会議平成28（2016）年7月1日・同29（2017）年6月30日実績報告による
※1：粒子線は一部保険適用され診療報酬の放射線治療料は、2種類187万5千円、110万円である
※2：粒子線治療を先進医療で受ける患者数は、前立腺癌が保険適用を受けたこと、学会基準に合致する患者に適用が限定されたため、今後一定期間は減少すると考えられる。

が分かる（**表I-3-28**）。募集資材作成においても正確な情報提供の面でも、その点は抑えておかなければならない。

2015年に米国の女優であるアンジェリーナ・ジョリーは、自ら乳がんの原因遺伝子（責任遺伝子）を保因しているので、予防的乳房切除を受けたことを告白したことは有名な話である。マスコミでも報道され、予防的治療や遺伝子検査あるいは先制医療などの用語が飛び交った。また最近では現ニューヨーク・ヤンキースの田中投手が商業用遺伝子検査のCMに登場し[143]、DTCの遺伝子検査ビジネスも身近になっている。がんゲノム医療の進展とこれらの商業用遺伝子ビジネスの流れは、今後加速するはずである。一方、センター試験で生物学を選択していない者が社会人になり、遺伝子やゲノムの知識が不足している社員、募集人も多くなっている。専門的になるが、アンジェリーナ・ジョリーの遺伝子検査と遺伝子パネルの遺伝子検査は、本質的に大きく異なっている[144]。したがって、**ゲノム科学が進歩し遺伝子検査が普及する今日、保険ビジネスにおいても遺伝子とは何か、ゲノムとは何かを正確に語れるゲノムリテラシーの醸成が求められているのである。**

④　新たながん治療

現在、科学の進歩は、がんに限らず医療を大きく変えようとしている。がんに関しても古くから、なぜ増殖するのか、なぜ浸潤や転移をするのか、どうし

143）ジェネシスヘルスケア社のGeneLifeのCM
144）生殖細胞系列の遺伝子検査（体質の検査）と体細胞系列の遺伝子検査（病気の特質の検査）の違い

第1章　がんとがん保険

て腫瘍血管を誘導するのか、そしてなぜ免疫の防御システムから逃れることができるのかの疑問を解き明かそうと同時並行的に様々な基礎的研究が行われてきた。その結果、得られた多くの研究成果が、がん治療に応用されるようになっている。以前では、最先端研究が治療に応用され民間保険事業に影響するには、かなりの年月がかかったが、いまでは比較的短期日で民間保険事業に影響するようになっている[145]。では、現在注目を浴びているいくつかの研究を簡単に解説しておきたい。

〈iPS 細胞とがん医療〉

　読者も熟知しているとおり、iPS 細胞を利用してがん医療も大きく前進している。もちろん、iPS 細胞の効能として再生医療があげられるが、現在がん医療と最も関係している領域は、

● 薬剤開発

● 免疫担当細胞の作成

である。前者は、薬剤開発における初期段階の非臨床試験について iPS 細胞を応用して検証することで、開発の時間短縮に貢献できるようになり、抗がん剤の開発にも影響している。後者は、がん細胞を特異的に認識し排除するナチュラルキラー細胞（NKT）を iPS 細胞から作成する研究や造血幹細胞移植[146]（いわゆる骨髄移植）の細胞の作成などの研究が進んでいる。これ以外にも、再生医療用 iPS 細胞ストックプロジェクトも進捗し、いずれは手術で必要な輸血用赤血球や移植用骨髄細胞の備蓄が進むことになり、がん医療にも大きく影響するはずである。

〈がんウイルス療法〉

　古くからウイルスの中には、腫瘍を溶解して死滅させるものがあることが知られ、治療への応用が世界で研究されている。正常細胞には感染せず腫瘍細胞にのみ感染するウイルスを用いて、ウイルスが増殖する過程でがん細胞を死滅

145）橋渡し研究（トランスレーショナルリサーチ）という基礎的研究の成果を次世代の優れた診断・検査法を開発する基礎的研究が隆盛しているので、研究室の研究が、以前より短期日で臨床応用される環境が整備されつつある。

146）国立がん研究センター先端医療開発センター https://www.ncc.go.jp/jp/epoc/division/immuno therapy/kashiwa/030/070/20170728190946.html、また京都大 iPS 細胞研究所の金子准教授らの研究も報告されており、他にも多数の研究報告がある。

させる治療法である。米国や欧州では T-VEC が承認され、日本では東京大学医科学研究所 藤堂教授らが脳腫瘍に対してがん治療用ウイルス G47 Δ の臨床研究を行っている。[147] また、日本国内で開発された遺伝子改変ウイルスのテロメライシンも有望なウイルス治療薬として期待されている。このウイルスはテロメラーゼ活性の高いがん細胞で特異的に増殖することを応用して治療効果が研究されているが、ウイルスに発光遺伝子を組み込むことで、細胞レベルでがんの局在診断ができる検査法としてテロメスキャンも開発されている。特に、血液中に循環しているがん細胞の検出に有用であると評価されている。[148]

〈がん幹細胞治療〉

がんは、再発や進行すると治療が効きづらい（治療の抵抗性）など、がんを完治させることが難しいことは多い。なぜ治療に抵抗するのかの研究が進み、腫瘍組織にがん幹細胞が存在することが理解されるようになってきた。自己を複製し、元のがん細胞を産み出す能力があるとされている。がん幹細胞は、通常の抗がん剤が効きにくく三大治療の網をくぐり抜け、治療への抵抗性を示すのである。現在、がん幹細胞への治療法を確立するために、がん幹細胞を確認する方法と共に治療薬の開発が行われ、すでに臨床試験が行われた薬剤もある。[149] また世界中でこの領域の新薬開発が行われている。[150]

〈がん光免疫療法〉

2018 年 3 月に治験が国立がん研究センター東病院で準備されていることで大きくマスコミ報道されたのが、がん光免疫療法である。がん細胞の中にあるがんに特異的なある種の分子に結合するように開発された分子標的薬（抗体薬）に、近赤外線を当てると反応を起こす化学物質（近赤外色素）を結合させ、抗がん剤治療のように体内へ投与する。[151] がん細胞に結合した化学物質へ近赤

---

147) G47 Δは、希少疾病用再生医療等製品に指定されている。悪性細胞でのみ発現するように遺伝子組み換えが行われており、悪性度の高い脳腫瘍を対象としている。

148) テロメライシン、テロメスキャンは、2017 年日本癌治療学会学術集会開催冒頭のシンポジウムでも取り上げられ注目されている。

149) 大日本住友製薬では、がん幹細胞治療薬ナパブカシンが臨床試験を行っていたが、効果に問題があり開発が中断している。

150) カナルバイオサイエンス社と国立がん研究センター研究所の山田哲司先生らの研究グループは、がん幹細胞の増殖に関係する wnt シグナルを制御する薬剤を開発している。

151) 国立がん研究センター東病院では、EGFR という分子が発現するがんに対して、EGFR に結合する抗体薬のセツキシマブと近赤外色素の複合体 RM-1929 を投与する治験を実施した。頭頸部の

外線を照射し、がん細胞を死滅させる治療法である。抗体薬が結合する分子が
がん細胞にない場合や、抗体ががん細胞に結合しない場合には効果が得られな
い。また近赤外線が当たらない場所の腫瘍は治療できないことなど、治療効果
が上がるためには一定の条件をクリアしなければならない。現段階では腫瘍へ
化学物質を送り込むために分子標的薬である抗体医薬品が使用されているが、
その他の医薬品や免疫細胞の利用も研究されている。侵襲が少ないこと、深部
の腫瘍へ近赤外線を照射する方法などの研究もされており、新たな治療法と
して期待されている。

〈がん免疫療法〉

　本庶佑教授が、ノーベル賞を受賞したことで世間から注目を浴びたがん免疫
療法は、現在がんの第四の治療法として注目されている。最近では、オプジー
ボ以外にも免疫療法の領域で画期的な治療法である、CAR-T 療法が登場し一
部の腫瘍では完全寛解率が非常に高く、がん免疫療法の世界でブレークスルー
となっている。

　がんの免疫療法は、

- 非特異的免疫賦活治療：BMR[152]、インターフェロンなどのサイトカイン治
  療、活性化リンパ球療法などの細胞免疫療法（養子免疫療法）などが行わ
  れてきたが、多くは効果が得られなかった[153]（これにより免疫療法は効果がな
  いと医療関係者に思われてきた）
- がん細胞に発現する特異的な抗原を標的とする特異的免疫療法：がんワク
  チン療法、免疫抑制機構制御療法（免疫チェックポイント阻害剤、Treg 制御
  療法・Treg 除去療法）、CAR-T 療法（カーティー療法と呼ぶ）

　このように大きく分かれており、後者の特異的免疫療法の進歩がめざましく、
がんの治療法の主役の一つに浮上してきたのである。抗がん剤における分子標
的薬の出現同様に、分子レベル、ゲノムレベルでの免疫の理解が進んだことに
よる。

　免疫療法の中でも、がん細胞が増殖するために自己の免疫力を抑制する仕組

　扁平上皮癌を有する 18 歳以上の患者が対象になっている。

152）免疫賦活剤の一種であり、ピシバニール、クレスチンあるいは丸山ワクチンなどが含まれる。

153）腎臓癌や悪性黒色腫に対するインターフェロンなど一部に効果が認められ、現在も保険適用さ
　れている薬剤もある。

みが理解されたことにより、免疫チェックポイント阻害剤のニボルマブ（商品名オプジーボ）や類似薬剤が登場し、効果を上げている。また、本庶教授に続いてノーベル賞が確実といわれている現大阪大学の坂口志文特任教授が発見した調節性 T 細胞（Treg 細胞）が、がんに対する免疫を抑制していることが分かり治療法が研究されている。オプジーボの投与は万能ではなく、投与でがんの増殖が逆に進展する場合もあり、免疫の仕組みの複雑さが解明されるにしたがって、それぞれの免疫療法の組み合わせとそのタイミングの研究が進んでいる。がんの状態によって、その時点に最適な免疫療法があることが分かってきている。このような治療法の組み合わせは**複合免疫療法**と呼ばれている。

　最後に、がんの寛解率が高く、薬価が約 3300 万円の超高額に決まったことで人々を驚かせたのがキムリアで、CAR-T 療法の一種である。正式には、キメラ抗原受容体― T 細胞療法というが、がん組織を調べてみると免疫を担当する細胞の一種の T 細胞が腫瘍の周囲に多く存在していることが確認されている。これらの T 細胞は腫瘍を攻撃する細胞と考えられている。このような T 細胞を体外で遺伝子の改変（編集）することによりがん細胞に対する認識力を高めて、体内へ戻す免疫療法である。白血病に対して承認され、費用が超高額であるが、80%の患者が完全寛解するというがん治療の歴史の中でも、驚くべき有効性を示している。現在、白血病以外の固形癌に対しても効果が得られるようにすることと、10 分の 1 程度の価格で利用できるようにする治療法の改良の研究が世界中で行われている。

　免疫療法について解説したが、ヒトが持っている治癒力を使用する免疫療法は、本来最も利用されるべき治療法なのかもしれない。まだ、患者により効果の出方に差がある場合や、十分な効果が得られない場合も多く、抗がん剤との併用など免疫療法の臨床応用は発展途上にある。しかし、一部には完全寛解など画期的な効果も見られ、**三大治療に新しく第四の治療法として登場した感があるが、実は抗がん剤と共に今後はがん治療の主役と考えるべきなのであろう。**

　いずれにしても、最先端の免疫療法は高額医療の象徴であることは事実である。CAR-T 療法などの新しい免疫療法が抗がん剤の保障でカバーされるのか不確かであり、患者負担の軽減に一部でも寄与できるようにがん保険の保障を検討すべきなのであろう。

第1章　がんとがん保険

8）標準治療とセカンドオピニオン

　「がん医療の均てん化」が推進されている。3）「がん診療連携拠点病院と均てん化」でもがん診療連携拠点病院について解説したが、生活圏の中でがんの診療が受けられるようにすることも、均てん化の取り組みである。しかし、多くの読者は、「均てん化」という日本語を目にすることはなかったはずである。おそらく事務作業や製品なら「均質化」という用語が使用されていたはずであろう。ところが、がん対策基本法が成立する頃のがん医療は、地域別にも医療機関別にも水準が不揃いで、結果としてがん医療の品質である治療成績に差が確認されていた。前述したが、このような成績に差が生じる原因として様々な要因が検討され、診療における品質の均質化を「均てん化」と称したのである。その後、均てん化に向けて様々な施策が検討され、診療の場としてがん診療連携拠点病院も整備された。一方、診療の中身である治療行為の不揃いや格差が治療成績に影響していることについては、当然医療界も問題として捉えることになった。一人の医師が治療方針を決めるのではなくチーム医療として治療を行い、多くの医療機関でキャンサーボード[154]が設置開催されるようになっている。さらに、各部位のがんに対して「診療（または治療）のガイドライン」の整備が進み、全国の医療機関で標準的な治療が普及することになった。したがって、標準治療集とも呼ばれる診療（または治療）のガイドラインは、均てん化に大きく貢献することになったのである。

　しかし、標準治療に反映されていない新技術や患者の個別性（病状や体質）と標準治療の調整が必要で、診療ガイドラインには、使用上様々な課題が指摘されている。診療側も課題を理解しつつ診療することになるが、患者側も治療選択のための情報収集は重要になっている。診療を担当している医師の説明（ファーストオピニオン）の理解が最重要であることは言うまでもないが、セカンドオピニオンを得ることも時には必要とされている。

　がん保険を販売する上でも、がん診療の一部として標準治療とは何か、セカンドオピニオンの制度や実績等について学習しておかなければならない。また、

154）厚労省の資料でキャンサーボードとは、「手術、放射線療法及び化学療法に携わる専門的な知識及び技能を有する医師や、その他の専門医師及び医療スタッフ等が参集し、がん患者の症状、状態及び治療方針等を意見交換・共有・検討・確認等するためのカンファレンスのこと」とされている。がん診療連携拠点病院ではキャンサーボードの設置と定期的開催が指定要件になっている。

I-3 がんの医療環境

多くの会社が付帯サービスとして健康相談やがん相談、あるいはセカンドオピニオンサービスを提供しているので、知識を整理しておくことも重要である。

① 診療のガイドラインという標準治療集

大腸癌治療ガイドライン、乳癌診療ガイドラインなど部位別腫瘍別に臨床医が行うべきがん医療の基本診療集が、「治療ガイドライン」あるいは、「診療のガイドライン」と呼ばれているものであり、大腸癌や乳癌などそれぞれの担当学会や研究会が作成し出版している。すでにがんの直接治療以外に緩和療法なども含めるとがんに関連して100種類を超えるガイドラインが公開されている。[155] これらが、一般に標準治療と称されているもので、科学的に安全性と有効性が評価されている最適な治療集（エビデンス集）なのであるが、「標準治療」という用語には、標準以上の治療が存在するかのような誤解を患者や家族に与えてしまうという問題が指摘されている。それぞれの担当学会は、適時内容の見直しを行っておりアップデートしている。これらのガイドラインの整備普及により、多くの医療機関では、かなり均てん化が図られてきている。もちろん、医学は日々進歩しており、安全性と有効性が確認された新規の治療法が出現しても、リアルタイムでガイドラインに反映されるわけではないため、タイムラグは生じている。特にゲノム医療推進に伴う、新しい検査や薬剤などのアップデートが遅れている場合もあり、すべてを診療のガイドラインに頼るわけにはいかない。また、新規薬剤が導入され、個別化医療が推進されているが、そもそも患者の病状は様々で、心臓、肝臓や腎臓といった臓器の機能に異常があれば、使用できる治療方法が制限されることもある。その結果、診療ガイドラインに準じた治療が行えず、患者の状態でガイドライン外の治療やガイドラインの治療をアレンジしなければならない場合も存在する。

診療のガイドライン使用上の主な問題点は、以下のようにまとめられる。

●診療ガイドラインに複数の治療の選択肢がある場合、患者がどの選択肢を選べばよいか迷う

●診療ガイドラインの根拠となるエビデンスが対象としていない年齢層の患

---

155) 公益財団法人日本医療機能評価機構のホームページ https://minds.jcqhc.or.jp/ から一部のガイドラインは内容を見ることができるようになっている。ガイドラインの出版物としては、金原出版の取り扱いが多い。

81

第1章　がんとがん保険

者の場合の対応、特に小児、高齢者の対応で苦慮する

● リアルタイムで反映されていない最先端の医療技術を検討が必要な場合、先端医療の情報の確認や実施施設等の情報入手が別途必要になる

● 患者の個別的な病状で診療のガイドラインのとおりの治療ができない場合、治療法が選べない、または変更せざるを得ない

　がんの治療方針について医療機関の標準化が進展しているが、上記のような場合には、次項で解説するセカンドオピニオンが必要になることもある。

　なお、乳癌などのガイドラインの一部は、患者向けのガイドラインが公開されているが、基本的にガイドラインは、日本の学会等が日本人を治療するために、医師および医療機関関係者向けに作成しているものである。一方、PDQという米国版がん情報集（治療指針も含む）もネットで見ることが可能で、それぞれの部位別がんの標準治療が掲載されている。日米で使用できる抗がん剤の種類に違いもあり、また人種差もあるため、そのまま PDQ を取り入れることはできないが、がんの情報集としては情報量も多く、患者用の情報サイトも充実しており有用である。

　②　セカンドオピニオン

　セカンドオピニオンの用語は、時々に耳にするはずであるが診療報酬点数上の説明は、「診療を担う医師以外の医師による助言を得ること」とされている。日本癌治療学会の用語集では、「主治医の診断や治療方針に対する、別の医師の意見」と説明されており、同一の病気や病状でも複数の治療法の選択肢が存在することや、医師や病院によって医療技術の質に差があることなどをセカンドオピニオンを受ける理由としてあげている。同学会は、米国で 1970 年代に患者の基本的人権が確立され、自分で納得して医療を決める権利を行使するための手段として普及したと解説している。

　重要なポイントは、同用語集には、「主治医と良好な関係を保ちながら複数の医師の意見を聞き、自分の病気の治療などに対する判断の参考にするためであり、医師や病院をかえることが目的でない」と説明されていることである。

　では、セカンドオピニオンの状況を確認しておきたい。セカンドオピニオン

156）日本語版 http://cancerinfo.tri-kobe.org/index.html、米国サイト https://www.cancer.gov/publications/pdq/

I-3 がんの医療環境

について患者体験調査が行われて、「納得のいく治療選択ができたがん患者の割合（インフォームドコンセント）」は 84.5％、治療開始前にセカンドオピニオンを受けた患者の割合は 40.3％であり、がん診療連携拠点病院のセカンドオピニオン外来受診者数は、平成 25（2013）年の 1 年間で 29,485 件となっている（セカンドオピニオンを希望する患者がすべてセカンドオピニオン外来を経由して治療を受けるわけではないので実数把握には注意が必要である[157]）。

　また厚生労働省は、セカンドオピニオンに関して、これまで平成 19（2007）年と平成 23（2011）年に調査をしている。前者は、「セカンドオピニオン外来実施医療機関の利用状況調査」（2007 年 7 月 2 日調査日[158]）である。セカンドオピニオン外来の受付をしている病院の率は 34.1％、62.5％の病院は、セカンドオピニオンではなく「紹介状持参の初診」扱いとしているという結果である。セカンドオピニオン外来の費用は、30 分 1 万円〜 1 万 5000 円であるが、1 回の診療時間が 60 分以上の率が 24.9％に達していた。セカンドオピニオン外来で紹介元医療機関からの情報は概ね十分という結果で、利用した患者の満足度も、「満足」、「どちらかといえば満足」の両者を合わせると 62.4％となっている。また、経年的にセカンドオピニオン外来受付件数が増加していると報告されている。

　それでは、どのような疾病が原因でセカンドオピニオンを受けているのか、調査結果を見てみると、上位の疾患の多くが悪性新生物であることが、**表 I -3-29** から理解できる。

　もう一方の調査は、平成 23（2011）年受療行動調査では、セカンドオピニオンを受けたことがある患者の満足度は、約 8 割が満足と回答している。セカンドオピニオンの必要性については、外来患者の 23.4％、入院患者の 34.6％が必要と回答し、セカンドオピニオンを受けていない患者にその理由を確認すると、「受けた方がよいか判断できない」と、「どうすれば受診できるのか分からない」が多く、また「主治医に言いづらい」も 20％を超えている（**図 I -3-10**）。上位 2 つの理由について注目すると、今後保険会社から正確なセカンドオピニ

157）第 2 期がん対策推進基本計画の進捗管理として、平成 27 年 11 月に管理結果が、「指標に見る我が国のがん対策」の中でデータが公開されている。

158）平成 18 年度診療報酬改定の結果検証に係る特別調査として実施されている。調査対処は 200 床以上の病院から 1000 施設抽出され、510 病院が回答した結果である。

第1章　がんとがん保険

表 I -3-29　2007 年第 2 四半期のセカンドオピニオン外来総件数
1729 件のうち上位 13 疾患の件数

疾病	件数	占率
気管・気管支・肺の悪性新生物	250	24.0%
胃の悪性新生物	163	15.7%
乳房の悪性新生物	158	15.2%
その他の悪性新生物	119	11.4%
肝・肝内胆管の悪性新生物	101	9.7%
前立腺の悪性新生物	55	5.3%
子宮の悪性新生物	40	3.8%
白血病	35	3.4%
直腸・直腸 S 状結腸移行部の悪性新生物	32	3.1%
結腸の悪性新生物	25	2.4%
その他の脳血管疾患	24	2.3%
悪性リンパ腫	21	2.0%
脊椎障害（脊椎症を含む）	17	1.6%
合計	1040	100.0%

出典：セカンドオピニオン外来実施医療機関の利用状況調査

オンの情報を契約者等へ案内するサービスを提供することは意義あるものと考えられる。[159]

　診療担当医との関係に問題なければ、セカンドオピニオンを受ける際に、これまでの検査結果を含めて診療情報の連携をする必要がある。このため患者の申し出により担当医は診療情報提供書を作成し、検査結果と共に患者を経由して、セカンドオピニオン担当医へ手渡すことになる。担当医の所属する医療機関は、情報提供する費用として診療情報提供料 II を算定することができる。診療情報提供料は、いわゆる紹介状作成料であり、 I と II が存在する。

● 診療情報提供料 I は、一般的な診療上に伴う紹介状である

● 診療情報提供料 II は、がんおよびがん以外の疾病のセカンドオピニオン受診のための紹介状の診療報酬である。ちなみに、診療情報提供料 II は5000 円に設定されている

---

[159] 保険の付帯サービスとしてセカンドオピニオンサービスが提供されているが、事前のカウンセリングが重要なこともデータから読み取れる。

84

I-3 がんの医療環境

図I-3-10 セカンドオピニオンを受けなかった理由

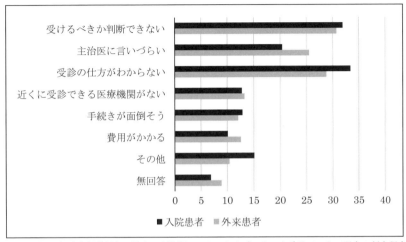

出典：平成23年受療行動調査、外来・入院別にセカンドオピニオンを受けていない理由の割合調査

図I-3-11 診療情報提供料Ⅱ 算定件数（毎年6月審査分）

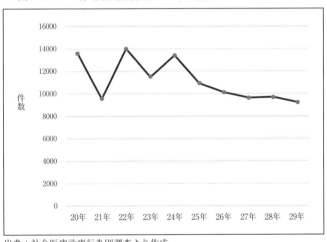

出典：社会医療診療行為別調査より作成

　図I-3-11は、診療情報提供料Ⅱが算定されている件数を毎年6月審査した結果である。過去十年分のデータであるが、増加していると予想されたが最近5年程度は低減傾向にある。6月単月のデータのため、年間にすると12万件〜16万件程度の診療情報提供がセカンドオピニオンのために行われていると推

第1章　がんとがん保険

測できる。そして、その多くが悪性新生物に関する提供と思われる。

9）がんサバイバーの諸問題（就労、妊孕対策）

　がん対策やがんの医療・療養環境の変化について解説をしてきたが、第3期がん対策推進基本計画で新たに、あるいはこれまで以上に強化された取り組みとして、がんとの共生という目標が設定されている。この中には、がん患者の就労問題や小児、AYA世代、成人のライフステージに応じたがん対策の施策が設定された。いずれも、がん患者のサバイバーシップに関係する施策であるため、本項では患者の就労問題、小児・AYA世代の問題を概観し、最後にがん治療に伴う妊孕性の問題について解説する。

①　がんサバイバーの就労問題

　国は生活習慣病や精神疾患を抱える従業員が増えていること、予後の不良だった疾病の生存率が改善していることで、治療しながら仕事を続けたいという従業員が増えている状況を踏まえて、就労支援に乗り出している。平成25（2013）年度の国民生活基礎調査では、労働人口の約3人に1人が何らかの疾病を抱えながら働いている結果であった。[160]同じく平成22（2010）年の同調査では、当時がんで治療をしながら通院している者は、32.5万人と集計されている。**表Ⅰ-3-30**を見ると年齢別の内訳が示されており、**男性では60歳代に女性は50歳代にピークがあり、就労問題は現役世代に限定されていないことが**

表Ⅰ-3-30　仕事を抱えて悪性新生物で通院者数（万人）

年齢	男性	女性
15-39	0.5	2
40-49	1.1	5
50-59	3.4	7
60-69	6.1	3.4
70-	3.2	0.7
合計	14.4	18.1

出典：平成22年国民生活基礎調査より厚労省作成したがん患者・経験者の
　　　就労支援のあり方に関する検討会資料より作成

160）高血圧337万人、糖尿病149万人、アレルギー109万人、心疾患75万人、メンタル62万人、がん27万人の順に、有病の就労者数という結果である。

I-3 がんの医療環境

理解できるのである。高齢世代の労働人口は今後も増加するはずで、70歳まで労働人口に組み込むことが議論される中、現役世代に劣らない就労支援策が必要になっている。

平成 26（2014）年に内閣府が実施したがん対策に対する世論調査の中で、[161)]日本の社会が通院して働き続ける環境ではないと回答した人に行った「がん治療と就労の両立を困難にする要因」についての調査では、**表 I-3-31** に示したとおり、治療のために休業することの難しさが浮かび上がっている。例えば、現在抗がん剤治療は、多くの場合通院しながら外来で投与を受けることが可能になっているが、点滴による抗がん剤投与の場合には負担が大きい。すなわち、直前の検査、点滴、投与後の安静などほぼ1日外来に拘束されるため、仕事を休まざるを得ず、就業との両立で苦慮している患者が多かったのである。

表 I-3-31　がん治療と就労の両立を困難にする要因（%）

要因	代わりに仕事をする人がいない、またはいても頼みにくいから	職場が休むことを許してくれるかどうか分からないから	休むと職場での評価が下がるから	休むと収入が減ってしまうから	がんの治療・検査と仕事の両立が体力的に困難だから	がんの治療・検査と仕事の両立が精神的に困難だから	その他・とくにない・分からない
%	22.6	22.2	8.8	13.1	17.9	13.2	2.3

出典：「がん対策に関する世論調査」（平成 26（2014）年度）内閣府大臣官房広報室資料より作成（総数 1182 人）

国は世論調査の結果を受けて、がん患者の就労支援について企業の取り組みを強化するために、企業に対しマニュアルなどを作成し具体的支援策を提示している。[162)]

国のがん患者就労対策について時系列で列挙する。

● 平成 21（2009）年2月 27 日に、「独立行政法人労働者健康福祉機構中期目標」に厚生労働大臣が、疾病の治療と職業生活の両立支援の提言を加える
● 平成 26（2014）年2月に厚生労働省に「がん患者・経験者の就労支援のあ

161）内閣府大臣官房広報室 https://survey.gov-online.go.jp/h26/h26-gantaisaku/2-5.html
162）企業のためのがん就労者支援マニュアル http://www.cancer-work.jp/tool/pdf/kigyoumuke
Manu_2013.pdf

87

第1章　がんとがん保険

り方に関する検討会」が設置される

● 平成 26（2014）年 8 月 15 日上記検討会の「今後取り組むべき対策について報告書」[163]がまとめられ、がん患者と家族、病院、企業、ハローワークのそれぞれについて対応策と国民全体の理解を深めるべきとの提言が盛り込まれた

● 働き改革の一環として、改正雇用対策法[164]にも、治療と仕事の両立支援が明確に位置づけられ、法 4 条 9 号には、「疾病、負傷その他の理由により治療を受ける者の職業の安定を図るため、雇用の継続、離職を余儀なくされる労働者の円滑な再就職の促進その他の治療の状況に応じた就業を促進するために必要な施策をすること」の一文が加わり、法制度上はがん患者の就労対策が一歩前進する

● 平成 28（2016）年 7 月 6 日に法改正に合わせがん対策推進協議会メンバーより就労支援や患者への経済的支援が盛り込まれた「がん患者の就労を含めた社会的な問題に関する意見書」が厚労大臣と協議会議長宛に出される

● 平成 29（2017）年第 3 期がん対策推進基本計画では、がん患者の就労問題対策を含め、がんとの共生が目標として取り上げられた

　がん患者の負担は、肉体的負担や精神的負担以外に、経済的負担があげられ三大負担と称されることが多い。経済的負担としては、6）「がんの医療の高額化と患者負担」の項で解説したとおり、がん治療に掛かる直接費用の負担が大きくなっている。前述した濱島氏の班研究[165]では、がんの cost of illness に関する研究の一環として労働喪失の金額が推計されている。がん医療費は、診断後 1 年目の費用が最も高く、その後年数を経ると逓減していくが、入院や外来通院による労働喪失では、男性では肺がんは 1 年目以降の喪失額が大きいことや、女性では 1 年目以降も 1 年以内の喪失額とほぼ変わりがないという結果であり、**入院や通院のために働けないことや就業制限という労働喪失の影響は 1 年以後**

163）がん患者・経験者の就労支援のあり方に関する検討会報告書平成 26（2014）年 8 月 15 日 https://www.mhlw.go.jp/file/05-Shingikai-10901000-Kenkoukyoku-Soumuka/0000054911.pdf#page=15

164）正式には、労働施策の総合的な推進並びに労働者の雇用の安定及び職業生活の充実等に関する法律

165）濱島・前掲注 102）「報告書」（2017 年）

I-3　がんの医療環境

も継続していることが判明している。

　がんに罹患したことにより離職せざるを得ない状況や、結果として収入減に
なる問題に直面する。治療費が必要になるにもかかわらず、収入が低減すると
いう2重苦を抱えなければならいことが、経済的負担である。収入減について
は、平成21（2009）年実施のNPO法人がん患者団体支援機構等の調査結果が、
厚生労働省のホームページに紹介されており、**がん診断前の平均年収395万**
円が、診断後約167万円に減収という結果である。

　実際の就労状況への影響についての実数調査としては、厚生労働省の班研究
では静岡県立がんセンター所長山口健氏を研究代表として平成16（2004）年に
「がんの社会学」の調査が実施されている。勤務者では34％が依願退職または
解雇されている。自営業者等は、13％が廃業している結果である。被雇用者が
がんに罹患した後、退職している率は、他にも調査されているが、筆者が確
認した他の報告結果でも山口氏の班研究の結果と大差はない結果であった。が
ん対策推進協議会委員のがんサバイバーの就労問題に積極的に取り組んでいる
桜井なおみ氏もがん患者・経験者の就労支援のあり方に関する検討会で、がん
診断後も今の仕事を継続したいと希望した患者は75.9％達しているが、うちの
31％が異動・転職しているという調査結果を報告している。また、がん診断時
未就業者についても、就労を希望するものが85％も存在していた。いずれに
しても、がん患者の就労問題は、がん療養を考える上で避けて通れない問題で、
就労支援の面からも保険サービスを検討しなければならない。

表 I-3-32　就労に関するデータ

- ●「がんの社会学」の調査 2004 年
  勤務者　34％が依願退職・解雇
  自営業者　13％が廃業
- ●がん体験者の就労と雇用調査 2008 年
  がん診断時就業者　現在の仕事の継続希望　75.9％
  がん診断時未就業者　85％就労希望
- ●がん患者団体支援機構等の調査 2009 年
  がん診断前の平均給与 395 万円
  がん診断後の平均給与 167 万円
- ●厚労省班研究（高橋班）2012 年
  離職のタイミング　治療開始前 40.2％　治療開始後 48.3％

166）https://www.mhlw.go.jp/stf/shingi/2r98520000023wrx-att/2r98520000023wzb.pdf

②　がん治療と妊孕性問題[167]

AYA（Adolescent and young Adult：思春期と若年成人）世代のがん対策が、第三期がん対策推進基本計画に盛り込まれている。AYA世代の一部の患者は、小児がんからの継続世代であり、小児がんと共通するがん療養問題を有している。成熟した成人に対して確立している療養環境と異なり、患者数も少なく経験や情報が蓄積されていない点でも、適切な療養が受けられない問題が指摘されている。一方、若年者の罹患も多い乳癌では、化学療法や内分泌療法による妊孕（にんよう）性の低下のため、がん患者のサバイバーシップに大きな影響[168]が見られる。がんの診断確定の告知、治療に伴う妊孕性障害の説明により、精神的負担が大きいにもかかわらず、がん治療の準備として生殖機能温存の判断もしなければならない事態に直面するのである。したがって、このようなAYA世代患者に対する療養の充実を目指してがん対策推進基本計画で取り上げられることになった。この世代は特に患者ごとに教育、就業、生殖機能が異なり、小児癌治療の晩期後遺症や若年成人の生殖機能温存の問題に慎重に対処しなければならない。

がん対策推進基本計画の具体的取り組み課題としては、

- ●専門的な診療体制の整備を検討する
- ●AYA世代の多様なニーズに合わせた情報提供・就労支援
- ●治療に伴う生殖機能等への影響の問題への対応

があげられている。小児がんもAYA世代のがんも具体的課題は多岐にわたっており、詳細は割愛する。日本では、AYA世代のがん治療に伴う生殖機能温存に関して、医療関係者間の情報連携が不足していたが、2012年の日本がん・生殖医療研究会発足を始めとして、多くの学会でこのテーマが取り上げられるようになっている。2014年には「乳がん患者の妊娠出産と生殖医療に関する診療の手引き」、そして2017年日本癌治療学会から「小児、思春期・若年がん患者の妊孕性温存に関する診療ガイドライン」が刊行されている。

さて、実際の生殖機能温存について解説すると、聖マリアンナ大学医学部の

167）妊孕性とは、妊娠する能力を意味する。
168）サバイバーシップとは、がん診断後に患者が暮らしていくこと。

I -3 がんの医療環境

鈴木直氏の報告[169]によれば、男性の場合の生殖機能温存は精子凍結が標準的な方法[170]で、2012 年では 15 歳から 39 歳までのがん患者 7,273 名が日本で対象になるという。精子凍結は、比較的簡便で女性の場合と比較して費用が安く、全体の医療機関数は把握されていないが多くの医療機関で実施されているという。しかし、実際に男性患者で利用しているのは 10％という結果であった。また血液内科に対する調査では、患者全員に精子凍結の話をしているのは、38.9％の施設であった。

　一方、女性では、生殖年齢に乳がんの罹患が多く、生命予後を優先して各種の薬物療法が選択されるため、妊孕性に障害を受けることがあり、挙児希望の場合にはライフプランを改めて見なおす必要に迫られる。このため、十分に医療関係者との対話をとることや心理サポートが必要になる。前述したとおり現在では診療の手引きや診療のガイドラインが出版されたので、標準的なサポートが受けやすくなってきているが、引き続き専門医療機関や相談窓口の整備[171]やがん・生殖機能に関連したカウンセリングができる心理の専門家を育成[172]することが必要になっている。「乳がん患者の妊娠出産と生殖医療に関する診療の手引き」について、掲載されている項目だけ**表 I -3-33** に提示する。挙児を希望していても、がんの状態（腫瘍側要因）によっては、妊娠を進められない

表 I -3-33　「乳がん患者の妊娠出産と生殖医療に関する診療の手引き」目次

1.　患者への情報提供、医療者のコミュニケーションについて 2.　乳癌と診断された患者の将来の妊娠について 3.　挙児希望を有する乳癌患者に対するがん治療について 4.　挙児希望を有する乳癌患者に対する生殖医療について 5.　妊娠前のスクリーニング、妊娠中・出産後の管理について

出典：特定非営利活動法人 日本がん・生殖医療学会編（金原出版）

---

169) 厚生労働省科学研究 2017 年度「小児・AYA 世代がん患者のサバイバーシップ向上を志向した妊孕性温存に関する心理支援体制の均てん化に向けた臨床研究」（研究代表者・鈴木直）

170) 化学療法の後遺症による性機能障害と異なり、骨盤腔内のがん手術の場合に性機能障害が生ずることがある。現在では、生殖機能を保護する神経温存手術が選択されることが多い。

171) 日本産婦人科学会管理下に妊孕性温存治療施行施設の整備が進んでいる。日本産科婦人科学会で生殖補助医療 ART 施設の登録で、ART 実施適応に「未受精卵子凍結（医学的適応）」が 2014 年 6 月から追加されている。これにより、乳がん等の患者の化学療法に伴い、卵巣組織の温存後の生殖補助医療実施施設と実施数が確認できるようになっている。また、日本がん・生殖医療学会の症例登録データベースも構築が検討されている。

172) 学会主導で、がん・生殖医療専門心理士という専門家の養成が始まっている。またこれ以外にも看護師、薬剤師などのヘルスケアプロバイダーの育成も検討されている。

第1章　がんとがん保険

場合もあり、医療関係者もカウンセラーもがんと生殖機能の関係について精通していなければ適切な患者への説明はできないのである。

　女性の場合の生殖機能温存方法は、卵子、卵巣組織の保存であり、治療前に組織の保存を行い、がん治療終了後に、挙児希望があれば生殖補助医療を実施する必要がある。しかし、2017年の厚労省班研究会議では、地域により卵子・卵巣凍結施設の分布に偏りがあり、凍結施設が不足している地域があるという報告が出されている。同様に、がん治療施設の中には妊孕性温存医療施設への紹介先がない県が存在することが指摘された。女性の生殖機能温存および妊孕性温存には、このように様々な課題が存在していることが分かるが、最も重要な問題は費用の問題である。前述の鈴木直氏が研究代表である研究調査報告書によると、**未受精卵子、胚（受精卵）、卵巣組織凍結の3つの妊孕性温存治療の対象となる年間の患者数は約2,600人で、年間の費用は総計約8.8億円が見込まれる**という結果であった。がん医療の費用に加え、将来の妊娠出産の治療のための費用を捻出しなければならない現実があると報告し、妊孕性温存がされるべき状態の患者が、費用の面で温存されないことがないようにと提言している。報告書では、各種妊孕性温存のための医療に係る費用を男女のがん患者に対して公的に助成しても、不妊カップルに対して実施されている特定不妊治療費助成事業の100分の1未満の規模であるとの試算を示し、公的助成制度の創設を提言している。なお、精子の凍結費用は女性の費用に比較して大体10分の1であり、対象者数は多いが、女性全体の費用と同額程度であると試算されている。報告書から妊孕性温存治療の対象者数の推計値を表Ⅰ-3-34に抜粋する。

　前述した日本癌治療学会の「小児、思春期・若年がん患者の妊孕性温存に関する診療ガイドライン」には、各部位のがん治療について男女別に妊孕性温存に関する標準的な診療方針が集約されているが、一方で、今後インフォーム

---

173)「総合的な思春期・若年成人（AYA）世代のがん対策のあり方に関する研究」平成29（2017）年6月8日第1班会議

174) 厚生労働省子ども・子育て支援推進調査研究事業「若年がん患者に対するがん・生殖医療（妊孕性温存治療）の有効性に関する調査研究」の平成28（2016）年度報告書

175) 小児・AYA世代に合わせて、子宮頸癌、子宮体癌、卵巣上皮性悪性腫瘍、乳癌、精巣腫瘍、造血器悪性腫瘍、悪性骨軟部腫瘍、脳腫瘍および肝細胞癌の治療における妊孕性温存方針がまとめられている。

92

I-3　がんの医療環境

表I-3-34　妊孕性温存治療の対象者数の推計値

対象者内訳	推計対象者数
卵巣組織凍結対象患者数	最大 400 例
受精卵凍結対象患者数	最大 1,600 例
精子凍結対象患者数	年間数千人

出典：「若年がん患者に対するがん・生殖医療（妊孕性温存治療）の有効性
　　　に関する調査研究」報告書より作成

ドコンセントのための体制整備、専門医療従事者の育成、公的助成金整備、技術革新への対応、さらに地域間格差や医療施設間格差などを多くの課題が存在していることも指摘されている。

　AYA 世代のがん患者は、自費で妊孕性温存に取り組んでいる。民間保険の制度論からすると不妊カップルへの不妊治療給付金創設は、リスクコントロールの面で困難が多いが、がん罹患後の生殖補助医療への給付金を用意することは、がん保険と親和性があるサービスであろう。[176]

10）がん医療の今後

　がんに限らず日本の医療の変化を理解するためには、疾病の動向、医療技術の進歩、医療サービス提供の主体（病院や医療従事者等）および健康保険制度の動向を注視しておく必要がある。

　部位別に罹患率や死亡率の経年推移を見ていくと、前述したとおりがんにも流行り廃りが見られている。過去 20 年間で見ると男性では前立腺癌、女性では乳癌、そして男女共に大腸癌の増加が顕著である。増加する部位のがんは、がん対策の主要標的対象になっていくはずである。

　医療技術の進歩は目覚ましく、非侵襲医療や個別化医療の普及の原動力になっている。非侵襲医療とは苦しくない痛くない医療であり、コンピューター断層撮影装置（CT）スキャンや磁気共鳴画像装置（MRI）といった画像検査の進歩、あるいは内視鏡を使用した腔内鏡手術（腹腔鏡、胸腔鏡手術、ロボット支援手術[177]）や血管内手術の導入、あるいは高精度放射線治療の導入など新しい医療技術のおかげである。入院日数の短縮化の要因の一つでもあり、苦しい闘病

176）すでに一部の会社で不妊治療への保障が販売されている。
177）ダヴィンチというロボット支援手術のシステムが普及しつつある。

93

第1章　がんとがん保険

のイメージがあるがん患者にとっては、特に期待されている部分である。さらに、がんの分子レベルの病態解明は、遺伝子医療や免疫療法に加え分子標的薬を利用した薬物療法の普及を促している。患者固有の生物学的特徴（体質）が分子や遺伝子レベルで解明され、それに合わせたプレジョンメディシンも浸透しつつある。

　医療技術の進歩と並行して、医療を提供する医療機関の環境も大きく変化している。医療制度の根幹をなす病院機能は、診療報酬に基づく経済原理により揺れ動き、医療法の改正に合わせて国の施策に大きく影響を受けている。病院の病床機能は、一般病床、療養病床、感染病床、結核病床、精神病床に分かれていたが、さらに、一般病床と療養病床は、2014年から高度急性期、急性期、回復期および慢性期の病床に区分されることになった。[178]また診療報酬制度上、急性期の診療を担う一般病床の病院は、診療報酬を包括で受領するDPC方式[179]の病院と出来高の病院に分かれている。また一般病床の1日入院あたりの診療報酬は、看護師数の充足度が評価されたため病院機能と遊離して看護師の争奪合戦が繰り広げられてしまい、看護師不足という現象をもたらしてしまったので、平成30（2018）年の診療報酬改定では是正が図られている。このような状況の中で、病院には更なる実質的な機能分化が求められている。現在、DPC病院に支払われる包括方式の診療報酬の基礎になる各種視標の中で、病院の機能や機能を裏付ける診療結果に重点を置くようになり、いわゆるP4Pが日本[180]でも評価されつつある。[181]病院機能の分化により、病院の分別と階層化が明確になり病病連携（病院間連携）、病診連携（病院診療所連携）が加速する予定である。[182]高度ながん医療を提供された患者が、急性期の治療後、自宅近傍の医

178）筆者「医療機能分化と診療報酬包括化の影響」生命保険経営86巻1号51-71頁

179）DPC方式（Diagnosis procedure combination）で、診断名と病状等により一日あたりの診療報酬が決まる包括方式。正式にはDPC/PDPS（Diagnosis Procedure Combination / Per-Diem Payment System）。

180）筆者・前掲注178）生命保険経営86巻1号

181）P4Pはpay for perfomanceの略で、診療結果により診療報酬が変わる報酬制度。良い医療を提供するほど報酬が高くなる仕組み。DPC病院の入院基本料は医療機関別の係数で調整されているが、国民に関心がある個別病院の評価は、概略機能評価係数Ⅱを比較すればよく、全DPCのデータは公開されている。

182）今後、一般病床と療養病床のある病院は、高度急性期機能、急性期機能、回復期機能、慢性期機能に区分される。

94

I-3 がんの医療環境

療機関でケアを受ける時代になりつつある。このために地域医療クリティカル
パス[183]も主要部位のがんに対しては整備が進められている。また開業医を含め
た地域の医師が、このような患者をきちんと診療することができるように総合
診療専門医が創設されることになった。[184]税と社会保障の一体改革のために設
置された国民会議が出した2013年8月の報告書では、医療・介護の重要な方
向性として地域包括ケアシステムや「地域完結型」医療・介護を位置づけ、こ[185]
れを具現化する各種施策が同年12月に成立したプログラム法[186]に基づいて進行
中である。がん医療もその渦中にあることを理解しなければならない。

　最後に、これらの医療環境の変化は、これまでその多くが公的医療保険制度
の枠内でカバーされてきたが、今後は、高額医療と医療提供のバランス、過剰
医療や贅沢医療の見直しが始まるはずである。医療技術の進歩の恩恵を患者が
公的医療保険制度の枠内で享受できるのかは不透明であり、いずれ公的医療保
険制度で提供し得ない範囲の医療サービスについては保険免責論や保険外併用
療養費制度（公的管理の混合診療）のあり方の議論を含め、保険制度の根本的
な見直し議論が盛んになると予想される。[187]当面は、がん医療のキーワードと
して、非侵襲医療、分子レベルの医療、在宅医療および個別化医療が中心とな
っていくはずであるが、公的医療保険制度の枠組みの変化と保険外併用療養費
制度の拡大が、新たながん医療環境をもたらすと予想され、[188]国民皆保険で実

---

183) 武藤正樹『医療が変わる to 2020』（医学通信社、2011年）。地域医療と地域連携クリティカル
　　パスについて解説されている。
184) かかりつけ医制度を強化するゲートキーパー機能に焦点を当てた総合医制度の創設によりフリ
　　ーアクセス制限についても、国民会議で議論された。最終的に、地域医療の専門家として総合診療
　　専門医の創設が決まった。
185) 社会保障制度改革国民会議報告書（2013年）http://www.kantei.go.jp/jp/singi/kokuminkaigi/pdf
　　/houkokusyo.pdf
186) 平成25（2013）年12月5日、国民会議の報告書に基づき、参議院において社会保障制度改革
　　のためのプログラム法案（「持続可能な社会保障制度の確立を図るための改革の推進に関する法律
　　案」）が成立した。
187) 公的医療保険制度の見直しは、様々な政策研究が報告されているが、根本的な見直し論として
　　参考になるのは、厚労省医務技監鈴木氏の「カタストロフィック保険」に関する発言（週刊社会保
　　障 20180716号　No2981 3頁）、早稲田大学教授菊池氏の「ミニマム保障・オプティマム保障」週
　　刊社会保障 20171127号　No2950、慶應義塾大学教授印南氏の「救命医療・自立医療」（『再考・医
　　療費適正化』（有斐閣、2016年）213-223頁）などである。筆者は、これら論評は、「基礎的医療と
　　最適医療」および「コア的医療と非コア的医療」の2軸による見直しと解釈している。
188) 第189回通常国会で一部混合診療拡大となる「患者申出療養制度」が審議され、2016年4月に
　　施行されている。

第1章　がんとがん保険

現していた社会的公平性と平等性がどれだけ維持できるのか、注視しなければ
ならない。すなわち、**私的財である医療は経済原理で揺れ動く一方、公共的役
割も合わせ持つため現状の医療制度がどのように維持されるのか、それとも医
療における経済格差が加速するのか、生死に関わるがん医療だからこそ目が離
せない問題である。**

　これまで多くの民間保険が、公的保険の補完というスタンスに軸足を置いて
いたことは間違いないが、直面するこれらの環境変化により、補完の意味にも
変化をもたらすのである。[189]改めて公私の役割分担にも焦点が当たるのであろ
う。

189）筆者「医療制度改革と民間保険の今後」生命保険経営 84 巻 4 号（2016）4-28 頁

第Ⅱ章　がん保障の歴史と特定疾病保険

　第Ⅱ章は、商品の歴史であり、表のデータの一部を除いて初版と内容は同じである。

Ⅱ-1　がん保険販売の経緯

> ✚金融緩和の中で業際の枠を超えて過去販売チャネルが拡大してきた経
> 　緯を確認する。

　がん保険の歴史は、ニッセイ基礎研究所の小林雅史氏が専門誌に論文として業界の動向を経時的に整理紹介しているので、詳細はその論文に譲り、本書では割愛する。[1]ただし、がん保険の歴史を顧みて重要なポイントだけ再確認しておきたい。

1）がん保険の販売開始から規制の時代

　昭和49（1974）年11月　アフラックが日本で初めてがん保険の販売を開始した。以後数社、がん保険販売を開始したが、販売取り扱いは外資系生保と中小生保に行政指導で限定されている。[2]当時のアフラックのがん保険は、がん入院、がん死亡、家族保障（主たる被保険者とその配偶者である従たる被保険者および23歳未満の子供に対する保障で主従の被保険者を設定した連生保険になっていた）により構成されていた。現在、普及しているがん罹患時診断給付金（一時金支払い）は付加されていなかったのである。アフラックに続いて、がん保険を販売する会社が登場するが、基本的に医療保険にがん保障を付加するタイプや入院保障をがんに限定するタイプが主であった。

　昭和58（1983）年1月がんの診断やがんの入院にリンクし、入院日額と切り

1）小林雅史「わが国におけるがん保険の発展」生命保険経営82巻4号（2014年）および御田村卓司『生保商品の変遷〔改訂版〕』（保険毎日新聞社、1996年）、ニッセイ基礎研究所編『概説日本の生命保険』（日本経済新聞出版社、2011年）による。
2）前掲注1）生保商品の変遷140頁

第Ⅱ章　がん保障の歴史と特定疾病保険

離した形で一定額を給付するタイプの保障を付加する会社が登場した[3]。以後現在まで、がん保険の基本設計となる「がん診断一時金＋がん入院日額保障」が主流となっている。当時は、がん死亡率も罹患率も逓増していた時代であるため、診断にリンクした一時金保障の導入は、がん保険の歴史の中では大きなチャレンジであった。

　災害保障について生保は特約方式に限るという大蔵省の指導で、生損保の業際区分があったように[4]、第三分野商品についても生損保のすみ分けとともに、死亡保険が主力の伝統的生命保険会社は特約方式で、第三分野商品販売に比重が大きい外資系や中小生保には医療保険やがん保険が単品商品として認められるというように、生命保険業界内でのすみ分けができていた。

2）新保険業法導入と日米保険協議、チャネルの自由化の時代へ

　平成8（1996）年に保険業法が改正され、第三分野商品は生命保険会社も損害保険会社も取り扱うことが可能になった。一方、日本に参入していた外資系生保の主力商品は第三分野商品であり、業法改正で経営環境が激変する可能性が生じたため、日米構造協議でこれが議題として取り上げられ、段階的に自由化するという調整が行われている[5]。これにより、実際の業際を越えたがん保険・医療保険の自由化は平成13（2001）年1月に、損害保険の自由化は同年7月に先延ばしにされた。自由化後は、多くの会社からがん保険が販売され、多様な商品の導入と価格競争の時代が到来し今日に至っている。

　生損保業界内の保険販売の自由化は平成13（2001）年に終点を迎えたが、保険会社と他の金融機関との相互参入については、その後金融審議会で議論されている[6]。銀行における保険窓口販売は、年金保険を手始めに平成19（2007）年の全面自由化まで段階的に解禁されていく。同年12月からは、死亡保険（平準払い）、医療保険、がん保険も銀行で販売されるようになった。がん保険

3）小林・前掲注1）論文によるとアイ・エヌ・エイ生命
4）前掲注1）生保商品の変遷 123頁
5）外務省「日米通商交渉の歴史（概要）」http://www.mofa.go.jp/mofaj/gaiko/tpp/pdfs/j_us_rekishi.pdf, 外務省、日米経済関係の現状「94年措置」と「96年補足的措置」http://www.mofa.go.jp/mofaj/area/usa/keizai/ippan/1.html
6）金融審議会は2004年1月に全面解禁に向けた審議を開始し、2005年12月には金融庁が保険業法を改正し、2007年12月に全面解禁となる。

の商品内容にとどまらず販売チャネルの拡大は、このように金融業態の垣根を越え、最近では、ネットでも販売される状況に至っている。

3）TPP 交渉とがん保険

　平成 23（2011）年に始まった自由貿易交渉である環太平洋経済連携協定交渉（TPP）[7] では、医療に関連した部分も交渉となっている。特に混合診療解禁と薬価制度の問題に対して、交渉の行方に日本国内の各方面から懸念が示されていた。[8] しかし、米国は、日本を TPP 交渉への参加を促すために、国内の内政には踏み込まない姿勢を示している。[9] 薬価制度に関しても制度の是非論と異なり、知的財産分野（TPP 協定第 18 章）の問題の一部として薬価基準における特許期間延長という議論が進み、新薬開発のデータ保護期間を 8 年とすることで合意して医薬品をめぐる交渉が落ち着いたのである。[10]

　これらの問題と同様に、TPP 交渉と関連して民間保険解放拡大が公的医療保険制度へ影響する懸念の声も上がっていたのである。過去の日米貿易交渉の歴史的事実を踏まえると当然の声であるが、TPP 交渉と平行して日米が、保険、投資等の関税問題以外に係る 2 国間協議が行われていたからである。[11] 1990 年代の日米貿易協議、その後の日米包括経済協議、および TPP との並行協議と繰り返し民間保険問題は、日米の貿易協議の主要テーマになり、その主役が外資系が取り扱う第三分野商品である。当然、がん保険もこれらの交渉経緯に揺れ動くのである。[12] 現在、日米間の TAG（物品貿易協定）交渉が予定されており（2018 年 12 月時点）、協議対象にはサービス業は含まれていない

　7）野田元総理が、2011 年 11 月 11 日交渉参加表明

　8）医療用医薬品の価格が、日本では公定価格で決められていることが、貿易障壁として捉えられていた。

　9）平成 25（2013）年版米国通商代表部の報告書では、日本の医療制度規制の代表である株式会社の医療機関経営、混合診療禁止の問題は指摘されていない。いずれも日本の公的医療保険制度の根幹にかかわり、医療制度運営の規制というより制度本体として捉えるべきである。これらの規制を撤廃すると日本の総医療費が増加すること、個人の経済格差が医療サービスの格差を拡大すると懸念されている。

10）全国保険医新聞 2015 年 10 月 25 日、薬価制度では新薬の独占販売期間を更に 5 年延長する制度が設けら、画期的新薬には 8 年間の独占販売期間が設けられていた。新薬開発に関するデータ保護期間を 8 年とすることで合意されている。

11）外交防衛委員会調査室、神田茂ほか「TPP 交渉経緯と交渉 21 分野の概要」

12）2018 年 12 月の時点では、かんぽ生命自体でがん保険の商品提供はしていない。

第Ⅱ章　がん保障の歴史と特定疾病保険

が、米中の貿易摩擦の影響が今後の民間保険のビジネスにどのような影響があるのかのは、筆者の専門外でありコメントは差し控える。

　以上の経緯で再確認すべきことは、いかに国内では国民皆保険堅持の声が強いかということであり、この点に関係しては、がん保険を含め民間医療保険の拡大については慎重論があることを認識しなければならない。

Ⅱ-2　がんを保障する商品

> ✚がん保険の給付金の変遷を知る
> ✚がん保険、入院給付金や成人病特約（現生活習慣病特約）とがん保障の
> 　関係を理解する。

1）がん保険におけるがん保障

　がん保険は、昭和49（1974）年にアフラックが日本で初めて販売したことは、前述したとおりである。以後、同社は順調に保有契約件数を伸展させ、がん保険の保有シェア1位を継続している。医療保険の販売が飽和する中で、各社も先行する会社に追随する形でがん保険の取り扱いを拡大させてきた。したがって、商品の変遷を知る上では、40年以上のがん保険販売の歴史を持つアフラックの商品変遷を観察しておくことで代替できよう。表Ⅱ-2-1に商品に付加できる給付金の一覧を提示した。時代と共に、商品内容が進化していることが見てとれるのである。

　導入当初の商品は入院費用を保障する医療保険の延長線でがん保険が開発されている。したがって、がんの入院を保障する給付形態も日額給付であり、特に通常の医療保険と大きく変わるものではなかった。しかし、がん医療は変化し、入院日数も短縮化している。治療技術も公的医療保険制度も変化したため、何度も商品改訂を経て現在のタイプの商品へ内容を変化させてきたのである。現在では、多くの会社が様々ながん保険商品を展開しているが、いずれも基本的な商品構成に大きな違いはない。[13] ただし、詳細に各社の約款を確認す

13）一般的にがんの入院や診断一時金を主契約とする商品が多いが、治療関連（三大治療）の給付を
　主契約とする商品が最近販売されている。しかし、特約を含めると商品の基本構成に大きな違いは

Ⅱ-2　がんを保障する商品

表Ⅱ-2-1　アフラックがん保険変遷の概略

給付金名	商　品　名							
	がん	新がん	スーパーがん	21世紀	フォルテ	Days	新Days	Days1
入院	○	○	○	○	○	○	○	○
在宅療養		○	○	○				
通院			○	○	○	○	○	○
診断一時金			○	○	○	○	○	○
特定診断給付								○
特定治療通院			○	○	○	○	○	
高度先進医療				○	○			
手術				○	○	○	○	○
在宅緩和ケア or 緩和ケア				○				○
診断給付年金					○	○		
再発・長期治療						○		
放射線治療						○	○	○
抗がん剤治療						○	○	○
先進医療						○	○	○
診断給付複数回支払							○	○
保険料払込免除								○

出典：アフラックのがん保険商品ハンドブックより筆者改編、加筆、なお、一部の給付金は掲載を省略している。

ると保険事故の定義が微妙に異なっている点や、通算の給付金額が異なる点などが確認できる。[14] **表Ⅱ-2-1** を見ても、がん患者に必要な給付金は様々で、細分化された給付金を用意することは、それぞれの給付金は定額といえども、全体では実損補塡に近い商品構成になっているともいえる。[15] また、募集人にも、各種給付金の存在によってがん治療の必要保障額を顧客に説明することが容易

―――――――――
　見られていない。

14)　診断一時金で、病理診断を保険事故とする場合と病理診断に加え入院やがんの三大治療の受療の組み合わせを保険事故とする場合の違いなどが見られる。また先進医療の給付通算額など会社により異なっている。

15)　がん診断で高額一時金を給付する商品もあるが、治療費用保障の面からは過不足のバラツキが大きくなる。治療を細分化して保障すると実損補塡に近い給付を実現できる。

101

第Ⅱ章　がん保障の歴史と特定疾病保険

になる利点もあるはずである。

2) 入院特約の手術給付とがん保障

　疾病・手術関係特約は昭和49（1974）年ごろから各社で販売され、以後何回か約款の改定が行われている[16]。入院特約に付加されている手術給付金は、昭和62（1987）年4月に業界統一商品として導入され88種類の手術に限定して給付金を支払うタイプである。以後、最近まで販売され続けた商品である。この88種類の手術の中に、80番悪性新生物根治術（日額40倍）、81番悪性新生物温熱療法（日額10倍）、82番その他の悪性新生物の手術（日額20倍）が組み込まれている[17]。2番に乳房切断術が日額の20倍の給付額となっているが、悪性新生物で乳房切断術を実施した場合は、80番で40倍の給付が受けられるので、手術給付金は悪性新生物に対して保障は手厚くなっていた。

3) 成人病入院特約と特定疾病の入院保障

　当初、がん保険を販売できなかった会社も、がん保険に対する消費者のニーズが確認されたため、がんを包含した特定疾病の入院に対して上乗せ給付する成人病入院特約を昭和51（1976）年1月に導入し販売を開始している[18]。平成8（1996）年に厚生労働省が、成人病という用語から生活習慣病に変更する方針を打ち出したため、現在は生活習慣病特約に名称が変更されている。当時の生命保険協会医務委員会の協議で生活習慣病は、悪性新生物、糖尿病、心疾患、高血圧性疾患、脳血管疾患の5領域の疾病とされた。入院日額の保障のため、給付される対象の各疾病について詳細な診断基準は規定化されていない。後述するが、**成人病入院特約における悪性新生物の定義が、その後のがんの定義をめぐる問題（がんに上皮内がんを含めるか否か）に影響することは理解しておかなければならない**[19]。

16）平尾正治「第三種保険の沿革」生命保険協会報69巻1号、前掲注1）生保商品の変遷143頁
17）根治術をめぐる約款解釈に関して契約者からの苦情が多く発生し、88列挙方式の約款の鮮度に問題が発生している。現在、これにかわる公的健康保険の手術料連動方式のタイプの手術給付金に商品変更されつつある。
18）前掲注1）生保商品変遷140頁
19）成人病入院特約では、悪性新生物の表に上皮内癌または上皮内新生物を包含したため、WHOの基準と乖離した記述が、長年にわたって続くことになる。

Ⅱ-3　その他の特定疾病保険

> **＋** がん保険は、がんのみ保障する究極の特定疾病保障保険である。その
>   他の特定疾病保障保険についても理解する。
> **＋** 三大疾病保障保険も特定疾病保障保険の代表である。
> **＋** がん保険と三大疾病保障保険（業界標準）の商品コンセプトの違いを理
>   解する。
> **＋** 三大疾病保障から６大疾病等に保障が拡大するにつれ、当初の商品コ
>   ンセプトが揺らいでいる。

1）疾病障害保険の流行

　第三分野商品は、傷害疾病定額保険として保険法に定義されているが、ここ
に解説する疾病障害保険は誤記ではない。疾病障害保険は、第三分野商品の一
種であり、疾病を原因として一定の障害状態になると一時金や年金が支払われ
る商品である。[20] 傷害の後遺症を保障する商品は、災害関係特約として生保業
界統一で運用されていた傷害特約が存在していたが、保障は文字どおり不慮
の事故原因に限定されており、疾病保障ではなかった。その中でアフラックが、
1985 年に痴ほう介護保険を販売したのが疾病障害保険販売の嚆矢であったが、[21]
その後の疾病障害保険開発流行の契機となった商品が、住友生命のＶガード[22]
の登場である。以後、各社が類似商品を開発し、一時代が築かれたのである。[23]
これらの商品は、疾病に罹患するだけでなく、疾病により一定状態の障害にな
った場合も保障の対象とするものであり、糖尿病の重症化による視野障害や四
肢切断状態、慢性腎不全で人工血液透析になった障害状態、あるいは心臓弁膜
症で心臓弁の取替え手術（人工弁置換術）が実施された状態など、複数の疾病

20）重度疾病障害保険と称されることがあるが、三大疾病保障保険と区別するため疾病障害保険の用
　　語を使用する。
21）社会や業界に介護保険開発の必要性を提示した意義が認められ、日経新聞賞を授与しているので
　　ある。
22）1996 年発売開始
23）奇しくも、Ｖガードも日経新聞賞を授与した商品である。

第Ⅱ章　がん保障の歴史と特定疾病保険

と障害状態の組み合わせで保障が構成されている。がんにより人工肛門や人工膀胱に頼らざるを得なくなった場合も保障に組み込まれていることが多い。

　一方、生保業界には業界統一で運用されてきた高度障害保険金が存在している。災害・疾病の原因を問わず、8類型の高度障害状態のいずれかの身体障害になれば、死亡保険金と同額が支払われる。がんに関連した部分では、喉頭癌で喉頭全摘による言語機能の喪失等が支払い対象である。死因の一つに高度障害状態を位置づけた商品であるが、基本的には、死亡保険金と高度障害保険金が併売されている第一分野商品と第三分野商品の混成商品である。すなわち、日本独特の死亡保険商品が発展普及したのである[24]。諸外国では、死亡保険に組み込みにせず、疾病障害保険方式で様々な疾病と障害状態を保障するのが一般的である。高度障害保険金については、死亡保険に組み込みとしたため可変性が劣り、その後の疾病障害保険の開発とは連動しなかったのである。しかし、疾病を原因として一定の障害状態になれば、保険金が支払われる商品の一種であるという位置づけは理解しておかなければならない。

2)　三大疾病保障保険の登場とがん保険、基本コンセプトの違い

　日本における特定疾病保障保険の代表は、三大疾病保障保険とがん保険である。アフラックのがん保険に、がんに罹患すると一時金が給付される診断給付金が創設されたのは、平成2（1990）年の商品改訂からである。同様に業界標準の三大疾病保障保険も特定疾病に対して一時金を給付する商品として導入されている。このような一時金が給付されるタイプの特定疾病保障保険の登場は、第三分野商品の歴史や特定疾病の保障を考える上で意義深い。すなわち、ある特定の疾病や障害状態に一定金額を給付する必要性について考え、特定疾病と非特定疾病との違いや、なぜ疾病により保障が異なる必要があるのかを理解しなければならない。

　平成4（1992）年に業界標準のがん、脳卒中、急性心筋梗塞に罹患し、一定基準を満たすと一時金が給付される三大疾病保障保険が導入・販売された。脳卒中、急性心筋梗塞には60日規定があるため、軽度で治療が済む場合には支

---

24)　平尾正治「約款の医学的検討」生命保険経営学会誌 47 巻 6 号（1979 年）64-80 頁

払いはない。死亡保険金が組み込まれており死亡すると契約が消滅するが、三大疾病に対する保険金支払いにおいても契約は消滅する。この商品は、実質上業界統一的に導入され護送船団方式の商品の代表である。[25] がんについては罹患だけで支払われ、脳卒中には 60 日の後遺症、心筋梗塞には 60 日の就業制限という支払い条件（以下 60 日規定という）が付加されている。この点に、商品導入の基本コンセプトが確認できる。すなわち、三大疾病保障保険は、欧米で先行していた Dread disease cover insurance 重度疾病障害保険として導入されたものである。これは、当時の大蔵省担当者から商品コンセプトの説明を受け、また一社について同種商品の販売上限額が通算 2,000 万円とする行政指導があったことからも、明確に重度疾病保障という考え方があったことは明らかである。したがって、がんは罹患するだけで重度疾病保障の提供が許され、一方、軽度で治療が終わる可能性のある脳卒中や心筋梗塞の患者に高額の一時金を提供することは、重度疾病障害保険の商品コンセプトに合わないため、60日規定が付加されたと理解できるのである。[26] 治療費用保障を目的する一般的ながん保険と重度疾病を保障する三大疾病保障保険では商品コンセプトが、根本的に異なるのである。[27] がん保険も三大疾病保障保険も病理による診断確定を給付事由とする点は同じであるが、両者の約款上の違いを、**表Ⅱ-3-1** にまとめている。以後、本書で取り上げる三大疾病保障保険は、上記の業界標準の商品を対象とする。

　重度疾病保障という位置づけで一時金を提供する商品性とがん保険の受けた

表Ⅱ-3-1　三大疾病保障保険とがん保険の比較

	三大疾病保障保険	がん保険
責任開始後に保障するがん	生涯初めてのがん	生涯初めてのがん
無効規定	なし	あり
待ち期間	乳癌についてあり	あり

出典：筆者作成

---

25) がん、脳卒中、急性心筋梗塞を保障する商品性のみならず、約款や保険料などまで業界で標準化されていた商品である。
26) 早期がんの発見率が高くなるにつれ、がんに関して重度疾病のイメージと乖離することが多くなってきている。
27) 堀田一吉『民間医療保険の戦略と課題』83-85 頁（勁草書房、2006 年）

第Ⅱ章　がん保障の歴史と特定疾病保険

医療行為別に治療費用を給付する特約方式の商品性の違いは、三大疾病保障保険とがん保険を比較する上で重要な視点である。**同じ会社で同じ消費者に、両方の保険を販売する機会もあるはずで、このような商品性の違いとその根拠を理解していないと、がん保障が重複する点の説明ができないはずである。**

　すでに三大疾病保障保険は日本に定着し、派生的商品の販売も拡大している。一時金以外に年金支払いや、各種の保険商品に付加する三大疾病連動保険料払込免除規定、あるいは住宅ローン向け団体信用生命保険に付加される三大疾病連動債務返済特約などに進化することになるのである。

　最近では、三大疾病保険から対象疾病を増やし、6大疾病保障保険や7大疾病保障保険といった商品も販売されるようになっているが、がんに対する保障はいずれの商品にも入っている。対象疾病が増えるに従い、三大疾病導入当初の重大疾病保障のコンセプトからズレも生じている[28]。また、心筋梗塞、脳卒中の支払事由にある60日規定のトラブルが見られ[29]、支払い査定でも苦慮することがあるため、60日規定を削除する商品も見られるようになり、当初の重度疾病保障のコンセプトから商品が変化しているのである。

---

28)　重大疾病の印象とは離れた高血圧などが対象となっている場合がある。

29)　三大疾病保障の60日規定の、脳卒中で60日の後遺症、心筋梗塞で60日の就業不能の診断は、支払事由の条件として曖昧な部分があり、医師の判断に依存している。このため、60日条件に該当しないという支払い判断をすると、保険会社への苦情になるケースも見受けられている。

第Ⅲ章　がん保険の各種商品考察

Ⅲ-1　がん保障商品の基本

> ✚がん保険をとおして様々な給付金が提供されている。給付事由として
> 「がんの治療を直接の目的とした療養」が重要であることを理解する。
> 他の特定疾病保障保険においても給付の原則として重要である。

　がん治療費用保障として販売されている商品および特約は、がんの療養に関した様々な給付がある。主要給付は、入院、手術、放射線治療、先進医療、抗がん剤治療に関連した給付である。これらの給付に共通する給付事由の定義が、「がんの治療を直接の目的とした療養」であり多くの会社が採用している。入院給付金であれば「療養」部分は、「入院」である。短い定義であるが、この定義によりがんでない入院や治療でない入院との分別が可能になる重要な定義である。

　この点が全ての傷病を一律に支払う商品とは最も異なり、特定疾病を保障する給付事由の骨格部分になる。特定疾病が「がん」なので、「がんの治療を直接の目的とした療養」となっているが、「心筋梗塞」であれば、がんの部分は心筋梗塞に置き換わり、他の特定疾病保障保険にも共通する事由の部分になる。がん保険のサービスを正しく提供するためには、非常に重要な給付事由の定義でありサービス提供に係わる社員は、十分にこの点の理解をしていなければならない。しかし、この定義に関する解釈と実務運用は各社で統一されていない。実際に、がんの入院中に脳卒中を併発することがあり、がんの治療はされずに脳卒中の入院に変わっていることもある。定義があっても、このようなケースの支払い判断は難しいのである。もちろん、商品の約款解釈の問題であり、第Ⅴ章の「がん保険の約款」の中で「標準解釈」[1]を含め解説する。

1）裁定審査会の提示した約款解釈の例

107

第Ⅲ章　がん保険の各種商品考察

Ⅲ-2　がん入院給付金

> ✚平均入院日数が短縮化している理由を知る。
> ✚依然としてがん保険において入院給付金の通算無制限が必要であることを理解する。

　一般的に、待ち期間経過後にがん診断を受け、がん療養のための入院に対して入院日数に比例した日額が給付される。保険事故の給付事由は

　　1．待ち期間経過後に初めてがんの確定診断があること

　　2．がんの治療を直接の目的とする入院であること

であり、ほぼ全社の約款に共通している。約款を詳細に見れば、

　　3．確定診断前の入院部分の支払い可否

　　4．保険期間終了時に継続入院していた場合の取扱い

　　5．他の疾病入院中に診断を受けた場合の取扱い

など入院給付に関する補則部分が、会社により異なっている。中でも確定診断前の入院部分は、組織検査と病理結果が報告されるまでの間に一週間程度の期日が必要であるため、不払い期間が生じる。この部分は契約者からの苦情を受けることがあり、約款上診断確定前の部分が給付できるように補則している会社がある。

　一方、実際に給付判断に迷うことが多く、また契約者との合意形成が難しいのが、前項で述べた「がんの治療を直接の目的とする入院」の給付事由に関して、がん治療に伴う合併症や併発疾患の入院について給付に該当するかの約款解釈である。この点は、第Ⅴ章の4「がん保険約款のその他の諸問題」の項で説明するので、本項では省略する。

　さて、あるファイナンシャルプランナーの講演で「入院期間が短くなっているので入院保険、入院保障は不要」との発言を耳にしたことがある。筆者としては極論と思えたが、入院期間が短くなっていることは事実である。一方、がん保険の入院給付金の通算保障日数は、通常の医療保険と異なり無制限である。したがって、入院期間の短縮とがん入院給付金無制限の背景を確認し、入院給付金の必要性についても考えたい。

患者調査では、全傷病合算の平均在院期間が経年的に短縮化しているが、がんに限定して見ても同様である。ただし、がんの入院期間については最近短縮の程度は鈍化してきている（図Ⅲ-2-1）。

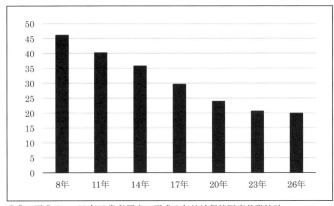

図Ⅲ-2-1　がん入院の退院時平均在院日数の推移（単位日）

出典：平成11～26年は患者調査、平成8年地域保健医療基礎統計

入院日数が短縮化している要因としては、主に以下の3点が指摘されている。
- 医療技術の進歩（内視鏡手術など非侵襲医療の浸透、褥瘡予防やリハビリ技術向上）
- 公的医療保険制度の改正や診療報酬によるインセンティブ（短い入院に高い報酬）[2]
- 予防医学の充実（がん検診推進による早期発見率向上）

が主要因である。[3]

次に、入院日数が短縮している要因を確認するために、手術をしたがん患者の手術前入院日数と手術後入院日数を分けて推移を見たのが図Ⅲ-2-2である。

図からは、手術前の入院日数が経年的に減少していることが明確である。同様に手術後の入院日数も減少しているが、近年下げ止まっている状況が見てと

---

[2] DPC方式の導入が、急性期の癌治療入院の日数削減に影響している。入院期間が長くなるほど診療報酬が減額される。なお、選定療養の一類型に、180日を超える入院に自己負担を増額することが認められているが、がんは対象外になっている。
[3] 平成26（2014）年度第8回診療報酬調査専門組織・ＤＰＣ評価分科会平成27（2015）年1月26日資料D-1

第Ⅲ章　がん保険の各種商品考察

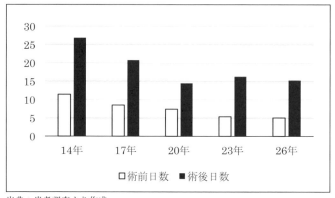

図Ⅲ-2-2　がん手術前後の入院日数の推移

出典：患者調査より作成

れる。入院日数が短縮化しているが、その代わりに外来治療が増加しているのか明確に示せるデータはないが、手術が予定されている入院では、手術前の諸検査の多くが外来へシフトしていることが分析されている[4]。また、手術後の検査も非侵襲的な検査の多くが退院後に実施されている。今後は、在宅医療の環境整備が進めば、退院後の通院や訪問診療へ一部の入院療養がシフトする可能性はあり、入院に代わる給付金の充実も益々必要になるのであろう[5]。

　一方、がん入院給付金は、医療保険の通算給付日数制限があるのとは異なり、がん保険の国内販売当初から通算給付日数無制限の商品が販売され続けている。その背景として当時は診断される時点で進行がんであることが多く、初回治療に引き続き終末期医療の入院へ移行していた状況が想定されるので、通算無制限の意義は大きいものであったと推測される。現在では、全体で見ると入院期間は短縮しているが、食道癌、脳腫瘍やリンパ腫・血液癌の一部では治療のための入院期間が長期に必要であり[6]、がん入院給付金の通算期間無制限の効用は、現在も続いている。がんを病状や受けた医療を詳細に分類して平均入

4）外来化学療法を受ける患者数が増加しているデータはあるが、明確に入院化学療法が外来化学療法にシフトしたことが分かる国民データは、確認できていない。
5）診療報酬調査専門組織・DPC評価分科会資料平成30（2018）年3月6日によると、がん治療の急性期治療を担うDPC病院の治療転帰のデータでは、退院時治癒、軽快、寛解の割合は約80％であり、残りは死亡、転院あるいは在宅・介護施設となっている。
6）国立成育医療研究センターによると小児に多い白血病のALLでは、大体入院期間は8カ月〜12カ月と報告している。

110

院日数を比較するのは患者調査では困難なため、診療報酬点数表の一種である
DPC 対象病院の包括点数表を参考に考えたい。DPC 点数表は、DPC 病院が対
象にしている急性期の治療に掛かる期間を傷病名と行う医療行為等を反映して
診療報酬が設定されている。点数表から特に長期入院が必要な例を**表Ⅲ-2-1**
に提示した。いずれも平均入院日数と標準偏差の2倍の期間を提示しているが、
急性白血病で分子標的薬の一部を使用する場合は後者の期間が7カ月であり、
実際にこの期間の長期入院あるいはそれ以上の長期入院が必要な患者がいるこ
とが想定されている。大事な点は、DPC 点数表が基本的に急性期の治療を対
象として作成されており、提示した期間は急性期の治療期間を示していること
である。

表Ⅲ-2-1　DPC 点数表で分かるがんの長期入院

DPC コード	病名	部位、治療内容	平均在院日数	平均 +2SD（標準偏差）
010010xx01x9xx	悪性脳腫瘍	開頭手術、術後抗がん剤	100 日	200 日
060010xx01x4xx	食道癌	腫瘍摘出、食道再建、放射線治療、化学療法	78 日	150 日
130010xx97x7xx	急性白血病	化学療法	79 日	210 日
1030030xx97x6xx	非ホジキンリンパ腫	化学療法	85	180 日
参考	急性心筋梗塞、再発心筋梗塞	バイパス手術、肺炎合併	42	90
参考	急性期脳梗塞	各種	46	120 日

出典：平成 28（2016）年度点数表より作成、それぞれの疾病全体の平均日数ではない。治療法、処置、
　　　合併症等により入院期間は変わる。

　最近は、がん以外の特定の疾病に対しても、通算入院日数の制限が緩和され
通算無制限の販売認可が拡大している[7]。疾病によっては緩和方針が、入院期
間短縮化の明確なエビデンスや標準治療（診療のガイドライン）が推奨する治
療方針と逆行しているものもあり、募集でどのような医学的説明をしているの
かが懸念されている[8]。おそらく、主たる原因となった疾病の合併症による入
院も期間無制限で保障する意味が商品に込められているのであろうが、給付事
由の約款解釈との関係で妥当性が確保されているのか疑問が残る部分である。

7）特に三大疾病として心筋梗塞や脳卒中に対して通算無制限が認可されている。

8）心筋梗塞や脳梗塞は早期離床の方向性で診療されている。

第Ⅲ章　がん保険の各種商品考察

以上のとおり、入院の日数が短期化している要因と、悪性新生物の一部では長期の入院が現在でも必要なことを解説した。なお、本書の冒頭に述べたとおり入院の単価が上昇しているので、入院が短期化しているという理由で入院給付金の必要性がないわけではない。ただし、入院日数に比例した日額方式は、いずれ見直しの検討が必要であろう。

Ⅲ-3　がん手術給付金

> ✚手術技術も多様に変化し、手術給付金の給付事由も変化していることを理解する。
> ✚鏡視下手術やロボット支援手術など非侵襲的な手術が増加している。
> ✚手術治療という局所治療の意義も変化しており、「三大治療」の意義も変化しつつある。

1）給付のタイプ

現行では多くの会社ががん保険にがんの手術給付を提供している。もちろん給付金の必要性自体に疑問を呈する者もいるわけだが、「**第三分野商品には手術給付金が付加されていることが当然という消費者の認識**」があるため、なかなか手術給付を保障から外す選択は取り得ないであろう。保障の必要性よりも手術給付金については、以前から給付額の多寡をどのような基準で提供すべきか議論が続いてきた。例えば

　　1．手術による身体的負担を重視する給付金（手術手技を重視し、開腹・開胸手術などの侵襲性を反映）

　　2．公的医療保険の診療報酬点数表の手術料を目安にした給付金[9]（技術の難易度などを反映）

　　3．その他（術後集中治療室滞在時間、麻酔時間、手術中の出血量など[10]）

などが考えられる。また悪性新生物に関連すると

9）がん保険ではないが、某生保から医科診療報酬点数連動給付の商品が販売されている。

10）以前、生命保険協会で麻酔時間や出血量の要素を給付額に反映させるか検討されていたことを担当者から聞いている。

112

Ⅲ-3　がん手術給付金

4．拡大手術（根治術：原発巣と周囲組織を切除し、所属リンパ節の摘出も行う手術）

5．根治術以外の手術

などのように手術目的や手術範囲を加味して給付金額を設定する考え方もある。実際には、手術の身体的負担（侵襲という）と根治性を加味したタイプか診療報酬点数連動タイプのどちらかに分かれている。

　前者は

● 悪性新生物根治術（ファイバースコープ・カテーテル手術を除く）

● その他の悪性新生物の手術（ファイバースコープ・カテーテル手術を除く）

● ファイバースコープ・カテーテル手術による悪性新生物の手術

の3種類の手術が給付範囲の基本となり、入院保険に昭和62（1987）年から付加されていた88種の手術の一部抜粋手術（以下「一部抜粋方式」）となっている。給付金額は、3種類の手術で異なる商品と全て一律の商品に分かれている。一方、診療報酬連動タイプでは、給付金額は基本的に一律に設定されている商品が多い。

　このように、がん保険では手術給付金が一律の商品が多く、手術の種類で給付金額が異なるのは、一部抜粋方式で根治性が高く、侵襲が大きい悪性新生物根治術の給付金額が大きく設計されている。しかし、前立腺全摘出術の診療報酬を見ると、ロボット支援の内視鏡手術が最も手術料が高く設定され、侵襲が少ない手技ほど金額が高くなっている。したがって、一部抜粋方式のように悪性新生物根治術（ファイバースコープ・カテーテル手術を除く）の給付金額を高く設計している商品は、患者の自己負担の視点で見れば保障が逆転しているのである（**表Ⅲ-3-1**）。

　前項で平均のがん入院日数が短期化している理由として、内視鏡手術や鏡視下手術（腹腔鏡手術や胸腔鏡手術）の増加など非侵襲的な医療の普及をあげた。2017年の社会医療診療行為別統計（6月審査分）を見ると、胃癌による胃の全摘手術では、開腹手術と腹腔鏡手術は、それぞれ901件と259件である。肺癌の手術では、同じく615件と3127件であった。肺癌では開胸手術を胸腔鏡手術が大きく上回って実施されているのが分かる結果である。胃癌も肺癌も以前は全例開腹手術や開胸手術で行われていたことを考えると、いかに非侵襲的な

113

表Ⅲ-3-1　前立腺摘出手術の手術料

術　式	手術料
開腹手術	410,800 円
腹腔鏡手術	774,300 円
ロボット支援腹腔鏡手術	952,800 円

出典：平成 30 年版医科診療報酬点数表より作成

図Ⅲ-3-1　ロボット支援手術（daVinci）の世界における実施件数

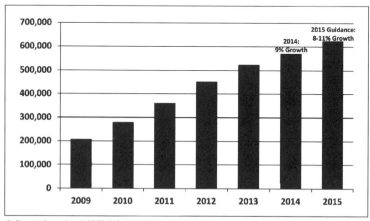

出典：日本ロボット外科学会 http://j-robo.or.jp/da-vinci/ope02.html

　鏡視下手術が普及しているか分かるのである。同じく鏡視下手術の一種であるロボット支援手術の件数は、日本ロボット外科学会が公表しているが、まだ 2 年分であり 2014 年と 2015 年の国内実施件数は 9,737 件、13,228 件である。図Ⅲ-3-1 の世界における実施件数[11]の推移を見ると毎年件数が伸展していることが分かる。日本も世界の動向に一致して、今後件数が大きく伸展するものと予想されている。このように、ロボット支援手術という費用の高い手術が増加しているデータを見ると、手術給付額に反映させる要素は、何がよいのかを再考させられるのである。

　さて、各社のがん手術給付の詳細を見ると、がん根治放射線治療・がん温熱療法が手術に包含されているか否かの違いや通算回数の違いなどが見られてい

---

11) daVinci（ダヴィンチ）というロボット支援手術システムの 1 種の件数。世界的に最も普及しているシステムである。

る。手術保障と放射線治療を一括している場合、必要な保障は提供されているから問題ないという保険会社の考え方もあるが、消費者からすると手術給付の中に、放射線治療保障が組み込まれているのは、理解されづらいはずである。

2) 治療を直接の目的とした手術

　がん入院給付で解説したように「がんの治療を直接の目的とした手術」が、ほぼ全ての会社のがん手術給付金の給付事由になっている。この文言の中で「治療」に関して実務上トラブルになることがあるので、若干触れておきたい。支払い査定者にだけ関係する内容であり他の読者は読み飛ばしていただいてかまわない。

　診療報酬連動タイプ方式のKコード（手術料算定）準拠の手術約款の場合、がんの組織検査の代表であるリンパ節摘出はK626のコードが割り当てられている。一般に治療でリンパ節を摘出するのはリンパ節群郭清術K627[12]という別コードになっているのである。したがって、K626のリンパ節摘出術は、請求用証明書に医師が生検（組織検査）であることを明示している場合と明示していない場合があるが、医学的にはいずれも生検であり、厳密に解釈すると検査であって治療ではない。実際に、不払いの判断を契約者に伝えるとKコードがあるために苦情となるケースが見受けられる。約款に生検は除外になることを明示していても、治療方法を選択するための生検であるため、契約者からは治療を目的とした手術であるとの主張が展開される。皮膚腫瘍で悪性新生物を想定している場合、生検と治療を兼ねて最初から腫瘍と周辺の皮膚を広範囲に切除する場合と、始めは腫瘍だけ切除し病理診断後に悪性であれば周辺の皮膚を追加切除する場合がある。前者の場合生検だからといって手術給付対象外とすることは困難である。後者の場合は、初回手術は生検であり手術対象外となる。2回目の追加切除を皮膚悪性腫瘍根治術として給付するのが妥当なのであろう。このように公的医療保険連動の手術給付といえども、個別的には判断に迷うケースは存在する。紹介した事例は各社の支払査定者との意見交換をした際に、よく取り上げられる事例である。

---

12) リンパ節の郭清とは、悪性腫瘍のリンパ節転移が想定される場合、転移の可能性がある領域のリンパ節を周囲の脂肪組織と一緒に切除する手術である。

第Ⅲ章　がん保険の各種商品考察

　以上、現在まで販売されている手術給付金について解説したが、今後は三大
治療の中で局所療法（手術治療や放射線治療）の位置づけが変化すると予想さ
れている。がん細胞はミクロ世界の病気であり、再発転移を考えると全身性の
病気でもある。医師の眼や画像診断を根拠に、病巣の局在を確認し実施され
る手術などの局所治療が、「果たしてがんの根治性を保障できるのか」という
本質的な疑問（悪性新生物根治術などあり得ない）も浮かび上がっている。勿論、
乳癌などの局所治療に関しては長年の成績が積み上がり、治療成績も改善して
いる。しかし、ゲノム医療の進展に合わせ、一部の患者には進行度Ⅰ期であっ
ても抗がん剤が検討される時代が訪れている。がんの生物学的な特徴を考える
と、治療の主役は局所療法から薬物療法や免疫療法へ移行する過渡期になって
いるのかもしれない（第Ⅰ章-3-7）参照）。筆者が、参加する各種がん関連の
医学会においても、テーマにより聴講する医師数に明確な差があり、薬物療法
や免疫療法には多数の聴衆がいる。一方、手術のゴッドハンドなどに多くの医
師達は、興味を示していない。

　**手術療法の意義の変化と異なり三大治療自体も変化しているので、「三大」
という表現も意義を再検討しなければならなくなるかもしれない。**これまで
「三大」を根拠に、手術、放射線、抗がん剤治療給付金が提供されているが、
新しく出現するがん治療法は、これらの治療法を全て行う集学的な治療のみな
らず、果たして放射線治療か、手術治療なのか薬物治療なのか明確に区分でき
ない治療も出現している。手術給付金の見直しと、三大治療給付の枠組み見直
しも現実味を帯びるのかもしれないのである。

Ⅲ-4　先進医療保障と公的混合診療

> ✚先進医療の制度と意義を理解し、これまでの導入経緯も理解する。
> ✚先進医療は、新規医療技術の保険導入可否を評価するための制度であ
> 　る。最近は治験に準じた制度としても応用されている。
> ✚先進医療の実績を見るとがんに関しては粒子線治療が大部分の実績を
> 　占めていたが、今後はがんゲノム医療の主役である遺伝子パネルの受
> 　け皿になるので、実施規模は大きくなると予想される。

Ⅲ-4　先進医療保障と公的混合診療

> ✚先進医療の類似制度である患者申出療養を理解する。遺伝子パネルの
> 結果、未承認薬が治療候補となった場合の受け皿として制度が整備さ
> れている。
> ✚混合診療拡大の流れのかなで、今後さらなる制度変更も考えられる。

　先進医療保障は、医療保険にも付加されることが多いが、後述する国の実績
報告を見ると今のところ、がん患者が圧倒的に金額ベースで多くを利用してい
ることが分かっている。したがって、がん保険に関係する重要な保障商品の位
置づけとして、制度の解説から始め、若干詳細に解説する。なお、**日本の医療
保険制度における混合診療の制度を理解することは、公的保険の補完的役割を
任じる民間保険の役割を知る上でも、また第三分野商品全般に影響する制度で
ある点を含めて、先進医療は非常に重要な制度であるため制度を熟知すべきな
のである。**

1) 保険外併用療養費制度の意義

　日本では混合診療禁止の原則があり、国民皆保険を堅持するための規制と
して機能してきた。混合診療とは、傷病の療養に自費診療（保険外診療）と公
的医療保険の療養を併用することであり、併用するといずれも自費診療にな
る（健康保険法では療養給付対象医療と対象外医療の併用した場合に療養給付を認
めないことになっている）。規制自体の有効性と厚生労働省の裁量について争わ
れた判例があるが、最高裁は混合診療禁止という規制の妥当性を認めている。[13]
万一、混合診療を解禁してしまうと、保険証で診療を受けようとして医療機関
を受診しても、有効性や安全性が認められない上に高額な負担が必要な医療を
勧められることが一般化することや、経済的に裕福な者だけが保険外で未承認
薬を利用できるなど、安全で公平・平等な医療の提供という国民皆保険の原

13）混合診療禁止について厚生労働省の裁量権と法的根拠について、平成23（2011）年10月25日
　最高裁判決で明確になっている。訴訟は、腎臓癌の患者が健康保険法上の療養の給付にあたるイン
　ターフェロン療法と、療養給付にあたらないＬＡＫ療法（活性化自己リンパ球移入療法）の併用に
　より自由診療部分のみならず保険診療相当部分の保険給付が全額自費診療とされ受けられないこと
　により、厚生労働省の健康保険法の解釈（法的根拠）と厚生労働省の行政（行政の裁量権）に対し
　て争われたものである。http://www.courts.go.jp/app/files/hanrei_jp/724/081724_hanrei.pdf

117

第Ⅲ章　がん保険の各種商品考察

則を崩壊させる懸念があるため、規制されている[14]。すなわち、国民皆保険の堅持と混合診療禁止は、公的医療サービスを支える表裏をなしているのである。また、このような規制があることは、日本の公的医療保険制度が、諸外国に比して充実していることを意味している[15]。

　一方、混合診療禁止には一部ではあるが例外があり、公的管理の下に混合診療が認められている。これが保険外併用療養費制度で、制度の導入は特定療養費制度（旧制度）の創設に遡り、新規の医療技術については高度先進医療が認められていた。しかし、旧制度は厳格に運用されていたため、混合診療解禁が規制改革の中心的テーマになり[16]、平成16（2004）年12月15日の尾辻厚生労働大臣（当時）と鴻池行政改革担当大臣（当時）のいわゆる「基本合意」により、新しく評価療養制度と選定療養制度の制定につながっている。その経緯については先進医療等の変遷を解説する中で触れたい。基本合意後、評価療養の中でも新規の医療技術が先進医療として広く承認されるようになったことにより、現在の先進医療制度の普及が実現するのである。

　民間の保険商品としても先進医療特約が高い付加率を維持し、患者の自己負担が必要になる医療を象徴する制度として、保障の必要性が喧伝されている[17]。さらに平成28（2016）年4月からは患者申出療養が新類型として創設され、保険外併用療養費制度は表に示した3種の類型が運用されている（表Ⅲ-4-1）。すでに先進医療保障が民間保険として提供されているが、**販売に際しては国民皆保険・混合診療禁止の原則と保険外併用療養費制度の関係を理解し、消費者へも制度の意義を伝える必要がある。繰り返しになるが、保険外併用療養費制度は、国民皆保険を維持するための制度の一部であり、一部に自費診療の負担は生じるが、自由診療と異なり公的管理の混合診療である。**最近、一部の会社の商品解説で、**自費診療、自由診療、混合診療を混同して解説している資料を目にする**ことがあるが、消費者へはできるだけ正確に情報を伝えなくてはなら

14）混合診療禁止は、規制として表現されることが多いが、筆者は国民皆保険の一部をなす根幹の制度で規制とは考えていない。

15）公的医療サービスが充実していない国では、一般的に混合診療は認められている。国民皆保険があっても、低負担低給付の国では、韓国のように混合診療が導入されている。

16）通常、株式会社等営利企業の医療機関経営禁止と共に取り上げられることが多い。

17）基本合意までは、高度先進医療保障を販売する会社は少なく、合意後に先進医療の普及が進み民間保険業界も本格的にサービス提供に至っている。

Ⅲ-4　先進医療保障と公的混合診療

表Ⅲ-4-1　保険外併用療養費制度の3類型とその内訳

選定療養（特別の病室の提供など被保険者の選定に係る療養）	
特別の療養環境（差額ベッド） 　歯科の金合金等 　金属床総義歯 　予約診療 　時間外診療 　紹介状のない大病院の初診（200床以上病院任意額、400床以上病院法定5000円・歯科3000円） 　小児う蝕の指導管理 　紹介状のない大病院の再診（200床以上病院任意額、400床以上病院法定2500円・歯科1500円） 　180日以上の入院 　制限回数を超える医療行為	
その他新しい類型追加検討中（厚生労働省見直し案）	
評価療養（適正な医療の効率的な提供を図る観点から評価を行うことが必要な医療）	
先進医療 　医薬品、医療機器、再生医療等製品の治験に係る診療 　薬事法承認後で保険収載前の医薬品、医療機器、再生医療等製品の使用 　薬価基準収載医薬品の適応外使用 　保険適用医療機器、再生医療等製品の適応外使用	将来の保険適用可否を確認するための制度
患者申出療養（困難な病気と闘う患者の思いに応えるため、先進的な医療について、患者の申出を起点とし、安全性・有効性等を確認しつつ、身近な医療機関で迅速に受けられるようにする制度）	将来の保険適用可否を確認するための制度

出典：厚生労働省のHPに筆者加筆作成

ない。

　さて、先進医療保障について見ると、医療保険に付加される商品に加え、がん保険に付加される商品も販売されている。前者は治療目的の先進医療であり、後者は当然原因ががんの場合という条件が給付対象になっている。商品化の歴史は、平成4（1992）年に富国生命と旧千代田生命が合同で開発した高度先進医療特約に遡るが、すでに年月が経過し様々な経験が蓄積され先進医療を保障する商品上の課題も明確になってきている。したがって、先進医療の歴史を振り返り先進医療という制度の位置づけを再確認するとともに、商品の課題について解説する。ただし、必要のない方は、制度の歴史部分は読み飛ばしていただいて結構である。

119

第Ⅲ章　がん保険の各種商品考察

2) 先進医療の歴史

① 特定療養費制度の創設と導入意義

　最高裁の判決を受けて混合診療禁止の規制について、司法の世界では一定の理解が示されたことになった。[18] しかし、規制を厳格に運用することになると保険診療として認められた医療行為しか保険診療機関では実施されず、医療は硬直化することになる。さらに先進的で試験的な医療は全て患者の自己負担という弊害が発生することになり、昭和59（1984）年健康保険法改正で特定療養費制度が創設され、新規医療技術については技術料を徴収することが許される高度先進医療が認められるようになったのである。

② 高度先進医療時代（昭和59（1984）年〜平成16（2004）年12月の基本合意）

　昭和59（1984）年に発足した制度であり、該当医療行為と実施医療施設の2者共に、全て個別的に高度先進医療専門家会議の審査と中央社会保険医療協議会（以下、「中医協」という）の承認を得なければならず、最終的に厚生労働大臣の認可が必要であった。また実施可能な施設は、特定承認保険医療機関[19]だけに認められていた。特定承認保険医療機関の認定基準も大学病院か研究施設の付属病院に限られ、実質的に多くが大学病院であり、それぞれの医療行為の承認だけでなく、実施医療機関も個別審査のため高度先進医療は非常に硬直的で、普及しづらい制度として存在していた。さらに、実施されている高度先進医療が、ほとんど存在しない都道府県が存在するという地域偏在性の強い制度であった。当然、制度の硬直性について混合診療解禁論議と共に高度先進医療への批判の声が上がったのである。[20]

③ 高度先進医療と先進医療2制度の併存時代（基本合意〜平成18（2006）年9月30日）

　平成16（2004）年12月に「基本合意」が取り交わされた。背景には、小泉

---

18) 前掲注13) 参照

19) 特定承認保険医療機関は、高度な医療を提供することを目的として厚生労働省が一定の基準の下に認定承認していたが、平成18（2006）年10月1日に廃止されている。

20) 混合診療を厚生労働省の規制から外し、自由に実施できるようになると医療産業の活性化につながり、産業界は解禁論議に前向きである。厚生労働省は、医療の安全性確保の面で解禁には慎重であり、医師会は公的健康保険の縮小につながりかねないと懸念してきた経緯がある。また、財務省も混合診療を認めると医療費増大につながることを懸念し推奨しない。

総理大臣（当時）の下に様々な行政改革が行われたが、オリックスの宮内会長（当時）が議長を務めた規制改革・民間開放推進会議から出された見解に基づき、混合診療の一部解禁が決まった。この合意に従い厚生労働省は、必ずしも高度でない先進的医療を先進医療として、選定療養の一類型として認めることになった（当初の先進医療は、選定療養として発足している[22]）。先進医療は、それまでの高度先進医療制度と異なり、施設基準を満たす保険医療機関であれば実施が可能となっている。また高度先進医療専門家会議と同様に先進医療専門家会議が発足し、事前に厚生労働省内で審議選定された医療行為を先進医療として認めるか審議することになった。高度先進医療単独時代より承認される医療行為が拡大したわけであるが、大きな進歩は、併存する高度先進医療と先進医療の両制度は共に、承認される際に施設基準が公表されようになったことである。これにより特定承認保険医療機関以外にも、実施可能医療機関が認められるようになり、高度先進医療と先進医療を医療機関が実施しやすくなったことである。

初めて申請する医療行為の場合は、地方社会保険事務局へ申請し、その後厚生労働省、各専門家会議、中医協という流れで審査され、承認される場合は施設基準が公表される。その医療行為を実施したい別の医療機関は施設基準を満たせば実質届出（地方社会保険事務局長による書類審査は必要）で実施が認められるようになった。高度先進医療時代に特定承認保険医療機関だけに認められていた点に比較すると、かなり柔軟な制度へ変化し、その後の制度普及につながるのである。

④　先進医療一本化の大改正（平成18（2006）年10月1日〜平成20（2008）年3月31日）

基本合意を前提に、平成18（2006）年10月1日に各種健康保険制度が改正され、特定療養費制度は保険外併用療養費制度と名称変更され、新しい医療行為に関しては将来の保険適用を検証するための制度として評価療養が新たに導入された。評価療養にはいくつかの類型が存在するが、その中の1類型として、高度先進医療とこれまで選定医療にあった先進医療が一本化され新しい先進医

21）内閣総理大臣の諮問会議で規制改革を推進するため民間有識者から構成され内閣府に置かれた。
22）必ずしも高度でない先進の代表として痔核の手術が先進医療として承認されていた。

療（これで健康保険制度としての高度先進医療という用語は廃止され先進医療という用語に統一される）として再構成されることになった。これまでと同様に実施医療機関ついては施設基準が公表されるが、高度先進医療実施医療機関であった特定承認保険医療機関の制度は廃止となるのである。

さて、制度は一本化されたのであるが、それまで実施されていた高度先進医療の中に薬事承認[23]を受けていない薬剤や医療機器を使用している 18 種類の医療行為が存在していたため、平成 20（2008）年 3 月末日までの期間を限って経過的先進医療として存続させ、実施医療機関には薬事承認の手続きを早期に進めるように求めたのである。

未承認の医薬品や医療機器の使用と先進医療制度の関係が公式に整理され、次項の第 3 項先進医療（高度医療ともいう。これ以外は第 2 項先進医療と称される）へ継続することになる。

先進医療制度の歴史の中では、最大の変更を伴う改正であり、その内容によっては従来の高度先進医療特約を販売していた会社には、保険料率に影響を与えかねなかったが[24]、筆者の知るところ商品変更せずに済んだ会社が多かったようである。また平成 18（2006）年の制度改正は、高度先進医療の時代より承認のハードルが低い必ずしも高度でない先進医療が包含され、2 例目以降の医療機関は施設基準を満たせば、社会保険事務局長の審査で実施可能となる点で、制度そのものの適応と承認が拡大した。高度先進医療の時代では、保険商品化の最大の障害であった地域偏在の問題がかなり解消し、制度の普及と共に保険販売が進展するのである。その点は、以後業界各社が先進医療保障の販売に力を入れ、実績を挙げていることを見ても理解されるところである。

⑤　第 2 項先進医療と第 3 項先進医療時代[25]（平成 20（2008）年 4 月 1 日〜平成 24（2012）年 9 月 30 日）

従来の先進医療は第 2 項先進医療として、未承認の医薬品や医療機器を使用する先進医療は第 3 項先進医療（高度医療）として整理されることになる。

---

23) 薬事承認とは、薬事法（現「医薬品、医療機器等の品質、有効性及び安全性の確保等に関する法律」、一般に改正薬事法または薬機法という）に基づく医薬品等の製造販売承認をいう。
24) 制度改正により実施件数が増加し給付率が増加すると想定された。
25) 先進医療の種類は、厚生労働省告示で決まっており、1 項は先進医療の考え方であり、これに次いで第 2 項と第 3 項の先進医療が、告示されていた。

平成 20（2008）年 3 月 31 日までに薬事承認が得られていなかった薬剤や医療機器を使用している経過的先進医療は、4 月以降先進医療から外されたものと、第 3 項先進医療として先進医療の 1 類型として継続されることになるものとに分かれた。第 2 項先進医療は、先進医療専門家会議が承認のための審査を行うのは、従来どおりである。一方の第 3 項先進医療の方は、高度医療評価会議が第 3 項先進医療（高度医療）としての適否の審査を行い、さらに先進医療専門家会議で保険医療との併用可否の審査を行い、最終的に中医協における形式的な承認ステップへと進むのである。第 3 項先進医療は、将来の保険診療の評価を行うという性格以外に、未承認薬および未承認医療機器の使用を検証するため治験（薬剤や医療機器を薬事承認する前に実際に患者に対して使用し、治療効果や安全性の確認をする臨床試験）としての性格も帯びることになる。このため、先進医療の申請においては、実施計画と実施見込み件数も提出しなければならない。重要なのは、保険診療適用の是非を審査する制度に加え、未承認医薬品及び医療機器の臨床試験制度としての性格を強く帯びることになったことである。この点の理解は、その後の制度の役割議論に大きく影響するので重要である。

⑥　第 3 項先進医療の改正、先進医療 A と先進医療 B の時代（平成 24 （2012）年 10 月 1 日以後）

平成 23（2011）年 5 月 18 日の中医協総会で、「医療保険における革新的な医療技術の取り扱いに関する考え方」が示され、第 3 項先進医療の制度の改正について、その骨格が了承されている。日本では従来ドラッグラグの問題が大きく取り上げられ、厚生労働省が批判にさらされてきていた。この問題の解決策として、先進医療のさらなる改正につながるわけである。平成 24（2012）年 10 月 1 日から第 2 項先進医療は先進医療 A に、第 3 項先進医療は先進医療 B に概略移行され、高度医療と先進医療が統合され一本化する。第 3 項先進医療は主に先進医療 B に移行し、先進医療の枠組みで主に医師主導治験の代替を

26）医薬品の薬事承認が遅く、欧米で使用されていても日本国内では保険適用されていない薬剤が存在している。米国における上市からの差で測定される。

27）医薬品の薬事承認には、日本における臨床試験が義務づけられている。患者を対象とした治験は、企業主導と医師主治験がある。一部に例外があり、適応外薬品の公知申請の場合、直接適応外部分が保険承認になる。

行うという改正である。従来、先進医療専門家会議と高度医療評価会議の二つ存在していた会議体を先進医療会議に一本化することになったのである。なお、先進医療Bの技術的妥当性や実施後の評価は、新たに先進医療技術審査部会が設置されている。

このように、平成24（2012）年の改正は先進医療制度の改正という意義よりも、医師主導治験の仕組みの変更といえるわけである。このような制度改正により希少疾患の治療薬やドラッグラグ議論の主要な対象である抗がん剤の承認審査が効率化すると期待されていた。しかし、治験の性格が強くなることにより先進医療Bにおける費用の中で使用される医薬品が、製薬メーカー負担であり、**ほぼ患者負担が発生しない先進医療が拡大することになるのである。**先進医療は患者の費用負担のある医療と従来説明されてきたわけであるが、治験に準じるとなると患者負担がない先進医療が出現するという奇異な側面を理解しておかなければならない。この点は、果たして混合診療といえるのか疑問である。また先進医療費用保障の約款に保険事故を規定化する際に注意が必要になるが、その点は後述する。

少し解説が長くなったが、正確に先進医療制度の理解をする上で、制度変更の歴史を知っておくことは重要と考えたからである。現行の先進医療AとB、先進医療会議と先進医療技術審査部会の役割を**表Ⅲ-4-2**にまとめておく。

⑦　患者申出療養新設（平成28年4月1日以後）

先進医療の歴史に加えて平成28（2016）年に患者申出療養が新設された。患者申出療養という制度名称が使用されているが、制度的には先進医療と非常に類似しているので先進医療と合わせて創設の経過について見てみたい。

先進医療との類似点は大きく2点認められ、一つ目は、制度の手続きが先進医療と類似していることであり、2つめは、将来の保険適用の可否を確認するための制度である点である。あたかも、先進医療Cという第3の先進医療の類型ができたものと理解することもできるのである。

なぜ、類似しているのに制度名称が異なり、保険外併用療養費制度の独立した1類型として存在するのかは、患者申出療養の制度発足議論を理解しなくてはならない。そもそもは、平成26（2014）年規制改革会議から再度混合診療を拡大する「選択療養制度」導入の提案があったことが原因している。提案の具

Ⅲ-4　先進医療保障と公的混合診療

表Ⅲ-4-2　現行の制度の役割

	制度の概要
先進医療A	1　未承認等の医薬品若しくは医療機器の使用又は医薬品若しくは医療機器の適応外使用を伴わない医療技術（4に掲げるものを除く。） 2　以下のような医療技術であって、当該検査薬等の使用による人体への影響が極めて小さいもの （1）未承認等の体外診断薬の使用又は体外診断薬の適応外使用を伴う医療技術 （2）未承認等の検査薬の使用又は検査薬の適応外使用を伴う医療技術
先進医療B	3　未承認等の医薬品若しくは医療機器の使用又は医薬品若しくは医療機器の適応外使用を伴う医療技術（2に掲げるものを除く。） 4　未承認等の医薬品若しくは医療機器の使用又は医薬品若しくは医療機器の適応外使用を伴わない医療技術であって、当該医療技術の安全性、有効性等に鑑み、その実施に係り、実施環境、技術の効果等について特に重点的な観察・評価を要するものと判断されるもの
先進資料会議	（1）先進医療A及び先進医療Bの振り分け （2）先進医療の技術的妥当性、社会的妥当性の審査、施設基準の設定等 （3）先進医療実施後の評価
先進医療技術審査部会	（1）先進医療Bの技術的妥当性、実施する保険医療機関の適格性等の審査 （2）先進医療Bの先進医療実施後の評価

出典：先進医療技術審査部会資料

体的内容は混合診療全面解禁に近い案であり批判が強く、協議の結果現行の先進医療に類似した患者申出療養の制度に落ち着いている。混合診療の全面解禁となれば、実施される医療は公的に把握されず、医師と患者の間の診療契約だけで実施されるため、様々な弊害が懸念され批判もされている。患者の経済格差による不平等医療、医療費総額の増加、公的医療保険制度が堅持してきた理念への抵触など学術的にも多くの研究が報告している。

　このような経過を経て、新たに患者申出療養制度が、平成28（2016）年4月1日から導入されることになったのである。制度については後述するが、基本的には「国内未承認の医薬品等を迅速に保険外併用療養として使用したいという患者さんの思いに応えるため、患者からの申出を起点とする新たな保険外併用療養の仕組み」として先進医療との違いが説明されている。しかし、実際先進医療との違いについて理解されづらく、今のところ先進医療のようには制度の周知は徹底されていない。**なお、民間保険の視点では、先進医療を保障する意義が理解されているなら、患者申出療養の保障提供も検討するべきなのであろう。**

　以上の経過を**表Ⅲ-4-3**にまとめている。

125

第Ⅲ章　がん保険の各種商品考察

表Ⅲ-4-3　保険外併用療養費制度の変遷

昭和 59（1984）年 10 月	特定療養費制度創設
平成 15（2003）年 2 月	総合規制改革会議「規制改革推進のためのアクションプラン」で拡充提言
平成 16（2004）年 8 月	規制改革・民間解放推進会議「中間とりまとめ」で拡充提言
平成 16（2004）年 12 月	いわゆる混合診療に係わる基本合意
平成 17（2005）年 7 月	必ずしも高度でない先進的医療技術の追加
平成 18（2006）年 10 月	特定療養費制度廃止、保険外併用療養費制度創設、先進医療と高度医療の創設
平成 24（2012）年 10 月	先進医療の一本化と先進医療 A, 先進医療 B の開始
平成 26（2014）年 3 月	規制改革会議「選択療養費制度」の新設提言
平成 28（2016）年 4 月	患者申出療養創設

出典：堤健造『混合診療を巡る経緯と論点』レファレンス平成 27（2015）年 3 月より筆者改編

3）先進医療の実績

　中央社会保険医療協議会の報告資料から先進医療実績の推移を見たのが、**図Ⅲ-4-1** であり、平成 29（2017）年度では先進医療を受けた患者数が約 3 万 3 千人で先進医療に係る総額も 277 億円に達している。患者数も総額のいずれも順調に拡大していることが分かり、金額の総額は 10 年で 4 倍以上に伸展している。

　平成 29（2017）年度の実績について先進医療 A と B を比較すると（**表Ⅲ-4-4**）、患者数で先進医療費総額を案分した結果は先進医療 B の方が少額であり、さらに製薬メーカーの薬剤費拠出を考えると先進医療 B における患者の自己負担は、かなり抑えられている結果である。

　次に、1 件あたりの先進医療に係る金額が高い粒子線（陽子線・重粒子線）治療が、先進医療総額に占める割合を見たのが**図Ⅲ-4-2** である。折れ線の①は、実際の先進医療総額に対する割合を表示している。徐々に粒子線の費用の割合が低下していることが見て取れる。一方、折れ線の②は、先進医療総額から白内障治療（多焦点眼内レンズ水晶体再建術）の先進医療に係る額を除外して占率を見たものである。白内障に係る費用を除外するとほぼ先進医療の 90％以上が粒子線の費用で継続していることが理解できるのである。**現在のところ、先進医療保障＝粒子線治療保障または先進医療保障＝粒子線治療と白内障治療保障と表現できる状況である。**

126

Ⅲ-4 先進医療保障と公的混合診療

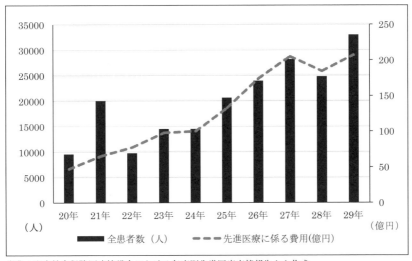

図Ⅲ-4-1 先進医療実績の推移

出典：中央社会保険医療協議会における年度別先進医療実績報告から作成。
　　　各年度は、前年7月1日～当該年6月30日で集計

表Ⅲ-4-4 平成29（2017）年度実績の内訳

	先進医療A	先進医療B	計
種類	35	67	102
患者数	31,893	1,091	32,984
施設	761	241	885
総額（億円）	259	18.7	277.7
保険外併用療養費総額（億円）	58.1	12.5	70.6
先進医療費総額（億円）	200.9	6.2	207.2

出典：中央社会保険医療協議会　平成30（2018）年1月27日会議資料

　このような先進医療保障の実態は、現時点では粒子線治療費用保障という状況であり、先進医療保障の営業上の訴求ポイントとして粒子線治療が取り上げられることが多い。しかし、先進医療の候補である再生医療や新規の高額医療が待機しており、またがんゲノム医療で解説したように、遺伝子パネルが先進医療で実施される医療環境が整備されるので、**がんによる先進医療の対象件数は増加し、遺伝子パネルなどの検査が先進医療の主役になる可能性がある**。遺伝子パネルは、実施される患者の対象が多いことが予想されており、この点は

第Ⅲ章　がん保険の各種商品考察

図Ⅲ-4-2　先進医療実績における粒子線占率の推移

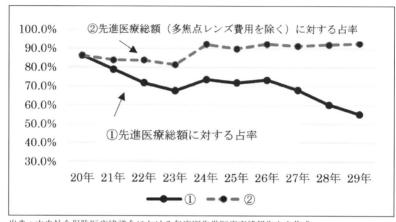

出典：中央社会保険医療協議会における年度別先進医療実績報告から作成

表Ⅲ-4-5　遺伝子パネルに係る先進医療の費用

遺伝子パネル	先進医療に係る費用
国立がん研究センター（NCC オンコパネル）	66 万 4 千円（患者は 46 万 4 千円負担、20 万円は研究費）
東大（Todai Onco Panel）	91 万 5 千円
大阪大学（Oncomine Target Test）	44 万 5 千円（患者は 24 万 5 千円負担、20 万円は研究費）

出典：先進医療会議資料

現実的な見通しである。表Ⅲ-4-5 に 2018 年に申請された遺伝子パネルの金額を提示する。

4）商品としてのがん先進医療

　前述したとおり医療保険に付加する高度先進医療特約は、業界に先駆けて富国生命と旧千代田生命が平成 4（1992）年に開発し商品化している。当時は、前述した高度先進医療の制度に問題もあり、消費者には理解されなかったが、営業保険料が月払いで数十円であったため新規契約における付加率が高かったことを覚えている。当時の商品は実損を保障する現在の主力タイプと異なり、

28）筆者も当時開発担当者から医学的見解を求められ、地域偏在性が強すぎるので医学的視点より契約者の公平性の視点で問題と回答した。無医村があっても医療保険を販売して問題にならないのは、

実損額に比例する段階給付であった。その後、高度先進医療制度から先進医療へ制度変更を受けて各社が先進医療を保障する商品を販売することになのであるが、基本的な保障のタイプとしては、以下の3種類であった。

　ア）定額保障タイプ

　イ）実費連動段階式定額保障タイプ

　ウ）実損填補タイプ

　現在は、ウ）のタイプが主流である。業界内競争の激化と、危険保険料が廉価であることにより先進医療保障の付加率は高くなっている。[29] 以前は、消費者にとって全く知られていなかった先進医療も、最近のCMの効果もあって、徐々に関心を集めるようになってきている。一方、先進医療保障に複数社加入している契約者が存在するはずで、過剰保障の問題が今後顕在化する可能性は否定できない。また、これに関連したモラルハザードについても注視しなくてはならない。多くの先進医療は、逆選択と無関係と考えられるため（保険加入時にどのような先端的あるいは高度な医療が存在しているか知っている方は少ない）、故意に過剰給付を得ようとすることは入院や通院のモラルハザードと比較すると少ないと考えられる。ただし、個人が恣意的に受療可能な一部の先進医療については、過剰給付とモラルハザードのリスクについてコントロールしなけ[30]ればならない。

5）先進医療制度と混合診療拡大の今後（制度改正と制度の意義）

　国民にとっての関心事は、先進医療が保険導入を前提とした評価療養として維持され続けるのか、高額医療に対する免責部分として制度が変貌していく[31]

　　無医村が少ないからである。高度先進医療を受ける機会が非常に限られているにもかかわらず商品化することに強い懸念を感じていた。

29) 筆者の調べた限りでは多くの会社で特約部分の営業保険料（月払）は100円-200円である。なお、一部の会社であるが、年齢別の保険料設定を導入した会社があり、年齢層によっては数倍の保険料になっている。

30) がん医療ではないが、先進医療に白内障（多焦点レンズ）の治療技術が認められたので、給付請求が多くなった事実はよく知られている。白内障手術は緊急性がなく、患者の意思により治療が実施され、事前に複数社の先進医療特約に加入するリスクも懸念された。2018年の段階で、医療保険に付加される先進医療に多焦点レンズの白内障治療に対する免責導入する会社が現れてきている。

31) 粒子線治療は、一部が保険承認されたが、それ意外は先進医療として継続している。1回約300万円という高額費用が掛かるため慎重に他の放射線治療と効果の比較検証をしなければならない

のか、行政（財務省の見解も含め）および中医協の考え方を注視していかなければならない。厚生労働省は評価療養としての意義を堅持するとの見解を示しているが、医療財政を見れば、これまでと同じ制度として維持され続けるのか疑問である。平成30（2018）年10月9日の財務省の財政制度審議会分科会は、社会保障費を抑制する観点で、高額な医薬品については、費用対効果の指標を勘案して公的保険の対象から外すという保険免責を提案し、大きく報道された（第Ⅰ章の3-6）「がん医療の高額化と患者負担」を参照）。当面は医薬品に関する議論であるが、費用対効果の指標による保険免責議論が他の医療サービスに対しても今後本格化する可能性は否定できない。差額ベッド代など治療に直接関係しない選定療養を除くと、基本的に現在認められている保険外併用療養費制度は、評価療養も、患者申出療養も将来の公的医療保険適用可否を評価する制度であり、評価の指標には経済的効果は含まれていない。財務省案で考えると、治療上有効な医療も費用が高いと保険適用外となる可能性はある。これまでの指標では、先進医療制度で有効でなければ、保険外で実施しなければならない医療として評価され、診療を受けるには完全な自由診療となる。しかし、そのような評価を受けた医療行為を受ける患者は少ないため、実質的に患者に大きな不都合はなかった。[32]ところが、有効であったにもかかわらず費用対効果の指標で外れる医療が出現するならば、状況は大きく変化することになろう。

　根本的には、医療財政の面でこれまでの公的医療保険制度のように、贅沢で充実した制度が維持できるとは多くの国民が考えていない。公的医療保険が変化していく過程で、公的管理の下に混合診療の拡大は避けて通れないはずである。また、保険適用の範囲についても議論が本格化する兆しが見え隠れしている。これに合わせて、先進医療などの制度もこのまま継続するか不透明である。保険外併用療養費制度については、今後以下のような制度変更も考えられる。

　① 先進医療から選定療養の拡大や、新たな制度の創設

　が、万一効果がないとの結果が出た場合には自由診療しか実施できる制度は用意されていない。
32）化学療法に無水カフェインの併用療法が、先進医療として認可されていたが、実施者が制度から外れた方法で実施したため、先進医療の承認を外され完全自由診療になっている（先進医療技術審査部会平成26年9月11日資料）。その後実施者は、平成26年規制改革会議において同療法の混合診療における継続を主張し、同会議の選択療養導入の根拠とされた。先進医療の保険適用評価以外で承認が取り消されたので、実施者の責任は重い事例である。

生死に関係する治療上の必要性や代替治療の有無により、現行の先進医療対象の医療行為と保険適用の導入を前提としない医療行為に分別され、後者は従来の選定療養で医療サービスが提供されるか、先進医療とは別の公的管理の混合診療が可能な制度が創設される。経済的指標が導入されると仮定して、先進医療から費用の面で保険適用にならない医療も後者の制度で混合診療が認められるようになる。

② 評価療養としての意義の変更

平成24（2012）年10月の制度変更のように治験という当初の意義と異なる制度と複合していく。さらに、発症前治療や予防医学の効能検証などに療養給付を行う制度になる。

これら以外にも様々な形に制度が拡大、変容していく可能性は否定できないのである。

平成28（2016）年には「患者申出療養制度」という制度が新設され保険外併用療養費制度は拡大した[33]が、最近の先進医療制度変更も含め制度新設および変更の原動力には、未承認のがん治療薬の問題が大きく関わってきた[34]。医療財政の面だけでなく、未承認薬問題解消など様々な要因で、今後も保険外併用療養費制度が変化していくはずである。特に医療技術（新薬開発技術を含む）の進歩に大きく影響を受けるがんの医療では、制度がどのように変貌するのか注視していかなければならない。がん保険を進化させていくためにも、その動向について目が離せないのである。

なお、これまで保険外併用療養費制度の解説で触れていない、未承認薬剤を使用する際に関係する保険外併用療養費制度については、抗がん剤治療給付金の項（Ⅲ-6）で解説する。

6) 患者申出療養

すでに、制度導入の沿革と保険外併用療養費制度の1類型であることは解説したが、制度の内容について簡単に触れておく。

---

33) 平成27年度通常国会で法案審議され、平成28年4月施行された。

34) 筆者「医療保険制度改革と民間保険の今後」生命保険経営84巻4号（2016年）で保険外併用療養費制度がどのように未承認薬対応やドラッグラグ問題対応に影響を受けて変化したのか解説している。

第Ⅲ章　がん保険の各種商品考察

　本制度は、将来の保険適用可否を判断する点で先進医療と類似していると解説したが[35)]、制度の定義は、健康保険法 63 条 2 項 4 号に、「高度の医療技術を用いた療養であって、**当該療養を受けようとする者の申出に基づき、**前項の給付の対象とすべきものであるか否かについて、適正な医療の効率的な提供を図る観点から評価を行うことが必要な療養として厚生労働大臣が定めるもの」とある。また制度運用のための検討と厚生労働大臣の承認が必要であり、制度の骨格をまとめると

- 高度な医療技術であること
- 患者の申し出によること（相談窓口は臨床研究中核病院[36)]に設置されている）
- 患者申出療養評価会議で患者申出療養と認めるかを検討する
- 厚生労働大臣の承認

となっている。また承認申請には、臨床研究中核病院の意見書が必要で、承認可否を検討する会議体として患者申出療養評価会議が厚生労働省保険局に設置されている。

　厚生労働省の資料によると、患者申出療養として対象と考えられる医療の類型が公表されている。その内容を見ると

- すでに実施されている先進医療の実施計画対象外の患者に対する医療
- 先進医療としても患者申出療養として実施されていない前例のない医療
- 現在行われている治験の対象とならない患者に対する治験薬等の使用

　以上の 3 類型が紹介されているが、具体的にどのような医療が対象となるのか申し出をする患者自身に分かりづらい制度である。

　表Ⅲ-4-6 に平成 30（2018）年 11 月の時点で承認されている患者申出療養と実績について提示する。4 件が承認され、1 件が審査中である。うち 2 件はがんを対象とする医療になっている。まだ先進医療ほど制度が定着していないため件数は少ないが、先進医療や治験制度から外れる隙間を埋める制度として定着すると考えられる。なお、平成 30（2018）年 11 月の患者申出療養会議では、**遺伝子パネルの検査結果で確認された最適治療薬が、未承認薬の場合で一定条**

---

35) 健康保険法 63 条参照
36) 臨床研究中核病院とは、厚生労働省が、臨床研究の質を向上させるため整備を進めている病院で、国際的な水準の臨床研究や医師主導治験を実施する病院である。

132

Ⅲ-4　先進医療保障と公的混合診療

表Ⅲ-4-6　平成 29（2017）年度患者申出療養実績

技術名	適応疾患	費用	実績
パクリタキセル腹腔内投与及び静脈内投与並びにS－1内服併用療法	腹膜播種又は進行性胃がん	約 21 万 6 千円	107
耳介後部コネクターを用いた植込み型補助人工心臓による療法	重症心不全	1613 万 7 千円	2
リツキシマブ静脈内投与療法	難治性天疱瘡	約 147 万円	1
チオテパ、カルボプラチン及びエトポシド静脈内投与並びに自家末梢血幹細胞移植術の併用療法	髄芽腫、原始神経外胚葉性腫瘍又は非定型奇形腫様ラブドイド腫瘍	約 1 万 4 千円	1
レジパスビル・ソホスブビル療法	Genotype1 型 C 型肝炎ウイルス感染に伴う非代償性肝硬変	487 万 8 千円	申請中

出典：患者申出療養評価会議資料より作成、（実績は前年 7 月 1 日〜平成 29 年 6 月 30 日、費用は 1 件あたりの患者申出療養に係る費用）

件を満たす場合は患者申出療養の対象とすることが検討され、がんゲノム医療中核拠点病院等で実施されるようである。このような制度の意義や実績からすると、先進医療の保障を販売しているならば、患者申出療養の保障を販売しないのは商品のラインアップとして問題なのかもしれない。これまでの件数実績を見ると商品の品揃えとして経営的に優先されないことも理解できるが、患者申出療養会議の検討が進めば実績が増えることが濃厚である。先進医療保障の商品改定などの機会に、患者申出療養に対しても保障を拡大してはどうであろうか。なお、本書執筆時点で患者申出療養を保障しているのは、アクサ生命の「患者申出療養給付保険（患者申出療養サポート）」の単独商品、および三井住友あいおい生命のガン保険（ガン保険スマート）に付加する抗ガン剤治療給付特約の 2 商品に限られている。

7）商品上の課題

① 検査が含まれている問題

先進医療には検査が数多く含まれている。がん診断確定前の検査が先進医療に入る可能性もあるため、これらは原則給付対象にならない。しかし、契約者は先進医療の自己負担を強く認識しているため、給付対象の支払い査定に対して苦情申出になる可能性がある。

② 遺伝子検査

一部のがんでは、責任遺伝子（単一遺伝子疾患発病の原因遺伝子）の保因検査が先進医療として承認されたことがある。[37]さらに未発症の患者の親戚に対しても保因検査を行うことが先進医療で認められていた。未発症の健康な被保険者に発がん遺伝子検査が実施される場合、給付対象外であるが先進医療給付金の請求があり得る。

③　技術料を保障するのか、自己負担を保障するのか

実損補塡型の先進医療保障の約款には、「受けた先進医療の技術料を給付する」というタイプと「自己負担額を給付する」というタイプの約款がある。先進医療Bのように薬剤費など製薬メーカーの負担があれば、「先進医療に係る金額（技術料）＞患者の自己負担」という関係になる。したがって、前者の約款では実損補塡にならないので、「自己負担額を給付する」タイプの約款としておくべきなのであろう。最近販売されている商品では、後者のタイプが多くなっているが、すでに販売され保有している商品には、前者のタイプの約款があるため、支払われる給付金額について苦情になる場合がある。少なくとも請求用証明書には、先進医療の技術料と患者の自己負担部分が区分されて記載できるような工夫が必要である。

④　過剰給付と業界内調整

先進医療は、特約の形態で商品に付加されていることが多く、実損塡補方式の10年有期タイプの営業保険料を見ても月々数百円程度である。ところが粒子線治療は1回に約300万円給付されるので、その特約保険料だけ見れば非常にレバレッジのある商品といえる。したがって、各社に1件ずつ契約していれば廉価な保険料で実損の数倍の保障を得ることができるのである。実際には主契約の保険料負担やがん罹患の事実がなければ給付が受けられないため、医療保険のようなモラル懸念はないかもしれないが、過剰給付になる問題は議論されなければならない。すでに、各社が実損タイプの保障を販売している現在、新たにLINC制度を導入することは多くの困難が想定され実現は困難かもしれない。しかし、1件で1000万円を超えるような医療が認められた実績が

37）ある特定の遺伝子の変異により発病する疾病は、単一遺伝子疾患と呼ばれ、遺伝子変異は、原因遺伝子や責任遺伝子と称される。平成30（2018）年11月の先進医療には、多発内分泌腫瘍症MEN1遺伝子検査が承認されている。以前は甲状腺髄様癌RET遺伝子検査も承認されていた。それぞれ患者以外の家族に対しても検査することが先進医療として認められている。

あることを考えると、高額実損保障の問題は、検討しておかなければならない。各社に1契約の規制はあるが、この点は、保険商品審査に関わる行政の担当者も認識すべきであろう。

⑤ 医療機関への直接支払いサービス

粒子線治療に代表される医療における高額な一時金支払いは、患者に大きな負担となっている。がん先進医療の保障に入っている加入者からは、粒子線治療の自己負担費用について医療機関への直接支払いの要望があがっていたが、現在では複数の会社が、契約者サービスの一環として対応している。「直接支払いサービス」は、2016年5月施行の改正保険業法に合わせて同法施行規則で明文化され、さらに保険会社向けの総合的な監督指針Ⅱ-4-2-8においてサービス提供の順守項目が定められた。このような支払い方式の負の側面としては、粒子線治療以外の医療サービスへも民間保険給付の支払い方法として拡大すると、患者に医療コストを認識しづらくさせ過剰な医療資源の消費や医学的適応の歪みにつながりかねないことが懸念される。また、患者を直接介さない医療機関と保険会社のやり取りは、将来的に米国において批判されているようなマネージドケアに、日本も近づくのではないかと懸念されることも含まれる。契約者サービスとしては重要な対応であるが、これらの問題を抱えていることも認識しなければならない。

以上に解説したとおり、公的に管理された混合診療は、現在評価療養と選定療養および患者申出療養に分かれ、評価療養の一類型として先進医療が位置づけられている。今後、個別化医療の進展とともにますます高額医療が臨床の場に導入されるにつれ、保険導入を評価する先進医療や患者申出療養制度の存在

---

38) インスリン依存状態の糖尿病治療として心停止ドナーの膵島移植（1313万5千円、中医協2010年10月27日資料）

39) 平成30（2018）年3月時点で生損保隣接業界含めて23社が対応している。http://medipolis-ptrc.org/treatments/guidance/support/supported-companies/

40) 直接支払いで経済的負担がないなら、科学的な適応を離れて粒子線を受けてみたいと患者の受療動向が誘発される。

41) 米国の医療保険の多くは民間保険会社が保険者で、医療費の支払いに関して医療機関と保険会社が直接交渉をしている。医師の裁量権を給付の該当可否という面で、保険者が制御する構図になっている。制御が行過ぎた時代にマネージドケアとして批判の声が保険者に対して強くなっていた。先進医療費の直接支払いが拡大し、保険の給付金を医療機関に直接支払いする制度が拡大すると、契約者との折衝よりも医療機関と直接折衝をする機会が拡大するはずである。

感が増していくはずである。その一方で、保険診療が認められずに先進医療から外れる医療行為や、効果は認められるものの費用の面で保険適用が認められない医療行為、あるいは生死に関係しないいわゆる贅沢医療なども増えていくことが予想されている。すなわち、医療サービスにおける需要と供給の多様化が確実に出現し、民間保険も新たなニーズとして商品化とこれに対応するリスクコントロールが求められるようになる。繰り返しになるが**公的に管理される混合診療の変化に対応できるように、備えておくことは重要である。なお、国民皆保険を崩すと批判される自由診療への保障拡大を検討すべきということとは、全く意義が違う**ことを強調しておく。

Ⅲ-5　がん放射線治療給付金

> **✚放射線治療給付金の販売で、放射線治療費用保障の存在が従来よりも明確になった。**
>
> **✚がんの三大治療の一つとしてますます適用が広がり、治療装置も多様化している。具体的な治療と自己負担額について知る。**
>
> **✚全国の788の治療施設で現在全がん患者の約25％が放射線治療を受けていると推計され、今後も治療実績が増えていくと予想されている。**
>
> **✚粒子線は、一部保険適用（前立腺癌、頭頸部癌の一部、軟部腫瘍、小児癌）になり、設備も小型化している。**
>
> **✚粒子線の効果については、IMRT（強度変調放射線治療）との比較データについてよく理解する。**

　日本放射線腫瘍学会が独自に公表している2012年に行われた調査の結果には、がん患者全体のうち放射線治療を実施している患者数の割合は25％にとどまっていると述べられている。一方、同じ年の米国の調査では66％であり、日本と米国で大きく差があることが示された[42]。日本の放射線治療患者が少ないことの原因として、放射線治療システム全体に構造的な問題があると受け止

42）日本放射線腫瘍学会 https://www.jastro.or.jp/juniordoctor/：JASTRO2012年構造調査報告とASTRO Fact Sheet 2012年による。

められた。現在、がん対策推進基本計画でも放射線治療の整備計画が進んでおり、対策が進めば日本国内においても、放射線治療を受ける患者が増えていくと考えられている。

保険業界における放射線治療に対する給付金の歴史は、昭和56（1981）年に遡り、生命保険協会で作成した手術番号列挙方式の「疾病・手術に関する全社統一約款」において、手術給付金の一種に含まれることになった。これ[43]は、当時手術の代替療法として放射線治療が位置づけられたことによる。昭和62（1987）年の手術給付約款改正における88種類の手術が列挙された約款（以下「88列挙手術約款」という）においても、「88：新生物に対する放射線治療（5000ラド以上照射）[44]」が盛り込まれている。現在も多くの会社で保有している手術給付約款は、88列挙手術約款である。放射線治療に対する給付が設けられたことは、それなりの意義はあったが、手術給付に含まれたことによる問題も顕在化した。

すなわち、88列挙手術約款の問題点としては、

● 給付金や特約の名称として放射線治療が独立していなかったため、消費者からは放射線治療に対する給付金の有無が分かりづらいこと（商品選択の問題）

● 手術の定義「器具を用い、生体に切断、摘除などの操作を加えることをいい、次の手術番号1〜88を指します。吸引、穿刺などの処置および神経ブロックは除きます」とは、全く異なる医療行為である放射線治療が列挙されことにより、手術の定義自体の正当性や解釈が揺らいでしまったこと[45]（約款の問題）

● 手術の代替として、放射線照射量として50Gy以上を規定したため、その後の新規放射線治療法に柔軟に対応できないこと[46]（医療技術対応の問題）

などである。さらに、これらとは別に業界外で次の問題が生じていた。

43）平尾正治「第三種保険の沿革」生命保険協会報69巻1号15-42頁

44）以前は、放射線の照射量の単位として用いられていたが、現在はグレイ（Gy）という国際単位が用いられている。100ラドが1Gyである。

45）手術の定義に合致しない給付請求に対して不払いとの判断を伝えると、放射線治療が定義に反して給付されるのだから不払いの判断を撤回せよとの主張に遭遇する。

46）サイバーナイフやガンマーナイフなどの新しい治療法の導入、骨転移巣への30Gy程度の疼痛緩和目的照射など治療法、治療目的が多様化した。

第Ⅲ章　がん保険の各種商品考察

●50Gy 規定問題（学会問題、医学適応問題）

　第 23 回日本放射線腫瘍学会学術大会（2010 年）のシンポジウムにおいても、生保約款の 50Gy 規定が取り上げられ議論されたほど[47]、同規定は放射線治療医の間で批判的に問題視されていた。これは、医学の進歩により、50Gy が根治性の基準としては必ずしも妥当といえない点や、放射線照射の治療計画の過程で総線量が 50Gy を下回る場合は、患者に対して「生保からは給付金が下りない」ことを伝えておかないと患者からの苦情につながったからである。

　現在、放射線治療装置や照射方法や放射線治療目的の多様化を受けて、業界各社では手術約款を改正する動向や手術約款とは分離した放射線治療給付金[48]の創設や 50Gy 規定の廃止対応につながっている。がん保険においては、がんの三大治療として放射線治療保障は重要であり、これらの給付金の創設と導入は、消費者にとって放射線治療保障の有無が明確になる点で意義深いことである。

　放射線の治療医からも、このような約款改正は注目されていたのであるが、当時筆者所属会社が、がん保険における新規販売商品の 50Gy 規定を撤廃したことについて[49]、2011 年の日本放射線腫瘍学会でその事実を公開発表すると、多くの放射線治療医から好評を得たのである。

1）放射線治療の概略

　放射線治療は、照射対象となるがん周辺の正常組織にも照射がおよび副作用が出現することは知られているが、治療手段としては非侵襲的であり、患者の負担は少ない。医学書ではないので、放射線による治療効果の生物学的根拠（なぜがん細胞を消滅できるのか、なぜ複数回照射しなければならないのか等）は専門書に委ね本書では割愛する。

　①　治療の目的

47）以前から日本放射線腫瘍学会により生保業界に対して 50Gy 規定撤廃の要望が出されていた。

48）生命保険協会統一改正と異なり各社独自の手術約款を導入している。多くは、公的健康保険連動タイプの約款である。

49）河野康一・がん保険 Days で業界に先駆けてがん保険で 50Gy 規定を撤廃したことを日本放射線腫瘍学会で発表している。学術論文としては、日本保険医学会誌 110 巻 2 号 163-173 頁（2012 年）でも報告している。

138

Ⅲ-5　がん放射線治療給付金

　放射線は、手術の代替の治療法として導入されていたが、現在ではその応用範囲は広がっている（**表Ⅲ-5-1**）。特に重要なのは、根治的照射以外にも、骨転移の疼痛緩和や脳腫瘍による圧排症状の緩和などの緩和的照射が、患者の生活の質（QOL）を向上させる治療法として普及していることがあげられる[50]。また、手術の前後に照射が行われ、縮小手術の実現や取り切れない病巣への治療方法として導入されている。術前照射と術後照射であるが、それぞれ化学療法と併用して実施されることもあり、手術、放射線治療、化学療法といった多種類の治療法の組み合わせ（集学的治療）で、治療が組み立てられる時代が到来している。また、あらかじめ転移しやすい部位に照射する予防的照射も導入されている。以前から実施されていたが特殊な放射線療法としては、白血病などの治療で大量に抗がん剤を投与する前に、全身に放射線を照射し、白血病細胞を抗がん剤治療前にたたいておくための照射がある。

表Ⅲ-5-1　放射線治療の目的

根治的放射線療法
化学放射線療法
補助放射線療法
術前放射線療法
術後放射線療法
緩和的放射線療法
緊急放射線療法※
予防的放射線療法
骨髄移植前放射線療法（全身照射）

出典：筆者作成　※気道の圧迫、脊髄圧迫、視神経圧迫や局所
　　　からの出血等の病状の危機的悪化に対して行われる。

②　治療の種類

　放射線治療の方法も、従来行われてきた外部照射のリナックに加え、定位放射線治療[51]（ピンポイント照射）であるガンマーナイフやサイバーナイフといった新しい照射機器と照射方法が導入されている。また前立腺癌で主に採用されている、密封小線源療法[52]も普及している。さらに、体内に経口あるいは経血管的に放射線物質を投与する内部照射も導入され、投与する薬剤の開発も進ん

50）多くのケースで50Gy未満の線量である。
51）がん病巣に多方向からピンポイントの放射線を照射する治療法
52）小さい金属容器に密封された放射線源（放射性同位元素）を体内に埋込み、放出されるγ線など
　　を治療に用いる方法

第Ⅲ章　がん保険の各種商品考察

でいる。[53]

　放射線治療の歴史の中で、最近の治療法の進歩として特に注目されているのが、粒子線治療と高精度放射線治療である。粒子線治療は、リナックと比較して副作用発現が抑えられる点が強調され普及に弾みがついているが、高額な治療費が掛かること、大規模な施設が必要なことで様々な面で議論の対象となっていることはよく知られている。高精度放射線治療は、がん病巣のターゲットに限局して放射線を照射する技術で、治療機器も開発され IMRT（強度変調放射線療法）や IGRT（画像誘導放射線治療）が粒子線同様に放射線障害を軽減する治療として導入されるようになっている。主な治療方法は、**表Ⅲ-5-2** の

表Ⅲ-5-2　主な放射線治療方法（粒子線治療を除く）

放射線外部照射（通常リナック）		
	通常照射	エックス線や電子を照射する標準的な外部照射
	強度変調放射線治療（IMRT）	照射口の形態を変えることができるマルチリーフコリメーターを使用し、コンピューター処理で正常組織への照射を抑え、がん病巣に集中的に照射する高精度放射線治療
	画像誘導放射線治療（IGRT）	レントゲンや CT 画像で腫瘍位置を確認して、照射する高精度放射線治療法の 1 種
	定位放射線治療（SRT/SRS）	脳腫瘍や単発の転移がんに対して対象の主要部位へ高精度に三次的に集中照射する治療、サイバーナイフ、ガンマーナイフも含まれる
小線源治療		
	組織内照射（密封小線源療法）	主に前立腺癌で実施されている
	腔内照射	主に子宮頸部癌で実施されている
アイソトープ治療内服治療		
	ストロンチウム 89 内服治療	骨転移癌の疼痛治療で行われている
	ヨード 131 の内服治療	甲状腺癌、バセドウ病の治療で行われている
	ラジウム 233 の内服治療	骨転移のある去勢抵抗性前立腺癌の治療

出典：慶応義塾大学医学部放射線科 HP、「放射線治療とは」より筆者改変および一部追加、基本的にいずれも保険適用になっている。（粒子線治療を除く）　例示したアイソトープ治療内服治療には、他のアイソトープも複数種類使用されている。

53）甲状腺がんに対して経口で放射線物質（放射性ヨウ素 131）を投与することは以前から行われてきたが、最近では骨転移の疼痛緩和に放射性ストロンチウム 89 が投与されている。また悪性リンパ腫にも放射性イットリウム 90 が使用されている。
54）水素（陽子線治療）や炭素（重粒子線治療）の原子核を利用した放射線治療

140

とおりである。これ以外にも、照射時に病巣が呼吸性移動するのを追尾する動態追尾放射線治療も開発され4次元放射線治療と呼ばれている。

2) 治療施設と専門医および治療実績

　日本放射線腫瘍学会では、前述した放射線治療に関する全国規模調査（粒子線治療を除く）を実施している。最新版の2012年調査によると、全国788施設中調査可能であった709施設の結果を公表している。したがって、以下提示するデータは、概略90％の患者が補足されたデータとして見る必要がある点は注意されたい。まず治療の対象となる病巣を部位別にみたのが**表Ⅲ-5-3**である。乳癌、肺癌、前立腺癌の順番になっている。また転移部位の脳に対しては2万1443名、骨に対しては2万8666名の患者に対して治療が行われたと報告されている。

表Ⅲ-5-3　部位別放射線治療患者数（粒子線治療を除く）

原発巣	新患者数	％
脳・脊髄腫瘍	8,484	4.7
頭頸部腫瘍（甲状腺腫瘍を含む）	16,641	9.2
食道癌	9,386	5.2
肺癌・気管・縦隔腫瘍	34,364	18.9
うち肺癌	30,926	18.9
乳癌	42,589	23.5
肝・胆・膵癌	7,024	3.9
胃・小腸・結腸・直腸癌	8,816	4.9
婦人科腫瘍	9,011	5.0
泌尿器系腫瘍	2,850	15.6
うち前立腺癌	22,320	12.3
造血器リンパ系腫瘍	8,175	4.5
皮膚・骨・軟部腫瘍	3,882	2.1
その他の悪性腫瘍	2,253	1.2
良性腫瘍	2,665	1.5
15歳以下の小児例（重複）	912	0.5
16歳－19歳の小児例（重複）	218	0.1
合計	181,540	100

出典：日本放射線腫瘍学会　全国規模調査2012年調査より

第Ⅲ章　がん保険の各種商品考察

　放射線治療施設は、**全国で約 788 施設と推定された。新規の患者数は年間で、約 21.3 万人と推計され、全がん新規患者数からすると 24.6％の患者が、放射線治療の適応者であることが確認されている。**粒子線治療の数を合わせると、若干ではあるがさらに適応者の比率は上がるはずである。新規以外の患者を含めた総患者数は 25.1 万人と推計され、1 施設あたりで計算すると年間 250 人～ 350 人程度の患者数である。

　調査集計の実数を見ると、特殊な放射線治療の実施状況は、定位放射線治療は 19,463 件、IMRT は 11,947 件である（**表Ⅲ-5-4**）。特に IMRT と、前立腺癌に対する組織内照射の伸展率が高くなっている。なお、それぞれの治療費の参考にするため診療報酬点数を**表Ⅲ-5-5** に提示しておく。

　治療実態は以上のとおりであるが、放射線治療施設あたりの放射線治療担当

表Ⅲ-5-4　放射線治療施設調査（粒子線治療を除く）

		施設数	患者数	2010 年と患者数の比較（％）
総患者数		709	225,818	100
	内新規患者数	709	190,901	100
特殊放射線治療数				
	強度変調（IMRT）	198	11,947	188
	腔内照射	146	3,036	94
	組織内照射	117	4,134	147
	定位照射（脳）	233	14,450	105
	定位照射（体幹）	255	5,013	142

出典：日本放射線腫瘍学会　全国規模調査 2012 年調査より筆者一部改編

表Ⅲ-5-5　診療報酬点数

放射線治療種類	診療報酬点数（1 点 10 円）
リニアック体外照射	420 ～ 1800 点 /1 回
IMRT	3000 点 /1 回
ガンマーナイフ定位放射線治療	5 万点
腔内照射	1 万点または 5000 点
前立腺密封小線源	4 万 8600 点
全身照射（骨髄移植準備）一連	3 万点

出典：平成 30（2018）年度医科診療報酬点数表より

医の人数は 1.4 名（1015 人 /709 施設）であり、放射線腫瘍学会認定の常勤医師数は 1.1 名（792 名 /709 施設）しかいない。あまり知られていないが、放射線治療計画において照射線量を計算する専門家が医学物理士である。常勤の医学物理士にいたっては、1 施設あたり、0.55 名（388 名 /709 施設）しか配置されていない（表Ⅲ-5-6）。これ以外にも、線量測定士、放射線治療技師や専門の看護師など複数のスタッフで、実際の治療が行われている。

表Ⅲ-5-6　放射線治療スタッフ配置の状況

職種・資格	1 施設の常勤数
日本放射線腫瘍所属医師	1.4 名
放射線治療専門医	1.1 名
医学物理士	0.55 名

出典：日本放射線腫瘍学会　全国規模調査 2012 年調査より

　ところで、放射線の専門医とは、日本放射線腫瘍学会の認定医に相当するが、彼らの業務についてはよく知られていない。外科医の技量は、手術の得手不得手が評価されるが、放射線医の技量は、放射線治療計画の策定の良否なのである[55]。照射する機器や照射方法に目が向きがちであるが、ポイントは放射線治療計画である（第Ⅰ章の 3-5）「がん専門医」の項参照）。

3）粒子線治療と公的保険適用

　粒子線治療施設は、現在陽子線治療と炭素線治療（重粒子線治療）の施設が稼働している。世界で最も施設数が多い国であり、世界の粒子線治療を牽引しているのである[56]。

　さて、粒子線をめぐる問題は、様々に議論されているが、最重要の問題は保険適用に関する問題ではなく、治療効果の有無である。万一、副作用が少ないという効果だけであれば高額の施設の設置と維持費および治療費用を許容するわけにはいかないはずである。したがって、行政におけるこれまでの検討結果を確認する。

55）放射線治療計画は、治療する際の体位で CT を撮影し、照射方法や照射線量の計算を行う。線量計算には 2 日から数日の時間がかかる。
56）2014 年 6 月の段階で、世界で施設数は受注段階を含めると 59 施設であるが、2018 年 11 月時点で日本国内では 18 施設稼働している。

第Ⅲ章　がん保険の各種商品考察

① 先進医療と粒子線

Ⅲ-4-3)「先進医療の実績」の項で、粒子線治療が先進医療に占める実績（図Ⅲ-4-2）を確認したが、先進医療の多くは粒子線治療に係る費用であることが確認されている。**表Ⅲ-5-7**は、先進医療で行われた件数と掛かった費用総額の推移を見たものである。平成27年までは実施件数と金額が順調に伸展しているが、平成28年度診療報酬改定で一部の粒子線治療が、公的保険適用になったことと、治療の実施基準が厳格化された影響で平成28年、29年は件数がそれまでよりも減じている。この点は重要で、それまでの施設単位の粒子線適応基準から日本放射線腫瘍学会の適応基準[57]で厳格に行われることになり、以後学会主導の体制ができあがっている。これに合わせて学会には、粒子線治療の症例登録データベースを創設して管理することにしている。さて、平成30年度の診療報酬改定においても、粒子線治療の保険適用が拡大したため、今後先進医療で継続して実施される粒子線治療の件数は、大きく変わると予想されている。

表Ⅲ-5-7　先進医療における粒子線治療の件数と掛かった総額

	20年	21年	22年	23年	24年	25年	26年	27年	28年	29年
粒子線合計件数	1,245	1,600	1,954	2,381	2,681	3,456	4,555	4,901	3,803	3,910
粒子線合計金額（億円）	40.8	51.6	55.7	66.2	73.5	95.2	127.4	139	110.9	114.2

出典：中央社会保険医療協議会における年度別先進医療実績報告平成20（2008）年〜平成29（2017）年から作成

表Ⅲ-5-8は、粒子線の先進医療実施施設である。陽子線治療は16施設、重粒子線治療は6施設で実施可能になっている。特筆すべきは、以前では規模の大きな設備が必要であったために、公的運営の施設が主であったが、陽子線治療施設では7施設、重粒子線も2施設が民間で運営されていることである。粒子線治療施設は、今後も新規開設の施設が予定されており、前述のとおり日本は世界で最も粒子線の治療施設が充実した国となっている[58]。したがって、効

---

57) 学会統一基準は2016年3月作成されているが、2018年3月3日版が最新の基準として公開されている。https://www.jastro.or.jp/medicalpersonnel/particle_beam/2018/03/post-9.html

58) 世界の粒子線施設と治療数の統計は、International Journal of Particle Therapy, 2(1), 2015, 50-54にParticle therapy Statistics in 2014のタイトルで報告されている。また毎年、the Particle

Ⅲ-5　がん放射線治療給付金

表Ⅲ-5-8　先進医療 A の粒子線治療実施施設（2019 年 2 月時点）

道府県	施設名	陽子線	重粒子
北海道	北海道大学病院	○	
北海道	札幌禎心会病院（民間）	○	
福島県	南東北がん陽子線治療センター（民間）	○	
群馬県	群馬大学医学部附属病院		○
茨城県	筑波大学附属病院	○	
千葉県	国立がん研究センター東病院	○	
千葉県	放射線医学総合研究所病院		○
神奈川県	神奈川県立がんセンター		○
静岡県	静岡県立静岡がんセンター	○	
長野県	相澤病院（民間）	○	
福井県	福井県立病院	○	
愛知県	名古屋市立西部医療センター	○	
愛知県	成田記念陽子線センター（民間）	○	
大阪府	大阪陽子線クリニック（民間）	○	
大阪府	大阪重粒子腺センター		○
兵庫県	兵庫県立粒子線医療センター	○	○
奈良県	高井病院（民間）	○	
兵庫県	兵庫県立粒子線医療センター附属神戸陽子線センター	○	
岡山県	津山中央病院	○	
佐賀県	九州国際重粒子線がん治療センター（民間）		○
鹿児島県	メディポリス国際陽子線治療センター（民間）	○	

出典：厚生労働省「先進医療を実施している医療機関の一覧」より作成

果が明確になれば粒子線設備の海外展開という産業面でも重要なテーマであり、粒子線の治療効果について早期に科学的な検証結果を世界に向けて公表できるように努力すべきである。[59]

②　保険で可能な粒子線治療の範囲と費用

粒子線治療が、先進医療として認められたのは、陽子線治療が平成 13

Therapy Co-Operative Group（PTCOG）が、Particle Therapy Patient Statistics を報告している。これまで全世界で稼働した 80 施設が網羅されている。

59）米国では放射腫瘍線学会が「患者に勧めてはいけない医療に前立腺癌患者に対する陽子線治療」を Choosing Wisely（各医学会が患者に勧めてはいけない医療を勧告している）で勧告している。これは、日本で粒子線治療の効果が検証されていなかったことを原因している。したがって、日本は早く科学的な検証結果を出す必要がある。

（2001）年7月1日と重粒子線治療の平成15（2003）年11月1日である。平成28（2016）年の診療報酬改定でも一部保険適用されることになったが、本格的な保険適用は平成30年の診療報酬改定からである。その間、15年前後の年月を要したわけである。

　先進医療から保険適用になるためには、有効性、安全性、技術的成熟度、社会的妥当性、普及性および効率性の6指標が現在使用されている。これらの指標のもとに最終的に3名の担当者が4段階評価をすることで保険適用可否が決まる。平成22（2010）年の診療報酬改定以後、粒子線治療に関しては検証に足るデータ（特に有効性、技術的成熟度、普及性の3指標）が十分でなかったために、複数回保険適用は先延ばしされている。本格的に日本放射線腫瘍学会が粒子線治療効果の検証を行ったのは平成28（2016）年の改定時である。その結果を受けて小児癌等の一部の治療が保険適用になったが、それ以外は検証不十分となり以後同学会学会基準に従って、治療効果が検証できるような方法で粒子線治療を実施することが決まっている。ようやく平成30（2018）年の改定で同学会の検証結果と学会の意見を検討した結果、**最終的に頭頸部悪性腫瘍の一部、前立腺癌の一部および骨軟部腫瘍が粒子線、重粒子線共に保険適用となっている。保険適用にならなかった部位の腫瘍や、さらに検証が必要な腫瘍に関しては継続して先進医療を実施することになっているが**、解説は省略する。

　なお、平成30年改定の際の保険適用の経緯は、平成30（2018）年1月11日の先進医療会議資料6-3に記載されている。これを読めば粒子線治療の科学的な効果に関する評価が要約されているので参照価値の高い資料である。**この資料で目を引くのは、限局および局所進行前立腺癌に対して、「粒子線の有効性・安全性はIMRTと比較して上回ることは、示されていないものの、同等性については示されており」という評価**であり、結局学会の意向の下に保険適用を認める方向で調整されたことが示されている点である。勿論有効性はがん死亡率の低下の比較であり、粒子線は他の治療に比較して群を抜いた素晴らしさが示せたわけでないが、資料のように、微妙な判断の下に前立腺癌の保険適用が決定している。

　なお、前立腺癌については学会から放射線治療の晩期の副作用の比較データ

Ⅲ-5　がん放射線治療給付金

表Ⅲ-5-9　平成 30（2018）年に保険適用されている粒子線治療

	重粒子線治療	陽子線治療	診療報酬点数 （1 点 10 円）
小児癌		限局性固形癌	187,500 点
骨軟部腫瘍	手術困難	手術困難例	187,500 点
頭頸部癌	手術困難（口腔・咽頭の扁平上皮癌を除く）	口腔・咽頭の扁平上皮癌を除く	187,500 点
前立腺癌	限局性および局所進行性前立腺癌（転移は除く）	限局性および局所進行性前立腺癌（転移は除く）	110,000 点

出典：平成 30（2018）年 4 月版医科診療報酬点数表より作成

も公表されており[60]、IMRT と比較して直腸障害は大きな差は見られず、膀胱障害は若干粒子線が良好という結果であった。

　先進医療の約 300 万円の費用と比較して、保険適用を受けた粒子線の放射線治療料は**表Ⅲ-5-9** のとおり 100 万円台まで大幅に引き下げられたが、それでも他の放射線治療と比べて高額である。第Ⅰ章の 3-6）「高額化医療の患者負担の項」でも、公的保険と費用対効果について解説したように、薬価のみならず全ての医療サービスに経済的指標である費用対効果の検証が導入されるようになれば、さらに施設ごとの競争で治療原価の引き下げ圧力が加わることになり、設備のコンパクト化や装置の改善が進むはずである。

　それまでは、十分治療効果と治療費用を粒子線と他の治療法で比較することが患者にとって重要になる。その面からも、提示される放射線治療の効果について治療医に対して科学的な説明を求めることが必要になろう。

4）粒子線治療稼働施設と装置の進歩

　粒子線治療には、300 万円前後の技術料（先進医療制度で実施の場合）が患者から徴収されている。これは最初に千葉県の放射線医学総合研究所における先進医療の技術料が決定されたことによる。現在、様々な先進医療で認可申請の段階で技術料の内訳、すなわち原価の根拠を示さなくてはならないことになっている。本来ならば粒子線の技術料も、同様に決定されなくてはならないが、

60）先進医療会議資料 67-68 頁 https://www.mhlw.go.jp/file/05-Shingikai-12401000-Hokenkyoku-Soumuka/0000093345.pdf

第Ⅲ章　がん保険の各種商品考察

300 万円の価格は、ある意味政策決定された価格であり[61]、諸外国からは 300 万円ですら安価であると論評されていた。確かに、当時粒子線の治療装置建設には、超高額な費用が掛かり 300 〜 500 億円ともいわれていた[62]。現在では陽子線施設であれば 50 億円を切るまでに低コスト化の努力がなされたため、治療施設が民間病院に併設できる状況になっている。このまま、設備費用の低コスト化が進めば[63]、将来粒子線治療施設ごとに治療原価が大きく異なる施設の乱立が起こる可能性がある[64]。現在すでに長野県にある民間病院では、医療施設隣接型が稼働している[65]。人里はなれた山中にしか建設できなかった施設も、市民が利用しやすい市中の病院に設置され、治療が受けられるような日が到来しつつある。国内メーカーの装置小型化について表Ⅲ-5-10 に例示する。

表Ⅲ-5-10　装置の小型化

粒子線種類	装置名	設置の広さ等
陽子線	三菱製小型陽子線治療装置　MELTHEA（メルセア）	設置 780m² 装置のみ 20 億円
陽子線	日立製小型陽子線治療システム（PROBEAT）	50-60m 四方の設置面積
重粒子線	東芝製 CI-1000	数十m四方
重粒子線	東芝、日立製作所、三菱電機、住友重機械工業と量子科学技術研究開発機構は共同で小型化装置開発中	現行 1/10 のサイズ、数十億円

出典：各社報道資料、装置添付文書より作成。三菱工業は、現在日立に粒子線事業を譲渡している。

　以上の前提を踏まえた上で、建設コストが巨額の高コスト施設では、赤字を計上する可能性は否定できない[66]。県立施設であれば、県民の負担も心配しなければならないが、今回診療報酬点数が表Ⅲ-5-9 のとおり決まったわけであ

61）1983 年から始まる第一次対がん 10 ヵ年総合戦略で、「放射線治療の先端的技術の開発と応用に関する研究」が重点研究課題として取り上げられ、放射線総合医学研究所に重粒子線治療施設として HIMAC が設置された。

62）放射線医学総合研究所における重粒子線治療装置の設置および設備費は、約 326 億円。

63）建設費や装置の費用のみならず、コンパクトにすることで施設運用の電気料金も低減できるランニングコストにも影響する。

64）西尾禎治「陽子線治療実績から得た物理照射パラメータの傾向と装置スペック」臨床放射線 Vol55, No7（2010 年）で陽子線治療の Cost-Benefit が解説されており、装置の小型化と大都市内の設置が進むと論じている。

65）社会医療法人財団慈泉会相澤病院

66）村上昌雄「粒子線がん治療の現状と将来—急速に普及も患者の高額負担が課題—」エネルギーレビュー 32（5）15-18 頁（2012 年 5 月）では、診療報酬として 250 万円が、損益の限界と報告している。

148

り、これに合わせた損益分岐の試算が各施設で必要になる。また、施設の適正配置がされるように国レベルの管理が必要になるはずである。[67] 患者の獲得競争も水面下で発生するかもしれないが、医学的適応に関しては日本放射線腫瘍学会が前述したとおり厳格に適用管理することで、適応外の患者の獲得競争にならないように期待したい。

　以上のとおり放射線治療について保険販売や商品設計上で関連する部分を中心に解説したが、具体的治療内容については、すでに多くの資料に解説されているので省略している。さて、民間保険会社は、各社共に先進医療や放射線治療の費用を保障する商品を開発している。保険募集では粒子線を象徴的に取り上げて医療における高額負担を説明し、販売を拡大してきた経緯がある。逆に医療機関自身が民間保険の給付金を背景に、粒子線治療を推進している現状もある。しかし、**平成30年度の診療報酬改定で粒子線治療の保険適用が拡大したので、今後のどのように商品販売の訴求性に影響が及ぶのか注視しなければならない。**

Ⅲ-6　抗がん剤治療給付金

> ✚抗がん剤治療費用保障は、がん保険に標準装備されるべき重要な給付である。
>
> ✚進行度Ⅱ期以上の患者の半数以上が抗がん剤の治療を受けている。
>
> ✚がん医療の個別化と高額化の原因が、最近開発されている分子標的薬で、従来の抗がん剤の数倍の薬価である。
>
> ✚薬剤の開発、保険承認について理解する。
>
> ✚未承認薬の問題と、未承認薬を使用するための各種保険外併用療養費制度の関係についても理解する。
>
> ✚各社の商品の「抗がん剤」の定義と給付範囲を知る。

67）日本放射線腫瘍学会では、治療効果が十分検証されないまま日本国内における粒子線治療施設が乱立することについて懸念し、平成26（2014）年2月1日付けで「粒子線治療施設等のあり方に関する声明」を公表している。

第Ⅲ章　がん保険の各種商品考察

1）抗がん剤治療の実績

　がん保険の主要な役割は、治療費用を保障することである。一般的にがん入院給付金とがん診断一時金が主契約として商品スペックの基本骨格に位置づけられている商品が多い。しかし、最近ではがん医療の変化を受けてがんの三大治療を主契約に位置づける商品も販売されるようになっている。まさに「がん治療保障」を前面に位置づけた商品である。当然、手術や放射線治療と同様に抗がん剤治療への保障がサービスの中心であり、10年前までに販売されていたがん保険とは大きく異なっている。がん保険は勿論、医療保険においても手術給付金は、保険に付加されていることが当たり前であり、これと同様にがん保険においては、抗がん剤の治療保障が付加されていることが当たり前の時代になってきている。化学療法剤の進化によりその適用は拡大し、またDPC制度や外来化学療法加算の導入により外来でも化学療法を実施する施設が増加している。[68] それらに加えて最近では居宅での化学療法剤の投与も行われている。[69]

　では、抗がん剤の使用状況についてデータを確認すると、化学療法の投与状況は全国の病院全てを網羅していないが、がん診療連携拠点病院等やDPC対象病院については定期的あるいはスポットでの調査がされている。[70]

　まず、実際に主要部位のがんで薬物治療が手術治療や放射線治療と比較して伸展しているのか2008年と2016年のデータを比較した（**表Ⅲ-6-1**）。

　2008年に比較して乳癌、肝臓癌の抗がん剤治療の割合は増加し、それ以外では比率が低下している。全ての進行度を合算したデータのため、部位によりがん検診で早期発見された患者数の増加の影響を受けた可能性があり、明確に抗がん剤が進展しているのか表からは確認できない。残念ながら2008年の集計では、進行度別の治療方法に関して集計されていないので、詳細には比較できなかった。

　進行度Ⅰ期のがんは限局性のため、多くは局所治療である手術で治療されて

68）中央社会保険医療協議会診療報酬調査専門組織 D-1-2 資料、平成 24（2012）年 12 月 7 日で DPC 対象病院の約 70％の施設で外来化学療法が実施されている。DPC 方式の病院では、入院期間が長期化すると診療報酬が下げられるため、外来で実施可能な化学療法は外来で行うようになっている。

69）http://www.mhlw.go.jp/shingi/2009/12/dl/s1216-9g03.pdf

70）がん診療連携拠点病院に関しては、院内がん登録データが毎年報告され、DPC 病院は、平成 24（2012）年に厚生労働省の診療報酬調査専門組織・DPC 評価分科会で報告されている。

150

Ⅲ-6　抗がん剤治療給付金

表Ⅲ-6-1　初回がん治療で受けた治療の割合（全進行度合算）

2008 年	胃癌	大腸癌	肺癌	乳癌	肝癌
薬物	25.1%	26.1%	47.5%	69.7%	29.7%
放射線	0.7%	1.6%	24.2%	35.4%	1.5%
手術	83.0%	93.1%	42.5%	90.9%	24.0%
2016 年	胃癌	大腸癌	肺癌	乳癌	肝癌
薬物	21.7%	24.1%	41.5%	73.6%	36.7%
放射線	0.3%	1.4%	16.4%	23.5%	2.0%
手術	78.4%	88.9%	45.0%	81.1%	26.5%

出典：がん診療連携拠点病院等院内がん登録全国集計より作成（上皮内新生物を含み、手術には内視鏡手術を含む）、初回に複数の治療を受ける患者がいるので合計は 100％にならない

表Ⅲ-6-2　初診時進行度Ⅱ期以上の患者の治療の割合

	胃癌	大腸癌	肺癌	乳癌	肝癌	子宮頸癌	前立腺癌	膵臓癌
薬物	56.4%	44.8%	60.7%	85.2%	40.8%	68.0%	75.6%	63.0%
放射線	0.9%	2.7%	22.9%	10.9%	2.2%	5.9%	9.6%	5.5%
手術	52.2%	81.3%	15.6%	63.6%	27.5%	70.8%	26.6%	22.2%

出典：がん診療連携拠点病院等院内がん登録 2016 年全国集計より作成、手術には内視鏡手術を含む、複数の治療を受ける患者がいるので合計は 100％にならない

いる。したがって、抗がん剤治療の状況を進行度Ⅱ期以上の患者について集計した（表Ⅲ-6-2）。

　表からは抗がん剤治療が多くの部位のがんで治療の主役になっていることが明確に分かるデータである。さて、表Ⅲ-6-1、2 は、調査報告から集計し直しているが、元データは、治療方法に関して、手術単独、内視鏡手術単独、手術と内視鏡手術併用、放射線単独、薬物療法単独、放射線と薬物療法併用、手術と放射線併用、手術と薬物療養、手術と放射線および薬物療法の 3 者併用、薬物とその他の治療の併用、手術とその他の治療法の併用および他の治療の組み合わせの 12 種類について調査している。治療実態を知るためには、このように集学的治療と呼ばれる複数の治療法の併用状況の確認が必要であり、手術前後の放射線治療や薬物療法、あるいは放射線治療と薬物療法の併用などは、特に標準的に実施されるようになっている。なお、治療方法の調査には、治療をしない患者数（無治療患者数）の集計もされている。

第Ⅲ章　がん保険の各種商品考察

　2008 年の集計では、胃癌、大腸癌、肺癌、乳癌、肝癌の患者で、全患者数に占める、初回無治療患者の全体の割合は 5.7％であった。進行度別に治療法の割合が報告されている 2016 年の集計では、無治療についても集計され、結果は**表Ⅲ-6-3** とおりである。**進行度が進むに従って、無治療の割合が多くなっていることが分かる。**また部位別に見ると無治療の割合は、治療の抵抗性や侵襲性の高さ、患者の年齢分布にも影響を受けているようである。膵臓では、無治療の割合が高く、若年者の多い乳癌では無治療は低い結果である。また一般的に骨転移がある前立腺癌では進行度Ⅳ期であっても無治療の率は低い反面、進行度Ⅰ期でも無治療が高い率になっている。これは、無治療経過観察（治療をせずに血液検査の PSA の値の増減を見て治療法を検討する PSA 監視療法）が、標準治療として認められているからであろう。

　一方で、**がん保険の効用という面からすると、無治療患者の意味は重いはずである。本来治療費保障というコンセプトでサービスを提供する商品が、データ上は一部の患者には役に立っていない現実があることを見せつけられるからである。**なぜ、無治療なのか背景の分析を詳細に行う必要はあろう。純粋に医学適応の面で無治療を選択せざるを得ないのか、または高齢や、患者の自由意志なのか、それとも進行がんのメインの治療が抗がん剤治療であり、治療費の負担を懸念しているためなのか確認しておかなければならない。

表Ⅲ-6-3　無治療の患者の割合

部位	進行度			
	Ⅰ	Ⅱ	Ⅳ	Ⅳ
胃	6.4	7.7	9.1	31.1
大腸	4.7	4.5	3.3	20.1
肺	6.6	11.6	16.5	29.6
乳腺	1	1.1	2.1	8.2
膵臓	18.6	17.3	20	37.2
前立腺	17.9	6.5	3	2
子宮頸部	1.5	3.2	5.9	22.2
肝臓	7.4	9.1	13.8	36.9

出典：がん診療連携拠点病院等院内がん登録 2016 年全国集計より作成、初回治療における無治療の割合であり、転院などで治療を受けている患者も存在する。

Ⅲ-6　抗がん剤治療給付金

　次に、各医療機関に外来で化学療法が行える設備が普及しているので、入院と外来における抗がん剤治療の状況をみてみたい（**表Ⅲ-6-4**）。入院化学療法は大きくは伸展していないが、外来化学療法は大きく伸展していると評価されている[71]。また、厚生労働省の班研究では、平成 20 年報告時点で、すでに**抗がん剤治療は、入院で治療するより外来で治療する患者数が多い**という報告がされている[72]。

表Ⅲ-6-4　1 施設あたりの化学療法実施状況（1,654 施設：DPC 対象病院 1,390 ＋準備病院 264）

	平成 20 年 11 月	平成 21 年 11 月	平成 22 年 11 月
外来化学療法算定回数	74.11	97.86	122.15
入院化学療法算定回数	36.83	36.94	36.86

出典：中央社会保険医療協議会診療報酬調査専門組織、平成 24（2012）年 8 月 21 日資料 D-3-2、外来化学療法が伸展していることは分かるが、入院から外来へシフトしていることは読み取れない。

2）高額化する抗がん剤とその影響

　今から 10 年前には、ほとんど関心がなかった薬剤費について、昨今の環境変化の中で、特に抗がん剤価格の問題を通して焦点が当たるようになっている。すなわち、抗がん剤治療は高額医療の主役であり、新しい医療技術革新の主役でもある[73]。また、長年諸外国より深刻であった国内のドラッグラグの問題においても、中心は抗がん剤の問題であった[74]。生命予後に大きく影響し代替治療法のない抗がん剤の問題は、薬剤問題のみならず日本の医療問題の象徴として捉えられてきた。

　ドラッグラグ解消へ着実に政策実現が進む中で、新しく販売される薬剤の高額化が、新たな問題として浮上している。平成 22（2010）年に報告された厚生

71）中央社会保険医療協議会診療報酬調査専門組織、平成 24 年 8 月 21 日議事録
72）平成 20 年度松田班 DPC 調査データに基づくがん化学療養ポートフォリオ
73）平成 20（2008）年先端医療推進のため先端医療特区が創設され iPS 細胞の応用、再生医療、革新的医療機器の開発、革新的バイオ医薬品の開発、国民保健に重要な治療・診断に用いる医薬品・医療機器の国際的な共同研究開発の 5 項目が重点分野として取りあげられている（2008 年 5 月 23 日、内閣府、文部科学省、厚生労働省、経済産業省）。医薬品においては、抗がん剤の開発が含まれている。
74）ドラッグラグは、医療における重要問題として解消に向けて様々な施策が奏功した結果、医療産業政策研究所の 2000 ～ 2016 年に承認された新医薬品の審査期間に関する調査結果では、日本の薬剤承認審査期間は欧米に比較して遜色ないまでに短縮している。

153

労働省の研究結果では、経済的理由で治療を中断あるいは変更しなければならない患者の存在が確認されている（表Ⅲ-6-5）。医師１人あたり入院、外来それぞれ約1.5人、計３人の患者から毎月治療を変更または中断したいとの申し出を受けているという結果であった。さらに報告では変更に至った原因薬剤の半数以上は、分子標的薬であることが判明している[75]。

公的医療保険が適用される薬剤の高額化の影響を受けて、高額療養費の支給件数と支給額の推移は、第Ⅰ章の図Ⅰ-3-4で示したが、図Ⅲ-6-1は平成10年を100として伸展率を見たグラフである。国民医療費の伸びと比較しても高

表Ⅲ-6-5　経済的理由で治療中断・変更

経済的理由で変更・中止	
入院患者	1.5人／医師／月
外来患者	1.6人／医師／月
変更の結果	
治療薬の変更	56%
治療の中止	16%

出典：厚労省班研究報告平成22（2010）年度報告書、医師1176名への調査

図Ⅲ-6-1　国民医療費、高額療養費の指数変化（平成10（1998）年度を100とした場合）

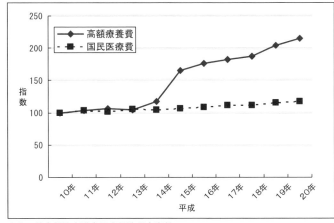

出典：社会保障審議会医療保険部会資料

---

75) 調査時点でオプジーボはまだ販売されていないので、主に分子標的薬が高額化の原因であった。

Ⅲ-6　抗がん剤治療給付金

表Ⅲ-6-6　医療費の伸び率の要因分解

	2011 年	2012 年	2013 年	2014 年	2015 年
国民医療費（兆円）	38.6	39.2	40.1	40.8	42.3
医療費の伸び	3.1%	1.6%	2.2%	1.8%	3.8%
うち高齢化の影響	1.2%	1.4%	1.3%	1.2%	1.2%
うち医療の高度化等	2.1%	0.4%	1.1%	0.6%	2.7%
うち診療報酬改定		0.004%		▲ 1.26%	

出典：中医協資料「医療費伸びの要因分解」より作成。データは一部抜粋のため合計は 100% にならない。

額療養費の支給額の伸展率がいかに高いか理解されよう。

　厚生労働省は、1 件あたりの医療費高額化を示すデータとして、このデータを紹介している。一方、**表Ⅲ-6-6** に示されているとおり国民総医療費[76]も、継続的に伸展している。特に診療報酬の改定がなかった年でも対前年で伸展しており自然増と呼ばれている。医療費の伸び率の要因を見ると高齢化と医療の高度化の影響が大きいことが分かる。

　諸外国でも医療費増加の要因は同様であり、医療技術について見ると手術領域にはロボット手術や血管内手術など、華々しい進展が見られているのである。

　日本の公的医療保険は、一部の例外を除き現物給付である。現物給付の主要項目は、診察、薬剤給付、保険医療材料の支給、入院、入院時の食事、必要な医療（診察・手術等）に分けられる。国民の総医療費が 40 兆円を超え、財務省の詳細な医療費伸展の要因分析を見ると、薬剤費に係る額の影響が大きいことが分かる。要するに国民医療費は様々な要因による影響を受けるが、自然増の要因として医療技術の伸展、さらには薬剤費の上昇が主たる要因である分析されている[77]。国民総医療費に占める医療用医薬品の割合は、すでにその 20% を超えている（**表Ⅲ-6-7**）。さらに、薬剤費は**図Ⅲ-6-2** を見ると急速に伸展していることが理解できるのである。

　日本の薬剤給付は、風邪の薬も花粉症の薬も給付される点で諸外国に比較して充実しているといわれているが、**抗がん剤の費用に関しては、患者個人の負**

---

76) 国民総医療費には、自己負担医療は含まれないので選定療養や先進医療の費用は含まれていない。
77) 財政制度分科会平成 30（2018）年 4 月 11 日資料「社会保障について」

155

表Ⅲ-6-7　国民総医療費に占める薬剤費の率

年	2000	2005	2010	2015
薬剤費比率	20.2%	23.4%	23.4%	22.7%

出典：厚生労働省平成28年国民医療費概況と全国保険医連合会公表薬剤費（出来高）より作成

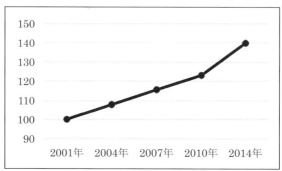

図Ⅲ-6-2　薬剤費総額の伸展率（2001年を100）

出典：財務省財政制度分科会資料より作成

表Ⅲ-6-8　諸外国の薬剤給付

イギリス	NHSの入院における薬剤は無料。外来受診で受けた処方薬は、薬局1薬剤あたり7.2ポンド（約1000円）の定額負担
フランス	疾病の重症度で薬剤費の保険償還率は、4ランク区分されている。抗がん剤や抗HIV治療薬は100％償還される。その他65％、35％、15％の償還率がある。その代わりビタミン剤などは全額自己負担である。
ドイツ	薬剤費の10％が自己負担。ただし、負担の上限があり実質5～10ユーロ（約600円～1200円）の自己負担のみで済む。
米国	メディケイド、メディケア、民間保険により薬剤費の償還率は多様で複雑になっている。
日本	原則3割＋高額療養費制度（技術料も含む実行負担率15％）

出典：財政制度分化会資料「社会保障について」および諸外国の薬剤給付制度と動向、薬事日報社から引用より作成、技術料とは調剤費を意味する。

担が大きい国である。英国では外来の定額負担を除くと原則薬剤給付における患者の個人負担はない。フランスでは、抗がん剤は100％償還される。ドイツでは定率の自己負担があるが、上限が決められていて患者の自己負担は少ない（表Ⅲ-6-8）。さらに、ドイツとフランスの入院医療費は、1入院あたりの包括化となっているため、入院中に高額薬剤を使用しても決められている入院費の上限額を超えなければ、薬剤価格の問題は生じない。なお、最近の薬剤高額化

でも上限額を超えた場合は医療機関が負担して患者の自己負担は回避されている[78]。したがって、英国、ドイツ、フランスの事情と比較すると、生命予後に最も重要な薬剤の一種である抗がん剤に、日本では定率3割の負担があることは、格段に自己負担が大きい国であることが分かるはずである。一方、日本以外の諸外国でも高騰する抗がん剤の費用負担と税や社会保険で提供される公的医療サービスの維持の両立が、深刻な問題となっていることは共通している[79]。日本ではさらに、高額療養費制度の改正に隠れて抗がん剤費用に関する自己負担は、拡大することが予想されている[80]。

　では、なぜ抗がん剤の価格が高額化するのか。すでに自然界に存在する多くの化学成分の薬効は調べられ、新たな医薬品の候補は限られ新薬の製薬方法は、バイオ医薬品に次いでゲノム創薬など新しい創薬技術へシフトしている。しかし、新たな製法の医薬品でも開発リスクは高く、新薬候補から国内で製造販売認可が受けられる確率は、約3万分の1と極端に低い[81]。新薬開発の詳細は省略するが、臨床試験、治験に関する開発費用も莫大である。加えて、ゲノム創薬の多くは分子標的薬であり、開発した抗がん剤の投与対象となる患者数は、従来の抗がん剤に比較して限定される[82]。開発リスクと開発費および販売対象の限定化に加え、特許切れすると後発薬品の激しい追い上げがあり、新薬としての特許有効期間の間に収益をあげる必要に迫られるため、薬剤単価が上昇している[83]。さらに、国内製薬企業の創薬力が諸外国に劣後し、医薬品の中でも抗がん剤は、輸入に頼っている状況である[84]。したがって、外国薬剤価格にも

78）前掲注34）「医療保険制度改革と民間保険の今後」
79）日本癌治療学会50回総会シンポジウム「高額医療にどう対応するのか」では、海外からの参加者とメインテーマである、最近開発されている抗がん剤の費用負担の問題が議論されている。
80）高額療養費制度の改正が毎年のように改正され、患者の自己負担額上限が見直されている。平成27（2015）年1月改正では、月額報酬別の償還基準が変更になるため低所得者で軽減される一方、高所得者では負担増となっている。平成29（2017）年、30（2018）年の改正では高齢者について見直しされている。
81）厚生労働省「医薬品ビジョン2013」資料、元データは日本製薬工業会 DATA BOOK
82）分子標的薬は、標的とする分子レベルのマーカーの有無で治療前に投与対象の適否が決まる。マーカーの有無の検査は、コンパニオン検査と称されている。
83）杉田健一『医薬品業界の特許事情〔第2版〕』（薬事日報社、2008年）によると薬剤に関する特許問題は、大きく後発薬品メーカーと新薬開発メーカーとの間でし烈な競争が繰り広げられている。
84）最新の抗がん剤の多くは、メガファーマ（2007年厚労省が分類）に該当する売上高数兆円の巨大製薬企業が創薬している。2018年に武田製薬が海外企業を買収することが決まりメガファーマの仲間入りをするが、日本には他にメガファーマはない。

157

影響を受ける現状なのである。[85] まとめると

● 新しいバイオ技術による創薬

● 分子標的薬は治療対象患者の限定化（投与対象患者数の制限）

● 創薬確率（上市確率）の低下

● 治験などのコスト上昇

● 後発薬品企業の追い上げ、特許競争

● 海外製品への輸入依存

などが、高額化の要因として指摘されている。

表Ⅲ-6-9 は、バイオ・ゲノム創薬の分子標的薬とそれ以外の抗がん剤の薬価を基準収載の単位規格（1アンプル単位あるいは、1錠や1カプセル等）で比較したものである。後発薬品の薬価は除いている。薬剤が異なると使用量が異なるので単純比較はできないが、単位規格あたり分子標的薬は、非分子標的薬の注射薬で6.6倍、内服薬で2.2倍高額である。しかし、4年前に比較したよりも、分子標的薬とそれ以外の抗がん剤の薬価の開きが縮小し、内服薬の高額化も顕著である。内服用の分子標的薬の数も増えていることや最近開発されてい

表Ⅲ-6-9　先発品の薬価比較（単位規格あたりの薬価　単位円）

	平成26（2014）年9月2日 適用薬価基準		平成30（2018）年8月29日 適用薬価基準	
	分子標的薬	非分子標的薬	分子標的薬	非分子標的薬
注射薬	308,871	32,042	214,198	32,212
内服薬	5,771	1,628	14,129	6,420

出典：厚生労働省薬価基準収載品目リストから集計（非分子標的薬は、ホルモン剤、免疫賦活剤等を除いた殺細胞性抗がん剤を対象）

表Ⅲ-6-10　内服用抗がん剤で薬価が最高額の薬剤

	適応疾病	商品名	薬価	投与量
非分子標的薬	多発性骨髄腫	ポマリストカプセル 4mg	60,548円	成人1日4mg
分子標的薬	一部の悪性黒色腫 と非小細胞肺癌	メニキスト錠 2mg	29,021円	成人1日2mg

出典：厚生労働省薬価基準収載品目リスト（平成30（2018）年8月29日適用薬価基準）

85）薬価基準算定方式には英米独仏4カ国の薬剤価格を参考にする価格を調整する外国平均価格調整という基準がある。

る分子標的薬以外の抗がん剤も薬価が上昇してことが原因と考えられる。**表Ⅲ-6-10** に提示する薬剤は、保険適用になっている内服薬剤で特に高額な薬価であり、驚くべき価格である。

バイオ・ゲノム創薬がもたらす個人の特性に合わせた医薬品の応用は、テーラーメイド医療の登場ともいわれ、究極の個別化医療であり、第Ⅰ章で解説したプレシジョンメディシンを牽引する主役である。しかし、個別化は、薬価の高額化をもたらすジレンマを抱えているのである。主な抗がん剤の薬効分類は、**表Ⅲ-6-11** のとおりである。

表Ⅲ-6-11　主要な化学療法剤の薬効分類

代謝拮抗剤	
アルキル化剤	
抗がん性抗生物質	
微小管作用薬	
白金製剤	
トポイソメラーゼ	
分子標的薬	
その他	
	ステロイド剤
	インターフェロン剤

出典：筆者作成

これらの薬剤を使用すれば、患者は薬剤費の3割負担だけでも自己負担額の上限を超え高額療養費制度の対象にならざるをえない。**高額療養費制度というセーフティネットがあるといっても、自己負担は重いという現実を、患者やその家族は思い知らされるはずである。このような状況は、臨床の現場にも影を落とし、前述のとおり様々な医学会でも治療薬の選択に際して、患者の経済力を考える必要があるという苦悩が多くの臨床医から表明されていた。**もちろん、全ての患者の抗がん剤治療が高額であるわけではないが、がんが進行したケースでは、すでに示したデータのとおり抗がん剤治療が選択されることが多く、また分子標的薬が選択されることが多い。**表Ⅲ-6-12** に大腸癌の化学療法の一例について薬剤費負担を提示する。再発癌では非常に自己負担が大きいことが分かる。

表Ⅲ-6-12　大腸癌の抗がん剤治療費（1サイクルごとの費用）

レジメン	使用薬剤費	3割負担額	備考
手術後 S-1 療法	87,920 円	26,380 円	計4サイクル　1サイクル28日
再発癌m FOLFOX6+Cet 療法	468,200 円	140,460 円	1サイクル2週間の繰り返し

注：試算条件60歳男性170cm65kg、標準の支持療法薬の費用も含んでいる。
出典：沢井製薬レジメンと薬価紹介サイト（2018年10月アクセス、適用薬価は当時の価格）

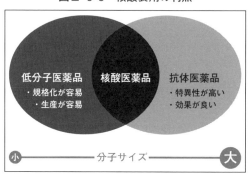

図Ⅲ-6-3　核酸製剤の利点

出典：株式会社ボナック社解説
　　　http://www.bonac.com/nucleic/about/

　旧来の抗がん剤である非分子標的薬と新しい技術で創薬される分子標的薬を比較したが、生化学的には、前者の多くは化学合成が比較的容易な低分子化合物であり、後者の多くは創薬技術が複雑な抗体医薬品に該当する高分子医薬品である。そして、抗体医薬品は表Ⅲ-6-9のとおり高額である。一方、両者の利点を持ち、化学合成できるため比較的廉価で創薬されると期待されているのが、中分子医薬品である核酸製剤である（図Ⅲ-6-3）。現在、主に希少疾病やがんを対象に多くの創薬開発が進んでいる。

　このように創薬技術の改良や薬価制度の見直しに加え、従来からジェネリック薬品（後発医薬品）の開発、安定供給推進による薬剤価格の抑制が検討されている。抗がん剤のジェネリック薬品は、創薬されつつあるが旧来の抗がん剤である非分子標的薬の薬剤が多い。価格が高い分子標的薬は上市されるようになって歴史が浅く、ジェネリック薬品はまだ多くない。また、分子標的薬の中でも抗体医薬品が特許切れした薬は、ジェネリック薬品と異なりバイオシミラー薬（バイオ後続品）と呼ばれている。ジェネリック薬品は、先発薬品と全く

相同なため治験が不要であるが、製造方法が複雑なバイオシミラー薬は、ジェネリック薬品と審査プロセスも異なり、開発経費も掛かるため通常のジェネリック薬品ほど安価にはならない[86]。ジェネリック薬品との違いを**表Ⅲ-6-13**にまとめた。

表Ⅲ-6-13 ジェネリック薬品とバイオシミラー薬品の違い

	ジェネリック	バイオシミラー
品質	同一	同等／同質
有効性・安全性	同一	同等／同質
承認審査の臨床試験	不要	必要
先発品に対する薬価比率	初薬価収載50%	70%～77%

出典：筆者作成

　最後に、最も重要なことである抗がん剤治療の効果について若干触れておく。第Ⅰ章で費用対効果の指標について一部解説したが、本項で述べたように**抗がん剤が高額化する中で、患者が抗がん剤治療の選択に迫られた際に、抗がん剤の費用と効果について正確に理解していなければならない。**

　まず抗がん剤治療の目的は、以下のとおりである。

●根治化学療法

●延命目的の化学療法

●症状緩和のための化学療法

　根治（完全寛解）が、いまのところ可能な化学療法は、非固形癌や胚細胞腫瘍である。最近は、免疫療法の一部であるCAR-T療法[87]の登場などで、完全に寛解する例が多く報告されているが、まだ再発進行がんでは、延命目的の化学療法に頼らざるを得ないのが現実である。このような延命に関して、抗がん剤の治療指標としては、やや専門的になるが、いくつかの指標が用いられている。

86）最近は、先発薬の製薬会社が特許切れの際に、特定の他社に先発薬と同じ商品の製造販売を許可することで、低価格薬品を導入する一手法として注目されている。これはオーソライズド・ジェネリック薬品（AG）と呼ばれ、一般のジェネリック薬品やバイオシミラー薬品との販売競争が激化すると予想されている。

87）遺伝子改変養子免疫療法、B細胞系血液腫瘍で根治率が高く、米国のFDAで承認を受けているが、費用が5000万円かかる。

第Ⅲ章　がん保険の各種商品考察

①検査で腫瘍が縮小、消失する効果[88]

　CR：完全奏功、PR：部分奏功、SD：安定、PD：進行として効果を判定する

②予後についての効果

　OS：全生存期間、PFS：無増悪生存期間、DFS：無病生存期間を指標とする

　実際の抗がん剤の第3相臨床試験（他の治療法との効果比較試験）では②が採用され、治療開始から患者が生存した期間 OS で判定される。進行した患者に対する治療効果の場合は、短期間で良否の判断が可能な PFS や DFS が判定に採用されている。

　さて、問題はこのようなデータを元に医師は、患者に治療効果の説明をする。例えば、「生存期間の中央値は5カ月です。従来の治療より延命効果が2カ月あります」とは、他の治療法の生存期間中央値が3カ月で、新しい治療は5カ月であるということである。中央値で比較しているので、従来の治療でも3カ月を超えて、さらに5カ月を超えて生存している患者はいるのである[89]。したがって、医師には効果の意味をきちんと説明する技量が必要である。

　さて、このような効果の指標があることを理解した上で、切除不能な進行大腸癌に使用する抗がん剤の効果の進歩について図Ⅲ-6-4 に示した。約10年で予後は6カ月から2年まで延長している。改善の速度は牛歩の状況だが、図を見れば着実に予後が改善していることが理解されるはずである。ノーベル賞を受賞して話題になったオプジーボや CAR-T 療法など新しい治療法も登場し、さらに予後は改善するはずである。

3）未承認薬と薬事承認および保険承認

①　医療用医薬品の保険承認

　薬剤の開発は、多くの場合多段階のステップを経て臨床で使用できるようになる。通常は、

●非臨床試験

88）固形がんの治療効果判定基準である RECIST の基準
89）観察する患者集団の生存期間を順に並べて丁度中間の順番の患者の生存期間が中央値になる。

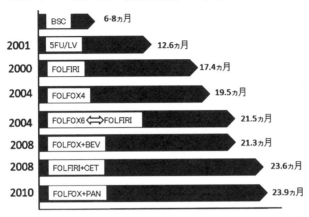

図Ⅲ-6-4 切除不能・再発大腸癌の生存期間中央値の改善

出典：7種のレジメンの各調査結果掲載論文より作成、年数は論文報告年。BSC（Best supportive care））はケアのみをいう。

- 臨床試験（薬事承認を受けるための臨床試験は治験）
  - ◇ 臨床試験第一相試験
  - ◇ 臨床試験第二相試験
  - ◇ 臨床試験第三相試験
- 薬事承認（薬機承認）
- 保険承認

を経る。具体的な薬事承認を目指す場合は、正式な手続きのもとに実施される治験という臨床試験のステップが必要になる。iPS細胞の応用は、これらのステップの中で、非臨床試験や第一相試験を経る薬剤候補の選別（候補薬剤の探索という）の効率化に大きく貢献できるので、諸外国に後れとった日本の製薬力を向上させると期待されている。日本では米国に比較して臨床で使用できるようになるまでの期間（一般的には米国の上市から日本における上市期間の差をいうことが多い）が、ドラッグラグとして問題になってきた。様々な要因調

---

90) 改正薬事法（平成26（2014）年11月25日改正）では、医薬品、医療機器、そして再生医療に使用される細胞等の国内における製造と販売に関して厚生労働省による承認について規定している。これを薬事承認という。最近は改正法を薬機法と略されることが多いので、薬事承認は薬機承認と呼ばれることがある。

91) 新薬が承認され、実際に市場で販売されることをいう。

査が行われているが、大きく臨床試験着手までの期間、臨床試験の期間、審査期間について分析され、行政および製薬メーカーの取り組みで臨床試験の期間や審査期間は、大きく改善してきている。しかし、創薬の要である薬剤候補の探索から臨床試験の着手までの遅れは、現在も問題として残っている。[92]

日本では、製薬メーカー以外にも多くの大学の研究室で薬剤候補の探索が行われているが、米国ではこの段階で多くのバイオベンチャー企業が設立され創薬につながっているが、日本では残念ながらこのような環境は整っていない。[93]

② 未承認薬へのアクセスと保険外併用療養費制度

ドラッグラグ解消の声は、抗がん剤と希少疾患の治療薬に関して特に強く、行政も積極的に動いてきた。一方、希少疾患に対する治験は、患者が少数で全国に散らばっていることもあり、効率的な治験が実施できないことや、収益の見込めない患者数の少ない薬剤の開発には、製薬会社は消極的にならざるを得ず、結果としてメーカー主導治験より医師主導による治験にならざるを得ない。[94] しかし、医師主導治験は、医療機関に大きな負荷がかかり、なかなか進展しない現実がある。

未承認薬の利用機会を拡大し、医師主導治験の積極推進および効率化を目指して「患者申出療養」という制度が創設された。[95] ドラッグラグとなっている薬剤は、国内では当然未承認薬であり、保険適用外使用の薬剤（保険承認を受けている薬剤の適用外の疾病に対する使用）と合わせて広義の未承認薬とされ、使用する場合は全て自費診療となる。「患者申出療養」では、先進医療Ｂで許可された未承認薬使用以外に、臨床研究中核病院[96]を中心に患者申出療養として使用できるようにすることで、拡大治験（人道的見地から実施される治験）[97]と

---

92) 平成29（2017）年12月独立行政法人医薬品医療機器総合機構「平成29（2017）年度のこれまでの事業実績と今後の取組みについて」
93) サリー・スミス・ヒューズ『ジェネンテック遺伝子工学企業の先駆者』（一灯舎、2013年）。バイオ医薬品の先鞭をつけた米国のジェネンテック社は、遺伝子組み換え技術を用いて世界で初めてインシュリンを合成している。大学の研究室から独立したスタッフで創業され、現在はロシュ社の子会社になっている。
94) 薬事法により薬剤の臨床応用には治験が義務づけられている。製薬企業が実施するメーカー主導治験と医師が実施する医師主導治験があり、後者は平成15（2003）年6月に治験のルール改正により実施可能となった。採算性に合わないためメーカーが実施しない薬剤の治験を主に実施する。
95) 前掲注33）参照
96) 第Ⅲ章-4-6)「患者申出療養」の項参照
97) 拡大治験とは、治験実施中であれば、治験対象外の患者も未承認薬を使用できる制度。正式には、

いう先進国で導入されている制度に類似した日本版 CU 制度を日本でも実現しようというものである。

　未承認薬を、治験、先進医療・患者申出療養、日本版 CU 制度で使用した場合の患者の自己負担の違いは、治験においてはメーカーが薬剤費用、治験に必要な検査料を負担する。先進医療 B も未承認薬の使用では、多くの場合薬剤費はメーカー負担となり、おおよそ治験と同じである。日本版 CU 制度の場合、諸外国で安全性の確認されている未承認薬については、薬剤費の自己負担とその他については混合診療が認められており、一定の償還が得られる。患者申出療養については、先進医療の解説で触れているので省略する。

　未承認薬については、患者が様々な機会を利用して薬剤へアクセスできる制度が広がっている。これをまとめたのが、**表Ⅲ-6-14** である。

表Ⅲ-6-14　未承認薬と保険外併用療養費制度（○は併用可能である保険適用外制度）

治験			
	一般の治験	○	
	先駆け審査	○	
	人道的見地から実施される治験（拡大治験（日本版 CU 制度））	○	※
	有償治験（丸山ワクチン）	○	※
先進			
	先進 A	○	※
	先進 B	○	※
	国家戦略特区の特例	○	※
患者申出			
	前例なし	○	※
	前例あり	○	※
その他（海外未承認等、安全性未確認、先進で有効性否定、治験で有効性否定の薬剤）			
	先進医療から外れ保険適用にならなかった薬剤	併用可否は今後検討	

出典：「医療保険制度改革と民間保険の今後」生命保険経営 84 巻 4 号　※は患者負担があり得る。

　「人道的見地から実施される治験」をいう。平成 28 年 1 月 22 日厚労省医薬・生活衛生局審査管理課長通知および省令参照

98）寺岡章雄・津谷喜一郎『日本で承認されていない薬を安全に使う』（日本評論社、2011 年）。先進諸国では患者の未承認薬へのアクセス権が認められており、実質混合診療が行われている。ただし、安全性の確認がされていることなど一定の条件のもとに認められており、CU 制度（Compassionte Use）と称されている。

第Ⅲ章　がん保険の各種商品考察

　このように**保険外併用療養費制度の充実で未承認薬へのアクセスは改善している**が、それでも、未承認薬を緊急で使用したい事例は存在する。先進医療や患者申出療養の許可を待つことができない場合や、国外の薬剤を急いで使用したい場合などである。実際小児科領域で多く、やむなく適応外使用の場合には「55 年通知[99]」で小児科医達は対応している。一方、国内で流通していない未承認薬は、個人輸入する例も見られる。しかし、医療用医薬品の個人輸入は制度が厳格に決められている。平成 25（2013）年度の個人輸入と医療従事者から個人用として地方厚生局へ許可（薬監証明発給）を受けた件数は**表Ⅲ-6-15** のとおりである。これらの医薬品は国内未承認薬と考えられ抗がん剤も含まれている。

　なお、一定条件を満たす場合は、各地区の税関問い合わせだけで個人輸入が可能であるため、薬監証明を発給していない個人輸入の数量は把握されていない。なお、個人輸入では品質不良な薬剤も流通しているため、薬監制度と個人輸入について規制を強化する方向で厚生労働省は検討している。

表Ⅲ-6-15　平成 29 年度個人輸入医薬品の薬監証明発給

	がん治療用医薬品
個人用	107 品目
医療従事者個人用	4591 品目

出典：厚生省 HP より

　さて、未承認薬を野放図に開放すれば薬害被害が問題になる。一時期騒がれた薬害問題も、ドラッグラグの声にかき消された様相であるが、保険承認薬でもイレッサに薬害問題[100]が大きく報道され世間の注目を浴びたことは記憶に残っている方も多いはずである。したがって、未承認薬の使用では、効果と薬害被害防止のバランスは常に考えなくてはならない問題である。一般にはあまり知られていないが、**薬剤被害救済制度という制度があり、保険承認薬を通常**[101]

99）昭和 55（1980）年 9 月 3 日保発第 51 号厚生省保険局長（社会保険診療報酬支払基金理事長宛）を 55 年通知と呼び、効能用量の適応外使用について一定条件を満たせば保険診療を診療報酬上認める通知

100）イレッサの薬害問題は、保険承認後 1 年で 294 人が死亡し司法の場で争われたことで有名。全国に原告がいるため、東西に分かれ訴訟となり、国と企業へ損害賠償請求が行われ、地裁の原告勝訴が高裁でいずれも原告の請求が棄却されている。

101）医薬品機器総合機構 http://www.pmda.go.jp/kenkouhigai/help.html

166

の方法で使用した結果、思いがけない副作用により薬剤被害を受けた場合に保障される制度である。しかし、抗がん剤と免疫抑制薬などが対象になっていないことが問題になっており、行政で抗がん剤の薬害被害の救済制度が議論されている。抗がん剤は、薬剤の性質上副作用が強いため元々対象外になっている。

4) 抗がん剤を保障する商品

① 抗がん剤保障商品の現状

これまで解説した抗がん剤をめぐる環境変化で、各社のがん保険に抗がん剤の治療費を保障する給付金が付加された商品が普及し始めている。商品化にあたって最大の問題は、給付金の形態や給付対象の範囲および抗がん剤の定義に関するものである。[102]

手術や放射線治療と異なり投薬は長期にわたり、投薬日の把握を保険会社が行うことは困難であり、実際に患者の服薬確認まで行うことは全く不可能である。点滴で抗がん剤を投与した場合は、入院であればその月の診療費支払いで、また外来化学療法では通院日に患者負担が発生する。内服であれば処方日の通院で薬剤費の支払いが発生する（院外処方箋であれば4日の処方箋の有効期間があるため、処方日と薬剤費支払日の間に差が生じる）。患者の自己負担の発生と保険給付を連動させるには、処方に合わせた月額給付か年額給付が一般的である。

平成12（2000）年にアフラックが販売していたがん保険の特約には、特定治療通院給付金が付加され、外来化学療法（点滴等の非経口投与）実施通院日に合わせた日額給付が採用されていた。このように抗がん剤治療の条件を点滴投与などに限定する場合は、治療日限定の日額給付の検討も可能である。日額か月額か、あるいは年額にしても、定額給付として妥当な給付額の設定が難しく、特に内服薬では薬剤費の差が大きいことが問題になる。先述したポマリストカプセルのように非常に高額の薬剤もあれば、テガフールの後発薬のように1錠25円程度の抗がん剤も存在する。しかし、最近の抗がん剤費用の高額化は、内服薬にも及んでいることは解説したとおりで、内服薬を給付の免責とすることは容易ではない。前述した特定治療通院給付金のように抗がん剤の非経口と

---

102) 筆者「幕を開けた抗がん剤治療保障」生命保険経営80巻3号（2012年）で詳細を論述した。

いう投与方法と給付を連動させる商品もあるが、その場合は抗がん剤の費用保障というよりも、外来化学療法による身体負担への保障という位置づけと考える方が妥当なのかもしれない。

給付対象の範囲としては、保険承認薬剤に限定するのか、保険承認はなくても薬事承認があれば可とするのか、また未承認薬まで含めるのかという課題である。先述したとおり治験や先進医療Bでは、未承認薬の薬剤費は製薬メーカーが負担し、患者の負担はないのである。したがって、給付対象とすることに意義は見いだされない。

未承認薬への給付を検討するならば、未承認薬の定義が重要である。次に述べる抗がん剤の定義に加え、未承認薬の範囲まで明確に定義しなくてはならない。通常は、ドラッグラグの存在を前提に、英米独仏の4カ国で承認されている国内未承認薬への給付が妥当な範囲と考えられるが、自己負担があり得る患者申出療養として使用される抗がん剤投与に対する給付が、最優先の選択肢に入るはずである。

②　抗がん剤の定義

抗がん剤の定義は最も重要で、化学療法とも呼ばれるように広範囲の薬剤治療が含まれる。抗がん剤の種類は多様であるが、基本的には薬効により分類されている（**表Ⅲ-6-11**参照）。しかし、専門的な分類は別として、患者が理解する抗がん剤は様々であり、代替療法としてのビタミン剤やサプリメントも抗がん剤として認識する可能性も否定できない。

医学的には、以下の薬剤を給付とするのか各社の商品に違いが見られている。

● インターフェロンや免疫抑制剤
● ステロイド治療薬の一部あるいは性ホルモン剤（内分泌療法剤）
● 抗がん剤の副作用を抑える支持療法[103]のための薬剤

さらに、今後は免疫療法を抗がん剤治療給付に含めてサービスを提供するのか検討が必要になるはずである。

がんに対する化学療法の一種として免疫賦活剤が古くから使用されている。最近では、がんと免疫の相互反応について分子レベルで解明が進んでいる。そ

---

103) 主に化学療法による副作用を軽減する療法で制吐剤や白血球減少を抑制する薬剤などが含まれる。

III-6 抗がん剤治療給付金

の結果、新たな創薬領域としてがん免疫に関係する分子標的薬やがんワクチンが登場している。また免疫細胞を使用した細胞免疫療法も導入されている。[104]これらは、従来の化学療法と免疫療法の境界に位置づけられる療法である。このような状況を考えると、何が抗がん剤なのかその境界は非常に曖昧であり、これらの薬剤についても、給付の可否が定義されていなければならない。

がんの定義では基本的に公的機関である WHO の基準を使用しているが、抗がん剤の定義においても公的機関の基準の使用が必須である。残念ながら民間保険の約款に用いることを前提とした、国内の基準は限られている。実際に約款に使用されている分類は、総務省管轄の日本標準商品分類と WHO の基準である ATC 分類（解剖治療化学分類）の 2 種類である。両者の比較を表にまとめている（表III-6-16）。

表III-6-16 薬品分類基準の比較

分類コード	解剖治療化学分類	日本標準商品分類
	WHO のコード	国内のコード
コードの目的	医療用医薬品のための分類コード	国内商品の統計作成用コード
管理者	WHO 医薬品統計共同研究センター	総務省
悪性腫瘍の主な治療薬のコード	L コード 01 （抗悪性腫瘍薬） L 02 （内分泌療法薬） L 03 （免疫賦活剤） L 04 （免疫抑制剤） V 10 （治療用放射線医薬品）	8742 （抗腫瘍薬）
使用上のポイント	1. 消費者に周知されていない 2. ホルモン剤やインターフェロンなど多様な抗がん剤に対応 3. 抗がん剤以外に作用のある薬剤の分類に適している 4. 海外の医薬品にも対応 5. CU 制度にも対応可能 6. 分類への登録公表時期が不明確	1. 消費者に周知されていない 2. 8742 番 （抗腫瘍剤） に限定するとホルモン剤など対象外となるものがある 3. 複合作用のある薬剤分類には限界 4. 未承認薬や CU 制度には未対応 5. 現在日本で流通している抗腫瘍剤の洗い上げ身は適している 6. コードの登録公表時期は不明確であるが、保険適用薬剤の添付文書にはコードが明示されている

出典：「幕を開けた抗がん剤治療保障」生命保険経営 80 巻 3 号より一部転載、一部加筆

104）再生医療に使用される細胞も含め臨床で使用される細胞は、薬剤や医療機器と異なり薬事法上の取り扱いが不明確であったが、2013 年の薬事法改正により、臨床で使用するためには薬剤、医療機器と同等に薬事法の適用を受けることになった。これにより細胞を扱う際の法的責任が明確化され、再生医療や細胞免疫療法の商業化が推進されることになる。再生医療製品には、薬品分類基準は適用されないので、確認する限り日本標準商品分類の 8742 に該当してない。

169

第Ⅲ章　がん保険の各種商品考察

このような分類の存在自体、消費者に知られておらず、また消費者が分類方法を理解することは困難である。いずれにしても、患者の理解と保険会社の約款にずれが発生しないように、保険販売時の説明は重要である。抗がん剤にいくら給付金が払われるという説明はもちろん大切であるが、給付対象の抗がん剤とは何か、保険事故は何かを説明できなくてはならない。最大の問題は、以下の3点である。

- 消費者の理解する抗がん剤と医学的な抗がん剤は、乖離があり得る
- 抗腫瘍薬8742で定義される抗がん剤より実際に使用される抗がん剤は多く、抗腫瘍薬8742＝抗がん剤ではない
- 日本標準商品分類とATC分類は、それぞれ医薬品が登録されるまで時間差が生じる

今後市場のニーズがより明確になっていくはずの、抗がん剤治療費保障商品であるが、導入の前に立ちはだかる抗がん剤の定義の難しさは、適切な約款作成と営業教育を通した募集人への啓発でしか解決できないはずである。

したがって、現在筆者が考える一般的な抗がん剤治療の定義のポイントをあげると**表Ⅲ-6-16**のとおりである。なお、表の①か②は、給付対象を製造販売承認薬（薬事承認薬）とするか保険承認薬の違いであるため、どちらかを選択すればよい。抗がん剤保障の歴史は浅く、約款の定義にしてもまだ何が最良といえるのか、各社で検討が必要とは思われるが、**日本標準商品分類と解剖治療化学分類のどちらかを約款で採用している会社が多い。しかし、これまでの経験からは、④に挙げた並列記載が最適と考えている。**

なお、CAR-T療法やiPS細胞によるがん治療細胞（免疫担当細胞）の作成投与、あるいは他の療法との併用など、抗がん剤治療が意味する治療実態が変化するはずである。平成25年11月には薬事法が改正され、新しく「医薬品医療機器等の品質、有効性及び安全性の確保等に関する法律」が公布された。同法では、医薬品、医療機器以外に再生医療の製品が別に定義されており、従来の抗がん剤治療に対する給付約款では対応できていない。抗がん剤の定義についても医学の進歩に合わせて見直しはしなければならない。

③　支持療法への保障

第Ⅰ章で緩和ケアと支持療法の用語の定義を解説したが、両者が混同して使

Ⅲ-6　抗がん剤治療給付金

表Ⅲ-6-16　給付事由における抗がん剤の定義

ポイント	約款への記載	配慮すべきポイント
①未承認薬を対象としない定義	厚生労働大臣の販売製造の承認（薬機法承認）されていること	安全性と有効性が確認されてない未承認薬へ給付をすることは民間保険業として責任は負えないため
②保険適用薬に限定する定義	保険承認または薬価基準収載されていること	保険適用後に限定すると、薬機承認後の一定期間の薬剤使用は給付対象とならない
③適応外使用について対象としない定義	厚生労働大臣承認時の適応の悪性新生物であること	未承認使用へ給付をすることは民間保険業として責任は負えないためただし、55年通知の使用は検討が必要
④薬品分類の範囲	総務省の日本標準商品分類による8742または、世界保健機関の解剖治療化学分類法によるL 01、L 02、L 03、L 04、V 10	日本標準商品分類も解剖治療化学分類も薬剤成分名の登録時期が不明確なため、両分類の並列記載が最も適している

出典：筆者作成、L 02〜V 10は、何を具体的に給付対象とするのかは、各社の商品により異なる。

用されていることがある。商品サービスに関係する部分では、がんの疼痛治療保障や抗がん剤治療の副作用への保障が提供されている商品があるが、前者は緩和ケアの一環として、後者は支持療法の一環として整理しておくことが、緩和ケア、支持療法の定義との整合性があると考えられる。支持療法は、「がん治療に伴う副作用・合併症・後遺症等を治療することにより、療養生活の質を向上させ、さらに患者が無理なく仕事と治療を両立する治療」と定義があるように、治療の後遺症・副作用の全てに対する療法であるが、実際には抗がん剤の副作用治療として狭義に使用されていることが多い。

　このように支持療法が、抗がん剤の副作用治療であり、これに経済的に高額な負担が発生するなら保障の対象として考慮すべきである。[105]したがって、急性期と晩期の後遺症・副作用および支持療法使用における公的医療保険適用の可否の視点で整理しておく必要がある。がん保険の給付約款の解釈論でも解説しているが、生保協会の裁定審査会の解釈では、晩期の合併症はがん保険の給付事由には該当していないとあるので、[106]支持療法全体に保障を考えるなら従来の商品にない給付金を新設する必要がある。また従来の抗がん剤（殺細胞性

105）制吐剤などに給付される商品も販売されている。
106）第Ⅴ章で裁定審査会の判断の中で、医療の合併症の給付については治療と合併症の発生の時間的近接性が条件であるとの判断を示している。晩期の合併症は従来の商品では給付の対象とならない。

171

第Ⅲ章　がん保険の各種商品考察

抗がん剤）の副作用に比較して、新規に開発される薬剤の副作用は、非常に特異性があり薬剤ごとに副作用が異なっている。

表Ⅲ-6-17 を見ると、支持療法を抗がん剤治療給付金とは別の給付として用意する考え方もあるし、表に記載された副作用に対して、それぞれ個別的に給付金を用意する考え方もある。また、従来の抗がん剤の副作用は、嘔吐、白血球減少、脱毛など定型的であり、制吐、白血球減少に対する治療は高額でないので、抗がん剤保障に包含して給付金を設定する方法も考えられる。

表Ⅲ-6-17　抗がん剤治療と副作用・後遺症

	急性期の副作用・後遺症		晩期の後遺症
	支持療法（保険適用）	保険適用外	
従来の抗がん剤	制吐剤、白血球減少予防	ウィッグ（かつら）外観の整容	放射線晩期合併症の治療 慢性 GVHD の治療 リンパ浮腫・象皮病の治療
分子標的薬等	薬剤特異的な症状		薬剤特異的な症状

出典：筆者作成

Ⅲ-7　診断給付金複数回支払

> ✚診断複数回支払保障は、多くの会社ががん保険に導入しているが、統一的な定義がないため給付事由は複数のタイプがある。それぞれの違いを理解する。
> ✚がんのサバイバーが多くなり療養が長くなる患者も多い。がん医療が高額化する中で必要性が高くなると考えられる。

1）商品の仕組みと課題

多くのがん保険には、初回がん診断給付一時金（以下、初回診断給付という）が付加されている。すなわち待ち期間の経過後に生涯で初めてがんの診断があれば、一時金が給付される。初回がん診断給付一時金受給者に対して、これ以外の何らかの療養上のイベントに対して一時金を給付するのが、診断給付金複数回支払という商品である。すなわち、診断給付金複数回支払は、初回がん診断給付一時金が付加されていないと機能しない。[107] したがって、診断給付金複数回支払（以下、診断複数回支払という）は商品名であり、また商品機能も意味す

Ⅲ-7　診断給付金複数回支払

る用語である。

　さて、この商品の問題は、

●診断複数回支払の業界の統一的定義がないこと

●医学的に管理が難しい商品も含まれていること

である。

　各社がうたっている診断複数回支払の商品スペックを詳細に見ると、初回がん診断給付に加え、以下の給付が付加されている。

（ア）　初回がん診断給付金分割支払（生存型年金支払方式）

（イ）　初回治療から●年後再発癌診断給付一時金

（ウ）　初回治療から●年後重複癌診断給付一時金

（エ）　長期療養給付（一定年数後に有病または治療イベントに連動）

　①　●年後がん有病状態

　②　●年後がん治療

　診断複数回支払には、これだけの異なる商品スペックが存在しかつ混在している。当然、異なる商品であるから、診断給付金複数回支払という定義もないにもかかわらず、「当社のがん保険は、診断複数回支払が付加されています」と宣伝するだけでは、正確な商品の説明とはいえない。また、代理店や経済誌で商品比較される診断複数回支払も、具体的なスペックに踏み込んでないことがあるため、がん保険商品の比較として意味をなさない場合も散見される。つまり、**診断複数回支払とは、複数の商品にまたがる混合した商品概念であり、商品解説をする場合は、より踏み込んだ丁寧な説明が求められるので注意が必要**である。

　また、医学的な視点で各社の約款を吟味すると、診断複数回支払という商品には、医学的管理や給付支払の運用が難しいものが含まれている。がんの診断の定義も医学的には難しいが、再発癌や重複癌（後述する罹患者用がん保険において、これらの医学的定義は説明する）の診断はより難しいのである。具体的には、どのような診断があると複数回給付されるのかという問題である。がん療養中の一人の患者について見ても、診断行為は療養期間中何度も繰り返されて

107）診断給付金を初回診断給付に限定し、診断複数回支払を特約として給付する会社と診断給付金に初回診断給付と診断複数回支払を組み込んでいる会社がある。

173

いるのである。一つの検査を実施しても、結果の解釈は全て診断なのである。一体いつの時点のどのような検査の結果で、複数回支払いの保険事故発生を認めるのかが、医学的に難しい判断になる。

2）診断複数回支払の主要約款

各社の約款を見てみると、大体以下の３タイプである。

１．生存給付金タイプ：初回がん診断給付金支払い後生存確認があれば毎年一定金額を給付する年金給付タイプ

２．療養連動タイプ：入院、通院、三大治療等の療養に連動する給付で、具体的には原発癌の継続、再発癌あるいは重複癌のいずれかが確認され、初回診断給付受給後２年以上経過して治療した場合に２年に１回を限度に給付（１年の商品も存在する）

３．条件付再発・重複癌診断給付タイプ：初回がん診断給付金支払い後２年間の治癒寛解条件付き転移癌、再発癌、重複癌に給付[108]

これら３つのタイプのいずれか、または組み合わせで商品が構成されている。診断複数回支払が導入された当時は、３番目の条件付再発・重複癌診断給付タイプが含まれていたが、医学的管理が難しいためか追随する会社は少なく[109]、現在では、２番目の療養連動タイプの約款が多くの会社で採用されている。

タイプ１は、初回診断給付金の分割支払い方式であり、生存していればがんの再発の有無や療養の有無に関係なく給付される。その他のタイプの様な医学的な問題は発生しない。一方、生存していれば全員に給付されるので、保険料は高くなる。再発後の療養支援よりも再発予防への給付という意義が強いタイプと考えられる。

タイプ２は、初回診断給付後２年以上という期間が経過して、がんが確認され、かつ入院や三大治療といった療養上の治療に関係したイベントに関連して給付している。再発や転移癌の診断が初回の診断と比較して難しいという点[110]

108）がんの寛解とは、非固形癌に用いられる用語であるが、約款上固形癌に対してもがんが認められない状態に対して用いられている。

109）執筆時点で、確認できたのは２社である。

110）初回の診断は、病理診断が一般的で、したがって保険事故の発生や発生日の確認が容易であり、また客観的である。

Ⅲ-7　診断給付金複数回支払

を除くと、約款の医学的管理は容易である。

　しかし、再発といっても初回の診断給付支払い時と異なり、必ずしも病理組織診断による再発の確定診断がされているわけではない。三大治療などの療養イベントと関連した給付事由となっていても曖昧な部分の判断が残るのである。なお、がん保険の給付事由である「がんの治療を直接の目的とする療養（入院等）」の解釈では、がん治療の合併症に関する給付判断が問題になる。基本的にはがん保険の給付対象外であるが、一定条件を満たせば合併症を給付すべきとの判断が示されている（第Ⅴ章 -4「がん保険約款のその他の諸問題」で解説）。しかし、初回治療から長期間継続する合併症や長期間経過後に発生する合併症もがん保険給付として認めると、診断複数回支払の給付に影響する。2年経過しても合併症が継続する吻合不全（消化器がんの摘出に伴う消化管切除後に行う消化管再接合部の接着不良）や慢性 GVHD（骨髄移植治療の合併症）などでは、これらの合併症をがん保険の給付事由として認めれば、2年経過後のがん療養の事実が存在するという理由で、多くの会社が採用している診断複数回支払該当可否の判断に影響する。

　合併症以外にも、再発や転移癌の診断が曖昧で、がん治療という名目で怪治療（第Ⅵ章 -2-5) 参照）を受ける患者からの請求もある。一般的には、がんに罹患した不安からやむなく怪治療を選択し、営利主義の医療の犠牲者になっている患者が多く見受けられる。しかし、診断複数回支払という一時金がもらえる場合には、患者自ら積極的に怪治療に足を踏み入れてしまうモラル的に問題のある給付請求も発生する可能性は、考えておかなければならない。[111]

　タイプ3は、初回診断給付後、治癒・寛解していることを条件に、2年以上経過して新たにがんの診断がある場合に給付されるが、このタイプは、約款に規定された治癒や寛解のイメージが消費者に理解されにくい点がある。[112] また血液癌では寛解といっても、専門的には分子遺伝学的寛解もあり、医学的判断は非常に難しい。さらに、再発の診断時期は、初回治療後の定期的通院検査の頻度の影響を受ける。あまり通院しなければ再発していても、再発の臨床診断

111) 筆者の経験では、岩盤浴、断食療法のためのがん入院給付金請求を経験している。これらの病院ではまともな診断検査は行われないことが多く、請求における診断確定に疑問が多い。
112) 一般にがんの治癒は、診断後5年経過して判断することが多く、医学の素人の消費者であっても2年たたずに初回治療後からすぐに治癒状態が続くというイメージは持ちづらい。

175

は2年経過後になる確率が高くなる。逆に、頻繁に通院すれば2年以内に診断を受けることになり診断複数回支払の給付対象外になる。給付事由に根本的な問題を抱えた設計となっている。

結局、治癒・寛解の定義の問題と通院頻度の問題で、他のタイプと比較して医学的管理が難しい印象である。加えて、2年という人為的な期日を区切ったために再発の診断を故意に遅らせ、給付金を得る確率を高くするなど、治療忌避につながる懸念もある[113]。以上の問題があるため、診断複数回支払の保険給付要件をタイプ3の規定としている会社は少ないと考えられる。

3) 今後診断複数回支払に求められるもの

がんのサバイバーが多くなる一方、療養が長くなる患者も多い。がん医療が高額化する中で、診断複数回支払に期待する消費者も多くなるはずである。結局、2年を超える長期療養の中で経済的負担の多い一部の患者に手厚い給付を行うという考え方は、正しいはずである。重要なのは、長期療養では、どのような患者の何が経済的負担になっているかの分析である。診断複数回支払とは別に入院給付は勿論、手術、放射線、抗がん剤治療および先進医療といった療養に対しては、治療給付金の形で一定額が支払われるため、過剰な重複給付にならずに、必要な保障は何か見極めなくてはならない。WHOでは以前、障害状態についてICIDH（International classification of impairment, disability, handicap）[114]という分類体系を公開していた。Impairmentへの対応とは、病気の治療であるが、これと共に障害（disability）と社会的不利益（handicap）が、輻輳している。この構図を基本的に理解し、商品を進化させなくてはならない。がんの診断を受けた後の1年間は、約100万円〜120万円の自己負担があることが厚生労働省の班研究で報告されている[115]。しかし、これを超える長期療養の経済的負担についての大規模研究は少ない[116]（第Ⅰ章-3-6)「がん医療の高額化

---

113) 山下友信・米山高生「保険法解説」393頁（有斐閣、2010年）に事前的モラルハザードと事後的モラルハザードの解説がされているが、治療忌避による給付金取得は事後的モラルハザードに該当する。

114) 現在はICF（International classification of functioning）に変わっている。

115)「厚生労働科学研究費補助金総合研究報告書」（研究代表東北大学濃沼信夫教授）

116) がん罹患後年数に従って、がん治療の直接コストは低減するといわれているが、労働損失コストは持続するとの報告もある（第Ⅰ章-3-9)「がんサバイバーの就労問題」を参照)。

と患者負担」の濱島氏の研究参照）。

Ⅲ-8　がん保険の健康体割引

> ✚がん保険に健康体商品を導入する医学的区分は見当たらない。
> ✚現時点では実務的にも導入は、検討できないと考えるのが妥当である。

　がん保険における健康体とは何であろうか。喫煙者は対象外であることはいうまでもないが、非喫煙者についてどのような条件が揃えばがんの健康体といえるのかの課題である。がん発病に関係する内的要因は、遺伝である。一方、外的要因は、発癌ウイルスの感染と職業やライフスタイルである。発癌ウイルスの中でも、肝炎ウイルスに関しては感染防止策がとられており、新たな感染は多くない。また子宮頸癌の原因として知られているヒトパピローマウイルス（HPV）も、予防知識の普及と清潔な生活環境の整備により発生は減少している[117]。職業発癌は古くから知られており、欧米の煙突清掃者や一部の染料工場で作業していた従業員に、特定の部位の発癌が多いことが分かっていた[118]。日本でも、石綿曝露によるアスベスト肺や印刷会社における胆管癌の問題が報道されたことを覚えている読者も多いと思う[119]。職業と発癌の関係は予測されても、がんになり難い職業が何か見極めることは難しく、そのようなデータもほとんど目にしない。結局、化学物質の曝露を受けない環境で勤務することが重要であり、一般の集団の多くがこれに該当するはずである。

　ライフスタイルであるが、がんの一次予防で述べたとおり過剰飲酒を慎み、塩分を控えたバランスの良い食事と適度な運動および適切な体重の維持がポイントである。しかし、このようなライフスタイルを加入者が営んでいることを

---

117) 各家庭で入浴やシャワーを利用できる住環境が整備されたことが HPV 感染減少の要因である。また迷走中ではあるが予防ワクチンの導入もされている。

118) 19 世紀、ドイツの Rehn により、化学染料中に存在する芳香族アミン類への曝露を原因とする職業性膀胱癌の存在が初めて報告された。その他、発癌に関係する要因はがん情報サービスで閲覧可能である。http://ganjoho.jp/public/pre_scr/cause/factor.html

119) アスベスト被害に対して 2014 年 10 月 9 日国が石綿の規制をしなかったことに対して最高裁が、国の責任認めた泉南訴訟の判決報道、2012 年 5 月 19 日オフセット印刷会社で 5 名の胆管癌の集中発生の報道

契約前に確認するのは、保険実務では困難である。ただし、今後の保険事業を考える上で、がん保険とライフスタイルの関係に注目することは重要である。これからの危険選択で最重要の視標の一つとして、ライフスタイルが考えられるからである。加入時点のピンポイントのリスク評価に加え、契約後のリスク評価という視点が求められ、現在の危険選択の仕組みを根本的に見直すだけでなく、保険制度全体の見直しが必要になるはずである。[120]

さて、現代日本人の発癌に影響する最大の要因は、喫煙・受動喫煙と遺伝である。これらは割引要因ではなく割増要因であり、後者の遺伝子情報は、過去何度も論述してきたように、実務に応用することは困難である。遺伝子要因で保険料に差を区分することは欧米先進国で禁止されており、遺伝で差別を行ってはならないことは、世界共通の人類としてのコンセンサスであり、現時点では日本人も遵守すべき規範である。したがって、アイデアとして遺伝子と健康体の関係を論じることは自由としても、実務的には適さないのである（詳細は第Ⅵ章で解説する）。

結論的にいえば、真の意味でがん保険の健康体料率を採用する商品は、当面できないと考えるのが妥当のようである。

本題から離れるが、集団をリスク別に細分化し保険料に格差を設けることは、割増保険料徴収法では当たり前に行われている。割増し保険料が適用される集団を条件体集団（英語の訳は標準下体であるが、日本では不快用語として使用されていない）という。一般の集団は標準体集団と称されている。単に用語の問題であるが、標準体集団が、major グループであり、条件体集団は、minor グループのため、集団の人数が逆転すれば奇異である。

喫煙について考えると喫煙者は少数派であり、非喫煙料率が適用される集団が、標準体集団と呼ばれるべきである。したがって、喫煙者を標準体集団として、非喫煙者に非喫煙者割引を設定するというのは、奇異なことなのである。

120）一部死亡保険に契約後の健康管理データを加味したリスク評価を行う商品が発売されるようになっている。契約後の被保険者の健康管理というアイデアは古くからあり、実現するためのデバイス等を含めた環境がこれまで整備されていなかった。

Ⅲ-9　がんの部位・種類別保障や進行度別保障

> ✚がんが発生する部位により患者の負担は変わる。同様にがんの進行度により患者の負担は影響を受ける。
> ✚がん保険の部位別保障や進行度別保障は、検討することは重要である。
> ✚がんの部位や進行度の基準による一律の給付可否の商品を導入するのは、慎重でなければならない。
> ✚治療に関して多様な給付金がすでに存在するので、真に必要な給付は何か分析する必要がある。

　がん保険では、基本的に悪性新生物に該当すれば、部位や病期（進行度、ステージ）にかかわらず保険金が一律給付される。しかし、がんは部位により治療方法は大きく異なり、患者の三大負担（身体的、精神的、経済的負担）も異なり、闘病期間も全く異なっている。患者が、がんの罹患によって受ける不利益を、病気の治療に関する負担、治療後の身体障害および社会参加の面の不利益（ハンディキャップ）という視点で見ても、部位により異なっている。脳腫瘍であれば、腫瘍の直接症状として失語症や麻痺症状が見られることがある。それは、治療後の後遺症も同様である。すなわち治療、身体障害およびその後の社会的不利益の面で、全てにわたって患者の負担が大きい。ところが、皮膚癌で多い基底細胞癌[121]は、体表面であり簡単に治療が済む場合が多く、三大負担の程度は、脳腫瘍と比較にならない。したがって、がんの発生部位によって患者の負担の程度が異なることを理解する必要がある。また、手術や放射線治療が適応になる局在性の固形癌と、長期の化学療法が中心となる非固形癌（多くは造血器腫瘍）[122]では、闘病の経過は大きく異なっている（表Ⅲ-2-1参照）。当然、がん保険をさらに細分化して、部位別に支払う給付金額を変える商品のアイデアも考えられるが、がんの該当可否の判断ですら支払い査定では大きな負荷に

---

121) 業界で標準的に販売されている三大疾病保障保険では、皮膚癌は免責である。重大疾病保障のコンセプトである三大疾病保障保険は、がんを一律保障するがん保険と異なり、皮膚癌は保障の対象外になっている。

122) 2010年3月「厚生労働科学研究費補助金総合研究報告書」（研究代表東北大学濃沼信夫教授）は、造血系腫瘍で分子標的治療を受ける患者の自己負担は、がん患者全体の1.5倍と報告している。

なっているため、実務運用するには支払い査定者のさらなる教育と募集時の説明力向上、および給付事由に関する約款規定など克服すべき課題は多いと思われる。

　部位別の違いと同様に、がんは進行度によって三大負担が異なることは容易に想像できる。進行度Ⅰ期で見つかる胃癌は、多くの場合1回の手術で完治する（2016年がん診療連携拠点病院の集計では進行度Ⅰ期の胃癌は、88.8％の患者が手術か内視鏡のみの治療である）。その後の経過観察や定期通院の頻度も少なくて済む。しかし、がんが進行すれば治療後も厳重な経過観察の通院が必要になることに加え、外来化学療法が行われることもあり三大負担は大きくなる。前述した厚生労働省班研究でも、進行度に比例して診断後1年間の自己負担額が大きくなるという結果の報告である。具体的には、進行度Ⅰ期61.0万円、進行度Ⅱ期68.3万円、進行度Ⅲ期98.2万円、進行度Ⅳ期128.4万円となっている（表Ⅲ-9-1）。高額療養費制度による償還や民間保険の給付があるため、全ての費用が実質的な負担額ではないが、進行度と患者負担増が連動していることが分かる結果である。

表Ⅲ-9-1　進行度別患者負担

	進行度Ⅰ期	進行度Ⅱ期	進行度Ⅲ期	進行度Ⅳ期
自己負担年額	61.0万円	68.3万円	98.2万円	128.4万円
年間入院期間	20.6日	23.3日	37.1日	44.3日
通院回数	14.2回	18.9回	22.4回	24.9回

出典：研究代表者濃沼信夫教授「厚生労働科学研究費補助金の研究報告書」（平成24年3月）

　このような分析結果を見ると、進行度別に保障内容を変えるがん保険商品のアイデアも考慮されるが、部位別に事情が異なっていて、実際には全てのがんに一律の進行度で給付内容に差を設けて保障することは、慎重であるべきと考えられる。米国のNCIが公開しているPDQ[123]（米国の標準治療集）でも、進行度別の治療戦略が基本となっており、また日本における診療ガイドライン（標準治療）の大部分は、進行度別治療の基準になっている。したがって、治療計画

123）米国のNCI（national cancer institute）で公開しているPDQ®（Physician Data Quer という診療ガイドライン、日本語版は以下のサイトで公開されている。http://cancerinfo.tri-kobe.org/index.html

と進行度分類が密接に連携している実態がある。しかし、**前立腺癌や乳癌の進行度Ⅳ期と膵臓癌の進行度Ⅳ期では、患者の病態や病像は異なっていて、同じ進行度Ⅳ期であっても患者負担は異なるのである。**

　この点は、進行度分類（UICC の TNM 分類）[124] 作成方法の原点に立ち戻って考えると理解できるのである。進行度分類は部位別に作成された病期であり、治療の必要性や治療方法の面から分類されているわけではない。進行度別に生存曲線が交叉しないように TNM の各要素を分析し、人為的に分類したものである[125]。治療費を保障する商品の基準に用いることには様々な課題があることを確認し、使用する際は TNM 分類には、多くのピットフォールが存在していることも理解なければならない[126]。また、数年に 1 度改訂があり、2017 年から使用されている 8 版とそれ以前の 7 版では、進行度Ⅳ期の範囲が、かなり縮小している。進行度Ⅳ期に重点保障を付加している会社は、どのように対応しているのか知りたいところである。したがって、**がんの進行度診断の時期によって給付可否や給付額が異なる商品の運用には慎重でなければならない。一見簡単に進行度が確認できる TNM 分類の使用を検討したくなるかもしれないが、使用するには様々な問題があるので実際受けた治療や病状により、TNM の進行度に相当する、あるいは代替できる区分を給付事由に設定することの方が望ましい。**

　平成 26（2014）年 10 月開催の第 111 回日本保険医学会定時総会において昭和大学病院ブレストセンター長である中村清吾教授が「乳がんの診断と治療―最近の話題より―」というタイトルで特別講演を行った。その中で、乳癌の治療においては、**今後進行度別治療戦略からバイオマーカー別の治療戦略に転換が起きる**という報告があった[127]。報告には、遠隔転移がある進行度Ⅳ期であっても、マーカーの有無によって積極的な化学療法の対象となり効果が得られる

124）国際対がん連合
125）UICC 作成の進行度分類は TNM 分類と呼ばれ、腫瘍の大きさや浸潤度合の要因を T、リンパ節転移の程度を N, 遠隔転移の程度を M の 3 指標で分類されている。
126）ピットフォールを理解していなければ、誤払・未払が発生し、不適切支払の発生にも気づかないことが懸念される。支払い査定者の研修でも TNM 分類 7 版 8 版を全て読んだ者に、会った経験はない。
127）乳癌では、以前から癌組織の細胞表面に出現する様々な蛋白質の中で女性ホルモンのリセプターという蛋白の有無で、治療法の選択や治療薬が選別されていた。これらの治療効果の視標やがんに特異的な分子レベルの特徴をバイオマーカーと呼んでいる。

181

第Ⅲ章　がん保険の各種商品考察

と述べられていた。進行度別の治療からマーカー別の治療というパラダイムシフトが、乳癌に関して今後起こり得るという、まさにがんゲノム医療が到来したことを意味している。乳癌を含めて進行度が進むほど無治療者の割合が多いデータを表Ⅲ-6-3に示したが、進行がんでは、治療不能例が多いことを表しているデータである。一方、図Ⅰ-2-7で示したように進行度Ⅳ期であっても治療効果は改善している。今後は、治療不能と思われてきた進行がんもゲノム医療（分子標的薬、免疫療法）の進展で、治療の対象となっていくはずである。最近では有名な医学雑誌に、脳転移のある進行乳癌に対して長期の完全寛解を達成させたという治療方法の紹介報道があり、多くの医学者を驚かせている。[128]

　結論として、部位別や進行別の商品のアイデアは重要で、今後も研究すべき視点であることは間違いない。治療の進歩に合わせて患者の自己負担額も連動するはずであり、治療に関するコスト分析はより重要になっていくはずである。**一方、治療別の給付金はほぼそろっており、これと両立する形で過剰給付にならずに進行別の保障商品を設計するには、治療費以外（間接費用や労働喪失額等）の患者負担に関しても部位別あるいは進行度別に分析しておくことが重要になる。**

Ⅲ-10　罹患者用保険

> ✚全体で見るとがんの罹患率が増加し、死亡率は低下しているので、がんのサバイバーが増加している。
> ✚がんの罹患者は、通常のがん保険には加入できないため、罹患者用保険のニーズが高い。

1）がんサバイバー

　がんの罹患者数が増加するのに伴って、がんサバイバー[129]も確実に増加している。再発の不安を抱えながら、罹患者たちは新たながん（重複癌）への備え

128）Nikolas zacharakis et al,Immune recognition of somatic mutations leading to complete durable regression in metastatic breast cancer, Nature medicine, 4 June 2018

129）がん罹患後生存者を意味する。

Ⅲ-10 罹患者用保険

について保険ニーズを非罹患者以上に感じているため、罹患者用のがん保険を期待する声は多い。

日本のがんの最先端医療を担っている全国がんセンター協議会[130](以下、全がん協という)の治療成績(治療成績として5年相対生存率[131]で比較する)を見てみたい。図Ⅲ-10-1 は、胃癌の全ての進行度を合算(患者数 33,758 名)して見たデータと進行度Ⅰ期(患者数 21,133 名)の患者のデータである。5年後の相対生存率は、71.8%と 96.7%であった[132]。進行度Ⅰ期は、治療成績が良好で対象患者 21,133 名のうち2万名以上の患者が胃癌を克服し5年後に生存している計算になる[133]。次に主要部位のデータをまとめたものは、表Ⅲ-10-1 である。進

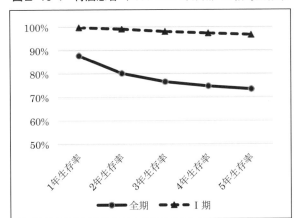

図Ⅲ-10-1　胃癌患者(2005-2009年診断)の相対生存率

出典:「全国がん(成人病)センター協議会の生存率共同調査(2018年10月集計)による」(男女計)Kapweb より

---

130) 全がん協の公開方針によりデータの参加施設について以下に明示しておく。データ提供施設:北海道がんセンター、青森県立中央病院、岩手県立中央病院、宮城県立がんセンター、山形県立中央病院、茨城県立中央病院、栃木県立がんセンター、群馬県立がんセンター、埼玉県立がんセンター、千葉県がんセンター、癌研究会有明病院、東京都立駒込病院、神奈川県立がんセンター、新潟県立がんセンター新潟病院、福井県立病院、静岡県立静岡がんセンター、愛知県がんセンター中央病院、名古屋医療センター、滋賀県立成人病センター、大阪府立成人病センター、国立病院機構大阪医療センター、兵庫県立がんセンター、呉医療センター・中国がんセンター、四国がんセンター、九州がんセンター、大分県立病院
131) 年齢の影響を補正した生存率
132) 公開データは、2018 年 10 月末データ
133) 96.7%は相対生存率であるため、21,133 名の 96.7%である 20,436 名が生存していたわけではない。

表Ⅲ-10-1　主要部位進行度Ⅰ期のがんの相対生存率の比較

	胃	大腸	肝	肺	乳房	子宮頸部	前立腺
1年	100%	100%	93.9%	97.8%	100%	99.0%	100%
2年	99.1%	100%	86.1%	93.1%	100%	96.1%	100%
3年	98.1%	98.7%	76.6%	88.6%	100%	94.5%	100%
4年	97.4%	98.0%	67.4%	84.5%	100%	93.6%	100%
5年	96.7%	97.6%	58.8%	81.5%	100%	92.4%	100%
患者数	21,133	5,888	2,466	11,911	11,918	2,732	318

出典:「全国がん（成人病）センター協議会の生存率共同調査（2018年10月集計）による」（男女計）
　　　Kapwebより乳房・子宮は女性、前立腺は男性、その他は男女合計のデータ

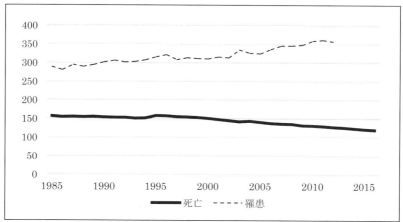

図Ⅲ-10-2　がん年齢調整死亡率と罹患率の推移（対人口10万人）

出典：がん情報サービスHPより筆者作成：死亡率は人口動態統計、罹患率は高精度地域がん登録データ

行度Ⅰ期について比較しているが肺癌と肝癌を除いていずれも、5年生存率は90％を超えており、多くの罹患者がサバイバーになっていることが分かる。

次にがんの年齢調整罹患率と死亡率の推移を図Ⅲ-10-2に示した。図のとおり年々両者の乖離が大きくなっている。**罹患率が増加し、死亡率が低下しているのでサバイバーが増えていることを示すデータである。年間99万人ががんに罹患し、37万人が死亡しているのであるから、新たに約60万人が毎年がんサバイバーの集団に組み込まれている**[134]。やや古いデータであるが、厚生労働

134）罹患数は、2016年全国がん登録データによる。

省の班研究（山口建研究主任）「がん生存者を中心とした心のケア、医療相談等の在り方に関する調査研究」では、2015年の日本のがんサバイバー数を525万人と推計していた。現在は、国立がんセンターや各地区の患者会を中心に、がんサバイバー支援の取り組みがされている。[135]内容はがんの勉強会、再発予防のライフスタイル指導、心理サポートなどが主であるが、就業支援などの経済的負担に関する支援にも注力されている。諸外国でもがんサバイバーが増え、罹患者をどのように支援すべきか日本と同様に検討されている。

罹患者は、多くの問題や不安を抱えながら日々の生活に向き合わねばならないが、最大の関心事は再発である。一般的に一度がんに罹患したことがあると、別の部位のがん（重複癌）に罹患しやすいことが知られており、がん罹患歴のある人は、重複癌への備えの必要性も感じているはずである。[136]また、がんは遺伝子の病気であることが一般に知られつつあるが、遺伝子変異が原因で特定のがんが発症するがん家系も存在する（遺伝性がん、家族性がん）。[137]

したがって、再発や重複がんのリスクに対する保障ニーズは確実に存在する。**がん保険に加入していた患者は、保障の上乗せを希望し、加入していなかった患者もがん保険の必要性を感じるはずである。しかし、通常のがん保険（標準体のがん保険）には無効規定があるため加入はできない。すなわち罹患者でも加入できる商品が求められているのである。**もちろん、標準体のがん保険に比較して販売対象の規模は小さく、ビジネスとして成立するかは別途検討が必要であるが、罹患者の声にも積極的に応える姿勢は重要であろう。

2) 罹患者用がん保障と課題

① これまでの生損保における主要な罹患者用がん保険

ア) アフラック　優しいがん保険、寄りそう Days

アフラックは、罹患者専用がん保険「優しいがん保険」を1999年に販売開

---

135) キャンサーソリューションズ代表桜井なおみ氏は、自身もがん罹患者として退職を経験していることから、がん患者の就業支援について取り組まれ、多くのマスコミに紹介されている。がん対策推進協議会委員も兼任して患者の声をがん対策へ反映させる活動も行っている。

136) 具体的な調査結果は示すことはできないが、がん保険募集のダイレクトメールに対し、問合せが多いのは罹患者集団である。

137) 遺伝性乳癌が日本で患者数が最も多く、これ以外にも家族性大腸ポリポーシスなどの疾病が知られている。

始している。罹患者に対して販売するため、加入条件は厳しく設定されていた。審査は告知書によって行われていたが、最終治療から 10 年経過していることを条件として体況上の医的適合度について引受け審査が行われる。再発、重複を問わず保障の対象となっていたため標準体よりも保険料が高く、保障のメインは入院の日額保障であった。なお、数年前に販売停止になっている。

2017 年には、新しく罹患者用がん保険「寄りそう Days」を販売している。現在のがん医療へ対応できるように、主契約は入院・通院、手術・放射線治療の保障が、特約では先進医療や抗がん剤治療の保障が付加されている。保障が充実したこと以外のポイントとしては、

- がん治療や新たながん診断が 5 年以内になければ加入申し込み対象になること
- 再発、重複がんを問わず支払い対象になること

の 2 点があげられる。なお、罹患者用の告知書の概略を提示する（**表Ⅲ-10-2**）。

表Ⅲ-10-2　アフラック寄りそうがん保険告知書の質問項目

過去 5 年以内の診断・治療の有無
最終治療から 5 年以上経過し、かつ 2 年以内に経過観察で異常の指摘の有無
現在入院中の有無、過去 3 ヶ月以内に入院・手術・先進医療のすすめの有無
過去 5 年以内に表 A（脳腫瘍、肝硬変症等）の疾病で医師の診察・検査・治療・投薬の有無
表 B（腫瘍などの異常、腫瘍マーカーの異常等）、表 C（検診の異常、症状等）の病状や病気あるは疑いで、現在、治療中・検査中・経過観察中あるいは 3 ヶ月以内に治療・検査のすすめの有無

出典：アフラック寄りそうがん保険の告知書
注：告知書から抜粋改編しているので、実際の告知書を確認することを推奨する。

イ）引受け緩和型医療保険

通常医療保険の告知書は、過去 5 年以内の病歴を告知の対象としており、がん既往に関して回答すると審査で謝絶になることが多い。これに比較すると引受け緩和型医療保険[138]（以下、緩和医療保険という）には、がんの罹患者に対しても加入基準が緩和された商品が存在する。医療保険であるから、当然入院保障が主たる給付であり、さらに手術給付や先進医療が付加されていることが多い。また告知書は事前選択方式が採用されていることが多く、告知書を見れば加

---

138) 筆者「引受け緩和型医療保険と条件体市場」生命保険経営 80 巻 4 号 97-119 頁（2012 年）
139) 事前選択方式の告知書は、告知書の回答「はい」「いいえ」だけで謝絶と承諾が選別される告知

入条件が確認できるため各社の加入条件の比較も容易である。

罹患者の保障という点では、緩和医療保険が含まれるが、罹患者用のがん保障に限定した商品ではない。

ウ）アメリカンホーム　緩和告知型ガン保険

がん保険と緩和医療保険の中間型商品で、保障は入院給付・手術給付・通院給付などである。加入審査の仕組みや責任開始後1年以内の給付は半額にするなど従来の緩和医療保険と類似していた。さらに緩和医療保険の亜型であるため、待ち期間は設定されていないのが特徴である。緩和医療保険と異なる点は、保険事故の対象が全疾病・傷害ではなくがんに特化していることであり、廉価で保障を提供している。しかし、現在は販売停止になっている。販売停止になった理由の詳細は分からないが、筆者としては医学的に理解できないほど加入条件が緩やかな保険であったことが印象に残っている。

エ）セコム損害保険会社　自由診療保険メディコムワン

乳癌罹患者だけを対象とするがん保険で、給付は乳癌の再発、再燃および重複癌が対象である。入院または外来通院の費用に対する実損補填商品で、自由診療（協定病院の治療）と公的健康保険の両者ともカバーしている。加入対象者を乳癌罹患者に限っている点と加入条件が非常にユニークなので申し込み条件を**表Ⅲ-10-3**に例示する。

表Ⅲ-10-3　自由診療保険メディコムワンの加入申し込み条件

女性の方

ご加入時年齢が、満20歳から65歳の方

初めてかかったがんが乳がんの方

その後、上記の乳がんの再発、転移や新たながんにかかっていない方

現在「がんの所見なし」の方

乳がんのステージと、その外科手術日から経過期間が下の条件にあてはまる方

進行度	ステージ0	ステージ1	ステージ2	ステージ3	ステージ4
経過期間	6カ月	1年超	3年超	6年超	6年超

現在、入院中でない方

当社所定の「診断書」を医療機関からお取り寄せいただける方

出典：https://www.medcom.jp/one/expense/（2018年10月31日確認）

書。したがって、査定標準が基本的に公開されていることになる。

第Ⅲ章　がん保険の各種商品考察

　基本的には、同社が販売している「メディコム」というがん保険を、乳癌罹患者用にリメイクした商品構成になっている。損保ならではの特色のある商品といえる。

　このように、商品数は少ないが特徴ある商品が提供されている。ただし、一般のがん保険と異なり、罹患者用がん保険に特有の問題を考えておかなければならない。

　②　罹患者用がん保険の課題

　具体的に罹患者用のがん保険を設計する場合には、

● 罹患した既往のがんの再発や増悪を保障するのか否か

● 罹患後申し込みが可能になるまでの期間や待ち期間をどのように設定するのか

● 既往癌の医療証明書の提出を必須とするのか

● 既往癌の進行度で加入条件を変えるのか

といったポイントを決めなくてはならない。しかし、再発と重複癌を区別することや、進行度で給付が変わること[140]、一定期間の再発のないことを加入条件にすることなど[141]は、文字で記載することはできるが、実際に医学的な運用をするのは難しいので慎重に検討しなくてはならない。

　罹患者用の保険は、今後確実にニーズが拡大するはずであり、そのためには加入条件と給付の分かりやすさや、罹患者にとって公平感が担保されなければならない。加えて罹患者の多くは経済的に余裕があるわけではなく、一方で保障内容の充実度に対して非常に感度が高くなっていると考えられるので、営業視点のスペック競争は避け、医学的な必要性を十分に吟味した保障とすることが肝要である。健康な加入者以上に罹患者に対しては注意すべき視点である。

3) 再発リスクと重複癌リスク

　罹患者用がん保険の引受けリスクとしては、少なくとも既往癌の再発リスクと新たな癌が発生する異時性重複癌リスクをそれぞれ別々に考える必要がある。再発癌か重複癌か鑑別が難しい場合もあるが、以下にリスクについて解説する。

140）再発癌は給付せず、重複癌は給付するといった給付事由の医学的管理は難しい。

141）再発があるという定義に比べ再発がないという医学的定義は、非常に難しい。

Ⅲ-10 罹患者用保険

なお、必要なければ読み飛ばしていただいても問題はない。

① 再発リスク

がんの治療成績の分析には、生存時間解析という手法が用いられる。治療成績を調べるためには複数の観察視標があり、その一つに無再発生存期間（relapse-free suravival：RFS）がある。多くの場合、手術した日を起算日として、再発または死亡を観察対象（観察イベント）として患者の集団をフォローする。手術後の経過時間別に再発していない生存率を算出する方法である。死亡だけを観察対象とすれば、通常の生命保険数理法で算出する生命表分析になる。したがって、再発リスクについては、それぞれの部位別に進行度別あるいは治療方法別の成績を収集・分析しておかなければならない。もちろん、RFS という指標は、通常抗がん剤などの治療効果の比較をするために用いられる指標で、従来の標準治療と新規治療の比較評価に用いられている。罹患者用の保険は、がんの再発の診断や再発による入院や治療に関して給付するので、一番必要なデータは RFS のデータであるが、残念ながら罹患者用がん保険の商品設計や基礎率試算のための都合のよい RFS データは存在していない。

② 重複癌（多重癌ともいうことがある）リスク

家族性、遺伝性癌については、重複癌リスクは非常に高い。例えば、家族性大腸腺腫症や Peutz-Jeghers 症候群などのように複数の消化管に腺腫（ポリープの一種）が発生し、癌の合併が見られる病気や、多発性内分泌腫瘍症のように複数の臓器に内分泌腫瘍が見られ、それぞれの臓器に癌のリスクが知られている病気がある。また、最近ではアンジェリーナ・ジョリーという有名な女優が、自身の罹患について告知した BRCA1 という遺伝子の変異による遺伝性乳癌では、乳癌以外に卵巣癌の発生がよく知られている（正式病名は遺伝性乳がん卵巣がん症候群）[142]。このような遺伝性の病気と異なり、罹患者用のがん保険では、一般のがん罹患者に関する重複癌のリスクを知っておく必要がある。がん保障や医療保険のデータを長期に観察すれば経験データが得られるはずである。

重複癌は、最近増加していると報告されており、日本の病理解剖でも重複癌

---

142) 筆者「遺伝子検査と保険問題―アンジーの声明が意味するものは？―」生命保険経営 82 巻 4 号 59-80 頁（2014 年）

189

が確認される割合が増えているという。もちろん、日本人の寿命が伸展していることも一因であるが、予後の良い長期生存できる部位の癌の発見が増えていることも関係している。多臓器で癌が見られる場合は、共通因子が存在する場合が多い。そのような因子として知られているのは、喫煙、癌治療における放射線照射や抗がん剤投与である。喫煙は、口腔、喉頭、咽頭、食道、肺、膀胱に重複癌が発生することがよく知られている。また治療関連重複癌は、放射線治療後や抗がん剤治療後による白血病・リンパ腫あるいは放射線治療後の肉腫などが時に見られる。

　福井大学医学部外科の澤井利次氏らは、24年間で5重癌（結腸、胃、膀胱、直腸、胆嚢）を経験した患者の報告をしているが、日本では消化器癌との組み合わせが重複癌で多くなっているという。[143]

　残念ながら日本人の重複癌に関する大規模データは調査できなかったが、日本保険医学会の第111回定時総会における講演で示された米国のがん登録制度[144]の分析結果では、異時性重複癌のリスクは、非罹患者に対して1.14倍という結果である。診断時の年齢を見ると若いほどリスクが高くなっている。

　③　用語の定義

　正確を期すために、日本がん治療学会で作成している用語集（2013年版）の定義を示しておく。

- 重複癌：異なる臓器にそれぞれ原発性の癌が存在するもの
- 多発癌：同一臓器に癌が多発するのもの
- 多重癌：多発癌と重複癌を合わせたもの
- 重複癌の同時性と異時性：1年以内を同時性、それを超えていれば異時性とする[145]
- 再発癌：手術、放射線、化学療法等によって宿主からいったん消失したと思われる状態を経たのちに癌病巣が再出現した場合をいう
- 再発（手術例）：手術時、肉眼的に癌の残存が認められない例に同じ癌が出現することで再燃を含めない

143）澤井利次ほか「5重複癌の1例」日本外科連合学会誌 Vol35, No5, p180（2011年）、重複癌は最近増加し、臨床的の重複癌は2から10％と報告している。
144）Surveillance, Epidemiology, and End Results Program（SEER）
145）見解は、医師の間で必ずしも統一されていない。

- 再燃（手術例）：手術時、明らかに残存した癌の増殖によるもの

- 再発（放射線治療）：照射野内の癌が放射線治療によって、臨床所見上、癌の残存がみとめられなくなった例に、同じ癌が出現すること。

- 再燃（放射線治療）：放射線治療を行ったにも係わらず、明らかに癌が残存し、再増生すること（造血器腫瘍では再燃は用いず再発である）

- 転移と再発：転移は原発巣と不連続に発生する病変でリンパ行性、血行性に発生したと思われるもの。また播種性[146]のこともある。再発とは、原発巣が切除ないし他の治療でいったん消失したと考えられる状態になった後に同一病変が発現することを意味し、転移病巣が再発病巣のこともある。

なお、時々話題に上る原発不明癌についても定義を触れておく（原発不明がんの診療ガイドラインにおける定義）。

- 原発不明癌：十分な検索にも関わらず原発巣が不明で組織学的に転移巣と判明している悪性腫瘍[147]

がんの罹患や再発を考える上で、これらの用語の定義は重要であり、商品設計上理解しておくことは必須である。特に罹患者用保険や診断給付金複数回支払などの商品では給付事由の定義において、上記用語集に準じておく必要があるとものと考えられる。定義から逸脱して約款に使用すると、主治医の理解と患者の理解、そして保険会社の理解が食い違う原因になる。行政の商品審査担当官もこの点の理解が必要である。例えば、乳癌で乳腺の一部のみ摘出する乳房温存術の場合、同側乳房に新たに癌が見つかった場合、再発なのか多発なのか重複癌なのか、それぞれ意味するところは異なるのである。同様に対側乳房に癌がみつかった場合も、転移癌、重複癌、再発癌なのか、商品の給付事由によっては鑑別が必要になるのである。

146）腹腔や胸腔の臓器の癌から直接腹腔内や胸腔内に拡がること。

147）原発不明癌は、転移しているので一般的に全て進行度Ⅳ期として扱われる。全てがⅣ期として扱われるのは、他に甲状腺未分化癌がある。

Ⅲ-11　条件体と特別条件

> ╋がん保険の条件付承諾を取り扱っている会社は少ない。
> ╋どのようなリスクが、がん保険の条件体か理解する。
> ╋どのような特別条件が考えられるか理解する。

1）がん保険のリスクの分布

　死亡保険や医療保険と異なり、がん保険における特別条件の運用については
あまり耳にしない。今更述べることではないが、民間保険は任意保険であり、
総合的な危険選択を通してリスクの排除、そしてリスクに合わせた保険料の調
整を行っている。がん保険においてもリスクを排除する機能は、次章以降で解
説する約款の規定に具現化され、実務運用されてきた。一方、リスクに合わせ
た保険料の調整は、主要な選択手段が告知書であること、保険料がもともと安
価であることから導入されていない。第Ⅵ章で解説するが、引受けにおける審
査で問題となる対象疾病や病状は、他の商品と比較して限定されているため謝
絶される率もかなり低率である。したがって、特別条件を導入する効果には当
然疑問は残る。しかし、民間保険を利用した自助努力が一層求められる現代に
おいて、**特別条件を採用することで契約拡大を検討することには社会的意義が
あるはずである。**

　では、特別条件を導入する前提で、加入申込者のリスクを分類すると次のと
おりである。

- ●1群：がん罹患者
- ●2群：がん検診や自覚症状で検査通院中の者
- ●3群：がんの既往はないが、がんに関係した疾病の有病中の者
- ●4群：引受け可能なリスク（標準体）の者

　1群のリスクは、無効規定のため加入できないのは当然である。2群と3群
のリスクは、謝絶されるが、2群については検査終了後に異常がなければ加入
できるのであるから、実際には一定期間の契約見合わせという意味の査定結果
である。万一、がんが検出されれば、1群のリスクへ移行したことになる。4
群は、加入できる対象であり問題ない。このように考えると、特別条件の対象

は、2群の一部と3群のリスクであることが分かる。死亡保険では査定ベースで約95％が標準体であることが知られており、残りの5％が条件体である。したがって、がん保険の2群および3群のリスクは、より低い占率と考えられ、該当者は5％未満のはずである。

　死亡保険では、加入申込者のうちの5％に満たない条件体集団に対しても、特別条件を用意して加入拡大を図っている。引受け事務や数理的管理の負荷を考えても特別条件の適用には、効用があると考えられているからである。したがって、がん保険の特別条件を考える際には、死亡保険の特別条件と比較して、その効用を分析し、がん保険にあった特別条件を検討すべきである。

2) がん保険における条件体

　特別条件の意義を考える上で確認しておくべきいくつかのポイントがある。第一に、部位別がんの医学知識の蓄積が進み、診療に関するガイドラインの普及による医療の標準化が進んだことがあげられる。甲状腺や前立腺癌の一部には無治療の経過観察がガイドライン上推奨されている。がんの診断が済んでいる場合もあれば、診断されずに経過観察を受けるものも存在する。人間ドックでは超音波検査が一般的に実施されるようになっており、頸動脈の動脈硬化を検査するのと一緒に甲状腺の検診も行われている。そして、その検査で多くの異常所見（しこり、結節）が見つかっている。同様に人間ドックでは、50歳以上の男性に前立腺癌検診としてPSA検査[148]が導入されることが多い。甲状腺の異常も、腫瘍が小さい場合や[149]、前立腺のPSA数値が軽度の異常の場合、治療をせずに経過観察をすることがある。がんの確定診断もされないまま何年も経過観察を受ける一方で、がん保険には加入できない。このような医学的見地から特別条件の導入を期待する者がいる。

　第二に、がん検診の普及があげられる。がん検診は国策として取り組みが進み、検診受診率が向上しているため早期の癌の発見が増加している。その陰で、癌が検出されなかった多くの異常所見のある者の中で、経過観察を受ける者は、

148）前立腺癌を検出するための腫瘍マーカーという血液検査である。
149）微小乳頭癌のガイドラインでは、無治療経過観察が推奨されている。吸引細胞診も行われないケースがある。

第Ⅲ章　がん保険の各種商品考察

がん保険に加入できない2群のリスク集団に組み込まれている。がん検診における異常の検出率は、表Ⅲ-11-1とおりである。検診受診者の5%強で異常所見がみつかり精密検査が必要と判断され、その結果、精密検査を受けた者の2.67%だけに癌が見つかっている。

　いずれにせよ、がんの二次予防である人間ドックやがん検診が、2、3群のリスク集団を増加させているわけである。そのまま聞けば、国民のがん対策とがん保険ビジネスが対立するという皮肉な話である。このような顕在化したリスクをそのまま無条件に引受けすることは、契約者間の公平性を確保できないことになる。しかし、特別条件を工夫することにより国策と民営保険の利害調整が可能になると考えられる。

　以上のとおりがんを取り巻く環境変化を理解すれば特別条件の意義も見えるはずであるが、さらに国内には肝炎問題が存在している。B型肝炎訴訟では、平成23（2011）年6月に患者原告団と国が和解し、一応の決着をみた報道はよく知られている。B型肝炎ウイルス感染被害は、予防接種の注射針を取り換えず、回し打ちしたため感染が拡がったという一連の訴訟で、原告は国の

表Ⅲ-11-1　平成28（2016）年度がん検診受診者における要精密検査の受診状況

		胃がん	肺がん	大腸がん	子宮頸がん	乳がん	合計
がん検診受診者数		2,370,328	4,195,477	5,246,461	3,914,800	2,119,473	15,713,539
	要精密検査者数	171,943	63,272	342,309	85,434	169,377	832,335
	がん検診受診者数に対する割合（%）	7.25	1.51	6.52	2.18	7.99	5.30
	がんであった者数	2,206	1,527	9,941	1,544	7,024	22,242
	がん検診受診者数に対する割合（%）	0.09	0.04	0.19	0.04	0.33	0.14
	要精密検査者数に対する割合（%）	1.28	2.41	2.90	1.81	4.15	2.67
	精密検査未受診者数	13,506	4,255	45,314	6,220	5,972	75,267
	精密検査未受診率（%）	7.9	6.7	13.2	7.3	3.5	9.0%
	精密検査未把握者数	20,122	6,460	61,492	15,710	15,723	119,507
	精密検査未把握率（%）	11.7	10.2	18.0	18.4	9.3	14.4

出典：平成28（2016）年度地域保健・健康増進事業報告の概況（単位：人）

公衆衛生施策の被害者として位置づけられた。B型肝炎ウイルスの持続感染者110 ～ 140万人中40万人が、予防接種が原因と推計されている。その多くのが慢性肝炎、肝硬変そして肝癌に苦しんでいる。和解で示された原告と国の間に5項目にわたる基本合意が締結されている。5項目目に「国（厚生労働省）は、本件感染被害者を含む肝炎患者等が、不当な偏見・差別を受けることなく安心して暮らせるよう啓発・広報に努めるとともに、肝炎ウイルス検査の一層の推進、肝炎医療の提供体制の整備、肝炎医療に係る研究の推進、医療費助成等必要な施策を講ずるよう、引き続き努めるものとする」との一節が入っており、厚生労働省は保険業界に対しても被害者の保険加入機会の拡大を要望する立場に置かれることとなった。被害者が苦しむ慢性肝炎も肝硬変も肝癌の前癌病変であり、これらの被害者は当然がん保険に加入できない。しかし、がん保険に加入したい被害者がいるのであれば国の意向とも合致する形で特別条件の導入を検討することも考えられよう。

　まとめると、**特別条件導入には、一部のがんリスクに見られる医療環境の変化への対応と、がん検診の普及によるがん保険の契約機会の喪失への対応、および予防接種肝炎被害者に対する契約機会増大に向けた社会的要請への対応という意義があると考えられる。**

3) 約款に見る特別条件

　実際にがん保険の約款を確認したが、がんの引受けリスクに対して特別条件特則等の取扱いが確認できたのは1社であった。がん以外の身体障害に対する保険料払込免除特則等への特定障害不担保特約[151]が見られた約款もあったが、がんリスクに対する特別条件ではなかった。したがって、純粋に2群と3群リスクに対する特別条件を約款上明示されている1社は、割増保険料徴収法を採用している。なお、以前、部位不担保を特別条件に採用している会社があった

---

150) 最高裁判所（平成18（2006）年6月16日第二小法廷判決）で肝炎被害者の損害賠償を認めている。さらに全国における訴訟を受け平成23（2011）年1月11日及び同年4月19日に札幌地方裁判所から所見（「基本合意書（案）」）が提示され、原告団・弁護団と国が和解に至っている。平成23（2011）年6月28日に基本合意が締結している。http://www.mhlw.go.jp/stf/houdou/2r9852000001h6p9-att/2r9852000001h6sv.pdf

151) 視力障害を原因とする高度障害状態による保険料払込免除を適用外とする不担保特約

が、転移先や浸潤先の免責に関して医学的なリスク回避できるのか検討が必要であり、実際の運用はされていなかった。

　がん保険約款における特別条件は以上のとおりであるが、がん保険類似商品の三大疾病保障保険では、すでに削減法と割増徴収法は複数の会社で運用されている。基本的には、がん保険というよりも死亡保険の亜型として同じ形で特別条件が運用されている。割増徴収法は特に問題ないが、削減法は死亡保険と異なり三大疾病についての保険事故発生日と削減期間適用の関係が複雑である[152]。がんにおいては、生検日と手術後の病理診断日が異なる点、脳卒中、心筋梗塞では60日規定がある関係上、削減期間との関係を意識していないと正しい支払い判断ができないのである。

4）特別条件の種類

　具体的に、がん保険に適用の可能性が有る特別条件について見ることにする。

　① 待ち期間の延長法

　待ち期間は90日または3カ月の期間が、多くのがん保険で設定されている。がん検診で異常があり、半年から1年後の定期検査を指示されている場合、一定期間待ち期間を延長することは有効である。最も有効に機能するのは、画像診断で捕捉された異常な腫瘍類似所見が確認される場合である（最も多いのは肺のレントゲン写真の異常な影である）。半年後に再検して大きさを比較し、不変であればがんのリスクはない。一方、拡大していればがんのリスクが高く精密検査が必要になる。したがって、およそ1年間の待ち期間があれば、このようなタイプの2群リスクは排除できるのである。当然、導入するには1年間契約全体を延期することと、待ち期間の特別条件を設定することの比較検討が必要になる。

　② 割増保険料徴収法

　罹患者用の保険は、再発癌や重複癌のリスクが高いため当然標準体のがん保険に比較して保険料が高くなっている。これと同様にがん罹患リスクの高い前

152）死亡保険と同じく5年削減が存在するため、削減年数に合わせた保険年度まで保険金額が、変わり得る。病理診断確定日、脳卒中と心筋梗塞の発生日および60日目と契約の応答日の関係が、死亡保険の保険事故と比較すると複雑である。

がん病変の既往者、または有病者という3群タイプのリスクに対して、割増保険料を徴収する方法である。対象となる疾病や病状は、慢性肝炎を発症していない肝炎ウイルス陽性患者、NASH（非アルコール性脂肪性肝炎）が疑われる肝機能障害などである。理論的には、割増徴収法の利用場面は想定できるのであるが、これらの引受け審査には詳細な医療情報の入手が必要であり、がん保険の主要な選択手段が告知書であることを考えると、具体的な導入は現実的ではないが、要するに適切な選択ができないにもかかわらず、特別保険料を課すのは慎重でなければならない。すでに限定告知タイプの引受け緩和型医療保険における加入者集団の引受けリスク分布と保険料設定の乖離が問題（専門的には垂直的公平性からの乖離[153]）になっている。

　このような懸念はあるが、アフラックは、業界に先駆けて特別保険料を一定の有リスク対象者に提示する特別保険料率の特則の取扱いを開始している。一般のがん保険の告知質問（**表Ⅲ-11-2**）で、表Aの疾病に該当するため加入できない加入申込者へ割増保険料を提示する特則である。

　表Aの疾病は、いわゆる前がん病変として理解されるリスク群に属し、がん保険以外でも特別条件や謝絶になることが多い集団に該当する。

　いずれにしても、がん保険の加入機会を増やす取り組みとして歓迎されるべきであろう。

　③　削減法

　削減によりリスクコントロールが機能するのは、待ち期間延長で述べたような2群のリスクである。実務運用を考えると一時金タイプの給付金に対して運用は可能であるが、がん入院給付のように一定期間の継続した保険事故に対しては煩雑である。さらに、がん入院給付は、「がんの治療を直接の目的とする」という保険事故の要件があるため、入院期間中の給付の該当可否の判断と、削減適用による応答日との関係を判断して給付する必要がある。

　④　不担保法

153）料率設定の公平性には、垂直的公平性と水平的公平性が必要であるが、保険料の細分化には限界があり、一定範囲の公平性乖離は許容する以外にない。しかし、乖離が拡大すると高リスク者から低リスク者への内部補助が拡大し、公平性の問題になると指摘されている。宮地朋果「国民の意識が規定する官民役割分担―がんをめぐる日本の状況と「公平性」の概念を題材に―」保険学雑誌625号93-110頁（2014年6月）に解説されている。

第Ⅲ章　がん保険の各種商品考察

表Ⅲ-11-2　がん保険 Days1 の告知書

今までにがん（悪性新生物）にかかったことがありますか？	
現在入院中ですか？または最近 3 ヶ月以内に入院・手術をすすめられたことがありますか？（ただし、すすめられたすべての入院・手術が終わっている場合は除きます。）	
過去 5 年以内に表 A の症状や病気あるいはその疑いで、医師の診察・検査・治療・投薬をうけたことがありますか？	
現在表 B、C の病状や病気あるは疑いで、治療中・検査中・経過観察中ですか？または 3 ヶ月以内に表 B、C の病状や病気あるは疑いの指摘をうけたことがありますか？（表 C については、がん・上皮内新生物・異形成やその疑いが否定された場合は除きます）	
表 A	脳しゅよう、膀胱しゅよう、GIST、カルチノイド
	肝硬変、慢性肝炎、肝線維症、肝機能障害（入院や治療を伴うもの）、慢性アルコール性肝機能障害、NASH、アルコール性肝炎、門脈圧亢進症、食道静脈瘤
	慢性閉塞性肺疾患、肺気腫、慢性気管支炎、肺線維症、じん肺、けい肺、気管支拡張症、間質性肺炎
	慢性腎機能障害、慢性腎不全、慢性腎炎、尿毒症
	B 型肝炎ウイルスキャリア、C 肝炎ウイルスキャリア
表 B	がん（悪性新生物）、上皮内新生物、異形成、白板症、多発性ポリープ（ポリポージス）、病理検査や細胞診での異常
	腫瘍マーカー（CEA、AFP、CA-19、PSA）
表 C	検診の異常（肺の検査、胃腸の検査、マンモグラフィー検査）、その他のがん検診
	しゅよう、しこり、結節、腫瘤、出血（便潜血、不正出血、喀血、吐血、下血、肉眼的血尿）、貧血（鉄欠乏性貧血を除く）、黄疸、びらん、消化管のかいようや狭窄

出典：アフラック　Days1 告知書より一部レイアウト等改編
注：実際の告知書を確認することを推奨する。

　部位不担保法や疾病不担保法のいずれも、部位別あるいは疾病別に待ち期間を延長する特別条件である。医学的には浸潤や転移のリスク排除に対する有効性や、従来運用している入院保険の不担保との整合性など実務運用には、多くの事項に検討が必要である。ただし、部位を限定して免責にできることや、免責の年限を可変にできるなど条件設定の多様性に富み、かつ保険料を割り増しせずに済む点が魅力のある特別条件である。万一、胸部レントゲンに影があり肺癌の疑いであれば、肺に 1-2 年の不担保を設定することにより引受けが拡大するのである。

Ⅲ-12　がん保険の付帯サービス

> ✚付帯サービスと現物給付の違いについて理解する。付帯サービスを通して将来の現物給付を考える。
> ✚各社の付帯サービスの現状を知る。
> ✚がん保険に親和性のある付帯サービスは、相談サービスである。
> ✚今後は、相談の方法、医療情報の提供には多様なツールの応用が考えられるが、引き続き対面相談サービスが有意義である。

1）付帯サービスとは

　各社が提供しているサービスには、契約者全員を対象としたサービスと、一定の商品に付加されているサービスがある。後者は俗に、保険商品の付帯サービスと呼ばれ、保険給付とは異なり保険料支払いの反対給付ではない。しかし、サービスの内容によっては、消費者から保険給付の一部のように認識されている。実際、各社の付帯サービス比較記事でも、保険給付と誤解しているかのような記述も目にすることがある。当然、生命保険会社が提供する現物給付は保険法では許容されていないので、現金給付以外に各社が提供できる現物のサービスは付帯サービスに限定される。

　保険法の立案過程で現物給付の是非について審議されたが、最終的に認められることはなかった。[154]結果として、保険法2条1号には、保険契約の定義として、「保険契約、共済契約その他いかなる名称であるかを問わず、当事者の一方が一定の事由が生じたことを条件として財産上の給付（**生命保険契約及び傷害疾病定額保険契約にあっては、金銭の支払いに限る。以下「保険給付」とい**う。）を行うことを約し、相手方がこれに対して当該一定の事由の発生の可能

154）保険法改正に際し、金融審議会金融分科会第二部会の保険の基本問題に関するワーキング・グループ（以下、保険WG）では、現物給付の導入について審議され、この問題の主な論点が公開されている（http://www.fsa.go.jp/singi/singi_kinyu/tosin/20080208-2.pdf）。法務委員会調査室菱沼氏が雑誌「立法と調査」の中で「保険法及び同法整備法の成立」というタイトルで論文を著述され、法案に盛り込まれなかった現物給付についてコメントしている。この中で現物給付を見送った法務省の見解を「長期間の介護のような現物給付については、それに対する監督が整備されていることが必要であり、もう少し監督行政が確保されてから行う方が社会的に混乱を招かないという判断に落ち着いた。」と紹介している。

性に応じたものとして保険料（共済掛金を含む。以下同じ。）を支払うことを約する契約をいう。」となっている。この条文で明確に、死亡保険や医療・がん保険などの保険金・給付金の支払いは現金に限り、現物給付は認められていないことになる。したがって、保険加入者は、現物給付を期待することもできない。保険法で現物給付が認められなかった結果、生命保険会社は保険給付以外では、付帯サービスの提供とその多様化で他社との差別化をせざるを得ない状況である。

　一方、付帯サービスは、保険給付つまり保険料支払いの対価として受ける給付ではない。一見現物給付に見えても、いわゆる「グリコのおまけ（景品）」の範囲で認められているだけである。保険契約者に、キャラクターグッズ、レジャー利用料の割引サービスを提供することなどが主流であるが、グリコのおまけといっても付帯サービスにも規制があり、以前は公正取引委員会、現在は消費者庁が主管となった景品表示法[156]の規制である。すなわち、過大な景品の提供は禁止されている。一般に保険会社が提供する付帯サービスは、保険契約者あるいは被保険者など一定の方に限られたクローズドな対象範囲なので、保険商品価格の10％以内の景品価格であるという条件で提供されることになる。[157]

2）各社の付帯サービスの現状

　生命保険協会所属会社がオフィシャルホームページで公開している情報を基に、付帯サービスを確認した。付帯サービスを提供している会社は合計25社で、うち23社が電話やネットによる健康相談サービスを提供している。サービスの多くは、概ね第三者の会社と提携によって提供されている。20社のうち、2社は生保の子会・グループ会社を通じて提供されている。ホームページではサービス提供の委託先が不明な会社も3社あったが、対人支援業務に含ま

155）現物給付に対する医療関係者の根強い反対意見があり、保険業界は耳を傾けておくべきである。今後の混合診療拡大への対応や、実損補填型商品あるいは自由診療保障商品の導入を考える上でも重要である。医療界から表明されたのは、マネージドケアの懸念である。すなわち生命保険会社に現物給付を認めると、米国のような医療の現物給付が行われるようになるのではないかというものである。国民皆保険崩壊への懸念、医師の自由裁量に基づく診療の制限など懸念する声があがったのである。

156）正式には、不当景品類及び不当表示防止法

157）保険商品価格とは、どのように算出すればよいのかという点は、曖昧なのである。

れる健康相談事業の提供先を明示していないのは問題がある。サービスを受ける消費者にとっては、サービス提供会社の信頼性やサービスの質に関心があるのは当然だからである。相談事業の特殊型としては、カウンセラーの訪問面談サービスを提供している会社が2社あり、また専門医紹介サービス（セカンドオピニオンサービス）を提供している会社は15社あった。これらのがん保険に親和性の高い付帯サービスの提供状況を表示する（**表Ⅲ-12-1**）。なお、特殊な健康相談事業としては、がんメンタル相談のサービスを提供している会社もある。

表Ⅲ-12-1　生保各社の付帯サービス提供状況

サービスの内容	提供している会社数
電話相談	23社
セカンドオピニオンサービス	15社
訪問面談	2社
付帯サービスのない会社	4社

出典：各社オフィシャルホームページより集計

　健康相談事業以外の健康関連サービスは、人間ドックやPET検診の紹介および価格割引などであり、生活関連サービスではレジャー施設の紹介や価格割引が中心になっている。

　以上のように景品表示法による規制があるため、一定の範囲内のサービスに限定されており、各社のサービス内容は大同小異である。また、提供されているサービスの多くは、生命保険以外のクレジットカードや自動車保険にも付加されて提供されており、会社の差別化や商品の訴求力には大きく影響していない印象がある。

　多くの付帯サービスは、保険業法と同法施行規則の関係もあり、前述したとおり提携会社からのサービス提供が主になっている。提携会社と保険会社の契約によって、サービスの提供が保険会社の事業費に与える影響が異なっている。すなわち、提携会社との契約形態は、[158]

①　保有契約数あるいは新契約数連動型契約料

158）保険業法106条2項1号、同法施行規則56条2項参照

② 利用数連動型契約料
③ 両者の併用

に大きく分かれている。各社の個別契約内容は分からないが、②の場合保険会社としては、会社の業績に関係なくサービス利用が増えるほど事業費がかさむ構図であり、付帯サービス提供が事業の負担になることも考えられ積極的にアナウンスしていないこともある。その影響なのか、以前は付帯サービスの有無が分かりづらい会社が多かった印象であったが、最近では健康相談事業以外の健康関連サービスを付加している会社が増えていると共に、サービス内容が分かりやすく表示されている会社が多くなっている。契約者からは歓迎される変化であろう。

3) がん保険と付帯サービス：健康相談事業、セカンドオピニオンサービス

がん保険や医療保険に親和性のある付帯サービスは、当然健康関連サービスである。さらにがん保険に特徴的なサービスは、がんに関連した相談事業である。がんに罹患した患者とその家族は、治療に関する選択、治療費用の準備、疾病の直接的な影響などによる心理的負荷は大きい。患者自身は、がんの告知を受けると図Ⅲ-12-1のようなストレス反応と、うつや適応障害といったストレス障害が出現する。

したがって、患者と家族に対する相談事業（メンタル相談も含め）は、がん

図Ⅲ-12-1　がん告知後の心の反応

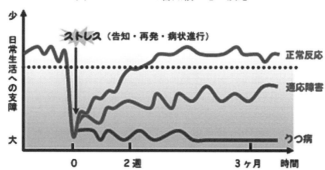

出典：日本サイコオンコロジー学会　がんとこころの基礎知識より転載

保険による経済的なサポート以外に、付帯サービスとして提供が可能な最適な
サービスといえる。がん対策基本法が成立し、がんの情報提供や緩和ケアの取
り組みが推進される中で、相談事業の取り組み強化が図られたのが、がん診療
連携拠点病院の相談機能である。がん診療連携拠点病院は、相談機能を有する
事が認定の条件であり、国が義務づけた研修を受けた相談員を配置しなければ
ならない。ただし、相談室の機能は経済的にも陣容的にも脆弱である。がん相
談の人員確保の予算も限られ、がん診療連携拠点病院の多くは総合病院であり
相談室と相談員は、がん患者以外の相談にも対応しなくてはならないという課
題に直面している。なお、がん専門医療機関の相談室の中で、静岡県立がんセ
ンターの「よろず相談所」[159]の取り組みは、医療機関における相談サービスのモ
デルケースになってきた。しかし、多くのがん診療連携拠点病院では様々な課
題に直面し、医療情報提供体制の不足と精神的な寄り添いの不足が指摘されて
いる。国立がん研究センターでも継続的にがん情報提供や相談支援が可能にな
る体制確立に向けて研究しているが、費用面や作業負荷面で課題が浮かび上が
っている。[160]

このような背景もあり、学術団体として日本癌治療学会は、がん診療連携拠
点病院の相談機能強化のために「認定がん医療ネットワークナビゲーター」の
育成に平成26（2014）年から着手している。[161]さらに平成29（2017）年11月に
は制度を刷新し、認定がん医療ネットワークナビゲーターと認定がん医療ネッ
トワークシニアナビゲーターに分けられた。ナビゲーターは、

- がん情報の提供のみに特化した人材
- 医療実務には係わらない在野のがん相談支援員であること
- 地域におけるがん診療情報提供と医療サービス情報収集および提供する
- 患者や家族を支援する

以上の制度として運営されている。学会は全国で1,000名のナビゲーターを
養成することを目標としている。制度の詳細は、学会のホームページを参照さ

159）センター初代総長である山口建氏の意向が強く反映し、現在の相談所ができあがっている。
160）がん対策推進総合研究「将来に亘って持続可能ながん情報提供と相談支援の体制の確立に関す
　　る研究」（2017年、研究代表高山智子）
161）https://www.mhlw.go.jp/file/05-Shingikai-10904750-Kenkoukyoku-Gantaisakukenkouzoushin
　　ka/0000141130.pdf

第Ⅲ章　がん保険の各種商品考察

れたい。制度が今後、どのようにがん診療連携拠点病院の補助機能として有
機的に機能するのか見極めなければならない。制度の発展に期待するが、現状
ではがん相談機能が社会に実装されているとはとてもいえず、脆弱な状態であ
る。

　一般的にがんの相談事業は、医療機関で実施されているもの、電話やネット
で実施されているもの、直接カウンセラーが出張するものなどいくつかの相談
形態がある。公的な機関が提供するもの、企業やNPOなどの民間が提供する
ものなど様々であり、またそれらの組織が受けている相談の内容は、治療選択
に重点があるもの、心理的なカウンセリングに重点があるもの、両者を含め
た総合的なものなどが併存している。対象となるがんも全部位に対応するもの
特定の部位（乳癌など）に限定するものなど多種多様である。例えば、乳癌の
相談事業では、治療情報や心理的なサポート以外に生活支援としてヘアメイク、
美容といった相談支援も含まれている。民間が提供するがん相談事業として有
名なのは、対がん協会の電話によるがん相談事業で、最近では毎年1万名以上
の相談に対応している。なお、今後は各種情報デバイス、情報提供ポータルサ
イト・アプリ、契約者My Pageなどの積極利用による相談対応・情報提供も
考えられるが、保険業界以外にもサービス提供は可能であり、「保険商品とが
ん患者にとって必要なサービスは何か」という命題に向き合わなければならな
い。結局、対面相談サービスの提供が残るのであろう。

　保険業界で対面相談サービスの提供は、ティーペック社やベストドクターズ
社がセカンドオピニオンサービスを展開している。それ以外にも、（株）法研
と東京海上メディカルサービス社などが直接カウンセラーの訪問面談サービス
を提供している。法研が提供しているサービスについては、利用者の声がまと
められており、おおむね好評である。なお、訪問サービスの特徴は、単なる
セカンドオピニオンサービスの提供と異なり、総合的な相談に対応しているの
が特長で、医療機関では対応が難しいプライベートな事柄の相談にも対応して
いる。厚生労働省の研究でも、がん療養に関連して進行がんでは家庭内の葛藤
を治療の早期から当事者が感じていることが確認されており、家族ケアも必要

────────────

162）日本癌治療学会がん認定ナビゲーター制度概要 http://www.jsco.or.jp/jpn/index/page/id/1343
163）法研「がん専門相談サービス　利用状況報告2008-2017年」

204

だと報告されている。[164] 面談によるサービスでは患者と患者の関係者が一緒に相談することが可能で、治療、闘病に関するそれぞれの立場の違いによる意見の調整（家族間調整という）ができる点が特徴である。

セカンドオピニオンサービスは、第Ⅰ章 -3-8）で解説したとおり現在の主治医以外の医師から意見を得るセカンドオピニオンにより患者の自己選択をサポートすることを目的としたサービスである。診療のガイドラインが充実していく中で、医師による治療方針のブレが小さくなってはいるものの、ガイドラインにおいても方針が定まっていない診療や、患者個々の事情に配慮した最適な治療方針の選定という場面では、セカンドオピニオンは有効である。セカンドオピニオン外来は、一般に保険診療外の診療に位置づけられ費用が発生し、これまでの診療内容の情報をセカンドオピニオン医へ伝達する必要もある。セカンドオピニオンの実績については、第Ⅰ章で解説したので省略する。

保険商品の付帯サービスとしてセカンドオピニオンを提供している会社も増えているが、前述したとおり、ベストドクターズ社とティーペック社がほとんどの保険会社にサービス提供をしている状況である。セカンドオピニオンサービス提供の問題は、保険会社がセカンドオピニオン可能な医師の選別をしているかのような、誤解や不快感を医療関係者に与える可能性があることである。したがって、医師選別方法は、高度に公平性、透明性、信頼性を担保している必要がある。また、セカンドオピニオンサービス単独の提供は、ドクターショッピングの助長という懸念があるので、必ずファーストオピニオンの理解度やセカンドオピニオン取得の必要性などを、第三者の立場で確認できるカウンセリングサービスとのセットで提供することが重要と考えられる。この点に配慮すれば、保険会社の付帯サービスであるセカンドオピニオンサービスも患者と医療関係者双方に受け入れられ、社会的にも有意義なサービスとして位置づけられるはずである。

さて、現物給付導入の是非は、今後も注視していかなくてはならないが、すでに導入されている付帯サービスの一部には現物給付の性格を帯びているものがあることは否定しようがない。したがって、**提供する保険会社は、保険商品**

164）「がん対策推進総合研究、地域包括ケアにおけるがん診療連携体制の構築に資する医療連携と機能分化に関する研究」（2017 年、研究代表者松本禎久）

205

第Ⅲ章　がん保険の各種商品考察

同様にサービスの安定提供、質の確保維持、および万一の場合の対応を考えておかなくてはならないことはいうまでもない。対人支援サービスであれば「グリコのおまけ」では済まされないのである。

　今日は解説をしなかったが、現在関心が高くなっている個人の健康増進に対する支援を付帯サービスにどのように取り込めるのかは、今後の課題であろう。加入者の健康管理は、保険の支払率改善という視点のみならず、契約者サービスという視点で、付帯サービスに親和性が高いと考えられる。果たして、がん保険にマッチするサービスはいかなるものか、業界での取り組みが期待されている。

第IV章　がんの定義（上皮内新生物を含む）と保障

がん保険は、がんのみを保障する商品であり、他の商品と大きくリスク構造が異なっている。したがって、リスク管理の面では、募集、引受け審査、支払いの全てにおいて、特異的な考え方が必要になる。第V章では、がん保険の取り扱いにとって重要な約款規定である無効規定や待ち期間などについて解説するが、これらの規定の運用を実効性あるものとし、その効用を担保するためには、約款における悪性新生物の定義やがんの診断確定について理解することが必須であり、本章で取り上げる。合わせて上皮内新生物の理解も重要である。まず、はじめに 2018 年 6 月に WHO から国際疾病分類（以下 ICD と略す、10 版は ICD-10、11 版は ICD-11 と表記）の第 11 回改訂版（以下 ICD-11）が公表されたので、執筆時点で判明している新生物の分類とがんの定義に関係する部分から解説したい。

IV-1　ICD11 改正について

> ✚ 国際疾病分類 ICD が改正される。改正は、約款および保険実務に大きく影響する。
> ✚ 改正のポイントについて理解する。

1990 年以来 30 年ぶりに国際疾病分類を第 11 版へ改正することが決まり、2019 年 5 月の WHO 総会で採択され、2022 年に発効される予定である[1]。WHO の改訂作業の進捗状況は逐次行政内の各種審議会等で報告されてきたが、各国の意見調整を経て改訂版が公開された。今のところ日本への適用スケジュールは、WHO 総会承認後、社会保障審議会への諮問および国内改訂作業後（和訳や旧版からの変換作業等）、厚生労働大臣へ答申されるプロセスが必要なた

---

1 ）第 7 回社会保障審議会統計分科会疾病、傷害及び死因分類部会（2018 年 8 月 7 日）資料 2：
　 ICD-11 の概要

め、告示改正（官報掲載）まで 1 - 2 年の期間は最低必要となっている[2]。いずれの会社の第三分野商品においても疾病の定義には ICD-10 が採用されており、死亡保険でも災害関係特約の支払い事由として、「不慮の事故」の定義や給付[3]の対象になる感染症名と共に ICD-10 のコードが採用されている。実際の日本における運用は、公告日の翌年 1 月 1 日であり、まだ先のことであるが保険実務への影響は確実なので準備が必要である。もちろん事情が変更になり ICD-11 が承認されない場合は、以下の内容は不要であるが、いまのところ行政の資料においても 2019 年承認予定となっている。

なお、本書が出版される時点ですでに和訳が公表されているかもしれないが、執筆時点では WHO の改訂内容は厚生労働省が公開している WHO のリンク先の英語情報だけで、和訳情報はない[4]。リンクの内容を具体的に確認してみると、改正の主なポイントは、表Ⅳ-1-1 のとおりである。

表Ⅳ-1-1　新生物分類部分の ICD-11 改正のポイント

1.　脳神経腫瘍、血液・リンパ系腫瘍およびそれ以外の腫瘍が大きく分けられている
2.　C、D コードの 4 桁から 6 桁コードへの変更
3.　部位分類から病理組織型分類への変更

出典：筆者作成

新生物の分類の大項目を比較してみると、ICD-10 は**表Ⅳ-1-2**、ICD-11 は**表Ⅳ-1-3** のとおりである。両者を比較すると ICD-11 では脳腫瘍と血液・リンパ系腫瘍が明確に区分され、さらに性質不詳の腫瘍と性質不明の腫瘍も分離されている点が変わっている。

また、**表Ⅳ-1-4** を見ると、コード体系も、大きく変更になっていることが分かる。ICD-10 は、C または D で始まる最大 4 桁のコードであるが、ICD-11 は最大で 6 桁コードが使用されており、より細分化されている。コード体系が変更になることは、疾病の定義として ICD-10 を基本とする特定疾病保障

---

2 ）第 7 回社会保障審議会統計分科会疾病、傷害及び死因分類部会（2018 年 8 月 7 日）資料 3：ICD-11 の日本への適用について
3 ）生命保険業界統一の災害関係約款では、古くは ICD-9 の俗に E コード表が給付事由に用いられていた。その後、諸問題が指摘され行政指導もあって各社各様の新しい「不慮の事故」の定義が約款に盛り込まれことになり、現在販売されている災害関約款では、ICD- 改正の影響は少なくなっている。
4 ）ICD-11 for Mortality and Morbidity Statistics（2018 version）、https://icd.who.int/

IV-1 ICD11 改正について

表IV-1-2　ICD-10 の新生物分類の大項目

悪性新生物	原発と記載されたまたは推定された、明示された部位の悪性新生物（C00-C75））
	部位不明確、続発部位および部位不明の悪性新生物（C76-C80））
	原発と記載されたまたは推定されたリンパ組織、造血組織および関連組織の悪性新生物（C81-C96）
	独立した他部位の悪性新生物（C97）
上皮内新生物（D00-D09）	
良性新生物（D10-D36）	
性質不詳または不明の新生物（D37-D48）	

出典：疾病、傷害及び死因の統計分類提要 ICD-10（2013 準拠）より転載

表IV-1-3　ICD-11 の新生物分類の大項目

| 脳神経または中枢神経の腫瘍 |
| 造血組織またはリンパ系組織の腫瘍 |
| 悪性新生物（造血組織またはリンパ系組織以外） |
| 悪性新生物（造血組織またはリンパ系組織以外） |
| 上皮内新生物（造血組織またはリンパ系組織以外） |
| 良性新生物（造血組織またはリンパ系組織以外） |
| 性質不詳の新生物 |
| 性質不明の新生物 |
| 遺伝性新生物 |

出典：ICD-11 for Mortality and Morbidity Statistics（2018 version）https://ICD.WHO.int/ より筆者和訳

保険の商品に全て影響する。特に保障範囲を三大疾病から八大疾病保障保険へ拡大させた商品もあり、改訂への対応の負担は大きいはずである。ICD-10 とICD-11 のコードが 1 対 1 の対応をしていない場合は、同一商品でも ICD-10とICD-11 で給付範囲が異なることになり、強制的に商品改訂が必要になるなどの可能性は否定できない。また、同様に給付支払いの記録上 ICD-10 を使用している会社もあるので、ICD-10 と ICD-11 のコードの変換システムも必要になる。会社によっては入院給付金の通算の判定にも影響するかもしれないので、実務への影響は小さくない。ICD-9 から ICD-10 に改正された時にもコード体系の変更があったわけであるが、当時は今ほどシステム依存が進んでおらず影響規模は異なっていたはずである。

209

第Ⅳ章　がんの定義（上皮内新生物を含む）と保障

表Ⅳ-1-4　ICD-10 と ICD-11 のコードの違い

		ICD-10				ICD-11
食道がん	C15	C15.0	頸部食道	2B70	2B70.0	腺癌
		C15.1	胸部食道		2B70.1	扁平上皮癌
		C15.2	腹部食道		2B70.Y	その他の特定の癌
		C15.3	上部食道		2B70.Z	不特定の癌
		C15.4	中部食道			
		C15.5	下部食道			
		C15.8	境界部食道			
		C15.9	部位不明			
原発性脳腫瘍	C71	C71.0	脳葉以外の大脳	2A00	2A00.0	神経膠腫
		C71.1	前頭葉			2A00.00　神経膠腫
		C71.2	側頭葉			2A00.0Y　その他の特定の神経膠腫
		C71.3	頭頂葉			2A00.0Z　不特定の神経膠腫
		C71.4	後頭葉		2A00.1	上衣腫瘍
		C71.5	脳室		2A00.2	神経上皮腫瘍
		C71.6	小脳		2A00.3	中枢神経細胞腫
		C71.7	脳幹		2A00.4	星細胞芽腫
		C71.8	境界部食道		2A00.5	不明な、または特記されていない型の腫瘍
		C71.9	部位不明		2A00.Z	不明な、または特記されていない型の腫瘍（2A00.5 以外）

出典：ICD-11 for Mortality and Morbidity Statistics（2018 version）https://ICD.WHO.int/ より筆者和訳

　さらに ICD-11 では、病理組織型による細分類が導入され、これまで部位による分類が中心であった ICD-10 のコード体系とは根本的に異なっている。病理組織学的診断確定を根幹とするがん保険の約款は、ICD-10 との整合性が低く、例えば"胃の腫瘍で胃がんだと思っていたのに、病理診断では胃がんではないという理由で給付されない"など請求者から苦情の申し立てを受ける一因になってきた。今後、病理組織型が取り入れられた ICD-11 が普及し、約款にも採用されることになれば、病理組織診断を元に支払い査定をする結果とICD-11 の整合性が高くなるため、査定結果に対する苦情も減るメリットも考

IV-1 ICD11 改正について

えられる。[5]

　このようにがん保険においては、これまで ICD-10 が採用されてきたため、ICD-11 への改正は短期的にはシステム対応等の対応負荷はあるものの、本質的には歓迎すべき方向の改正内容となっている。さらに ICD-11 が導入されれば、後述する ICD-O との整合性も考えやすくなっている。

　新生物の部分だけ見ても、ICD-10 と ICD-11 は大きく変更になっている。ICD は、がん保険のみならず、前述のとおりそれ以外の特定疾病保障における疾病の定義、災害関係特約の不慮の事故の定義など全てに影響する。各社はすでに販売し保有している多くの商品が ICD-10 を基本として保障が提供されている。保険は長期性があり、今後も保有する商品の保険期間が続く限り ICD-10 の管理をしなくてはならない。一方、新しく登場する ICD-11 でコードされた疾病に対して、保有している契約の給付を正しく行わなければならない。ICD の新旧のコードの変換が正しく行えるのか、早急に検証が必要となるだけでなく、そのためのシステム構築をしなければならない。また、既存商品を ICD-11 の施行日後も、ICD-10 のままの記載で販売するのか、ICD-11 へ修正した約款で販売し直すのか対応が迫られるはずである。もちろん、新規商品であれば施行日以後は、新コードで約款を準備することになろう。いずれにしても、大きなインパクトのある改正であり、十分な確認作業を行わなければならない。

　なお、些細なことであるが、「改訂」と「改正」の用語の使い分けであるが、行政での使用も統一されていない。出版物として公開される冊子については、最終的に「改正版」とされていることが多いが、改訂とされているものもある。ICD-11 も公式には「改正」が正しいと考えるが、執筆時点の厚生労働省のサイトでは「ICD-11 改訂版」という表現が採用されているので、本書では改正、改訂の両者を適時使用する。

5）医師から「食道がん」と説明を受けていても病理組織診断が、ICD-11 の 2B70.0 ～ 2B70.Z に該当していなければ、給付対象にならないので ICD-11 を使用して支払い査定結果の説明が、ICD-10 よりも容易になる。

第Ⅳ章　がんの定義（上皮内新生物を含む）と保障

Ⅳ-2　がんの定義について

> ✚ がんの給付事由を理解するために約款のがんの定義を知ることが重要。
>   定義は会社によって異なっていることも理解する。
> ✚ 定義のためには公的な基準があり、これを理解する。
> ✚ がんの確定診断も会社により約款の規定は異なっているが、基本は病
>   理組織診断である。

　第Ⅱ章で特定疾病保障保険については解説をしたが、これらの多くの商品も
がんの保障が付加されている。したがって、がんの定義に関する理解は、がん
保険に限らずこれらの商品においても必要である。一方、日常的に定義に関心
を持つ必要性がある実務担当者は、給付金支払い査定の担当者や商品を開発し
ている担当者程度である。さらに定義の専門性のために、そもそも焦点が当た
りづらい部分であるが、がん保険の給付要件の根幹であるがんの定義とがんの
診断について理解することは、商品の根本的な理解をする上で重要である。多
くの会社が、がん保険市場に参入しているが、会社により若干異なる約款の定
義を採用しており、商品改訂の際にも定義が変化している会社もある。また、
がん医療が激的に変化進歩する中で終身保障も販売されており、これらの現実
を見ると、今後どのようながんの定義がよいのか検討する必要もある。

1）定義の具体的記述

　特定疾病保障保険の代表として、また業界内標準商品として解説した三大疾
病保障保険とがん保険約款の定義および給付事由を表Ⅳ-2-1、2に提示する。

　両者を比較すると共通項部分は、厚生省大臣官房統計情報部編「疾病、傷害
および死因統計分類提要」が使用されている。版は異なっているが、いわゆる
ICD-9とICD-10を使用している点である。一方、例示したがん保険の約款は、
ICD-10に加え「国際疾病分類－腫瘍学」（以下ICD-Oという）を使用している
点が異なっている。両者の違いを解説する前に、生命保険の22社のがん保険
約款（がん保険を販売していない会社については、がん保障が付加されている商品）
について調査し比較した。

212

Ⅳ-2 がんの定義について

表Ⅳ-2-1 三大疾病保障保険のがん定義

被保険者が、特約期間中に初めて悪性新生物（別表 A）に罹患したと医師によって病理組織学的所見（生検）により診断確定されたとき（病理学的所見（生検）が得られない場合には、他の所見による診断確定を認めることがあります。
別表 A：対象となる悪性新生物は、下記表１の定義によって定義づけられる疾病とし、かつ昭和 53 年 12 月 15 日行政官庁告示第 73 号に基づく「厚生省大臣官房統計情報部編、疾病、傷害および死因統計分類提要、昭和 54 年版」に記載された分類項目中、表２の基本分類表番号に規定される内容によるものをいいます。
表１：悪性腫瘍細胞の存在、組織への無制限かつ浸潤破壊的増殖で特徴付けられる疾病（ただし、上皮内癌および皮膚の悪性黒色腫以外の皮膚癌を除く）
表２：基本分類
(1) 口唇、口腔および咽頭の悪性新生物　140-149
　　……一部省略……
(7) リンパ組織および造血組織の悪性新生物 200-208

出典：三大疾病保障保険の統一約款（開発当初の約款）

表Ⅳ-2-2 がん保険のがん定義

この保険契約においてがんとは、別表 A に定める悪性新生物をいいます。
別表 A：
1. 悪性新生物とは、平成 27 年 2 月 13 日総務省告示第 35 号にもとづく厚生省大臣官房統計情報部編「疾病、傷害および死因統計分類提要、ICD-10、（2013 年版）準拠（以下、ICD-10)」に記載された分類項目中、つぎの基本分類コードに規定される内容によるものをいいます。なお、厚生省大臣官房統計情報部編「疾病、傷害および死因統計分類提要」において、診断確定日以前に新たな分類提要が施行された場合は、新たな分類の基本コードによるものとします。

　口唇の悪性新生物 C00……中途省略……独立した（原発性）多部位の悪性新生物 C97

2. 上記１において「悪性新生物」とは、厚生省大臣官房統計情報部編「国際疾病分類 - 腫瘍学　第３版」中、新生物の性状を表す第５桁コードがつぎのものをいいます。なお、厚生省大臣官房統計情報部編「国際疾病分類 - 腫瘍学」において、診断確定日以前に新たな版が発行された場合は、新たな版における第５桁コードによるものをいいます。

　第５桁性状コード　/3：悪性、原発部位　/6：悪性、転移部位　悪性　続発部位　/9：悪性、原発部位又は転移部位の別不詳

出典：アフラック Days1 約款より転載

　はじめに、約款主文の「がん（ガン）の定義」については、表Ⅳ-2-3 のとおり３タイプの約款に分かれており、一見すると大きな違いはないように思えるが、それぞれのタイプの定義にある別表の方は大きく違っている。また、多くの会社でがんの確定診断を認める条件も規定されているが、その点は次項以降で解説する。

　結局、全ての会社が、「疾病、傷害および死因統計分類提要」の ICD-9、

213

第IV章　がんの定義（上皮内新生物を含む）と保障

表IV-2-3　がん保険約款におけるがんの定義

タイプA	この保険契約において『がん』とは、別表に定める悪性新生物および上皮内新生物をいいます。
タイプB	この保険契約において『がん』とは、別表に定める悪性新生物をいいます。
タイプC	この保険契約において『がん』とは別表に定めるがんをいいます。

出典：生保 22 社約款調査から筆者作成

ICD-10、ICD-10（2003 年版準拠）、ICD-10（2013 年版準拠）[6]のいずれかを使用しているため、約款上は WHO が規定した基準を導入することで、国際的かつ標準的な分類を採用している定義になっている。同じく WHO の基準であるICD-O を採用している商品は、以前は限られていたが、最近発売されている商品ではほぼ全例採用されるように変わってきている[7]。この点は、約款の近代化と健全化といえよう。一方、**3 タイプの約款の違いが消費者に混乱を来たす原因になったのも事実である。「がん」という用語は、医療界では医学的に定義された悪性新生物（ICD-O の /3, /6, /9）を意味して使用されており、さらに悪性新生物という用語は、後述するとおり社会的公器として使用されている用語であり、勝手に用語の使用方法や意味を変えて使用してはならないのである。表IV-2-3** に使用されている悪性新生物について、別表の内容まで確認すると、約款上の悪性新生物の使用法が世界的なルールや、国内行政上の使用法から逸脱し、消費者の混乱と保険会社への苦情の原因にも関係しているのである。これでは、そのような約款の商品を販売している募集人は医学的に正しい販売ができていないという批判につながるはずである。また根本的にはICD を国内で管理する省庁と保険認可当局が異なっている問題でもあるのであろう。

　再度注意するが、がんという一般用語は、医学辞典のいずれを見ても悪性新生物を意味するとあり、多くの臨床医の認識も同じである。また、消費者は、生命に危険のある死のイメージにつながる悪性新生物をがんと思っているわけである。タイプAはこの理解と異なる上皮内新生物をがんに含めている。上皮

6）ICD-10 は、過去数度部分的改訂が行われている。
7）ICD-O の約款採用には当然、監督官庁の方針がある。ICD-O を使用しないがんの定義を認可し続け、また別表に ICD-10 の C コード列挙にこだわったため、ICD の官報告示内容と一致しない奇妙な別表が導入せざるを得なくなった反省があるのであろう。

内新生物では基本的に死亡することはないので、日本の人口動態統計の死因[8]に上皮内新生物はない。したがって、**約款における「がん（ガン）」は、医学を離れた商品上の造語であることを理解しておかなければならない**。当然、タイプ2は、最も医学的に妥当と思える定義である。しかし、前述したとおり具体的に別表等の詳細まで確認すると、悪性新生物と記載しながら、別表で上皮内新生物を含める会社があるなど、医学的に混乱を来す定義になっている。**すなわち、"悪性新生物"という用語自体が、約款上の造語になっていて、実は、これが最も医学的に問題視される約款といえる**[9]。なぜ、このような約款を監督官庁が放任しているのか理解できないところである。タイプCは、別表でがんに悪性新生物と上皮内癌または上皮内新生物を含めるとしており、給付の範囲は実質的にタイプAと同じである。悪性新生物という用語の使用法を指摘しているのであり、上皮内新生物を保障することが問題と主張しているわけではないので注意してほしい。消費者の誤解を招き、ICD-10 の告示に従った用語の使用法をすべきと指摘しているのである。**告示に従った定義であると約款に記載している一方で、同じ約款内で告示内容と異なる用語の使用をしている点が問題なのである。**

　元々、各社の約款におけるがん定義の差は、上皮内新生物を保障するために商品上の造語を導入せざるを得なかったことに一因があり、一般的に使用されている「がん」と概念が異なってしまったことが社会的な影響をもたらしてしまったのである。加えて、WHO の基準である ICD-10 も ICD-O のいずれにおいても、悪性新生物と上皮内新生物は別の腫瘍として分類されているので、日本の保険商品に限定してこのような乖離が生じた特異な事象につながったのである。WHO では、上皮内新生物の一種である大腸の粘膜内癌という表記[10]の使用について、悪性新生物と同等のリスクがある疾病であるかのような誤解を与えることで、患者に不要の不安を与え、過剰診療をもたらす原因になるので使用を控えるように指摘している。[11]このような医学の常識に反して、日本

　8）人口動態統計では、上皮内新生物である D00-D09 の区分による死亡数は明示されていない。
　9）WHO の基準を使用しながら、WHO で明確に悪性新生物と上皮内新生物をわけているにもかかわらず、悪性新生物に上皮内新生物を含める定義は、自己矛盾を来している。
　10）大腸の粘膜内癌は、WHO の基準では上皮内新生物に分類されている。
　11）WHO, Pathology and Genetics, Tumours of the Digestive system p109

第Ⅳ章　がんの定義（上皮内新生物を含む）と保障

の保険約款だけで「がん」という表現が許されるのは医学的には問題で、日本独特の上皮内がん問題を消費者と社会に広めてしまった責任は大きいのである。「がん」という表現を約款・商品上廃止するか、「がん」という用語を用いたいなら、医学的に許容されるのは、がん＝悪性新生物（WHO 基準）として定義する場合だけである。がんとは別に上皮内新生物を外出しすれば、逆に、どの会社のがん保険に上皮内新生物の保障が付加されているか、より理解しやすくなるはずである。消費者の混乱を防止せよとの箴言であり、**多くの保険会社と監督官庁に耳が痛いこととは思うが、長年がん保険を管理してきた筆者の結論である。なお、あるべき約款へ対応しなおした会社も存在する。**

　がん保険約款における定義をめぐる混乱を紹介したが、これらの定義（**表Ⅳ-2-3**）に加えて三大疾病保障保険におけるがんの定義も示した。第４タイプ（タイプ D）に位置づけられる。このタイプでは、「疾病、傷害および死因統計分類提要」とともに「悪性腫瘍細胞の存在、組織への無制限かつ浸潤破壊的増殖で特徴付けられる疾病」という定義を追加している（**表Ⅳ-2-1** 参照）。一見医学的な記載であるようにも思えるが、専門的には曖昧な表現として捉えられるのである。良性腫瘍である下垂体腺腫に浸潤は認められることはあるし、WHO が悪性新生物に分類している腫瘍でも破壊的増殖が見られない腫瘍もあり、なぜタイプ D のような医学的表現になったのか遡って考えてみると、消費者に馴染みのなかった上皮内がんを免責としたため、上皮内がんの補足文言として付け加えたとしか考えられないのである。しかし、腫瘍病理を知っていれば、将来このような表現が問題になると容易に想像できたはずである。「破壊的浸潤」の補足説明もないまま、約款に使用した問題が今日まで続いているのである。すでに、三大疾病保障の約款を改訂している会社も見られるが、過去に販売した件数が多く、指摘した混乱は続いている。なお、破壊的な増殖が分かるレベルといえば、聞き方によっては進行がんであり、進行がんにだけ限定した保障であるかのような表現にも読めるのである。

　がんの定義について解説したが、基本的に各社の約款におけるがんの定義を整理すると、

- ICD-O を使用しているか、使用していないか、
- 上皮内新生物を含むかどうか

により4区分に分けられる。約款が医学的に正しく記載されているかという点も含め、4区分の違いを理解しておかなければならない。

以上に指摘した事項をまとめると、

- がんは、医学的な悪性新生物として使用する、やむを得なければタイプ A のように約款主文のがんの定義に悪性新生物および上皮内新生物のように上皮内新生物を明示する
- 悪性新生物は、医学用語として ICD、ICD-O の悪性新生物に限定して使用し、約款上、商品上の造語として使用しない
- 別表の記載もこれらの原則に合わせる（具体的指摘はしていないが ICD に関する列挙方式、現在の C コード列挙表は、今後検討が必要である）

2) がんの定義と公的基準

① WHO の国際疾病分類

WHO は、死因や疾病の国際的な統計基準として ICD を公表し、死因や疾病の統計などの国際的な比較に使用されている。国際間の共通基準として各国が相互に議論できる基盤を提供している。特定疾病の対象となる疾病分類の定義においても、また疾病と災害を区分する上でも、以前から保険約款に使用されている。前項で述べたとおり各社のがん保険約款においても、ICD を採用している。

医学の進歩により疾病の分類も変化し、前述のとおり ICD も一定期間経過すると改訂され、ICD-10 はこれまで数回マイナーチェンジを経て、現在は 2013 年改訂版となっている。改訂後は各国で、その翻訳が行われ、日本では厚生労働省が「疾病、傷害および死因統計分類提要」として公開されている。遡って新基準を適用する場合は、一般的に、冊子の発行日や官報公告日のどちらかが、使用されている。なお、ICD の告示では、施行日は公告日の翌年1月1日とされている。前述したとおり現在 ICD-11 が 2019 年に採択される予定であり、日本語版の「疾病、傷害および死因統計分類提要」がどの時点で公開されるか分からないが、今後2～3年以内と予想されている。

がん保険において ICD を使用する場合は、表IV-2-4 のとおり、悪性新生物に該当する分類項目と基本分類コードが約款別表に列挙されているのが一般的

第Ⅳ章　がんの定義（上皮内新生物を含む）と保障

である。基本的に悪性新生物の分類は、ICD-10 では部位別分類となっており、組織（病理名）分類には対応していない。また部位として骨髄がないため、一部の悪性新生物分類には適していない。これらの ICD-10 の問題は、ICD-11 ではかなり是正されるが、悪性新生物や上皮内新生物の対象病名を約款に列挙することは難題であり、後述する ICD-O の性状コードである /3, /2 を使用するならば、ICD の腫瘍病名列挙は不要と考えられる。

表Ⅳ-2-4　ICD-10（2013 年改正版）における悪性新生物

分類項目	基本分類コード
口唇の悪性新生物	C00
舌根の悪性新生物	C01
〜	
中途省略	
〜	
小腸の悪性新生物	C17
結腸の悪性新生物	C18
〜	
中途省略	
〜	
独立した（原発性）多部位の悪性新生物	C97

出典：ICD10（2013 年改正版準拠）より筆者改編

　なお、各社の悪性新生物定義における別表に列挙されている悪性新生物の C コード表を見ると、表Ⅳ-2-5 のとおり一部に悪性新生物ではない D コードが並列されるという奇妙な別表になっている。D コードは告示では悪性新生物に指定されていないので、この点は早期に是正されるべきであろう。[12]

　前述した表Ⅳ-1-3 を見ると、ICD-11 では、表Ⅳ-2-5 の病名は全て悪性新生物とは明記されず、造血組織またはリンパ系組織の腫瘍に分類されているに過ぎない。この分類には白血病も含まれるが、ICD-11 では白血病すら悪性新生物かどうか明確になっていないのである。結局、各病名の良悪は、ICD-11 で明示されている場合もあるが、基本的に後述する ICD-O で判断されなければならなくなっている。その意味では、**約款における悪性新生物の定義から ICD を除外し、ICD-O だけで別表を構成するか、あるいは基本分類コードの**

---

12) D45 真性赤血球増加症、D46 骨髄異形成症候群など複数の病名が、列挙されている。いずれも、ICD-O で悪性新生物に分類されていて、ICD-10 が改訂されなかったため、ICD-O の分類と整合性が得られなくなったため、別表に個別列挙されている。ICD-10 だけ使用している約款では、別表に C コードと D コードが並列する奇異な表ができあがっている。しかも、ICD-O を併用してい

218

Ⅳ-2　がんの定義について

表Ⅳ-2-5　別表に列挙された D コード

分類項目	基本分類コード
真正赤血球増加症〈多血症〉	D45
骨髄異形成症候群	D46
慢性骨髄増殖性疾患	D47.1
本態性（出血性）血小板血症	D47.3
リンパ細網組織および細網組織球系の疾患（D76）のうちランゲルハンス〈Langerhans〉細胞組織球症、他に分類されないもの	D76.0

出典：D コードが別表に列挙されている会社の約款より転載

表Ⅳ-2-6　骨髄形成症候群のコードの比較

ICD-10	ICD-11
D46	2A30、2A31、2A32、2A33、2A34、2A35、2A36、2A37、2A38、2A3Y、2A3Z

出典：ICD-11 for Mortality and Morbidity Statistics（2018 version）https://ICD.WHO.int/ より作成

提示を中止するか考えなくてはならない。例えば、「ICD-11 のうち ICD-O で性状コード /3, /6, /9 を悪性新生物とします」という定義である。

　因みに、D46 の骨髄異形成症候群を ICD-11 のコードで列挙するとすれば、**表Ⅳ-2-6** のようになり列挙することは現実的ではない。

　②　国際疾病分類 - 腫瘍学（ICD-O）

　腫瘍は、最終的に病理検査を経て悪性新生物か否かが診断される。病理検査で示される新生物の病名だけでも現在 2 千数百の病名が存在する。[13] 治療の選択や治療効果の比較をする際の基本的病名データは、これらの病理検査名である。ICD-10 では C34 である肺癌も、小細胞癌や非小細胞癌など病理診断名は複数存在し、それぞれ治療法も予後も大きく異なっている（ICD-11 では、肺がんは病理名により細分化されている）。

　WHO は、昭和 51 年に ICD の「腫瘍（新生物）」について、より詳細な分類である「国際疾病分類 - 腫瘍学（以下、ICD-O）」を公表している。基本的には、病理検査結果に基づき腫瘍を、その局在（部位）・組織型（形態型）・性状（悪性、良性の別等）により分類・コード化したものであり、それぞれの病名に 5

る約款にまで奇異な別表が採用されるなど、定義の整理が必要である。

13）国際疾病分類、腫瘍学 ICD-O の 1 版から最新の 3.1 版改正版で管理されている病理名の数は 2700 病名以上を超えている。また ICD-O の病名で現在使用されていない同義語を含めると、膨大な数になる。

219

第Ⅳ章　がんの定義（上皮内新生物を含む）と保障

桁のコードを割り当てている。

　がん保険の約款を考える上で重要なのは、5桁コードの中で性状に対して割り当てられる末尾5桁目のコードであり、性状コードと呼ぶ。この性状コードにより腫瘍（新生物）は、良性新生物、上皮内新生物、悪性新生物、そして性質不詳の4区分に分類される。（表Ⅳ-2-7）。

　性状コードは、5桁目の末尾1桁が斜線（／）で区分されており、この第5桁目が/3、/6、/9とされているものが「悪性新生物」に分類されている。表Ⅳ-2-8に一部の腫瘍名について例示する。

　がん保険の約款にICD-Oを使用することで、局在分類しか示されていないICD9、10を補完することができる。消費者にとっては、全くなじみのない基準であるが、ICD-Oに準じて給付判断をすることで、世界共通の標準的な基準に従っているという説明ができるようになる。ICDに改正があるようにICD-Oもこれまで1版、2版、3版、3版（2012年改正版）および3.1版と改正

表Ⅳ-2-7　新生物の性状を表す第5桁目コード（性状コード）

```
コード番号
／0　…良性
／1　…良性または悪性の別不詳
　　　　　　境界悪性
　　　　　　低悪性度
／2　…上皮内癌
　　　　　　上皮内
　　　　　　非浸潤性
　　　　　　非侵襲性
／3　…悪性、原発部位
／6　…悪性、転移部位
　　　　　　二次性〈続発〉（第2版以降は「悪性、続発部位」と記載）
／9　…悪性、原発部位または転移部位の別不詳
```

出典：WHO　国際疾病分類・腫瘍学第3.1版より転載

表Ⅳ-2-8　ICD-O 3.1の5桁コード

急性単球性白血病	9891/3
悪性グリオーマ	9380/3
胸腺腫A型、NOS	8581/1（※）
ゆう状乳頭腫	8051/0
上皮内腺腫瘍、Ⅳ度	8148/2

出典：ICD-O3.1版から一部抜粋　※胸腺腫A型は、現
　　　在WHOの最新分類では/3に分類されている。

されている。改正される都度、新しい病理名が追加され、また腫瘍の性状コードが変更され、これが支払いの実務に影響する。後に詳述するが、WHO の基準改正に合わせて基準や約款の世代管理の問題も発生する。現在 ICD-O3.2 の作成が検討されており、ICD-11 と整合性を図るべく作業を続けられているという。[14]

なお、ICD-O は ICD よりも詳細な新生物の病理組織分類であるが、病理組織名の分類を列挙した資料にすぎない。病理組織名を診断するための原典である領域別臓器別に病理所見の基準が記載された教科書が、"WHO classification of tumours シリーズ"（以下「ブルーブック」という）であり、WHO が公表している。

したがって、**WHO の基準の中でブルーブックが最上位概念の腫瘍分類基準であることを理解しておかなければならない。もちろん支払い査定者は、その内容を確認して常に分類基準のキャッチアップ（最適化と消費者有利に基準の手入れ）しておく必要がある。**残念ながら、ブルーブックは日本語に翻訳されていないため、約款にがんの定義として用いることは困難とされている。[15]

また、ICD や ICD-O と同様に、ブルーブックも改訂されその都度、世代管理の問題が発生する。更に、問題を複雑にするのは、ICD-O の改正時期とブルーブックの改訂時期が一致しないため、同じ病理名について、両者の性状コードが異なることがある問題が指摘されている。

以上に述べたとおり、がん保険には、がんの定義として WHO の腫瘍分類基準が使用されているが、使用上の問題をまとめると以下のとおりである。

- ICD、ICD-O には、旧版と最新版が存在し、給付事由としてどの版を適用するのか補則が必要、および補則がない場合の社内基準が必要（ブルーブックも同様）
- ICD と ICD-O が競合する場合に、適用すべき分類基準の補則が必要、および補則がない場合の社内基準が必要
- ICD のみ約款に採用している場合に、ICD-O やブルーブックの使用に関

---

14) 落合淳志国立がん研究センター先端医療開発センター長の談話（2018 年 10 月 20 日）
15) 日本人の一般消費者が容易にアクセスできない基準を約款に使用することは難しいが、不合理な規則である。

第Ⅳ章　がんの定義（上皮内新生物を含む）と保障

する社内基準が必要

　筆者が生命保険協会の裁定審査会の申し立て案件を調査したところ、これら
の問題により苦情が結構発生していることが判明した。紛争防止のためには、
できるだけ給付事由の整備をしておく必要がある。今後は、約款を整備すれば
定型約款として裁定審査会へ無駄な申し立ても少なくなるはずである[16]。

　分類基準に関しては、約款に採用されていないブルーブックの使用による
給付判断の是非に関して問題が残っているが、第Ⅴ章の裁定審査会申立て事
例解説で、この点に言及するので、本章ではこれ以上触れないでおく。なお、
WHOの各基準の特徴を**表Ⅳ-2-9**にまとめ、さらに各基準をがん保険約款に
採用する際の有用性については**表Ⅳ-2-10**に評価しておく。

3）がんの確定診断の要件（がん診断確定の定義）

　一般的な約款では、がんの診断確定の規定は、「がんの診断確定は、日本人
の医師の資格を持つ者によって、病理組織学的（生検を含みます。）……」とい
うように病理組織診断が基本になっているが、その他、細胞検査、その他の検
査、臨床所見などのいずれか、あるいは組み合わせで給付事由の診断要件にな
っている約款も存在する。例えば、甲状腺腫瘍は病理組織検査よりも細胞検査
（細胞診）が実施されることが多く、細胞診が実質的に病理検査に代替される
こともある。また、診断時に高度進行がん状態であり、診断のために病理組織
検査をする必要性のない場合は、臨床所見での診断を認めざるを得ないことも
ある。

　原則は病理組織検査であり、約款上病理組織検査しか認めない規定にして、
それ以外は実務運用とする会社と、約款に病理診断以外の診断を認める際の補
則を記載している会社が見られる。当然ながら、病理組織検査以外の検査を認
めれば診断の精度は劣っていくため、安易に病理組織検査以外の検査を認める
ことは慎重でなくてはならない。今後、高齢者が入院または入所する医療機器
が十分にない施設から、臨床所見だけを根拠としたがん診断と保険請求が、多
く見られるようになるはずである。

16）筆者「がん保険約款の実務上の諸問題」保険学雑誌642号（2018年9月）

222

IV-2　がんの定義について

表IV-2-9　WHO の腫瘍分類基準の比較

	ICD10	ICD-11	ICD-O	Blue Books
WHO-FIC（注1）	中心分類	中心分類	派生分類	その他
約款への使用	必ず使用されている	必ず使用されている	使用されていることが多い	使用できない
日本語訳	あり	出版予定	あり	なし
官報告示	あり	告示予定	なし	なし
適用日	施行日（告示翌年1月1日）	施行日（告示翌年1月1日）	出版発行日	不明確
腫瘍部分の分類	局在別分類（注2）	簡易な病理組織型名分類	病理組織型名分類	病理組織型名分類
性状コードの使用	なし	なし	あり	あり
病理診断の基準	なし	なし	なし	あり
入手しやすさ	一般書店で入手	一般書店で販売予定	専門書店で入手可能	洋書取り寄せ
冊子	病名分類は1冊	病名分類は1冊	1冊	臓器別に複数

注1：WHO international classification family
注2：固形腫瘍以外の血液系腫瘍には局在名以外の個別病名が採用されている。ICD-11 では、病理分類が導入されている。

表IV-2-10　各基準のがんの定義における有用性

分類	解説	がん保険約款に採用する有用性
ICD-10	分類の主目的は傷病原因や死因の統計用で主に部位局在名による	不適
ICD-11	分類の主目的は傷病原因や死因の統計用で部位局在と病理名の複合	脳腫瘍や血液腫瘍の良性、悪性の分類が不明確なため、ICD-10 より適しているが、他の分類と比較すると不適
ICD-O	ICD の新生物部分を病理診断に合わせて詳細に分類	病理組織診断を基本とするがん保険に適している。ただし WHO の基準とはタイムラグがある
Blue Book	主に ICD-O の元になる病理診断の基準書および各腫瘍の解説書	日本語訳がないので不適とされているが、内容は、最適

出典：筆者作成

　例えば、筆者が経験した例でも介護施設で血便があったので、痔疾の可能性もあるのに何も検査せずに大腸癌と診断し給付金を請求されている。また、各社の支払い査定で最近問題になっている例として、前立腺癌の検診の問題があげられる。血液検査の一種の PSA 検査（前立腺癌の場合に上昇する腫瘍マーカー）で、基準値を超えたので前立腺癌としての請求されるのだが、組織検査が

第Ⅳ章　がんの定義（上皮内新生物を含む）と保障

実施されていない例である。何も治療がされていないケースもあれば、病理組織検査もせずにがん治療がされているケースもある。がんの確定診断を約款上病理組織検査に限定していても、また臨床所見を認める約款にしても実務運用上、このようなケースの判断に接すると苦慮することになる。

　病理組織検査が得られない場合に、どのような条件なら確定診断を認めるのか約款にばらつきがあるので主な約款記載を**表Ⅳ-2-11**にまとめておく。

表Ⅳ-2-11　病理組織検査以外の診断確定

1）病理組織検査得られなかった場合の但し書きのある約款	
病理組織学的検査が必須	ただし、他の所見で診断確定を認めることがあります
	ただし、細胞学的所見、理学所見、臨床学的所見、手術所見その他の所見による診断確定もがんの確定診断と認めることがあります。
	ただし、病理組織検査が行われなかった場合には、その検査が行われなかった理由および他の所見による診断確定の根拠が明らかであるときに限り、その診断もみとめます。
2）但し書きのない約款	
病理組織学的所見、（剖検、生検）、細胞学的所見、理学的所見、臨床学的所見および手術所見の全部またはいずれかによります。	

出典：各社約款より作成

　表の2）の但し書きがない約款は、病理組織検査以外の所見で診断を認めることになり医学的な妥当性が乏しく、約款の平明化どころか給付の公平性の欠落という問題を抱える約款である。

　さらに、病理組織診断の場合に関して、理解しておくべきことは2点ある。1点目は、生検[17]の病理診断を診断要件として認めるかどうかである。胃癌や大腸癌など、生検で悪性新生物の診断があった後に、臓器の切除が行われ手術後の最終的な病理診断が確定する。要するに2度病理検査が実施されているため、生検の病理診断を約款上認めるかどうか約款に規定しておかなければならない。また生前に病理組織診断されず、死後の剖検で悪性新生物が確認された場合の病理組織所見を認めるかも、厳密には補足が必要である。

　2点目は、「日本人の医師の資格を持つ者」という基準であるが、外国における診断や歯科医師による病理診断を認めるのか、瑣末なことではあるが約款

17）一部組織を切除し、病理検査を行うこと。

224

Ⅳ-2　がんの定義について

解釈上課題が残っている。なお、「日本人医師と同等と会社が認める外国人医師を含む」という外国人医師規定が存在する場合は、WHOが公開している医師資格の基準が参考になる。[18]

4) その他の基準（取扱い規約とTNM分類）

① がん取扱い規約

　日本には、臓器別悪性新生物に関する学会や研究会が設立されており、臨床医が臨床データの記録をするための各種ルールが設定されている（治療に関しては前述した診療のガイドラインがあるが、それとは別のルール）。これらは、腫瘍種類別（主に部位別）に癌（腫瘍）取扱い規約が作成され、現在26種類が刊行されている。規約作成の委員の考え方が強く反映されるため、規約のルールとWHOの分類基準が、一致していない部分が存在する問題が生じている。したがって、これらの規約は日本の独自基準として認識されている。約款ではWHOの基準に従って支払いをしなければならないが、一方、患者は日本の主治医からこれらの取扱い規約に基づいた説明を受けることが多い。世界的には悪性新生物に分類されない疾病について、規約上がんと説明されることがあり、これらの違いについて支払い査定では顧客に説明しなければならない負荷の原因になっている。また、日本の臨床医は基本的にこれらの規約を順守するため、支払い査定の医療証明書の記載内容を理解するためには、これらの規約上のルールを理解しなければならない。特に、大腸がんの規約では「早期大腸癌」として説明されている腫瘍では、WHOの悪性新生物でない腫瘍が含まれている。そのために医師の説明と支払い判断が異なるケースが多く見られ、顧客からの苦情につながっている。なお、規約とWHOの基準が乖離することがある問題以外に、部位ごとの規約を作成する上で統一したルールがないため、現在「領域横断的癌取扱い規約検討委員会[19]」が立ち上がり規約作成の標準化に向けて協議されている。

② TNM分類と進行度分類

---

18) WHOのWorld Directory of Medical Schoolsで一定水準以上の医学教育が提供されている医学部、医科大学が公開されている。また、世界医学教育連盟（WFME）の評価を受けた医学部等の卒業資格も約款上の外人医師規定として用いることは可能である。

19) 日本癌治療学会内に設置されている。

第Ⅳ章　がんの定義（上皮内新生物を含む）と保障

　第Ⅲ章-9で進行度別保障においても触れたが TNM 分類とは、腫瘍因子（T）、リンパ節転移因子（N）、遠隔転移因子（M）の3要因で悪性新生物の進行度である進行度を国際比較するための基準である。主に固形腫瘍の進行度の指標として用いられ、進行度を4期に分類している。International Union Against Cancer 国際対がん連合（以下 UICC と略す）が作成する TNM 分類が世界的に最も普及し、前述のブルーブックにおいても使用されている。がん保険の支払い査定においても参考にしている会社があるが、TNM は進行度の分類基準であり、良性悪性を判断するための基準ではない。また TNM には以下の問題がある。UICC 作成以外の TNM が存在すること[20]、pTNM、cTNM[21]、あるいは化学療法後の yTNM など、実際には複数の TNM 分類が存在している（請求用医療証明書に TNM を記載する帳票では何を記載すればよいのか不明確な会社もある）。一般には、上皮内新生物を意味する Tis でも /3 の腫瘍が含まれる場合や、進行度0＝上皮内新生物とならない場合があることなどの問題があり、これらを理解した上で使用しなくてはならない。当然、理解していなければ誤査定の原因になる。あくまで TNM 分類は給付事由該当可否判断のための補助情報の位置づけの分類にとどめておくべきで、がんの確定診断に採用するには不適な基準である。第Ⅲ章で解説した進行度別給付金を保障に加えているがん保険もあるが、TNM 分類にも改訂があり、2017年12月に最新版の8版が国内で刊行されている。内容を見れば、全体として7版より8版の進行度Ⅳ期の範囲が狭まっており、2017年から2018年の年をまたいで約款上の給付範囲が変更になっている。進行度診断がどの時点で確認されたかによっても、給付のブレが発生し、安易に TNM 分類を給付事由に連動させるべきではないと考える。支払い査定者ですら、TNM 分類（特に TNM 使用の前提条件が記載された部分）を読んだことがない者も多く[22]、十分理解しているか心配されるのである。したがって、募集人が TNM の仕組みを理解し、正しい説明ができるのかも懸念される。なお、がんの治療成績が改善する中で TNM 分類改訂

20）日本の規約には、独自の TNM 分類基準が存在するものがある。また米国癌学会やヨーロッパで主流の分類も存在する。

21）pTNM は、pathological TNM で手術後の病理検査で判明した進行度である。一方 cTNM は、clinical TNM で画像診断などの臨床所見による進行度である。

22）支払い査定者研修を実施しているので、TNM の課題は確認済みである。

226

IV-2　がんの定義について

は、進行度Ⅰ期の範囲は拡大し、進行度Ⅳ期の範囲は狭まる傾向にあるのが当然なのである。人為的な改訂作業で給付金が狭まるような商品の販売は、加入者に不利益になるので慎重でなくてはならない。

5）契約時主義と発生時主義および約款の世代管理

　がんの定義や支払い基準として前述した各種の分類基準は、年数を経て非定期的に改訂される。改訂により病理組織名や分類が新設や改変され、良性悪性などの分類も入れ替えられるものがある。支払い査定は、これらの改訂に追いついて最新のWHOの基準に合わせて支払う必要がある。もちろん、約款におけるがんの定義により新基準と旧基準のどちらに従うべきなのか、従うとしてもICD-Oなのかブルーブックに従うのかは会社により異なるはずである。最新の基準で支払うと明記された約款もあれば、契約した当時の基準で支払うのか明確でない約款も多い。明確でない場合は、支払いをどのようにすべきか会社によりルール化されていなければならない。**保険の締結は契約行為であり基本的には契約当時の支払対象を支払うとする契約時主義が、法律家の見解である。しかし、医学は進歩し変化するため、診断を受けた時点の医学的基準で支払いをする発生時主義の考え方もある。したがって、どのように給付するのか約款に規定し明示しておくべきである。**

　例えば、膀胱の乳頭状腫瘍や卵巣腫瘍の一部では、良悪の基準が大きく変わった歴史的経緯があり、契約時主義か発生時主義か明示されていない約款では、支払いをめぐってトラブルが発生している。[23] 契約者に有利な支払いの取り扱いをすると考えるならば、分類基準の改訂履歴を記録し、診断時に悪性新生物ではなくても契約時の基準で悪性新生物であった腫瘍は、給付対象として取り扱いをする必要がある。しかし、このような契約時主義を順守するためには、改訂されるWHOの各基準変更を正確にキャッチアップし、それぞれの基準の世代管理をしなければならない。

　前項までの内容を含め約款の定義の問題を考えると、今後新規にがん保険を

23）膀胱の乳頭状腫瘍は、以前は悪性新生物に分類されていたが、現在ではその多くが、上皮内新生物または良悪不詳の新生物に分類されている。また、同様に以前は悪性新生物に分類されていた卵巣の境界悪性腫瘍の一部は、現在良悪不詳の新生物に分類されている。

227

販売する場合あるいは商品改定を考える場合には、以下の点に気を付けたがんの定義にすべきである。

1．ICD 以外に ICD-O の基準も採用する（ICD-O だけでもかまわない、ICD と ICD-O を併用する場合は、ICD-O を約款上優位としておく）

2．ICD、ICD-O は見直しがあれば、最新の版が告示または刊行された場合は最新版を採用する

3．基準は、診断時点で最新の基準を採用することを明示する（発生時主義の明示）

4．診断確定は、病理組織診断に限定しておく、病理組織検査が得られない場合に診断確定を認める条件は厳格にする

そもそも、医学は常に進歩し診断基準が変わることは容易に想定されるのだから、長期に保障する第三分野商品では、あらかじめこの点を検討した約款を用意しておく必要がある。[24]

医学の可変性と約款の不変性の競合について考えさせられるが、がんの定義以外においても保険商品の保守管理の面で問題になることは多い。また、第三分野商品の約款は医学的な記述を避けることができないため、同じ医学的記述を見ても、契約の当事者の間で解釈に幅が生じている。これに加えて時間が経過すると医学の変化が影響し解釈のブレはより大きくなる。一方、医学の進歩に合わせた約款変更権の採用は実際困難であるので、あらかじめ想定される約款解釈のブレ・バラツキについては、極小化する努力が必要である。医学の専門家、法律家、査定の専門家が事前に協議することも重要である。

なお、がん保険の約款に限定されないが、約款について考えておかなければならない医学的な課題は、以下のとおりにまとめることができる。[25]

（ア）特定の疾病について疾病の定義や診断基準が変わる場合の対応

（イ）疾病の概念そのものが変わる（予防医学と治療医学、美容形成と疾病治療の境界の揺らぎ）場合の対応

（ウ）契約時点ではなかった治療や検査が新規に開発される、疾病の真の原

24）筆者「医学の進歩と保険約款」保険学雑誌 621 号 31-48 頁（2013 年）で解説した。

25）契約時主義や発生時主義および約款の世代管理については、前掲注 24）「医学の進歩と保険約款」で解説した。

因が判明する（新規治療法の登場、新しい検査機器の登場、今後は特にゲノム検査）という状況への対応

（エ）疾病を取り巻く法制度が変更される（性別変更の特例法、臓器移植法成立などを経験した）ことへの対応

第三分野商品の給付では契約行為としての当事者すなわち保険者、契約者、被保険者、受取人（通常被保険者）以外に、利害関係はなくても被保険者の治療に携わる医療関係者や保険募集人も給付に関する関係者である。契約者が主治医や募集人に相談するケースが見られるからである。ところが約款における保険事故の給付事由は、これらの関係者間で必ずしも共有されていない。

当然、主治医は最新の医療水準を前提に医療サービスを提供するため、約款の規定と主治医の説明は乖離することがある。したがって、給付に関する医療機関照会が必要な場合は、主治医に対しては保険者の約款解釈論拠を示した上で、支払基準の開示も必要になることを覚悟するべきである。つまり、約款解釈の理解の差を縮める努力が求められているのである。

Ⅳ-3　上皮内新生物保障

> **＋**悪性新生物と上皮内新生物の違いを理解し、保険募集では医学的に正しく説明しなくてはならない。
> **＋**上皮内新生物の代替呼称として初期がんや早期がんの用語の使用は、注意しなければならない。
> **＋**上皮内新生物では、原則死亡しない。また悪性新生物に比較して簡便な治療で治ることを知る。
> **＋**上皮内新生物の医学的定義が不安定で、数理的なリスクになっている。

1）上皮内新生物保障の歴史と課題

上皮内癌（過去の商品の場合に、上皮内癌と表記するが、それ以外は上皮内新生物と表示する）は、成人病入院特約においては、がんに包含される形で保障されていたが、一方の三大疾病保障保険では免責となっていた（**表Ⅳ-2-1**参照の

第Ⅳ章　がんの定義（上皮内新生物を含む）と保障

こと）。三大疾病保障保険で免責対象になったことで上皮内癌の存在の認知度は若干増したものの、疾病に対する理解は募集人も消費者も低く、上皮内癌についての医学的説明や免責の事実は募集において省略されことが多かったようである。[26] その後、上皮内癌をがん保険の保障に組み込む会社と免責とする会社に分かれたため、上皮内癌保障の付加をがん保険販売の訴求ポイントとして宣伝する会社が出現し、上皮内癌にようやく本格的に焦点が当たったのである。さらに上皮内癌保障は、がん保険の主契約に組み込むタイプや特約にするタイプなど様々な派生商品が世に出されることになっていく。導入された時点では上皮内癌保障であったが、現在は上皮内新生物保障へ移行している（上皮内癌と上皮内新生物の相違については後述する）。いずれにしても、多くのの消費者が上皮内癌という疾病名を耳にしたことすらなく、上皮内癌保障の宣伝は耳新しく聞こえたはずである。

　さて、すでに業界に浸透している上皮内新生物保障の歴史を振り返り、営業教育の視点、募集管理の視点、商品開発の視点、支払い査定の視点および医学的健全性の視点で様々な課題が浮上している。医師の立場からは、特に上皮内新生物に関する業界内の正しい医学的理解の必要性を強く感じている。保険代理店の方やファイナンシャルプランナーの方と意見交換をした際、私に向けられた声は、上皮内新生物の真実を知りたいという要望である。各社の商品資材を見ても医学的理解がしづらく、一体医学的に上皮内新生物はどのような疾患なのか知りたいという声である。さて、代理店の方々から受けた質問を**表Ⅳ-3-1**にまとめた。背景には、保険会社の資材は医学的に妥当なのだろうか、保険会社の営業社員の説明が本当なのか知りたい、そして加入者へ正しい説明をしたいという素直な声が聞かれたのである。[27]

　上皮内新生物を保障する商品を販売する以上、これらの疑問に答えることができるだけの医学的理解が営業にとって必要である。募集人のみならず、保険を設計する社員も、その他の社員達も理解することは難しいが勉強しておかな

---

26) 保障のがんに非浸潤癌が含まれないことについての募集人の説明義務が争われた係争。平成16（2004）年（ネ）第1626号東京高裁控訴審で上皮内がんが免責である点についての募集時の説明義務に違反があったか争われている。

27) 筆者は、年間を通して多数の代理店に対して研修を行っている。

IV-3 上皮内新生物保障

表IV-3-1　上皮内新生物に関する質問

悪性新生物との違いを知りたい
上皮内新生物が自然治癒するのか知りたい、全て本当のがんになるのだろうか
上皮内新生物で死亡する人はいるのか、本当のがんのように闘病は大変なのか知りたい
上皮と粘膜は違うのか知りたい
上皮内新生物と上皮内癌や高度異形成の違いを知りたい

出典：筆者作成

ければならない。[28]

　悪性新生物を保障する商品を販売できるのは、転移・浸潤により正常組織が侵され死に至ること、療養に関わる肉体的・経済的負担について、販売する側も購入する側も悪性新生物について共通理解があるからに他ならない。

　一方、上皮内新生物の理解についてはこの共通理解がないことが多い。販売する側の正しい理解と、これに基づく商品説明、および正しい選択に基づく保険購入が実現できているのか課題は大きい。このような販売における問題点を含め、現在認識している上皮内新生物保障をめぐる懸念事項は、以下のとおりである。

　①関係者が上皮内新生物を医学的に正しく理解しているのか

　②募集資材、しおりに解説があるのか

　③パンフレット等の記載など募集における説明は医学的に正しいのか[29]

　④正しく支払い査定が行われているのか[30]

　⑤数理的設計上の懸念はないのか[31]

2) 上皮内新生物の代替呼称「初期がん」、「早期がん」の問題

　前述したとおり「がん」「ガン」は商品認可上の造語として「悪性新生物に加え上皮内新生物を含む」と約款上定義されることがある。一方、上皮内新生

---

28) 保険会社社員で、最も上皮内新生物の理解が深いと思われている保険金支払い査定者の研修を複数社で行っているが、十分に理解されていないことは多い。

29) 上皮内新生物に対する医学的理解を曲解し、消費者の不安を煽るような話法や募集資材が使用されている懸念

30) 例えばICD10にD006（子宮頸部の上皮内がん）とN87.2（子宮頸部の高度異形成）のコードが存在するため、高度異形成の支払い漏れの懸念がある。

31) 上皮内新生物は、部位別に分類される範囲が変化し、WHOの基準変更により給付率は変化し、数理的な影響が懸念される。

231

第Ⅳ章　がんの定義（上皮内新生物を含む）と保障

物の代替呼称として「初期がん」という用語が募集資材の記載として目にする
が、この「がん」は、医学的ながんなのか、造語のがんなのか何を意味するの
か説明が省略されている。がんという用語が入っているため、「初期がん」表
記による言葉のレトリックで消費者を惑わすことがないように、募集資材を
検討すべきである（初期の悪性新生物すなわち進行度Ⅰ期の悪性新生物を意味す
るのか、上皮内新生物に限定して使用しているのか不明）。少なくとも募集資材に
は、上皮内新生物の図示を含め医学的な解説が必要である（図示自体が間違っ
ていた募集資材も見られることがある）。医学的には、全ての領域に共通の「初
期がん」という明確な定義はないが、口腔がん取扱い規約にはUICCのTNM
分類における進行度Ⅰ期、Ⅱ期を意味するとあり、進行度0期（多くは、上皮
内新生物[32]）は、当然含まれていない。要するに悪性新生物の進行度を示す表現
として「初期がん」という表現が使用されているのである。UICCの進行度分
類がある以上、医学的にあえて「初期がん」という表現を用いる必要性もなく、
逆に「初期がんも保障」などいう募集資材上の表現は、進行度Ⅰ期、Ⅱ期の悪
性新生物を保障していない商品が存在するかのような誤解を与えかねず、その
意味で上皮内新生物の代替呼称としての「初期がん」という表現を募集資材に
使用することは慎重に検討が必要である。もちろん、主治医が患者に説明する
際に、有資格者としての責任において、上皮内新生物を初期がんと説明する場
合は当然ながらあり得るのである。

　次に、上皮内新生物を「早期がん」と呼称する問題も存在する。日本におい
ては「早期がん」の基準が設けられている部位と設けられていない部位に分か
れ、さらに「早期がん」に上皮内新生物を含む部位と含まない部位に分かれて
いる[33]。また日本癌治療学会の用語集に定義される「早期がん」は「臨床の通
用語として用いられるべき」とあり、保険募集に使用する用語としては不適切
と解釈される。結局、上皮内新生物を含む包括した概念で代替呼称として用い
ることは、医学的には慎重でなければならない。使用する場合には、丁寧に用
語の説明を加えることが肝要である。

32）進行度0＝上皮内新生物ではない場合がある（乳腺パジェット）。
33）日本の臨床医が、がんの記録をするために部位別に取扱い規約がまとめられている。規約に「早
　期がん」の定義がある部位とない部位がある。

3) 各種保険商品と上皮内新生物

① がん保険と上皮内新生物

がん保険が販売された当初は、がんの定義として ICD-8 が用いられていた。ICD-8 においては、現在のように、新生物が悪性、良性、性質不詳および上皮内新生物のような 4 分類に分けられておらず、悪性、良性および性質不詳の新生物という 3 分類だけであった（**表Ⅳ-3-2**）。

表Ⅳ-3-2 ICD と新生物分類

ICD-8	悪性新生物、良性新生物、性質不詳の新生物（子宮頸部の上皮内癌を含む）
ICD-9	悪性新生物、良性新生物、性質不詳の新生物、上皮内癌
ICD-10	悪性新生物、良性新生物、性質不詳の新生物、上皮内新生物（高度異形成＋上皮内癌）
ICD-11	悪性新生物、良性新生物、性質不詳の新生物、上皮内新生物

出典：筆者作成

上皮内癌の概念が確立するのは子宮頸部からであり、ICD-8 の時代には子宮頸部の上皮内癌のみ、性質不詳の新生物として掲載されているにすぎなかったのである。アフラックは平成 5（1993）年の商品改定の際に、保障が悪性新生物に限定されていることを、より明示的した約款を採用している。これは、悪性新生物と上皮内新生物のリスクが根本的に異なっているという医学的視点と患者負担の視点に配慮し、約款を改定したものと推察される。以後、業界内に上皮内癌を保障する「がん保険」と保障しない「がん保険」が存在するという実態がクローズアップされることになったのである。しかし、悪性新生物に保障を限定した会社も、その後特約方式で上皮内新生物保障を一部復活して提供している。従来どおり上皮内癌も保障していた会社は、悪性新生物と上皮内新生物の保障を分離していない商品設計であり、給付金額も悪性新生物と同額としていた。特約方式の会社では、上皮内新生物の給付額を抑制した商品になっているのが一般的であった。医学的なリスクを重視する会社と上皮内癌を満額保障するというキャッチフレーズで営業訴求力に重点を置く会社に、以後分かれていくのである。なお、最近は悪性新生物と上皮内新生物の保障額が同額でも、上皮内新生物を特約方式などの別給付として提供する会社が増加してきている。ようやく、保険各社が、それぞれのリスクの違いを認識するようにな

第Ⅳ章　がんの定義（上皮内新生物を含む）と保障

った証左と思われる。

　なお、残念なことに一般週刊誌が「がんを保障しない保険商品が存在する」というタイトルで記事として取り上げることがあるが、内容を見ると上皮内新生物の理解が根本的に欠如している。一方、週刊誌がそのように取り上げるのは、これまで保険業界が誤った情報の提供や不十分な情報提供があった可能性も否定できない。結果として商品への優良誤認が消費者の保険加入動機に影響しているなら是正されなければならない。

　②　成人病入院特約と上皮内癌

　生命保険文化センターの用語解説で成人病入院特約（現在は生活習慣病入院特約）は、「がん、心疾患、脳血管疾患、高血圧、糖尿病など所定の成人病で入院したとき、入院給付金を受け取れます。一般的には疾病入院特約や総合医療特約などと一緒に付加します（手術給付金が受け取れるものもあります）」と解説がある。当初、個別会社の商品として登場したが、昭和51（1976）年には多くの会社で販売することになり、最終的に生命保険協会で発生率のモニタリングをする対象の商品に位置づけられている。保障対象の疾病は解説のとおり、がん、心疾患、脳血管疾患、高血圧、糖尿病の5疾病となっている。当時の約款を確認すると、がんには悪性新生物と上皮内癌が含まれていることが分かる。入院日額増額タイプの商品であるため悪性新生物と上皮内癌のリスクを分別して考える必要性は乏しかったようである。ただし、がんに上皮内癌が含まれると定義したため、その後、悪性新生物と上皮内新生物を一体化して保障するという下地が、業界に形成されて行くことになるのである。この点は、上皮内新生物保障の歴史を考える上で重要である。

　③　手術給付と上皮内新生物

　がん保障商品の歴史で言及したが、手術給付金は悪性新生物に対して給付が手厚くなっている。88列挙方式の手術番号80,81,82の手術は悪性新生物が対象となっているが、上皮内新生物は対象になっていない。一方、別に88番として放射線治療が、手術給付金の一つとして入っている。対象は新生物であり上皮内新生物も含まれるのである。このように昭和62年に改訂された手術給付においては、悪性新生物と上皮内新生物は混同されていない。

　④　三大疾病保障保険と上皮内癌

234

IV-3　上皮内新生物保障

　業界へ統一的に導入された三大疾病保障保険では、悪性新生物が保障に含まれたが、皮膚癌は免責とされ、同様に上皮内癌も当初から免責とされている。したがって、悪性新生物と上皮内癌や皮膚癌のリスクの違いが、当時認識されていたことが分かるのである。**三大疾病保障保険では、上皮内癌はリスクが違うと説明し、がん保険ではリスクは同じと説明することは、矛盾しており適切ではない。**

4) 上皮内新生物に関連する医学知識

①　上皮と粘膜の違い

　外胚葉から発生した細胞で構成される体表面、消化管の内腔表面の最表層を上皮という[34]。いずれも身体からすると外界と接する部分である。皮膚の表面や胃腸などの管腔臓器では粘膜の最表層が上皮に該当する。上皮とそれ以外の間質の境界は基底膜があり、上皮と間質（粘膜固有層）を合わせて粘膜と呼ぶ（図IV-3-1）。

図IV-3-1　上皮と粘膜の違い（消化管の例）

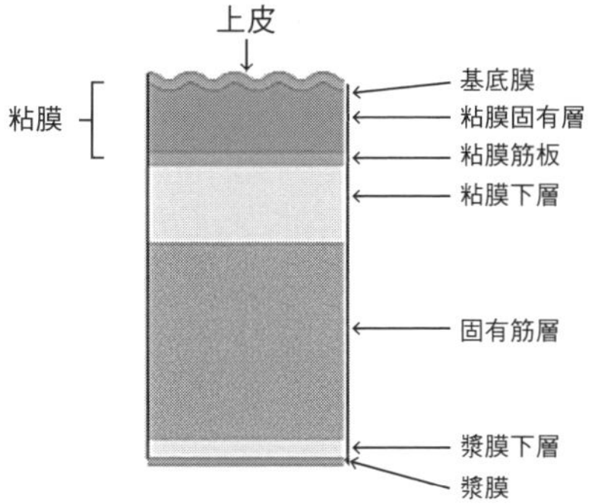

出典：筆者作成

　粘膜と粘膜下組織の境界には、消化管では粘膜筋板が存在している。医学的にやや専門的になったが、この構造を理解していないと悪性新生物と上皮内新生物の理解ができないので重要である[35]。少なくとも上皮と粘膜が、異なるこ

34）受精卵が分化する段階の初期に内、中、外胚葉に分かれて分化し、それぞれ該当する臓器器官に成長する。上皮は、外胚葉から発生する。

35）過去、パンフレットの記載等で誤解説が多かった部分である。初版執筆時点でも「粘膜内がん＝上皮内癌」と間違った解説をHPに掲載している会社があった。現在は是正されている。

第Ⅳ章　がんの定義（上皮内新生物を含む）と保障

とを理解しておかなければならない。

②　悪性新生物と上皮内新生物の違い

悪性新生物には、癌腫と肉腫があり、上皮から発生するものを癌腫、それ以外から発生するものを肉腫と呼ぶ。悪性新生物は、無制限の増殖以外に「浸潤」と「転移」の生物学的特性を有する新生物である。癌腫における「浸潤」は、基底膜を超える浸潤を意味する[36]。一方、上皮内新生物は上皮内に限定された病変で、基底膜を超える浸潤はないので転移もない[37]。したがって死亡リスクもない[38]。このように基礎的な違いとリスクの違いのために WHO は過去から一貫して、悪性新生物と上皮内新生物を分離して区分している[39]。

③　上皮内癌と上皮内新生物、高度異形成と上皮内新生物

上皮内新生物の概念は子宮頸部から確立され、すでに半世紀以上の医学的経験が積み重ねられ、研究も深まっている。一方、それ以外では、それぞれの部位で概念が確立され、研究は発展途上である。子宮頸癌と子宮頸部の上皮内の腫瘍性病変は、現在ではヒトパピローマウイルス（HPV）が原因で発生し[40]、上皮内新生物は数年から数十年かけて子宮癌へ進展することがあるとされている[41]。異形成の程度により軽度異形成、中等度異形成、高度異形成、上皮内癌[42]の４ランクに区分され、ICD-10 では高度異形成と上皮内癌を合わせた概念として上皮内新生物が定義されていた。すなわち、概念的には上皮内新生物＝上皮内癌＋高度異形成であるが、軽度異形成から上皮内癌に至る変化は連続性で、それぞれの診断は病理医の主観的判断に影響を受けやすい。理解しやすいように、それぞれの関係を図示した（図Ⅳ-3-2）。現在では、図に示すように

36）大腸の場合は、基底膜を超えただけでは浸潤していても悪性新生物に分類されない。

37）上皮内には、血管もリンパ管もないので転移はない。

38）上皮内新生物でも医療過誤の死亡は、他の良性疾患と同様に発生はする。また、組織検査の段階で侵襲的な検査による有害事象（副作用）の事故は知られている。

39）厳密にいえば、浸潤があるのに悪性新生物になっていない腫瘍（卵巣の境界悪性腫瘍）が分類上存在する、あるいは上皮内限局の腫瘍である乳腺のパジェットが悪性新生物に分類されるなど、WHO の基準も一部には混乱が見られる。

40）子宮頸部癌はウイルス発がんの代表疾患であるが、その他肝炎ウイルスと肝臓癌、およびHTLV-1 ウイルスと成人 T 細胞白血病などが知られている。子宮頸部癌と関係するヒトパピローマウイルスに 100 種類以上の種類があり、発がん性はそれぞれ異なっている。

41）斉藤英子「子宮頸がん検診と CIN」産科と婦人科 Vol80No6（2013 年）に子宮頸癌の自然史について解説されている。

42）上皮内に異型（細胞の異型と立体的構造の異型）が見られる腫瘍性病変であり、確認には組織検査が必要である。細胞診検査は、細胞の異型を確認する検査である。

上皮内の病変の程度による区分の4ランクから、3ランクのCIN分類、そして現在2ランクのSIL分類へ移行し、世界的に2ランク分類が主流になりつつある。これは、子宮頸部における上皮内新生物の範囲が拡大していることを意味し、保険数理的に影響をもたらすが、その点は次項で触れたい。

図Ⅳ-3-2　子宮頸部の上皮内新生物

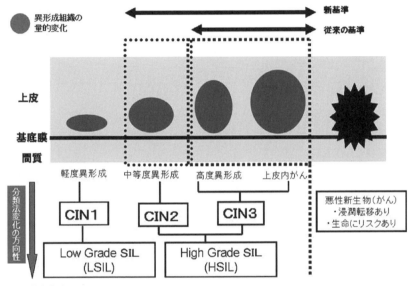

出典：筆者作成

　子宮頸部と同様に、他臓器の上皮内新生物の概念も拡大を続け、上皮内新生物を意味するintraepithelial neoplasia（IN）が含まれる病理組織名が存在する臓器を調べると、子宮頸部以外に食道、胆道、腟、外陰、前立腺が確認されている。

④　悪性新生物、上皮内新生物、良性腫瘍の治療の比較

　悪性新生物と上皮内新生物の登録制度が今まで完備されていなかったため、上皮内新生物の患者数は正確には把握されていないが、日本では子宮頸部、乳腺、大腸が主要部位である（なお推計値については後述する）。まず、悪性新生物と上皮内新生物の治療を比較する上で、平均在院日数を見ることとする（図

第Ⅳ章　がんの定義（上皮内新生物を含む）と保障

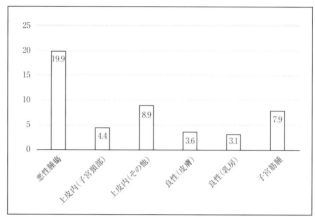

図Ⅳ-3-3　平均在院日数の比較（単位：日）

出典：患者調査　平成26年より作成

表Ⅳ-3-3　上皮内新生物の主要部位における治療方法

	治療法	経過、後療法
子宮	円錐切除	経過観察のみ
	レーザー凝固焼灼術	
乳腺	乳房温存手術	過去は放射線追加照射
	広汎な病変は乳房切除	医師の判断でホルモン投与
大腸	ポリープ切除	経過観察のみ
	内視鏡的粘膜切除	再発はポリープ切除
食道	内視鏡的粘膜切除	経過観察のみ
膀胱	内視鏡的腫瘍切除	経過観察のみ

出典：筆者作成

Ⅳ-3-3）。図から分かるとおり、上皮内新生物は悪性新生物の日数を大きく下回っていることが分かる。

　これら主要部位の治療法を**表Ⅳ-3-3**にまとめた。上皮内新生物の手術は、基本的に簡便な方法で済んでいることが分かる。[43] 子宮の腫瘍性疾病に関して、良性腫瘍も含め治療を比較したのが、**表Ⅳ-3-4**である。上皮内新生物が女性で最も多い子宮頸部では、若年患者の場合は妊孕性に鑑みレーザー手術が実施

---

43) 広汎に広がった乳腺の上皮内新生物の場合や再発が見られる膀胱の上皮内新生物は、乳房や膀胱を摘出することがある。

238

されており、[44]、ほぼ日帰り手術である。一般的には子宮頸部を取り除く円錐切除が行われ、挙児希望がない場合や高齢者では、子宮を摘出する治療も行われている。

表Ⅳ-3-4　子宮頸部の病変の治療法比較

	上皮内新生物	子宮筋腫	子宮癌
治療	レーザー、円錐切除	単純子宮摘出	広範囲子宮全摘出
手術後療法	なし	なし	あり
通院	数回	数回	長期通院
再発	なし	なし	可能性あり
生命予後	100％生存	100％生存	進行度別死亡リスク
失職	なし	なし	あり

出典：筆者作成

5）患者数と定義の変更

　これまで、上皮内新生物に関する解説を行ってきたが、実際にどれだけの患者数がいるのか確認してみたい。2019年1月公表のデータでは癌罹患数が99万人であるが、本書執筆直前の2018年9月の段階で公開されている全国レベルの最新罹患者数データは、がん対策情報センターの「全国罹患モニタリング集計2014年」報告書が最も信頼できるデータで罹患者総数は87万人であった。報告書から上皮内新生物罹患者数を集計し直し**表Ⅳ-3-5**に概要をまとめた。

　表に示されていない部位にも上皮内新生物は発生するが、主要部位のデータが集計されている。上皮内新生物の罹患者数は、男女それぞれ43,214名、48,423名であり、男女合計では大腸が最も多く、次に子宮頸部、膀胱、乳房の順になっている。女性だけで見れば、子宮頸部、大腸、乳房の順である。

　さて、すでに解説しているが、**子宮頸部における上皮内新生物の概念は、かつて上皮内癌に分類されていた病変から、より良性に近い方向に向かって概念が拡大している**（**図Ⅳ-3-2**参照）。良性病変との境界が不鮮明であり、それぞれの臓器で分類の範囲が揺らいでいる。また、子宮頸部に始まり確立してきた上皮内新生物の概念は、他の臓器にも拡大され、子宮頸部の動向は他部位にも

44）子宮頸部の上皮内新生物の標準治療は、円錐切除である。しかし、年齢や病変の広がりなどを考慮してレーザー手術が、行われている。術後に病理検査ができないデメリットはある。

第Ⅳ章　がんの定義（上皮内新生物を含む）と保障

表Ⅳ-3-5　主要部位別全国罹患数（推計値）2014 年

	悪性新生物罹患者数			上皮内新生物罹患者数		
	男女合計	男性	女性	男女合計	男性	女性
全部位	867,408	501,527	365,881	91,637	43,214	48,423
食道	22,710	19,067	3,643	2,342	1,900	442
大腸	134,453	76,718	57,735	36,645	23,806	12,839
肺	112,618	76,879	35,739	277	127	150
皮膚	19,528	9,871	9,657	5,143	2,290	2,853
乳房	76,780	523	76,257	8,835	44	8,791
子宮頸部	10,490		10,490	19,014		19,014
膀胱	20,595	15,486	5,109	14,905	12,094	2,811

出典：がん対策情報センター、全国がん罹患モニタリング集計 2014 年報告表 30、31 より筆者作成

影響している。

　これまで、上皮内新生物の概念の変化を見ると、上皮内癌→上皮内癌＋高度異形成のように範囲は拡大したが、さらに、WHO の分類基準であるブルーブックを確認すると、最近は子宮頸部の上皮内新生物は中等度異形成を含む範囲に修正されている[45]。また、日本の婦人科医が診療の記録で使用する子宮頸癌取扱い規約においても、中等度異形成は、上皮内新生物として取り扱うと決められている。**本書執筆時点の最新版である ICD-O3.1 版では、中等度異形成はまだ /2 の取り扱いになっていないが、WHO のブルーブックおよび日本の規約では、中等度異形成は上皮内新生物として規定されている。**

　約款を厳格に運用する会社と、ICD-O の改訂のタイムラグに対して弾力的な運用する会社に分かれており、業界内の対応は一致していない。WHO の分類や規約と相違して中等度異形成に対する給付をしなければ批判を受ける可能性がある。しかし、給付の対象とすれば、その影響はそのまま給付率に影響するので悩ましい問題である。以下に、影響について概算してみたい。

　子宮頸部の新生物については、**表Ⅳ-3-5** から悪性新生物の罹患者数は 1 万0490 人に対して、上皮内新生物（上皮内癌＋高度異形成または CIN3）は 1 万9014 人であることが分かる。その比率は約 35：65 である。基準変更で上皮内

---

45) WHO Classification of Tumours of Female Reproductive Organs, p172, 2014

240

IV-3　上皮内新生物保障

図IV-3-4　子宮頸部における上皮内新生物（性状コード /2）の範囲拡大

上皮内癌
↓
上皮内癌 + 高度異形成
↓
上皮内癌 + 高度異形成 + 中等度異形成

出典：筆者作成

表IV-3-6　子宮頸部内病変の自然経過

	CIN1 （軽度異形成）	CIN2 （中等度異形成）	CIN3 （上皮内癌 + 高度異形成）
進展	11%	22%	12%
停滞	32%	35%	56%
消失	57%	43%	32%
合計	100%	100%	100%

CIN：子宮頸部上皮内新生物の略号
出典：Int. J. Gynecol. Pathol. 1993, 12, 186-1

新生物に組み入れられる中等度異形成（CIN2）という病変の自然経過については（表IV-3-6）、若干古いデータであるが、CIN2 から CIN3 への進展率を考慮すると、1 万 9014 名の CIN3 の背景に約 8.6 万人の CIN2 の罹患者が存在しているものと推測される[46]。中等度異形成に対する診療の標準は、原因となる HPV のタイプ[47]により治療か、または経過観察なのか、それとも全件治療するのか、その方針は医療機関や主治医により統一されていない。全件、病理組織診断がされることになると、女性の上皮内新生物給付の発生は現行の給付の倍を超え、上皮内新生物をがんとして保障する女性のがん保険の場合には、給付全体の 20％を超えると推測される。

　あくまでラフな推測であるが、中等度異形成を上皮内新生物とする基準修正は、給付率のみならず保険料や責任準備金の積み立てにも影響する可能性がある。しばらく実際の給付の影響を見ないと分からないが、給付請求に CIN2 の

---

46) 実際の推計には、CIN2、CIN3 の患者の捕捉率、年間の消失率、停滞期間、年間の進展率等の要素を加味した複雑な数理計算が必要になる。
47) 子宮頸部癌の原因ウイルスである HPV には、複数のタイプあり病原性のリスクがそれぞれ異なっている。

第IV章　がんの定義（上皮内新生物を含む）と保障

出現率のフォローを行い、予想されるほどの影響がない場合には、二つの点を確認しておかなければならない。CIN2 が推測されたが病理診断に至っていないので経過観察されているのか、上皮内新生物としての認識がなかったため請求漏れが発生している可能性があるのか、どちらかである。実際は、必ず治療される CIN3 と異なり経過観察されるものが多くなり、請求されない可能性があるのである。[48]　したがって、これまで以上に請求勧奨の仕組みも充実させなければならない。子宮がん検診を受けるものが増えれば当然、異常の指摘を受けるものも増えるはずである。女性の上皮内新生物について高額の保障をしているならば、考え直す必要がありそうである。また、保険料の見直しや、商品設計の見直しも検討する必要があるかもしれない。**医師の立場からは、子宮頸部のように良性病変に向かって上皮内新生物の対象範囲が広がる中、悪性新生物と同列に保障する必要性を消費者に説明し続けることには疑問を感じるだけでなく、数理的な影響も懸念するのである。**今回解説したのは子宮頸部の基準変更であったが、その他の臓器でも基準変更のリスクは存在している。結論的には、上皮内新生物の医学的基準の不安定性そのものが、商品リスクなのである。上皮内新生物の基準変更に伴い料率変更権を行使するとしても、具体的な基準変更を想定して約定することは困難である。[49]　したがって、**上皮内新生物保障については高額保障を避け、特約化と有期保障とすることが当面の対応策であろう。**

---

48) CIN2 に対する診療方針が異なり、積極的な治療をしない経過観察の率に差がある。

49) 料率変更権は認められているが、約款に約定するには、料率変更の具体的基準も約定しなければならない。したがって、実際は運用することは困難である。

第Ⅴ章　がん保険の約款

　繰り返しになるが、がん保険は、がんという病気だけ保障するために、引受けリスクを管理する上で他の保険商品と大きく異なっている。例えば、死亡保険との比較では、環境選択の効果は少ない。また、がんの罹患を故意に招来させることは診断書に虚偽の記載をする以外は困難であり[1]、死亡保険でいう“他人のためにする生命保険”の問題[2]は、考える必要性は少ない。一方、自覚症状があって加入申し込みをする逆選択はよく見られる。このようなリスクの排除をしようとするとき、通常の引受け審査では不十分であり、がん保険に特徴的な約款規定として、がん無効規定と待ち期間規定が用意されている。これらは、保険法に規定されていない任意規定であり、契約者に不利な特約[3]とならないように配慮されていなければならない。

　本章では、無効規定と待ち期間について解説し、がん保険の失効、および復活時無効規定について解説する。最後に、生命保険協会相談所の裁定審査会に申し立てされたがん保険約款をめぐる事案について解説する。

Ⅴ-1　無効規定

> ✚がん保険約款のがん無効規定について理解する。
> ✚無効規定の存在根拠および効用について理解する。
> ✚上皮内新生物の無効規定のある商品については、課題が多い。

　約款には、契約の取り消し、解除、無効の各規定が存在する。契約の誤認による錯誤無効は別として、リスク回避の面からこれらの規定が存在する。無効と明示されているのは不法取得目的による場合であるが、他の商品においてもひとしく存在している。一方、がん保険に特有の規定が、がん無効規定である。

1）確実にがんを発症する遺伝子変異を保因する幼児を被保険者にして過大な保障額の保険に加入するという事例が認められたことがある。
2）保険法では第三者のためにする生命保険契約
3）保険法70条（強行規定）

243

第Ⅴ章　がん保険の約款

1）がん無効規定と規定の根拠

　がん無効規定に関する約款の条文は、各社若干の違いはあるが大凡以下の**表Ⅴ-1-1**のとおりである。

表Ⅴ-1-1　責任開始日前にがん診断確定による無効の約款条文の例

1項：責任開始日の前日以前にがんと診断されていた場合、保険契約者および被保険者のその事実の知、不知にかかわらず保険契約を無効とします。
2項：会社は、すでに払い込まれた保険料を保険契約者に払い戻します。ただし、契約締結の際の告知前に被保険者ががんと診断されていた事実を保険契約者または被保険者のいずれかが知っていた場合には、会社は、すでに払い込まれた保険料は払い戻しません。

出典：各社約款参照

　さらに、無効規定に該当するか否かのがんの診断も、定義が曖昧な発病や罹患の診断ではなく、がん組織の存在を確認する病理組織診断が一般的である。この点は重要であり、無効規定のみならず後述する待ち期間においても基本的に同様である。

　がん無効規定の運用においては厳格さが求められるため、被保険者の疾病に対する認識に関する主観あるいは医学における検査の精度の問題を除外するために、責任開始日前の病理組織検査による確定診断という客観的事実を条件にすることが原則になっている。無効規定は、がん保険にとって必須ともいえる規定ではあるが、一方で消費者からすれば厳しい規定と感じ取られることが多く、規定の公平性を担保する意味からも病理組織診断主義は重要なのである。これにより、がん保険に関する危険選択の実効性と、がん保険という究極の特定疾病保険の健全性も確保されている。

　さて、**表Ⅴ-1-1**の1項の無効規定に該当した場合、知・不知にかかわらず保険契約は無効となる。しかし、知・不知の場合に保険加入動機は全く異なる。知の場合は、告知義務違反であり、またその事実と加入後の保険事故発生の蓋然性が通常の告知義務違反に比較して高いため逆選択性は高く、保険制度への影響は大きい。一方、不知の場合は、不知の事実について告知義務違反は発生しないので、通常の危険選択の仕組みは機能しない。**知、不知という質の異なるがん罹患者に対してひとしく無効規定が適用されるが、両者の調整には保険**

料返金の額の差で実現されている[4]。すなわち精算方法（既払い保険料の返金方法）が異なる仕組みが**表**の2項に導入され、これにより契約者間の公平性が保たれている。ただし、保険料精算については議論があり[5]、告知義務違反の場合とのバランスや高齢者の場合、知・不知の認識すら定かでないケースも見られ、全額返金しないという規定を**表Ⅴ-1-2**のとおりに修正した会社も見られている（なお、本項の3）で解説するが、一般に告知義務違反の解除権と無効規定が競合する場合は、無効規定を優先する補則が約款に盛り込まれている）。

表Ⅴ-1-2　がん無効になった場合の被保険者または契約が告知前のがん診断を知っていた場合

2項修正版：会社は、すでに払い込まれた保険料を保険契約者に払い戻します。ただし、契約締結の際の告知前に被保険者ががんと診断されていた事実を保険契約者または被保険者のいずれかが知っていた場合には、会社は、すでに払い込まれた保険料は払い戻しません。なお、解約返戻金がある場合には、解約返戻金と未経過保険料を保険契約者に払い戻します。

出典：各社約款参照

　また、特定適格消費者団体消費者機構日本は、**表Ⅴ-1-1**の2項の条文を採用している生保3社に対して、約款の該当条文は消費者契約法10条と保険法93条に違反するとして2017年2月24日に是正（条文削除か改定）の申し入れをした事実を公表している[6]。なお、申し入れの結果、2社は、「解約返戻金と未経過保険料を返金する」という修正を実施し、1社は同様の修正を検討するという結果になったことも公表している。消費者契約法10条および保険法93条に違反するという消費者機構日本の主張に関しては、同機構のホームページに法律解釈が掲載されているので参照されたい。なお、平成30（2018）年11月の時点で、がん保険（三大疾病保障保険やその他の特定疾病保障保険およびがん関係の特約を除く）の約款が確認できた12社について確認した結果が、**表Ⅴ-1-3**のとおりである。

4）不知の場合の保険料返金についての法的根拠は、民法703条である。知の場合に保険料を返金しない根拠として弁護士の芦原一郎氏によると重大な詐欺行為に該当すると類型的に評価できるので、法93条1号の適用と考えられると述べている（芦原『新しい保険法の理論と実務』（別冊金融・商事判例）（経済法令研究会、2008年））。
5）保険料の返還の制限は、保険法93条、同94条が根拠法であり、議論には同条文との比較検討が必要である。
6）特定適格消費者団体消費者機構日本のサイト http://www.coj.gr.jp/zesei/topic_170224_01.html

第Ｖ章　がん保険の約款

表Ｖ-1-3　責任開始前がん確定診断無効の際の既払い保険料の扱い

	既払い保険料返金	解約返戻金と未経過保険料の返金	返金なし
契約者、被保険者共にがん診断不知の場合	12社	0社	0社
契約者、被保険者のどちらか知の場合	0社	5社	7社

出典：各社オフシャルホームページ

表Ｖ-1-4　無効規定と時代背景

	がん保険の無効規定導入当時	現在
がん告知	多くが不知	不知1～5%
進行度	多くが進行がん	早期がんが約50%
治療技術	手術が主	集学的治療
死因1位	脳卒中	がん
がんに対する認識	罹患＝死	早期であれば完治
家族以外への告知	会社、近所に隠避	職務遂行上職場では罹患事実告知
就業	罹患による不利益多い	一部に不利益あり
再発の長期データ	不明	サバイバーの予後に関するナショナルデータが公表されている

出典：筆者作成

　そもそもがん無効規定が導入されたのは、昭和40年代である。当時の日本のがんをめぐる環境が根拠となって規定が導入された背景があるため、当時と現在の諸事情の違いを**表Ｖ-1-4**にまとめた。このように現在と比較すると昭和40年代は、全く異なるがん医療環境であった。特に無効規定を考える上で重要なのは、がん告知率と進行がんの比率の違いおよび罹患後の再発に関する長期間データの有無である。がん罹患者を加入させれば、罹患者の多くが進行がんの時代にあっては、再発の可能性は高く、告知義務制度だけでは到底数理的なリスクはコントロールできなかったはずである。不知の患者も多く、告知義務制度もリスク回避として機能しない状況であった。罹患者の場合は原発がんの再発リスクがあることは当然としても、別部位のがん重複がんリスクが高いことも知られており、罹患者と非罹患者を同条件で加入させれば数理的公平性を考えるうえで問題と考えられたのである。このような当時の事情を考えると、約款に無効規定を導入したことは理解できるのである。

246

以上をまとめると
1．不知に対する告知義務制度の補完
2．リスク評価できない再発リスク
3．告知義務違反の除斥期間を超える持続性のリスク

である。主に引受け審査と支払い査定および約款規定により総合的に商品の危険選択が構成されるが、がん保険においては約款規定が特に重要なのは、このような時代背景があったからである。現在でも無効規定の意義は変わっていないが、図V-1-1 にも示されているように告知率は大きく変わり、早期発見体制の充実で進行がんの比率も減少し、がん登録の整備に従い、がんサバイバーの再発リスクについて知見が積み重なってきている。したがって、**今後は現在の無効規定に代わる約款規定の検討も必要になるかもしれない。原発がんの再発については免責とすることや、罹患者にはそれなりの割増保険料の設定をすることなどで罹患者に正直に告知をしてもらい正当に加入できる商品を提供することが、無効規定運用を減らすことにつながるはずである**（第Ⅲ章-10「罹患者用保険」参照）。

図V-1-1　がんの病名告知率の推移

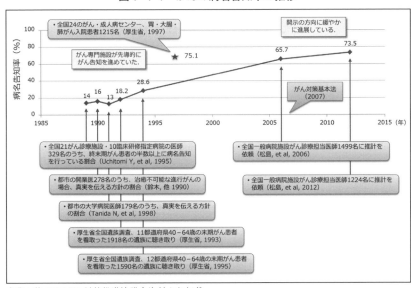

出典：第42回がん対策推進協議会資料より転載

2）契約前不担保規定と無効規定の関係

　責任開始前にがんの診断を受けていると無効になる規定は、通常の第三分野商品の責任開始前発病不担保条項と同様、責任開始前から顕在化したリスクを担保しないという点で類似している。したがって、無効規定を責任開始前発病不担保条項の亜種として論じられることもあるが、制度的には**表Ⅴ-1-5**にまとめたように大きく異なる。

表Ⅴ-1-5　無効規定と契約前発病不担保条項

	がん保険の無効規定	契約前発病不担保条項
保険事故との因果関係	不要	同一性相当の因果関係
知、不知	不要	知が前提（生保協会ガイドライン）
契約の効力	無効	疾病不担保として契約は継続
規定の主張期間	制限なし	不担保2年間（みなし規定）、高度障害保険金は制限なし
判断基準	がんの病理組織診断	発病

出典：筆者作成

　無効規定は危険選択に主眼がおかれ、責任開始前発病不担保条項は担保範囲の規定である。もちろん、責任開始前発病不担保条項も危険選択の効果を有していることは間違いないが、商品の設計において、それぞれの規定の目的は異なっている。さらに、規定運用上の違いも明確になっている。

　責任開始前発病不担保条項では、病理組織診断が必須ではない発病という曖昧な基準が基本である。また、発病について被保険者の知の事実が必要とされている[7]。さらに責任開始前発病があったとしても医療保険では2年を経過すれば、責任開始後の疾病として取り扱う「みなし規定」が存在している点が、無効規定とは異なるのである。

　弁護士の芦原一郎氏（Seven Rich 法律事務所ジェネラルカウンセル[8]）は、通常の契約前発病不担保条項と異なり「がん保険はがんのみを対象とすることから、そのがんが契約前発病不担保条項のように保障の対象外になれば保険契約の目的全てが失われることになる（したがって契約を継続する価値がなくなってしま

7）生命保険協会「保険金等の支払いを適切に行うための対応に関するガイドライン」
8）生保複数社の企業内弁護士も経験し、生保業務に精通している。

う）という特殊性があり」と述べ、無効とせず契約を継続することは法律行
為の目的達成が不能なのだから、法律構成として、がん無効規定の必要性を解
説している。要するに、契約継続は意味がないという解説である。さらに錯誤
無効に類型的にあてはまる無効規定の導入により、保険料返金も可能にできる
と言及している。

3）告知義務違反の解除権と無効規定の重複する場合

　責任開始日よりも前にがんの病理診断があったことを保険者が知った場合、
無効規定の運用を行うが、告知義務違反の可争期間内であれば告知義務違反の
運用と無効規定の運用のどちらを優先するのか規定が競合することになる。そ
れぞれの規定の違いを表に示した（**表V-1-6**）。

表V-1-6　無効規定と告知義務違反

	がん無効規定	告知義務違反の解除
約款上の除斥期間	なし	2年
成立における主観的要件	不要	必要
保険料の取扱い	保険料返金なし、 または解約返戻金	解約返戻金
がん罹患や療養の有無に関す る告知の対象となる期間	生下時より告知日まで	一般に過去5年以内の期間

出典：筆者作成

　保険法上は、消滅事由の一つである告知義務違反が優先運用される可能性が
あるので、**約款に無効規定の運用を優先する旨の補則規定を置くことによって、
がん無効規定の優先適用を明確化しているものが多い**[10]。ネットで確認できた
12社の約款については、1社を除いて、このような補則を有する約款を採用し
ている。
　保険実務的には、告知義務違反による解除の場合、被保険者の病識や故意、
重過失の有無を確認しなければならないが、無効規定運用であれば病理診断の
有無を確認すれば足りるので、保険金査定の負荷は少ない。

9）前掲注4）51-52頁
10）多くの約款は、「無効規定の適用がある場合は、告知義務違反による解除の規定はしない」と補
　　則されている。

第V章　がん保険の約款

　一方、一般の商品の告知書では、告知の対象期間が直前5年に限定されていることと比較し、がん保険特有の「過去、がんになったことがありますか」という告知質問は、生後から告知日までの期間が対象となっており、一般的な保険商品と比較して長期である。また告知義務の違反の除斥期間が2年であることに比較して、無効規定は保険期間全期間にわたって適用可能である[11]。さらに、告知義務違反の成立要件には被保険者の病識に関する主観的要件が考慮[12]されるが、無効規定では知・不知が考慮されないことなど、告知義務制度に比較して無効規定は消費者にとって厳しく感じられる規定である。しかし、**規定の根拠を考えればがん保険の制度維持にとって有用な意義があり、がんの保障を安価な保険料で購入できるメリットを、多くの消費者に提供できることにも寄与しているので、総合的にバランスを比較した上で無効規定の意義を考えなくてはならない**[13]。

　なお、消費者機構日本は、前述したとおりの申し入れしているが、同時に今後の問題として「告知義務違反解除と比較してがん無効規定の約款にも問題がある」との機構の認識をホームページで公表している。今後は、生保業界としても現行のがん無効規定に関して、有用性等の論点を整理しておく必要はあろう。

4)　無効規定が争われた事案

　がん無効は、知・不知を問わず責任開始期前の病理診断の存在が規定の成立要件であり、当事者間の事実認定に関する争いが発生する可能性の少ない規定と思われる。したがって、無効規定を対象とする係争に関連した研究の報告を見ることは少ない。生命保険協会相談所の裁定審査会の概要報告を見ると、過去に10件の無効規定・待ち期間規定関係の事案報告があるが（第V章-4「がん保険約款のその他の問題点のデータ」参照）、2件は病理組織診断による確定診断

---

11) 最近、責任開始後5年間保険事故がなければ無効規定の運用を制限する約款を採用する会社も出現している。
12) 告知義務違反で解除するためには、無告知や過小告知に告知者の故意性や重大な過失がなければならない。
13) 総合判断説については、山下友信・米山高生『保険法解説』（有斐閣、2010年）237頁を参照のこと。

250

がないにもかかわらず、責任開始期前がん診断を保険会社が主張して無効判定した保険会社の判断不備の事例であった。その他、「無効になることについて説明がなかった」「加入できると思って他社の契約を解約した」など募集管理の問題が争点となっており、無効の規定そのものに焦点は当たっていない。

待ち期間規定に関係する診断確定日の考え方と、がん無効規定の運用解釈が争点になった事例について紹介する[15]。

事例:
- 平成 22（2010）年 2 月 26 日ガン保険契約
- 平成 22 年 5 月 12 日人間ドック受診胃の組織検査
- 平成 22 年 5 月 18 日胃癌の病理組織診断
- 平成 22 年 6 月 2 日医師から胃癌の説明を受ける。
- 平成 22 年 6 月 11 日胃癌手術　手術後の病理診断日は 6 月 21 日
- 胃癌による請求をしたところ責任開始前の胃癌確定で契約無効の支払い査定
- 被保険者を原告として係争になる。

責任開始日時点で、胃癌の確定診断のあったことを知らなかったことや、胃切除後の最終病理診断日が、責任開始後であることなどを理由に無効に対して不服が申し立てられているが、保険会社側は 5 月 18 日に診断確定していること、無効規定は本人の知・不知に係わらないことを主張している。裁定審査会は申し立て理由がないとして裁定を終了している。

5) 上皮内新生物と無効規定

これまでがん無効規定と一括してきたが、**がん保険の無効規定は、悪性新生物無効規定と上皮内新生物無効規定に分けられる**。悪性新生物と上皮内新生物の違いについてはすでに解説したとおり、基本的に両者には医学的な分類上の違いがあるので、無効規定も 2 種類の質的に異なる規定が存在することになる。両者を同等に論じることの是非は議論が必要で、保険者の立場からすれば逆選

---

14) 胸部レントゲン所見や頸部超音波検査所見だけで、無効規定の運用がされ申立てされた例があるが、古い時代の事案で、以後そのような申立て事案は見られていない。

15) 生命保険協会相談所「事案 22-153：がん診断給付金請求、平成 23（2011）年 4 月 27 日裁定終了」

択防止機能として無効規定は有用であるが、そもそも悪性新生物罹患者と上皮内新生物の罹患者を比較すると、逆選択の質や程度が同等か、再度吟味しなければならない。また、本質的に異なる両新生物に対する医学的問題点と、契約行為としての問題点を整理して考える必要がある。悪性新生物の知・不知の事情と異なり、生命予後にほとんど影響しない上皮内新生物については治療方針、経過観察の方法やインフォームド・コンセントのあり方が異なるため、悪性新生物の知・不知とは前提が異なる知・不知の問題が存在する。子宮頸部の中等度異形成[16]では、上皮内新生物の十分な説明もなく経過観察を受けている患者が存在するが、知・不知は医療者の方針で大きく変わり、不知が多く存在している可能性がある。このような事情を考慮すると、契約行為としての上皮内新生物無効規定運用は、規定の根拠から考える必要がある。特に、上皮内新生物に高額の保障を提供する会社は、この点を真剣に考えておく必要がある。また、**過去がん検診で異常の指摘を受けたことがあれば、上皮内新生物であった可能性も否定できないため、契約後に無効になるかもしれないので安心して保険に加入できないという問題と、契約しても安心して保障が受けられないという状態（契約が不安定な状態）が生じることになる**。このように、悪性新生物無効規定とは異なる規定運用上の問題があることを認識しておかなければならない。「上皮内新生物も保障」や「上皮内新生物満額保障」という商品の最大の問題点は、上皮内新生物無効規定の存在といえよう。

　以上のとおり無効規定について解説したが、前述したように、がん保険の無効規定導入当時と現在ではがんをめぐる環境は大きく変わっているため、がん無効規定の意義や有用性も変わっている。知100％時代なので、がん既往を告知しても加入できるような商品を用意する、あるいは特別条件を付加して契約締結ができるようなサービスを提供するなどの業界の環境整備が進むことで、無効規定の有用性も変わるはずである。契約自由の原則や保険法の強行規定に違反していない任意規定と主張できたとしても、がんの長期生存者が増える中で、がん無効規定の根拠については常に検討すべきであろう。がん保険の特殊

16）2014 年に公表された WHO の基準では、CIN2（中等度異形成に相当すると考えられている）は、上皮内新生物に位置づけられた。

性を考慮すれば、現在も商品提供に関し、リスクコントロール可能な規定が無効規定であることに変わりはないが、今後、更なる環境変化が進めば、その運用も限定される方向に進むと考えられる[17]。

　なお、復活契約における無効規定の取り扱いについては、別項（V-3）でとりあげる。

V-2　待ち期間規定

✚がんを保障する商品の待ち期間規定について理解する。
✚待ち期間の存在根拠について理解する。また医療保険に待ち期間がない理由を理解する。
✚待ち期間が90日や3カ月である妥当性を示す医学的データを参照する。

1）待ち期間規定の根拠

　契約締結後間もない時期に発生した保険事故に一定の逆選択が見られ、告知義務違反の解除権による除斥期間が2年にわたって認められている[18]。さらに、契約前発病不担保規定により、逆選択を防止する規定として機能している。それぞれ事後の危険選択と事前の危険選択として、不良契約を排除する2大規定である。

　一方、一部の商品に責任開始を遅らせる規定があり、一般に「待ち期間規定」と呼ばれている。実際に待ち期間が存在する商品は、一時金でがんを保障する商品で、がん保険では全てのがんに対して、三大疾病保障保険では乳癌に対して待ち期間が設定されている。また、介護保険の介護状態の継続期間の給付条件や三大疾病保障保険の60日規定も、形を変えた待ち期間と考えられる[19]。

---

17) サバイバーが増加する中、罹患した以外のがんになった時の保障ニーズは、非罹患者以上に感じているはずである。しかし、罹患者用の保険がほとんど販売されず、どこの会社のがん保険にも無効規定があると、止むを得ず告知義務違反をしてがん保険に加入するものが存在する。しかし、罹患者用の保険を用意する、あるいは特別条件を用意するなどすれば、正直に告知して加入すると思われる。そのような環境整備をしても、通常のがん保険に既往を隠して加入した場合の無効は、社会から許容されると考える。
18) 保険法では5年間認められているが、約款では2年間に制限
19) 責任開始直後に発症しても、一定期間介護や障害状態が継続しないと保険事故は成立しない。

253

がん保険では、90 日または 3 カ月の待ち期間が設定されているが、90 日を採用する商品が多く、一般的には「90 日不担保条項」と呼ばれている。

契約直後の給付発生を防止する仕組みとして機能しているわけであるが、待ち期間に関しては、告知義務違反による解除権や契約前発病不担保規定が存在するため、過剰な危険防止策だという批判もある。したがって、待ち期間規定が存在する根拠を理解しなければならない。

一般に、身体の異常の自覚は、疾病罹患に関連した自覚症状の認知、または医療機関受診による身体の異常の確認がされた場合である。すなわち、自覚症状か医療機関における異常の指摘を契機として逆選択が発生するが、医療機関受診の経緯があれば告知義務違反で解除される。しかし、自覚症状だけの場合は、告知義務にも違反することはなく契約することが可能で、契約直後に給付金が受けられることになり、契約者間で不公平になってしまう。**自覚症状をめぐる契約申込者と保険者の情報の非対称を埋める規定が、待ち期間である。要するに告知義務だけでは回避できない逆選択が存在するため、これによるリスクを防止するのが待ち期間である**。この点に関しては弁護士の芦原氏も同様の解説をしており、健全な保険制度の運営のために有用であるとしている[20]。また、待ち期間を肯定する裁判例も見られ、法学者もおおむね規定の存在自体に異論を唱える者はいない。

明確に待ち期間の規定自体が争われた例は、調べた限り少ないが、がん保険固有の規定の有用性を認めた裁判例として、保険事例研究会レポートに数回取り上げられている[21]。保険事例研究会レポート 193 号 13 頁、同 194 号 1 頁に紹介された原審甲府地裁平成 14（2002）年 10 月 30 日判決（平成 13 年（ワ）第 420 号）、控訴審東京高裁平成 15（2003）年 2 月 25 日判決（平成 14 年（ネ）第 6122 号）の判決趣旨について一部紹介する。

〔事実の概要〕

「X（原告・控訴人）は、Y 保険会社（被告、被控訴人）との間で、以下の内容の生命保険契約（以下「本件保険契約」という）を締結した。すなわち、保険

20）芦原・前掲注 4）49 頁
21）本文事例以外では、保険事例研究会レポート 286 号 11 頁、同 294 号 1 頁で東京地裁平成 25（2013）年 6 月 20 日判決（平成 24 年（ワ）第 11770 号）で、90 日待ち期間の解釈、規定の妥当性と約款の拘束力について研究報告されている。

契約者および主たる被保険者を X、受取人を訴外 A とし、がん入院給付金 1 日から日額 4 万円、がん診断給付金 400 万円、…中途略…という契約内容である。本契約は、X が平成 13（2001）年 4 月 13 日に申し込み、Y の承諾を得て、同年 5 月 1 日に成立（責任開始）した。本件保険契約の普通保険約款には、「被保険者が責任開始の日からその日を含めて 90 日以内に悪性新生物（がん）と診断されたときには、その被保険者のがん診断給付金、がん死亡給付金、がん高度障害給付金、がん入院給付金、がん手術給付金及びがん退院後療養給付金は支払いません。この場合、保険契約は無効とします」旨の定め（以下「90 日不担保条項」という）があった。

　その後、X は、平成 13 年 5 月 23 日に山梨医科大学病院において、肝細胞がん（確定）と診断され、その旨の告知をうけたことから、Y に対してがん診断給付金の請求を行ったが、Y は、X が肝細胞がんと診断されたことは、90 日不担保条項にいう「保険責任開始後 90 日以内のがん診断」に当たるから、本保険契約は無効であるとして、X の請求を拒絶した。」

以上の事実関係により裁判に至っている。具体的な争点は、90 日不担保条項（待ち期間規定）の合理性と募集人の説明義務をめぐり 90 日不担保条項が本保険契約の契約内容として有効なのかという点についてである。前者の 90 日不担保条項（待ち期間規定）について危険選択の面から、地裁も高裁もその妥当性を認めている。

　また、保険事例研究会レポートの研究報告においても、研究者から異論は唱えられていない。いずれの報告についても自覚症状を認識してからがん保険を申し込む逆選択に対して、告知義務制度ではリスク回避できず、これを補完する約款の規定として 90 日不担保条項の妥当性を認める報告をしている。

　以上のとおり、待ち期間規定の根拠は理解できたとしても、次に以下の点の疑問が残る。

- 医療保険においても同じリスク構造（自覚症状を認識し、保険加入後に医療機関を受診するという逆選択）が考えられるのに、なぜ待ち期間規定がないのか
- 待ち期間として一般には 90 日が設定されているが、90 日の妥当性あるいは根拠は何か

第Ⅴ章　がん保険の約款

という点の疑問である。

　確かに医療保険にも、自覚症状のあるタイプの逆選択は存在するはずであるが、医療保険に待ち期間規定が存在しない理由として、当然支払金額の多寡が関係している。一時金支払いのあるがん保険に比較して日額保障の医療保険では、待ち期間規定の必要性が乏しいと考えられるのである。

　医療保険の場合、保険事故が入院であり、**自覚症状の存在≒疾病の存在**という認識であっても、**自覚症状の存在≠保険事故発生の蓋然性**の関係が必ずしも明確でない。したがって、逆選択防止策としての待ち期間規定の必要性は、がん保険ほど高くないのであろう。

　がん保険の必要性を感じるレベルの自覚症状の場合には、**自覚症状の存在≒疾病の存在≒保険事故発生**であり、待ち期間規定の必要性は高いと考えるべきなのである[22]。特殊な商品として、がん保険に付加されている初回がん診断一時金に対しては、待ち期間が存在し、がんの入院給付金に対しては待ち期間のない商品が過去販売されていた[23]。入院部分は、通常の医療保険に合わせた商品である。1商品の中で待ち期間の有無が異なるという特殊型の商品である。2点目の90日または3カ月という期間の疑問については、次の項で解説する。

2) 待ち期間の日数

　90日または3カ月という期間の妥当性については、有効性を示すデータとして、患者の受療動向について、3年に1度厚生労働省で調査している受療行動調査がある。最新版である平成26（2014）年の調査報告のデータ（表Ⅴ-2-1）を参照したい[24]。

　表からは、悪性新生物の患者全体では約83.7％が自覚症状を感じて3カ月以内に医療機関を受診していることが読み取れる。自覚してから受診まで、3カ月を超えるがんを部位別に見ると、乳癌、子宮癌、肺癌、前立腺癌の順に高くなっている。乳癌では、4人に1人の患者は自覚から3カ月を超えてから初診

---

22) 西野猛「特定疾病保障保険における乳がん90日待ち期間の逆選択防止効果について」日本保険医学会誌99巻131頁（2001年）

23) 終身ガン保険シンプル（アリコジャパン）2008年8月2日

24) 受療行動調査は3年間隔で実施されているが、平成29（2017）年度のデータは、執筆時点ではまだ公開されていない。

V-2 待ち期間規定

表V-2-1 症状を自覚したときから受診までの期間

	総数	24 時間未満	1～3 日	4～6 日	1 週間～1 か月未満	1 か月～3 か月未満	3 か月以上
悪性新生物合計	100.0%	8.5%	16.3%	10.6%	30.9%	17.3%	16.3%
胃	100.0%	7.9%	15.4%	12.0%	30.6%	15.5%	18.6%
結腸及び直腸	100.0%	10.4%	16.3%	10.4%	29.7%	17.9%	15.2%
肝及び肝内胆管	100.0%	9.3%	16.0%	13.5%	37.2%	12.6%	11.3%
気管支及び肺	100.0%	10.5%	18.5%	6.1%	22.9%	25.6%	19.8%
乳房	100.0%	6.0%	17.3%	6.5%	24.8%	22.7%	27.1%
子宮	100.0%	5.8%	17.9%	4.9%	30.4%	23.9%	24.1%
前立腺	100.0%	16.6%	20.5%	3.9%	21.5%	20.5%	18.8%

出典：平成 26（2014）年受療行動調査　関連統計　第 14 表　外来患者の構成割合、傷病分類（主傷病）、
　　　最初の受診場所、症状を自覚したときから受診までの期間別データより、無回答および覚えて
　　　いないデータを削除し筆者が改編

になっている。がん保険の視点で見れば最も逆選択が発生しやすい部位といえ
るのである。ただし、全体では見ると 80％以上の患者が 3 カ月以内に受診し
ていることを考えると、待ち期間 90 日または 3 カ月は妥当といえるであろう。
　次に生保業界の経験データを示したい。
　これまでいくつかの研究報告があった。そのいずれもが、がん保険と異なり
三大疾病保障保険のがん支払いに関する調査である。三大疾病保障保険は、業
界標準商品として各社統一的な約款で販売が開始されてきたが、当初待ち期間
は導入されていなかった。そのため保険年度 1 年目の支払いが大きいという明
らかな逆選択パターン（通常選択効果が得られる保険年度の浅い契約の支払指数
は低く抑えられ選択効果が知られている）が見られる。この問題に対処するため、
平成 8（1996）年 4 月に各社は商品改定を行い乳癌に対して、90 日の待ち期間
を導入した。
　第一生命の泉泰治氏、本間春城氏の報告では、三大疾病保障保険の請求があ
った 1000 件の証明書を分析し、854 例が悪性新生物による請求で、その 30％
が責任開始後 1 年以内に集中していることを示し、逆選択の存在を示唆してい
る[25]。

25）泉泰治・本間春城・日本保険医学会誌 98 巻 76-82 頁（2000 年）

第Ⅴ章　がん保険の約款

　自覚症状に対する待ち期間の有効性を示す科学的根拠としては、第一生命の西野猛氏の報告がある[26]。三大疾病保障保険に関する調査であるが、乳癌に対する待ち期間導入の前後で保険事故発生を比較し、待ち期間が有用であることを分析・報告している。図Ⅴ-2-1のとおり待ち期間導入前後の商品で給付指数を比較し、約款改定後に逆選択が改善していることが証明されている。乳がんに対して待ち期間を導入したことにより、以後、今日まで三大疾病保障保険が健全に維持されることになったのである。

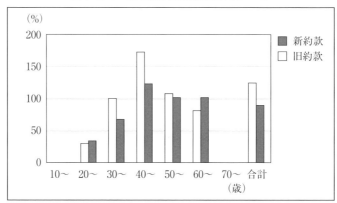

図Ⅴ-2-1　待ち期間有効性を示すデータ

縦軸：予定発生に対する実発生の比率
出典：日本保険医学会誌99巻133頁（2001年）より転記

Ⅴ-3　がん保険の失効、復活および復活契約における無効規定

＋最近の失効や復活の取り扱いに関する基本的な考え方を判例や学説を基に理解する。
＋復活の危険選択について考える。選択情報利用制限付危険選択の導入について検討する。
＋無効規定には、新契約時無効規定と復活時無効規定がある。
＋がん受給者については、失効させないように最大限の注意が必要である。
＋がん受給者は、失効すると無効規定のために復活ができない。

26）西野・前傾22) 133頁

V-3 がん保険の失効、復活および復活契約における無効規定

　がん保険の保全管理上の問題があるので、失効・復活および復活無効規定については、がん無効規定と別に解説する。がん保険の無効規定には、新契約責任開始前がん診断確定無効規定（以下、新契約時無効規定）と復活時責任開始期前がん診断確定無効規定（以下、復活時無効規定）が存在する。調査した範囲では復活時無効規定が明記されていない約款も存在したが、多くの商品で復活時無効規定が設けられている。前項までに述べた新契約時無効規定とは異なり、復活契約の無効規定の事情は大きく異なっている。契約の失効が前提となるため、失効と復活の両規定の問題と復活時無効規定の問題を絡めて考える必要がある。無催告失効に関する係争で最高裁および差し戻し高裁判決があり失効と復活の問題に焦点が当たったが、がん保険ではそれに加えて無効規定の存在も考慮する必要があり問題は複雑である。一般的な保険では、万一失効しても復活制度により契約継続の道があると契約者に理解されているが、**がん保険の給付金受給者は復活時無効規定により、はじめから復活の権利が行使できないという問題に直面するので、がん保険特有の問題である。がんの闘病や治療後の療養の中で、誰よりもがん保険の必要性を感じている、受給者にとって非常に深刻な問題である。**したがって、焦点が当たりにくい部分ではあるが、復活時無効規定の問題は実務上検討しておくべき課題である。

　一般的にがん患者は、長期の療養を迫られる。多くの罹患者が、休業・失業を余儀なくされ、保険料の支払いにも窮する状態で、高額化するがん医療の負担に直面する。がん保険の必要性を最も切実に感じている患者にとって、保険料払い込みの問題は無視できないのである。もちろん、がん罹患後に保険料払い込み免除や所得補償の特約があれば、この問題も軽減するかもしれないが、その分保険料は高くなっている。長期療養のがん罹患患者にとっては重大な問題であり、保険料継続のしやすさを含め、保険料払い込みの問題について十分配慮しなければならない。

　まず、復活時無効規定の評価をする前に、一般論として、失効と復活の両規定に関して最近の判例や学説を踏まえ、現在業界が直面している課題と、復活制度の危険選択について考えておきたい。その後、復活時無効規定の影響を考えてみたい。

第Ⅴ章　がん保険の約款

1）失効と復活をめぐる最近の事情（無催告失効の約款規定の係争）

保険契約の無催告失効規定について注目を集めた事案について、以下に確認する。[27]

〔事　案〕

原告は、自己の保険契約が失効になった点に関し、消費者契約法10条の規定に照らし無催告失効約款の規定に有効性がないこと、および復活申し込みを体況上不承諾とした保険者の判断に、信義則違反や権利の濫用があるという2点を主張し、保険会社との間で係争になっている。

① 　原審（平成20年12月4日横浜地裁判決（平成20年（ワ）第721号））：原告敗訴。

② 　控訴審（平成21年9月30日東京高裁判決（平成21年（ネ）第207号））：無催告失効規定を無効とする判断が示される。

③ 　上告審（平成24年3月16日最高裁第二小法廷判決（平成22年（受）第332号））：高裁判決へ審理を差し戻す判決

④ 　差戻し控訴審（平成24年10月25日東京高裁判決（平成24年（ネ）第2459号）。以下「差戻し審判決」と略す）：保険会社の失効防止策の実態を勘案して、失効規定を有効とし、さらに2点目の争点である復活不承諾についても、権利の濫用に当たらないとの判断を示している。

控訴審判決の報道を契機に、保険業界の内外で判決に関する賛否の議論が沸き起こった。裁判の進捗に並行して保険業界では、未入金契約に対する督促のあり方や失効防止の取り組みの見直しが行われることになった。上告審の判断を受けて、一連の判決に対する保険学者の研究報告が相次ぎ、その多くは、失効制度の有効性に関する学術的評価に加え、未入金契約に対する督促のあり方に関する評価論説であった。また、一部の保険会社では、催告規定を約款に盛り込み、復活制度を廃止した約款を導入した会社も現れた。[28]

このように一連の審理を通して保険業界は、催告のあり方のみならず実効性のある失効防止策を講じることになった。しかし、どのような防止策を講じて

27）金融・商事判例 No1404　16頁、金融・商事判例 No1395　14頁、金融・商事判例 No1389　14頁、金融・商事判例 No1327　10、19頁

28）日本生命、みらいのカタチ、http://www.nissay.co.jp/kojin/shohin/seiho/mirainokatachi/shiori/01.pdf

も失効する契約者がいる以上、対の規定である復活制度の充実は求められるのである[29]。特にがん保険の場合、がん受給者にとってがん保険の継続は時に死活問題であり、失効防止策のみならず復活制度の在り方は関心が高い問題である。

2) 復活制度と、危険選択の必要性

復活制度の意義は、保険者の意向に沿った制度なのか、失効に対する保険契約者にとって有利なサービスとなる制度なのかによって、危険選択のあり方やその水準は影響を受けることになる。しかし、復活制度は明治時代にまで遡って存在するが、約款における規定創設の趣旨は定かではない。したがって、復活制度について保険契約者と保険者にとっての得失を時代に沿って勘案することで、復活制度の意義を考えなければならない。例えば保険料の収納方法も、時代と共に集金制度から口座引き落としへ大きく変化し、失効に至る事情も大きく異なってきている。一方、差戻し審では、復活制度は保険者より契約者に有利な制度であると評価しており、その結果として危険選択が必要との分析がされている[30]。

米国では1カ月以内の復活契約に関しては告知義務を課さない制度が法定されているが、ヨーロッパ各国でも、未入金契約については基本的に危険選択が容認されている。復活は、未払い保険料を払い込めば無選択で承諾されるものではなく、保険会社が危険選択できる制度である。

一方、復活承諾の判断に関する保険者の裁量を無制限に認めることについて、あるいは告知義務の存在について否定する見解もある[31]。復活制度には復活の可能期間が限られていることや、失効後1カ月は無選択で復活可能な米国と比

---

29) 松田武司・生命保険論集184号129頁

30) 復活は保険契約者と保険者で比較し、より契約者に有利な制度との解説が多いのであるが、昨今の保険市場の飽和状態においては、新たな契約の獲得が困難であり失効による契約の喪失は、保有契約から見込まれる契約の上乗せ販売や家族契約の獲得のための市場の喪失と考えられ、販売市場の確保と維持の面も考慮すると復活制度が単純に保険契約者に有利な制度か微妙である。養老保険が主力商品で保険自体が一般社会に浸透していなかった時代における復活規定と、遺族補償や疾病の治療費用保障あるいは老後の生活資金安定のための保険など商品が多様化し、保険が個人、世帯を問わず普及している現在では復活規定の存在意義や保険契約者にとっての得失は変化しているはずである。

31) 潘阿憲・生命保険論集140号49頁

第Ⅴ章　がん保険の約款

較して、日本の復活制度の実務は厳しいというのが理由である[32]。また失効および復活の対象は保険者の支払責任に限定され、未払い保険料の払い込みがあれば自動的に停止していた保険者の支払責任が、復活するという考えを基に復活契約の危険選択は完全に不要という意見もある[33]。

例にあげた裁判を契機として、約款の失効規定の有効性および存否の是非、あるいは法的意義[34]に焦点が当たり活発な議論が展開された。研究者のみならず実務者に与えた影響も大きく、保険料収納部門の担当者においては、催告方法や失効判定の見直し機運が高まったのも事実である。復活制度の必要性を見つめ直し、復活の危険選択や承諾のあり方についても検討すべきなのであろう[35]。

失効は大きく二つに分類され、三浦氏が指摘する契約者が能動的に保険料を払い込まない「意図した失効」と単なる口座残高不足などが原因の失効で、本来契約の継続を望んでいた「意図しない失効」の二つの集団の失効の経緯や理由の違いにより、復活制度の利点は大きく変わるはずである。どちらの集団に重点を置いて論説するかによって復活時の危険選択の必要性も、その水準も変わると考えられる。

以上をまとめると

● 復活制度には、保険者と契約者のどちらに有利な制度なのか様々な見解があり、見方により復活における危険選択の水準も変わる。

● 米国のように無選択で復活できる期間を設けている国もあるが、復活における危険選択は一般的に認められている。

● 逆に、保険料を払い込めば無条件で復活を認めるべきとの説もある。

---

32) 福田弥夫・生命保険論集143号37頁、144号35頁
33) 様々な見解の相違は、失効規定と復活契約の法的意義に遡らないと理解できない。すなわち、失効と復活で法的に何が失効し、何が復活するのか様々な議論がある。過去新契約説が有力であったが、最近の学説は変わってきている。この背景の変化を認識しておくことが重要である。
34) 失効に関する研究の多くは、法的性質に関するもの、つまり契約関係の全部消滅か、一部なのかという研究と失効中の保険契約者の地位に関するものが主である。一方復活に関しては失効と対比して復活の法的性質に関するものが主であり、復活契約は新契約に復する契約、全く新規の契約およびいずれとも異なる特殊契約説が報告され、その多くは特殊契約説が支持されている。
35) 訴訟の原審における原告の主張は、約款における復活時の告知義務規定に関して、その存否を争点にするものではなく、告知義務の結果不承諾とした保険者の運用が、信義則違反や権利の濫用であるという主張である。

V-3　がん保険の失効、復活および復活契約における無効規定

● 失効に至る事情も変化している。

このほか、普通死亡保険の場合には、復活後新たに自殺免責期間が設定されるなど、その規定の有効性についても学説上議論になっている。[36]

3) 復活における危険選択のあり方

これまで復活規定は、失効と対を成す規定として法的意義に関しては、多くの研究者から様々な見解が示されてきたが[37]、危険選択に関しては、告知義務の是非をめぐる報告が多く、実務的な視点での報告は少なかった。[38]

前述した無催告失効約款の係争事案では、同時に体況上復活不承諾判断すなわち復活時の危険選択の妥当性についても争点になっており、差戻し審では選択の水準にまで踏み込んだ見解が示された点は意義がある。**表V-3-1** に高裁差戻し審の判決理由の抜粋を示す。

表V-3-1　差戻し高裁判決における復活契約における危険選択の水準に関する見解

もっとも、本件のように、契約失効前すなわち保険契約者が被保険者の一員であった当時において、保険事故自体は発生していなかったとしても、既に健康を損ねていた場合においては、保険事故発生のリスクを共同で引き受けようとする意思が被保険者集団に存在していたと考えるのが相当であるから、契約の失効後に初めて健康を害した場合と異なり、失効前罹患の場合においては、保険契約の復活はある程度緩やかに認められるべきであり、保険者の裁量の余地は狭まるものと解される。

出典：平成24（2012）年10月25日東京高裁判決（平成24年（ネ）第2459号）

復活の危険選択においては保険者の裁量に一定の制限があるという内容となっている。新契約説を否定する最近の学説に沿った判断で[39]、復活においては過剰選択にならないようにする指摘であり、指摘に合わせて実務の見直しをするようにとの意思が込められていると理解している。

この点に関し、明治安田生命の三浦達哉氏は「今後、保険会社が復活制度の

36）平成30（2018）年度日本保険学会全国大会においても村上裕行弁護士が生命保険契約の復活における自殺免責条項の論題報告を行っているように、復活契約の法理について現在も議論されている。

37）山下・米山・前掲注13）保険法解説、竹濱修・立命館法学327、328号1838-1857頁（2009年）

38）告知義務に関して多数意見は肯定的、三浦氏と松田氏の報告はこの問題についての鮮度の高い内容である。三浦達哉・生命保険経営81巻6号3頁、松田・前掲注29）

39）復活契約の法的性質については、単独行為説、新契約説、特殊契約説が報告されている。失効前の契約と同一条件の契約を新たに締結するという説が新契約説である。

あり方等について検討する際に十分念頭に置くべきであろう」との正鵠を得た見解を述べている。失効の催告のあり方と共に、今後の復活制度と危険選択のあり方について業界に警鐘を鳴らした点で注目に値する[40]。**常識的に考えてもがん保険受給者には「意図する失効」は、まず存在しないと考えてよい**のであり、最近の見解を踏まえれば復活時におけるがん無効規定の必要性を根本から考え直す必要があるはずである。

① 復活の危険選択の現状

〈「簡易復活」と「緩和査定」〉

復活制度は告知義務を除いて、選択手段に関する具体的ルールはないため、原則保険者の自由裁量で決められてきた。新契約に準じる選択をする場合と、復活契約という特殊性を考慮した選択方法行う方法があり、実際には後者が多く、一定期間契約が有効であった契約者に対しては、契約の深度に合わせた緩和した危険選択実務が取り入れられている。具体的には、簡易復活制度の導入と緩和査定である。

● 「簡易復活」は、死亡保険について失効後一定期間に復活申し込みがあれば告知書で審査をするという、選択手段の緩和である[41]。

● 「緩和査定」は、リスク評価を新契約に比較してより緩和して査定するというものである。これが導入されている理由については以下の2点が考えられる。

> 被保険者集団に想定される加齢による増加リスク部分を緩和するという理由

> 新契約と比較した情報の非対称の程度の違いである。契約を継続した一定期間の間に、保険者として保険加入者の様々な情報を取得できるからである[42]

---

40) 三浦・前掲注38) 論文

41) 山田有三「簡易復活制度に就いて」生命保険経営9巻2号28頁（1937年）に簡易復活導入の主旨が論説されている。

42) 新契約の申し込みでは、既往症や疾病の現症は本人の申告に任せると血圧異常やこれを原因とした合併症の存在を見逃す懸念があり、医師の診査による積極的選択が行われるが、復活査定では対象契約を一定期間継続して保険者が観察しているため、重度の既往や現症があれば給付請求などの選択情報があるはずで、選択情報の有無が分かることやその情報の質により契約者と保険者の間の情報の非対称は少ないと考えられる。一般的には、3カ月以内の復活申し込みの場合に「簡易復活」を取り扱うことになっている。

このように復活審査（注：危険選択は総論的に使用し、審査は危険選択の実務を指す場合に使用する）における「簡易復活」と「緩和査定」は、多くの会社で応用されている。

② 復活契約における保険適格性と選択情報利用制限付き復活査定の導入について

復活申し込み時における被保険者の医学的リスクは、新契約時と比較して増加しており、大きくは以下のように分類されるので、復活時リスク＝Ⓐ＋Ⓑ＋Ⓒである。

  Ⓐ 新契約時のリスク
  Ⓑ 失効前罹患リスク増加分（一般の被保険者集団の加齢相応のリスク増加分）
  Ⓒ 失効後罹患リスク増加分（失効後、新たに発生した傷病のリスク増加分）

前述したとおり多くの会社が、「緩和査定」を実施しているが、実際にはリスク増加分を「復活時リスク－新契約時リスク」と評価し、Ⓑ＋Ⓒのリスクに対して一定範囲まで緩和するという方法である。

一方、前述した差戻し審判決における高裁の見解は、Ⓑ、Ⓒを区別して危険選択すべきであるとの趣旨と解することができる。さらに、Ⓑに対する危険選択については、否定的であると読めるのである。

違いを整理すると以下のとおりである。

● 緩和査定＝（Ⓑ＋Ⓒのリスク）の緩和
● 差戻し審判決における高裁の見解＝Ⓒのリスク（失効後に新たに増加したリスク）に限定して復活の危険選択の対象とする

多くの復活申し込みが、告知書による選択であることを考えた上で、差戻し審判決の趣旨に合致させるためには、Ⓒの失効後に新たに発生したリスクだけを評価する「選択情報利用制限付復活査定」を導入することにならざるを得ない。すなわち、復活時の告知に記載される現病歴や、既往症に関する様々な情報の中で、失効後に発生したリスクに限定して情報を利用することである。Ⓒのリスクの選別は告知書で可能になるので、告知書による選択が多い第三分野商品にも汎用的に応用できる。選択情報利用制限付復活査定を導入することで、第三分野商品を含む復活承諾の機会が拡大するはずである。

第Ⅴ章　がん保険の約款

　復活申し込みの危険選択における有利取扱いをまとめると、表Ⅴ-3-2に示したとおり、3種類の方法が考えられる。意図した失効と意図しない失効では、復活請求の逆選択性が全く異なることや、失効後に経過した期間、あるいは新契約時に遡って告知義務の可争期間なのかどうかなど、一律で緩和した取扱いが導入されるものではないことは当然である。

表Ⅴ-3-2　復活審査の緩和方法

| ① 選択手段の緩和 |
| ② 緩和査定 |
| ③ 選択情報の利用制限 |

出典　筆者作成

4）復活制度とがん無効規定

　これまでの解説をまとめると、失効契約防止策の実効性向上とともに、復活のあり方の見直しが重要であるという学者の見解が多くなっていること、差戻し審の判決趣旨にもそのような見解を追認し、さらに選択のあり方にも踏み込んだ見解が示されたことである。

　失効と復活について紙数を費やし解説をしたが、復活制度と無効規定の問題を検討するには以上の理解が必要だからである。これまでの解説を通して、失効と復活制度について理解が深まった前提で、復活と無効規定について考える。

　復活時無効規定は、契約後にがん保険の給付を受けた被保険者に適用されるため、復活のしやすさどころか、復活の門戸を閉ざす制度になっている。早期胃癌で20年前に受給歴があれば、これを理由に復活契約は無効になってしまうのである。がんの受給者にとって失効は絶対できないことになる。**したがって、がん受給者に対する失効防止対策は、より重要度が高い問題である。また、前述したとおりがん保険の必要性を切実に感じているがん保険受給者にとって、生活の困窮以外に意図する失効は限りなく少ないはずである。したがって、万一失効した場合も、意図したものか事情を確認するなどの丁寧な対応が肝要である。**

　がん保険の新契約申込者については、保険者が具体的にがんの既往を確認することは困難で、告知義務違反が発生するが、契約後のがん受給については、契約者と保険者の間に情報の非対称は存在しない。受給者を復活させると再発

リスクの評価の問題が残るが、最近の復活の危険選択をめぐる研究報告を見る限り、受給のがん既往は失効後に新たに発生したリスクではないから、再発リスクを含め既往のがんについては復活の危険選択の対象になるリスクではないという考え方もある。したがって、復活時無効規定の厳格運用の有無によりがん受給者の復活審査結果は、

- 復活時無効規定があるので、復活請求不可
- 復活時無効規定を制限するが、新契約説に準じて再発リスクを評価し復活不承諾
- 復活時無効規定を再検討し、選択情報利用制限（失効後に新たに発生したリスクしか危険選択に使用しない）の有利取扱いで復活承諾

の３通りが想定されよう。今後約款を見直すのか、運用で対応するのかは別にして、**がん受給者に復活の機会がないことの問題認識は重要と考えている。失効復活の規定を理解し、最近の各種論説も踏まえた上で復活制度と無効規定の関係を整理しておく必要はあろう。**

V-4　がん保険約款のその他の諸問題

> ✚生命保険協会の ADR である裁定審査会におけるがん保険関係の苦情申立て状況を知る。
> ✚申立てのメインは、がんの該当可否とがん治療の合併症に関するがん入院給付の該当可否である。
> ✚がん入院給付金該当可否に関しては、裁定審査会の標準解釈を理解する。

1）裁定審査会の申立てとがん保険

本章では、これまでがん保険を特徴づける約款の規定を解説した。これらの規定に加えて、前章までに述べたがんの定義における「がんの確定診断は、病理医組織学的検査による」という約款規定も、がん保険の健全性を維持するために重要である。通常、危険選択の要といえば、保険引受けと支払い査定があげられるが、がん保険では、特徴あるこれらの規定に基づく約款による危険選択という位置づけが、他の保険種類と比較して際立っている。

第Ⅴ章　がん保険の約款

　では、がん保険の約款と関連したトラブルが、どの程度発生しているのか確認する。詳細は、日本保険学会関東部会（2018年3月）で報告したが、その内容の一部を以下に紹介する[43]。まず、生命保険協会の相談所のリポートでは、その一部として平成13年から「裁定審査会が取り扱った事案の概要」として取り扱い事例が公開されている[44]。がん保険の支払い査定に関連して裁定審査会に申し立てられた給付金請求事案の件数は、**表Ⅴ-4-1**に提示したとおりである。申立て総件数440件のうち133件が、がんという疾病と関連した請求で申立てが行われていた。これらの申立てを受けた事案は、申立人および保険会社の当事者がすでに協議を行っても解決できない事案であるから、トラブルの全体像を必ずしも反映していない可能性がある。一方、申立てに至った事案であることを考えれば、当事者にとって深刻な問題が濃縮されていると考えることもできよう。

表Ⅴ-4-1　裁定審査会の給付事例概要

	概要掲載件数	がん関連
平成 25-29 年	224	71
平成 20-24 年	174	51
平成 15-19 年	39	11
平成 14 年以前	3	0
合計	440	133

出典：生命保険協会 HP（2018 年 2 月 13 日アクセス）より筆者集計

　表Ⅴ-4-2は、がん関連の133件について事案の主たる争点について、筆者が内訳を分類し集計したものである[45]。

　がんや上皮内新生物の診断に関する事案が最多の47件であり、次が治療に関するものが35件、療養関係（主にがん入院）に関する事案が24件と続いている。さらに、診断に関しては、上皮内新生物（上皮内癌）と消化管間質性腫瘍（GIST）に関する事案が21件、治療に関しては手術に関する事案が28件を占めていた。

43）筆者「がん保険約款の実務上の諸問題」保険学雑誌 642 号（2018 年 9 月）
44）裁定審査会は、生命保険協会の指定紛争解決機関で、裁判外紛争解決手続（ADR）の機関である。
45）公開された概要の多くは、申立て理由と保険会社の支払い判断理由を簡単に要約したものに過ぎず、裁判案件に比較して内容の詳細な検証は困難である。

V-4 がん保険約款のその他の諸問題

表V-4-2 裁定審査会への申立て申請内容別の案件数

総合計		440 (426)
がん関連		133 (125)
内訳（重複有り）	診断関係	47 (45)
	療養関係	24 (21)
	治療	35 (33)　内手術関係 28 (26)
	告知義務違反	17
	待ち期間・無効	10
	その他	13
がん以外		307

注：（ ）内の数値は、申立て契約者の数

　他の商品と共通する告知義務違反や手術給付金に関する申立てを除外すると、診断と療養に関する申立てが主要部分であることが分かる。すなわち、がん保険給付事由の基本骨格である、がんの該当可否とがん療養に関する給付事由の該当可否部分に関する申立てである。

　詳細に分析すると前者の問題は、第IV章のがんの定義に関して解説した各種の腫瘍分類基準の適用問題が多くを占め、概略は以下のとおりである。

- ●約款に明示のない WHO の分類基準の適用可否（ICD-O やブルーブックが明示されていない場合）
- ●英語版しかないブルーブックに記載された分類基準を使用する妥当性や基準の拘束力
- ●分類基準が改訂されていた場合の新旧基準のどちらを優先して使用するのか

などであった。したがって、医学の進歩に合わせた分類基準の変化を見越して約款を整備しておくことが重要であると考えられた（ただし、ブルーブックの改訂と ICD-O や ICD の改訂の間にタイムラグの問題はいつまでも残る）。一方の後者については、次項で解説する。

2)「がんの治療を直接の目的とする療養」の約款解釈

　がん療養に関する給付事由の申立てについては、「がんの治療を直接の目的とする療養」という約款文言の解釈に関する部分である。実態としては、がん

269

第V章　がん保険の約款

治療に伴う合併症に関連した入院についての支払い事由該当可否の問題が多くを占めていた。「がんの治療を直接の目的とする入院」の約款文言を給付事由に採用しているがん保険は、各社から多数提供されている。一方、当該約款の解釈について、支払い査定者が日々苦慮しているにもかかわらず論点が整理されていない上に、研究報告も少ない。[46]

　がんの治療は、よく知られている三大治療（手術、放射線、抗がん剤）以外にも、終末期患者に対する全身管理など様々ある。しかし、がんに伴う合併症や、がんとは関係ない疾患が同時に発病するなど、保険事故の定義に該当する療養なのか、分別すべき療養なのか日常的に悩むことは多い。実際に支払い査定者と意見交換をすると、「明らかに定義に該当する療養（以下、該当療養群という）と明らかに該当しない療養（以下、非該当療養群という）のように判断に迷わないものと、判断に迷う療養（以下、中間群という）に仕訳する。中間群は、上位の査定者が判断するプロセスになっている」との回答を聞くことがある。正しい支払い査定をしようとする姿勢は見えるのであるが、結局このような方式では、中間群の支払いの妥当性は明瞭ではない。上位査定者のスキルに依存し、会社間で判断が異なる要因になる。

　では、「がんの治療を直接の目的とした療養」の定義について、公平で査定者間の判断のブレを最小化し、上位査定者の判断という曖昧さ（上位査定者が異動するとまた別の支払基準となる弊害）を排除できる支払い査定を実現しなければならない。これには、消費者や、請求手続の仲介をする募集人にとっても納得できる明確な基準でなければならないのであり、**当然中間群に対しても判断するための基準を用意しなくてはならない。**すなわち中間群の支払基準である。その結果、明確に給付に該当する療養群と、中間分別基準該当群および給付非該当の3群に分別されることになる（**図V-4-1**）。

　このように「がんの治療を直接の目的とした療養」の定義に対する判断ロジックが、異なるのである。契約者、募集人あるいは監督官庁に対しても、説明責任に耐える基準を内規として作成することが重要であり、査定者個人の曖昧

46）裁判例は少ないが、東京地裁平成25（2013）年1月28日判決（平21年（ワ）第43165号）について井代岳志「がん保険の支払要件」保険事例研究会レポート302号（2017年）の研究報告がある。事例は、入院についてがん保険約款該当可否のみならず、一般的な入院給付事由に該当する条件についても取り上げている。

270

図V-4-1　支払判断ロジック

| 1群：該当療養群（支払い）
2群：中間群（上位査定者？）
3群：非該当療養群（不払い） | ➡ | A群：該当療養群（支払い）
B群：中間分別基準該当群（支払い）
C群：非該当療養群（不払い） |

出典：筆者作成

な判断を防止することにつながるのである。

3）合併症入院の事例

実際に経験することが多い事例について一部紹介する。

〔事例1〕　肝癌治療後の肝不全治療

肝臓癌で、腫瘍に対して肝動脈の塞栓術のための入院をしたが、施術後合併している肝硬変により肝臓機能が悪化して肝不全となり、肝不全のための入院が数カ月にわたった。通常、塞栓術に必要な入院は数日と考えられている。塞栓術実施日までの数日分をがん入院給付金として支払ったが、全期間支払うべきだと契約者から申し出を受けた。

〔事例2〕　肝癌治療前の肝機能悪化

肝臓癌に対してラジオ波凝固術という治療するために入院したが、入院初日の血液検査で合併している肝硬変が悪化していることが判明し、入院は肝硬変に対する治療目的に変更になってしまった。肝硬変の治療は2カ月におよび軽快した後、ラジオ波凝固術が実施され、数日後に退院した。ラジオ波凝固術実施日から退院日までの数日分をがん入院給付金として支払ったが、当初の2カ月分も支払うべきだと契約者から申し出を受けた。

これら2例は、いずれの事例もがん治療の前後で持病である肝硬変症が悪化している例で、実際に請求で経験することの多い事例である。同一継続入院の中で、肝不全に対する治療とがん治療が混在している。契約者の理解や納得は別として、約款の解釈上、肝不全に対する治療とがん治療部分は分別して支払いをすべき事例である。肝不全の悪化は、がんの治療の予定がなくても肝不全で入院していたことを勘案すると、紹介した事例で全期間支払うことは契約者間の公平性を欠くと考えられる。しかし、給付金請求用証明書に主病名として肝臓癌、合併症は肝硬変と記載されていると、支払い査定の効率化のために実

際の入院内容を確認せずに全てを払う会社も存在している。支払いの割り切り
といえばそれまでだが、実際には簡単には割り切れず却ってトラブルになるこ
とも多い。例えば事例 1 で全期間支払った場合に、万一、再度肝硬変だけの長
期入院が再開した場合には再入院についても、がんの入院給付として支払い請
求を受ける可能性につながる。一方の事例 2 の場合に、ラジオ波凝固術の前の
肝硬変の治療が短期間であり、通常は外来治療だがラジオ波凝固術が予定され
ているので、積極的かつ強力に短期間で治療するために入院したという医学的
な背景があれば、ラジオ波凝固術の前の入院部分もがん入院として支払いを検
討することは妥当かもしれない。このように、**がんの治療を直接の目的とした
入院の解釈は、難しいのである。だからこそ、保険金支払い部門の存在意義が
あり、スキルアップが必要なのである。**

4) 裁定審査会の標準解釈

　次に、合併症入院等に対する申立て事例に対して、裁定審査会が下した判断
について解説する。

　〔事　例〕（概要番号 25-131：入院給付金等支払請求、申立内容は認められず裁定
　　　　　　　終了）：

- ●がん保険契約後、十二指腸がんで平成 10（1998）年に入院し、手術中に患
　部へ放射線照射を受けた。
- ●平成 15（2003）年になって放射線照射の晩期合併症である門脈閉塞と消化
　管の静脈瘤発生に伴う消化管出血を来たし、以後複数回入院（以下「合併
　症入院」という）する。
- ●給付金請求者は、合併症入院は給付事由に該当すると主張
- ●保険会社は、合併症入院ではがんは存在しないことや晩期合併症であるこ
　とを理由として、がんの治療を直接の目的には当たらないと判断し、給付
　金不払いと判断している。
- ●初回治療から 5 年経過して発生した合併症入院に対して、裁定審査会は保
　険会社の主張を認めている。

　医学的な視点で見れば、消化管出血は初回のがん治療と関連した合併症であ
り、請求者の主張も理解できないわけではないが、申立内容を否定した裁定審

査会は、約款解釈として以下の判断を示している。実際に裁定審査会の「事案の概要」に掲載された該当部分を**表Ⅴ-4-3**に転記する。

表Ⅴ-4-3　事例 25-131 の裁定審査会の見解抜粋

1. 当審査会では、がん保険の支払事由のうち「がんの治療を受けることを直接の目的とした入院」とは、「がんそのものに対する処置、すなわち摘除手術や抗がん剤治療、あるいは放射線治療、またはこれらの治療に伴い生命維持のために必然的に付随する処置（誰でも当然に受ける処置）」と判断している。しかしながら、本入院中に、悪性新生物そのものに対する処置、またはそれに伴い生命維持のために必然的に付随する処置が施されたとは認められないので、「がんの治療を受けることを直接の目的として入院している」とはいえない。

2. また、がんの治療の結果、相当の可能性をもって生じる合併症については、生命維持のために必要な処置であり、かつ、がんの治療と時間的に近接している処置であって、社会通念上「がんの治療を受けることを直接の目的」とする処置と同視しなければ著しく不合理である場合は、例外的に、前記約款の「がんの治療を受けることを直接の目的として」に準じて取り扱うことが相当であるとも判断している。

出典：生命保険協会相談所掲載資料

　この事例に対しては、合併症入院の原因となった合併症は術後5年という長い年月を経ており、がんの治療と時間的に近接しているとは認められないので、約款の「がんの治療を受けることを直接の目的として」に準じて取り扱うことが相当とまではいえないとして、請求は認められないとの判断を示している。

　以上の解釈を整理するために箇条書きにすると以下の**表Ⅴ-4-4**とおりである。

　本例と類似の事案[47]で、がん治療後の4カ月後に発症した合併症で入院した例では、4カ月経過していても裁定審査会は、上記標準解釈に該当するとの判断を示している。両事例は、4カ月後と5年後の合併症の発症までの時間が異なっているだけであるが、標準解釈について相反する判断を示したもので、結局、約款解釈の実務では、個別事例で判断せざるを得ないのである。

　しかし、「がんの治療を直接の目的とする療養」の約款解釈に日々査定者が苦労して判断しており、業界に対して一定の判断を提示した意義は大きい。このような解釈とは別に、前述の中間群の分別基準を独自に採用している会社もあり、各社がそれなりに努力していることは窺い知れる。しかし、研究者の研

―――――――――――
47) 概要番号 24-76、ガン入院等給付金支払請求

273

第Ⅴ章　がん保険の約款

表Ⅴ-4-4　裁定審査会の標準解釈

ⅰ）がんの治療を直接の目的とした入院の解釈
ⅰ-1 がんそのものに対する処置、すなわち摘除手術や抗がん剤治療、あるいは放射線治療
ⅰ-2 これらの治療に伴い生命維持のために必然的に付随する処置（誰でも当然に受ける処置）
ⅱ）がん治療の合併症入院を認める条件
ⅱ-1 相当の可能性をもって生じる合併症
ⅱ-2 生命維持のために必要な処置
ⅱ-3 がんの治療と時間的に近接した処置
ⅱ-4 社会通念上「がんの治療を受けることを直接の目的」とする処置と同視しなければ著しく不合理である場合
これらの要素が、裁定審査会の解釈（以下、標準解釈という）である。上記ⅰ-1 およびⅰ-2 は、どちらかに該当すれば給付対象であり、ⅱ）については、ⅱ-1、ⅱ-2、ⅱ-3 およびⅱ-4 の全てに該当することが給付の必要条件である。

出典：生命保険協会相談所掲載資料より作成

究対象となることも少なく、裁判例も少ないのが現状であれば、今後裁定審査会が示した解釈に対して議論が深化し、各社が参考にすることができるようになることが期待されている。

　なお、裁定審査会の事例概要では、以下の入院についても給付事由に該当しないとの見解を示した事例を報告している。

- ●治療後のリハビリ入院
- ●治療準備のための入院
- ●がん予防の入院

5）国民生活センターの事例（治療準備の入院）

　これまで、解説してきた「がんの治療を直接の目的とする療養」の約款解釈に関して、マスコミ報道され注目を集めた国民生活センターの申立て事例（前立腺癌手術前に糖尿入院をがん治療入院として請求した事例）について解説する。

〔事　例〕

　2006 年に前立腺癌のために定期的通院で化学療法を受けていた患者が、2008 年 4 月に前立腺摘出の手術を受けることを決めている。その後外来で血糖値が高いことが判明し、糖尿病の診断のもとに 5 月 13 日から 19 日間血糖値コントロールのために入院治療（①の入院）を行っている。予定に従い 6 月 19 日に前立腺摘出のために入院（②の入院）し、手術を含め 23 日間入

274

院している。②の入院についてがんの入院給付金として支払ったところ、糖尿病の①入院もがんの入院給付として支払うべきと契約者から申し出を受けた。糖尿病の退院後、前立腺摘出の入院まで期間があること、前立腺の手術が予定されていなくても入院して治療する程度に糖尿病が悪化していたことを根拠に、糖尿病の入院部分を給付しなかったのである。

　これに対して、契約者から国民生活センターに申し出があり、国民生活センターから約款の不備を指摘する見解が、マスコミに報道されることになったのである。その際に示された国民生活センターの見解をまとめると以下のとおりであった。

〔見　解〕

　本件における①入院は、「責任開始日以後にがんの治療が必要とされ、その治療を受けることを直接の目的として入院していること」に該当し、本件の相談者は当該保険会社対して、入院保険金の支給を求めることができるとの結論に至った。

〔理由1〕「直接の目的」の意味内容が一義的には決せられず、また、平均的な一般消費者にとって、この支払事由以上の説明がなく除外項目を知ることができない状況であることから考えて、この支払事由を定める条項が不明確な条項であることのリスクは、この条項を作成した保険者が負うべきであり、被保険者にリスクを転嫁することは許されないと考えられる（作成者不利の原則）。

〔理由2〕2回目の入院で行われた、「がん治療」そのものに該当するがん摘出手術との関係からみて、初回の入院時になされた治療内容につき、客観的な必要性と連続性を認めることができる。

　筆者が若干修正しているが、国民生活センターの見解の概要は上記のとおりである。詳細は、平成22（2010）年2月3日付「がんの摘出手術に必要な血糖コントロールのための入院に対して、がん保険の入院保険金が支払われないトラブル（国民生活センター消費者苦情処理専門委員会小委員会助言）」を確認されたい。[48]

---

48) http://www.kokusen.go.jp/pdf/n-20100203_1.pdf

第Ⅴ章　がん保険の約款

このような国民生活センターの判断に対しては、以下のとおりの保険者としての反論が想定される。

- 反論1：「直接の目的」の対象は、がんの治療であり糖尿病の治療は対象にならないと考えるのが常識的な解釈である。
- 反論2：糖尿病治療は間接的な治療であり、給付対象とすれば、数理的にも商品設計が困難になる。
- 反論3：がん治療との連続性の有無等で判断することは、より曖昧な判断基準であり支払いの公平性が確保されない。

また、糖尿病治療の給付の是非に関しては、以下の見解も考えられる。

- 見解1：糖尿病単独であっても入院治療が必要な病状であった。したがって、糖尿病治療は、がん治療に対して間接的な治療になる。
- 見解2：糖尿病治療を保障の対象とするならば、糖尿病有病者のがん保険加入を全て謝絶にせざるを得なくなり、がん保険の加入機会を制限することになる。

以上のとおりである。国民生活センターの見解に対して想定される反論を提示した（民間保険事業に精通する複数の専門家に確認済み）。裁定審査会の概要報告を見ても、いわゆる「がん治療前準備入院」の請求トラブルは少ないが、今後も同様な事例の約款解釈を求められることはあるはずである。もちろん、裁定審査会は前項で述べたように、治療前準備入院は「がんを直接の治療を目的とした入院」に該当しないとの見解を示している。どちらの見解が妥当かという評論は避けるが、「がんの治療を直接の目的とする」という給付事由の表現は、これまでに述べたように非常に汎用的に使用されている。**がん医療は、今後ますます個別化と多様化が進むと想定されており、がんに限定した給付事由を規定する「がん治療を直接の目的とする入院」という文言は、保険事故の定義として医学的には最適と考えられ、これを凌駕する定義はないと考えている。**

がん入院給付に限らず、手術給付、先進医療給付、通院給付など給付の該当可否は、この表現に基点が存在するのである。裁判例や ADR などの外部評価を参考にする必要はあるが、トラブル後の結果を参照するまでもなく、この[49]

49）前掲注 46）参照

重要な給付事由の定義を吟味咀嚼しより適切な給付ができる仕組みを構築しておくことが求められている。

第VI章　危険選択、その他

VI-1　がん保険加入時の危険選択

> ✚ がん保険の引受けリスクは限定しており、そのリスクについて理解する。
> ✚ 環境選択の効用は限られているが、入れ墨や薬物濫用と慢性肝炎・肝硬変および肝臓癌の関係についてのエビデンスは知られている。
> ✚ がん保険の選択手段は、告知書が最適であるが、引受けリスクが限定されているため告知書の設計は重要である。
> ✚ 悪性新生物や上皮内新生物に関連したリスク以外に、保険料払込免除の規定や特約があると免除になるリスクについても選択が必要になる。

　はじめに、本章では引受け査定に触れるため、一部では不快用語との批判もあるが、「謝絶」という用語をそのまま使用する。

1）医学的リスクの違い

　死亡保険、入院保険、がん保険について引受け査定実務の面で、それぞれの商品のリスクを比較し、がん保険の危険選択について考えてみたい。

　まず謝絶にする疾病の種類数でリスクの大きさを商品別に考えると、全ての傷病を保障する入院保険の引受けリスクが最も広く、その次が死亡保険である。これら2商品に比較するとがん保険のリスクは明らかに狭い。言い換えると、同じ告知書を使用した場合に、死亡保険、入院保険、がん保険の謝絶率は、入院保険、死亡保険、がん保険の順に低くなるのである（図VI-1-1）。例えば、糖尿病は入院も死亡リスクもある病気であることは周知であるが、糖尿病の病状がある一定範囲までなら特別条件で死亡保険が引受けできても、入院保険は謝絶にしている会社は多い[1]。一方、がんの保険は、最近ではがんと糖尿病との関係が指摘されてはいるが、関係性は低いので謝絶にする必要はないので

　1）このような医学的基準は、会社により様々で一つの見解を示したに過ぎない。

　2）I-2-1）「がんの疫学と基本統計」を参照

第Ⅵ章　がんとがん保険

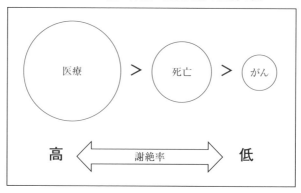

図Ⅵ-1-1　3種の保険の選択対象の疾病の数

ある。

　引受け査定では、様々な既往症や現症に対する査定をしなくてはならないが、がんの発生と関係する告知は多くない。高齢者では生活習慣病や循環器系、あるいは足腰肩膝に関する整形外科系の告知が多く[3]、いずれもがんに関連する告知ではない。若年者は既往症や通院中の告知は少なく、告知があってもケガや妊娠分娩に関係した告知あるいはメンタル系の告知であり、いずれもがんの引受け審査に影響するものではない。一般的に死亡保険に用いられるような詳細な告知書では、がん保険申込者にとっては無駄な告知記入が多く発生することになる。同様に、死亡保険においてもある程度同じ問題が発生していると考えられる。しかし、死亡保険は高額であり、より慎重に査定をする必要性から考えて一概に無駄な告知の取得と考えるのは早計である。

　査定標準[4]も全ての傷病を保障する医療保険では、多くの病名に対し引受け基準を用意している。しかし、多くの病名でがんのリスクはないため、がん保険の引受けについては承諾という基準になる。がん保険という商品の医学的引受けリスクの対象病名は非常に限定的であり、引受けの危険選択に関して業務効率の面からも検討しなければならない。さらに、告知に出現する医療情報という究極の機微情報を無駄に入手し、管理しなければならない問題も考えなく

3）平成28年国民生活基礎調査では、通院原因の疾病内訳を見ると高血圧、糖尿病、腰痛症、眼科疾患、高脂血症の順に多い。
4）各社で用意している引受け審査のためのマニュアル。

てはならない。まとめると、次の2点に集約される。

- 他の保険より効率的に選択できる告知書の設計が重要
- 無駄な医学情報の取得の防止

2）がん保険と環境選択（入れ墨[5]、反社）

がん保険と環境選択の必要性について考えるが、基本的にがん保険において医学的な理由以外で一時金取得目的の加入を試みる者や、がん罹患という虚偽の診断書を作成して給付金をだまし取ろうとする者は多くない。また保険金殺人や虐待による傷害など、死亡保険や医療保険では問題になるモラルリスクも、がん保険では懸念する必要性も低い。もちろん死亡保険のように数千万円の保険金が取得できる商品ではないため、**一般的な環境選択の必要性は低い**。がん保険には、がん罹患リスクの高い者が加入しようとする医学的な逆選択リスクは存在するが、前述した約款の規定が最大の防御となっている。

一方、入れ墨と肝臓癌や薬物中毒と肝臓癌の関連は医学的に報告されている。また、反社会的な人物と入れ墨や薬物の関係があることは、公知の事実である。反社会的な人物の保険申し込みでは1次選択が重要で、厳しい審査が必要であることは言うまでもないが、がん保険に限定した話ではない。しかし、**がん保険のリスク管理の面では、入れ墨や薬物と関係した肝炎ウイルス感染と肝硬変から肝臓癌になるリスクを排除しなければならない**[6]。残念ながら、告知書扱いなので医師の診査のように入れ墨の確認をすることができず、リスクはあるものの1次選択を除けば2次選択、3次選択の効果は期待できない。

医学的に入れ墨と癌のがんの関係を調べたところ、明確な文献は確認できなかった。入れ墨の歴史は古く、様々な物質がペイントとして使用されてきた。植物成分や鉱物などの天然資源を使用しているものや、化学的に合成されたも

5）刺青は、小野友道『いれずみの文化誌』河出書房新社（2010年）によると、谷崎潤一郎の独創した用語で、短編小説「刺青」（新思潮、1910年）で使用したことに始まると解説されている。他にも入れ墨を表現する用語としては、文身や刺文などあるので、本書では入れ墨を正式用語として使用する。

6）東邦医学会雑誌（0040-8670）33巻1号36-41頁（1986年5月）、矯正医学（0452-974X）41巻2～4号75-76頁（1993年2月）会議録、矯正医学（0452-974X）53巻2～4号132-133頁（2005年2月）会議録、肝臓45巻（2004年）などで、刑務所収監者や覚醒剤使用者と肝炎ウイルス感染および肝癌の関係が報告されている。

のまで多岐にわたり、色素も多種類に渡るため、毒性に関しては、それぞれの素材で異なることになる。最近では、インクにナノ素材が使用されており、異物としての反応性が高まることが危惧されている。

　入れ墨による健康被害は多種類知られており、基本的に異物沈着症（表皮を超え真皮にインクが生涯に渡り沈着する）に関する合併症として医学的には捉えられ、世界的にも急性の皮膚炎や入れ墨に特徴的なサルコイドーシス型肉芽腫が多く報告されている。また発癌の報告もあるが、統計的分析はされていない。日本でも健康被害の報告は多数あり、また真偽が今のところ不明確であるが、入れ墨のインクに対する MRI 検査の副反応（主に火傷）のリスクが懸念されている。

　欧州では、入れ墨を入れること自体規制されておらず、入れ墨に使用するインク素材の安全性に対する規制が主になっている。日本では古くから入れ墨が社会に定着していたが、江戸時代には、肌を露出する職種を中心に入れ墨が普及し、町人文化として日本に定着していたことは有名である。しかし、明治維新になるまで栄えた入れ墨文化は、その後西欧化の流れの中で国策として否定されていく。すなわち、入れ墨を否定する規制が導入され、GHQ による第二次大戦後の規制緩和まで続くのである[7]。明治から戦中まで、入れ墨＝違法行為の認識が日本国内では定着し、さらに醸成されたイメージにより一般の国民は入れ墨を忌避することになったのである[8]。一方、一般国民の感覚とは異なり、反社会的組織に所属する者や準構成員が、組織への帰属性を誇示する目的で能動的に入れ墨を受容することが知られており、入れ墨＝反社会的勢力との認識が日本社会に浸透している。これが、入浴施設の入れ墨者排除問題と生命保険の加入審査問題の背景にある本質であろう。戦後 GHQ が刑法の入れ墨禁止を改正させ、入れ墨自体は現在の日本では禁止されていない。その代わりに青少年健全育成条例で、複数の都道府県で 18 歳未満の入れ墨を制限している。

　一方、入れ墨を業とする行為が医業に該当するか司法の場で争われている。東京高裁では、入れ墨の刺入は医療行為に当たらないとの判断が示されている

7）明治 41 年 9 月「警察犯処罰令」の発布、第 2 条 24 号で入れ墨が禁止されている。

8）明治期に、入れ墨文化が消滅することを嘆いて、故福士政一教授が入れ墨のある皮膚の蒐集を行い、その標本が東京大学医学部の標本室に保管収蔵されている（芸術新潮 11（1995 年）に収蔵物の写真が掲載されている）。

が、上告されるか本書執筆時点では確定していない。医業として認められれば入れ墨は、医師以外実施することはできずに、入れ墨は再度アンダーグラウンド化するはずである。現在、入れ墨がどれだけ衛生的に管理されているか不透明であるが、アンダーグラウンド化すれば、注射の回し打ちを原因とした薬物依存者に肝炎ウイルス汚染があるように、入れ墨者の肝炎ウイルス感染のリスクは逆に高まることになろう。しかし、がん保険加入時に肝炎ウイルス感染のチェックを行うことは現実的ではない。入れ墨が医療行為かどうかの司法判断が、民間保険に対しても一定の影響があることは理解しておかなければならない。

　最近流行しているファッションタトウも、感染リスクやインクの安全性など問題はあるので施術者の衛生教育を充実させることにより、健康被害を発生せず保険事故にもならずすむように指導管理することが、現実的な国の施策なのであろう。衛生的に施術されたファッションタトウであることが確認できるならば、がん保険の加入は検討してよいかもしれない。

3）がん保険の選択手段

　がん保険は、一般的に告知書扱いである。給付金額の多寡と新契約の選択に費やせる付加保険料を考えれば当然である。一応、他の選択手段である医師による診査、健診結果通知書扱について、選択効果を比較すると、**表Ⅵ-1-1** のとおりである。

表Ⅵ-1-1　選択効果の比較

選択手段	メリット	デメリット
医師の診査	過去のがんの手術痕の確認が可能、外観の観察で異常なるいそう（ヤセ）が確認できる	費用対効果が小さい 告知書と比較して有益情報は限定的
健診結果通知書扱	胃検査、血液検査など選択に有益な情報が豊富	がん保険の選択に不要な情報も多い 査定業務負荷が大きい
告知書	査定や事務処理が簡便、告知書設計を上手く設計すると有審査に劣らない選択効果	無面接募集では、外観の観察ができない

出典：筆者作成

9）平成30（2018）年11月14日東京高裁判決（平成29年（う）第1117号）

第Ⅵ章　がんとがん保険

　このように分析すると**告知書扱いで選択することが、やはり現実的であることが分かるはずである**。健診結果通知書扱いの場合、当然選択効果はあると思われるが、健診結果の異常の不告知に対しては、待ち期間の規定や告知義務違反による解除権が多くの場合行使可能であり、この点を考慮するとあえて健診結果通知書扱で引受け審査を行うメリットは大きくないのである。

　では、専門家としての視点でリスク選択すべき既往症と現症は何か列挙する（**表Ⅵ-1-2**）。

表Ⅵ-1-2　リスクの対象となる医学的選択情報

現在の病気・症状	がん検診の異常、健康診断で肺、胃、便潜血、貧血等の異常 通院中の自覚症状（しこり、腫れなど） 通院中の疾病（がん、前がん病変など）
既往症	がん、前がん病変
その他	発がん遺伝子疾患（発病している場合）

出典：筆者作成

　以上のとおりの行数で列挙できる限定したリスクが対象である。なお、発がん遺伝子疾患・遺伝子変異の保因に対しては、未発症の場合慎重な取り扱いをしなくてはならないことは、がん保険においても同様である[10]。例えば、家族性大腸ポリポーシスという病気があるが、未発症の遺伝子検査異常は引受け査定に用いてはならない。

　もちろん、今のところ日本に法律も行政の指導もなく、生命保険協会のガイドラインもない（本書執筆時点）。しかし、欧米の先進国は、法規制を通して保険引受けと遺伝子情報の取り扱いについて制限を行っている。日本でも、ゲノム情報の取り扱いをめぐる社会的問題に関しては、ゲノム医療を推進する体制の項で解説したゲノム医療実現推進協議会で協議されており、保険引受けにおける利用に関する法規制も検討されている[11]。なお、これらの規制については別に解説する（第Ⅵ章-1-6）参照）。

10）筆者「遺伝子検査と保険問題―アンジーの声明が意味するものは？―」生命保険経営82巻4号、筆者「ポストシークエンス時代の遺伝子情報考察―遺伝子情報取り扱いに関する保険実務的思考―」保険研究63集57-75頁

11）平成30（2018）年9月末時点では、具体的な法規制にまで協議は踏み込んでいないが、法規制を視野に入れた議論は行われている。生命保険協会と金融庁の役割も協議されている（遺伝に関する適正な保険引受け実務や、業界のゲノムリテラシー向上など）。生保協会はガイドラインの作成の準備中である（2019年4月6日共同通信）。

元に戻るが、すでに遺伝子異常でポリープを発病し通院受療や治療をしている告知については、他の疾病告知と同様の取り扱いで問題ないと考えられる[12]。

さて、第Ⅰ章-3-2)「がんの予防と早期発見」の項で解説した、がんの簡易検査が普及した場合の選択手段については、告知書以外の選択手段を検討する時期が到来するかもしれないが、告知書の質問項目の工夫や告知義務違反の解除権によるリスクコントロールを検討することが先決であろう。検査の普及状況や給付の発生動向を確認した後に、新たな危険選択手段を導入するかは、一般的な危険選択の技術論の中で対応できるはずである。加入申込者と保険者の情報の非対称は時代とともに常に変化し、これまでも業界は変化に対応してきたのである。

4) がん保険・がん保障商品の告知書

がん保険では前述のとおり限定したリスクの選択目的が達成されれば十分であり、無駄な医学的告知を取得しないように告知書の設計が重要である。告知書の記入方式としては、詳細記入方式、完全事前選択方式、および両者を併せたハイブリッドタイプがあり、それぞれに特長があるが、最近では加入可否が告知書で分かる完全事前選択方式を採用する会社が増えてきている。完全事前選択方式を採用した告知書の一例を**表Ⅵ-1-3**に提示する（すでに**表Ⅲ-11-2**で提示したが再掲する）。

完全事前選択方式の告知書を経験することにより、実際様々な問題が確認できる。以下にメリット、デメリットについて列挙する（**表Ⅵ-1-4**）。

事前選択部分が多ければ、査定の自動化にも大きく貢献する。しかし、告知義務違反の成立条件である主観的要件の確認において、表のデメリットの1に示した問題の影響を受けることがある[13]。今後も事前選択部分を導入した告知書を運用する上では、引き続き検討が必要である。

次に、他の保険と異なる、がん保険に特徴的な告知関連事項について触れて

---

12) 発病の概念や定義が保険制度上問題になり、法規制協議の中で検討しなければならない。

13) 告知義務違反では、故意・重大な過失の立証が必要だが、告知書に列挙された病名に関する認識が不足して無告知になった場合は、告知義務違反は問えない。例えば、肝機能障害の認識はあったが、慢性肝炎の認識はなかったので慢性肝炎に関して告知しなかったという場合などである。事前選択方式では、病名列挙が必然的に多くなるため、このような問題が発生する。

第Ⅵ章　がんとがん保険

表Ⅵ-1-3　がん保険 Days1 の告知書

今までにがん（悪性新生物）にかかったことがありますか？	
現在入院中ですか？または最近 3 ヶ月以内に入院・手術をすすめられたことがありますか？（ただし、すすめられたすべての入院・手術が終わっている場合は除きます。）	
過去 5 年以内に表 A の症状や病気あるいはその疑いで、医師の診察・検査・治療・投薬をうけたことがありますか？	
現在表 B、C の病状や病気あるは疑いで、治療中・検査中・経過観察中ですか？または 3 ヶ月以内に表 B、C の病状や病気あるは疑いの指摘をうけたことがありますか？（表 C については、がん・上皮内新生物・異形成やその疑いが否定された場合は除きます）	
表 A	脳しゅよう、膀胱しゅよう、GIST、カルチノイド
	肝硬変、慢性肝炎、肝線維症、肝機能障害（入院や治療を伴うもの）、慢性アルコール性肝機能障害、NASH、アルコール性肝炎、門脈圧亢進症、食道静脈瘤
	慢性閉塞性肺疾患、肺気腫、慢性気管支炎、肺線維症、じん肺、けい肺、気管支拡張症、間質性肺炎
	慢性腎機能障害、慢性腎不全、慢性腎炎、尿毒症
	B 型肝炎ウイルスキャリア、C 肝炎ウイルスキャリア
表 B	がん（悪性新生物）、上皮内新生物、異形成、白板症、多発性ポリープ（ポリポージス）、病理検査や細胞診での異常
	腫瘍マーカー（CEA、AFP、CA-19、PSA）
表 C	検診の異常（肺の検査、胃腸の検査、マンモグラフィー検査）、その他のがん検診
	しゅよう、しこり、結節、腫瘤、出血（便潜血、不正出血、喀血、吐血、下血、肉眼的血尿）、貧血（鉄欠乏性貧血を除く）、黄疸、びらん、消化管のかいようや狭窄

出典：アフラック　Days1 告知書より一部レイアウト等改編
注：実際の告知書を確認することを推奨する。

表Ⅵ-1-4　事前選択方式告知書の評価

メリット	1. 無駄な医療情報を取得しなくて済む 2. 査定負荷が軽減される 3. 加入申込者にとって、告知書の質問という形で引受け基準が完全に公開されているので分かりやすい
デメリット	1. 告知に列挙された病名に関して申し込み者の認識の問題が発生する 2. 限定したリスクとはいっても、排除すべき病名を全て列挙することは困難

出典：筆者作成

おく。

①　がん罹患告知について

　死亡保険や医療保険の告知書と比較して、告知書の設計上大きく異なる点は、無効規定が存在するため「これまでに、がんにかかったことがありますか」という告知が必要になる点である。もちろん、該当する場合には事前選択として

謝絶であり、実際には告知書に記入せずに申し込みができないという取扱いである。

質問の「これまで」とは、文字どおり生下時から告知記入日までの間を意味するのである。記憶力問題や、小児へのがん告知の問題など、告知の精度の面から問題は指摘されているが、無効規定に関しては、本人の知、不知に関係なく運用される規定になっている。したがって加入後に無効の取扱いをするより、できるだけ加入時に選択を行うべき姿であり、問題は指摘されていても重要な告知質問なのである。告知質問に対して誤った認識をしないように、「これまで」「がん」「かかったこと」についても告知記入上の解説が重要になっている。例えば「がん」には、肉腫や白血病が含まれるといった解説である。

残念ながら患者が罹患した個別の腫瘍名には、「がん」という用語が含まれていない場合が多く、医師からその腫瘍が悪性新生物に分類されているか聞いていなければ、正しく告知することはできないのである。すなわち、「病名の知・不知≠がんの知・不知」の関係である。例えば、胸腺腫、褐色細胞腫、真性赤血球増多症などは腫瘍名¹⁴⁾であり、患者も医師から病名を含めて病気の説明を受けているはずである。しかし、これらはほとんど全て現在では悪性新生物に分類されており¹⁵⁾、患者が悪性新生物の説明を受けずに、がんの認識がなければ告知されない。「がん」であることを知らなかった場合には、責任開始後告知義務違反で解除することもできないのである。

② がん保険以外でがんを保障する商品の告知

がん保険は、前述したように無効規定との関係で特有の告知書が必要であったが、それ以外のがんを保障する商品の場合は、純粋にがんのリスクが高くなる既往症や現症の除外が必要になる。したがって、「過去5年以内にがんで入院・手術をしたことがありますか」といった告知質問が必要になる。

無効規定のない、がん保険以外の商品であっても、**告知質問における「がん」の解説は重要である。特に、5年以内に腫瘍で治療を受けられている場合には、保険会社へ問い合わせをする、あるいは主治医に確認するなどの案内が**

---

14) 胸腺腫、褐色細胞腫、真性赤血球増多症は、いずれもブルーブックで悪性新生物に分類されている。最新のWHOの分類では、良性褐色細胞腫も／3に分類され、良性という分類は褐色細胞腫からは削除されている。

15) 最新のWHOの分類

第Ⅵ章　がんとがん保険

**必要である。また、腫瘍名に対する問い合わせに対応できる社員教育も重要な
のである。**

5）がんのリスク以外の危険選択について

　これまで、述べたがん保険の医学的リスクや危険選択に関する事項は、全て
悪性新生物や上皮内新生物の発生リスクに関係する疾患（以下、がん関連疾患
という）を対象としている。ところが、危険選択の対象疾患を、がん関連疾患
以外に拡大しなければならない場合がある。

　●保険料払い込み免除（身体障害の場合の免除や三大疾病免除など）

　●会社のスタンス

　主に上記の2種類の場合である。保険料払い込み免除になる事由としては、
がん診断確定（罹患）以外に死亡保険のような高度障害などの身体障害や脳卒
中や心筋梗塞などの特定疾病の罹患などが設定されている商品がある。当然、
高度障害状態のリスクや特定疾病に対する選択をしなくてはならない。した
がって、がん関連疾患以外の身体的リスクを危険選択の標的とせざるを得ない。
がんの保障ニーズに対して、がんと関係のないリスクで加入できないとなれば、
消費者の納得性が得られないため、保険料払い込み免除不適用などの特別条件
の取扱いも考慮しなければならない。保障を充実した分だけ、告知書で確認し
なければならない疾病リスクが増えることは、前述したシンプルな告知書設計
の障害要因になる。

　もう一方の、保険会社のスタンスについては、がん保険加入申し込み者が、
がん関連疾患以外の病状で高度の死亡リスクを有する場合、がん保険を受給で
きる可能性が低くなり、がん保険の効用の面で謝絶とする考え方である。例え
ば、糖尿病で重度合併症や重度の心不全がある場合、あるいは一部の難病に罹
患している場合である。契約者の意向確認が厳格に行われるようになっている
現在、このようながん保険の効用に配慮した引受けの危険選択については、賛
否の様々な見方があるはずである。

6）ゲノム医療と保険引受け（遺伝子情報と法規制）

　第Ⅰ章の「がんゲノム医療推進とがん医療革命」（Ⅰ-3-7））の中で触れたよ

288

うに、ゲノム医療実現推進協議会でゲノム医療を社会に普及（行政では、社会に実装と表現している）させるための課題を協議している。課題の中には、ゲノム医療をめぐる、倫理的、法的および社会的課題に対するルールの整備も含まれている。すなわち、民間保険における遺伝子情報・ゲノム情報、遺伝情報および家系情報の取扱いが検討課題になっている。

　時代を遡ると1990-2003年まで実施されたヒトゲノムプロジェクトの進捗に合わせ、遺伝子情報の倫理的意義（生命倫理の世界では遺伝子情報例外論、遺伝子情報特殊論という）に焦点が当たり、結婚、就職および保険加入における遺伝子差別の問題が盛んに議論されていた。議論の結果、西欧を中心に遺伝子差別禁止法という就職と保険引受けにおける遺伝子情報の取扱いを制限する法律が、各国で成立していった（英国は、法規制ではなく保険協会の自主規制）。倫理的規制の考え方は、拙稿に解説しているので割愛するが[16]、日本も加盟国であるWHOのユネスコは、1997年に「ヒトゲノムと人権に関する世界宣言」の中で遺伝的差別は人間の尊厳への侵害であると宣言している。遺伝子差別排除の理念については、英国HGC（Human genome committee）[17]の「Internal Information」に分かりやすく説明されているので参考にされたい。保険制度から考えると、これらの規制に関しては任意保険と強制保険の利害調整、数理的公平性と道徳的公平性の優先度、公助・共助と自助における公私の役割分担の問題など広範に議論しなくてはならない問題を含んでいる[18]。

　2000年当時、日本国内においても研究や臨床応用に関して遺伝子情報の取扱いガイドライン（指針）の整備は行われたが、法規制に関しては、当時の経済産業省の官僚が、「いずれ検討する」と発言したまま、以後行政では検討されていなかった。一方、諸外国で法規制が進む中、保険業界でも全く議論も進まず、生命保険協会の各種ガイドラインにおいても遺伝子情報取扱いについて触れられることはなかった。したがって、2000年以降保険業界の遺伝子情報に関する取扱い規制が整備されず、自主規制は各社の個別対応になっていた

16）筆者・前掲注10）生命保険経営、同・前掲注10）保険研究
17）英国政府の遺伝子問題に関する諮問機関で様々な広報活動、啓発活動を行っている。英国保険協会（ABI）に対して、遺伝子情報の利用に関するモラトリアムを指導したことで有名
18）平成29（2017）年11月10日日本アクチュアリー年次大会「ゲノム情報と保険、ゲノム検査の現状の理解と法規制」の講演で遺伝子情報取扱いと保険事業について解説した。

第Ⅵ章　がんとがん保険

表Ⅵ-1-5　保険加入に関する諸外国の遺伝子情報・ゲノム情報取扱いに関する規制

・1990 年代 EU を中心に生命保険における遺伝子検査利用規制　欧州指令 92、97、指令
　に基づき EU 加盟国を中心に立法化の流れ
・フランス（生命倫理法）、デンマーク、オーストリア、スイス、ノルウェー、ポルトガル、
　スペイン、スウェーデンなど立法化
・2003 年韓国、生命倫理安全法
・2008 年米国で GINA（Genetic Information Nondiscrimination Act）成立
・2009 年ドイツ遺伝子診断法
・2010 年オバマ医療保険制度改革法案
　　　　　2014 年に一定範囲の医療保険加入に関して危険選択禁止
・2017 年カナダ Genetic Non-Discrimination Act、議会で可決、裁可待ち
・英国は業界の自主規制　ABI と政府との合意で、現在検査の利用はモラトリアム（人権
　法、ヒト組織法、平等法は存在）
・日本は、法規制なし、自主規制なし（2018 年 11 月時点）

出典：筆者作成、ゲノム情報等をプライバシー情報として規制する法律は各国で別途整備されている。

（表Ⅵ-1-5）。

　平成 27（2015）年に個人情報の保護に関する法律（以下、個人情報保護法）が
改正されたが、改正議論の中で、長らく行政で取り上げられなかった「遺伝子
情報と保険問題」が、議論されることになったのである。その後の経過を表Ⅵ
-1-6 にまとめている。

　このような行政の動きや表Ⅵ-1-6 に示した約款不備報道に合わせ、生命保
険協会においても議論[19]が行われている。長年「遺伝子情報と保険問題」に取
り組んできた筆者からすると隔世の感である。はたして法規制が行われるの
か、生命保険協会で業界の自主規制を整備できるのか、今のところ不透明であ
る（もちろん本書出版時点で大きく取り組みが前進している可能性はある）。また
法規制や行政による規制といっても諸外国の規制の内容は、各国で様々であ
る。結局、法規制、行政による指針あるいは業界の自主規制がよいのか多様な
意見があるとしても、具体的には規制内容の各論部分が一番重要で、保険の
引受け実務へ影響するからである。法規制の一例として、家族の疾病情報も
規制対象としていることが特徴である米国の GINA（Genetic Information Non-
Discrimination Act）における規制部分について表Ⅵ-1-7 に示す。

　このように専門的な内容まで踏み込んで GINA では記述されているが、法

19）共同通信社、"日生の保険契約書類に「遺伝」"の報道があり、その後の業界各社への調査で複数
　社の基礎書類にも「遺伝」が含まれていることが確認されゲノム医療実現推進協議会において報告
　されている。これを受け金融庁の指導および生保協会としての取り組みが始まっている。

290

VI-1　がん保険加入時の危険選択

表VI-1-6　改正個人情報保護法成立とゲノム情報取り扱いに関する行政の動向

個人情報保護法改正協議	2015 年 8 月以前個人情報保護員会で議論され、ゲノム情報も保護の対象であることの確認。
改正個人情報保護法成立	2015 年 9 月 3 日成立し、2017 年 5 月 30 日全面施行以後、ゲノム医療実現推進協議会（以下、協議会）で改正個人情報保護法に関連するゲノム情報取扱いについては、議論が継続される。ゲノム情報の社会実装の諸問題は、厚労省内に「ゲノム情報を用いた医療等の実用化推進タスクフォース（TF）」を設置して協議。
ゲノム情報を用いた医療等の実用化推進タスクフォース	ゲノムデータ、ゲノム情報をそれぞれ個人識別符号、要配慮個人情報に位置づける。また、保険引き受けに関する法規制は、遺伝情報取扱いの実態調査後に判断すると結論、2016 年 10 月「ゲノム医療等の実現・発展のための具体的方策について」の報告書作成し活動終了。
遺伝情報利用に関する調査	協議会および TF 委員である武藤香織東京大学医科学研究所公共政策研究分野教授による「社会における個人遺伝情報利用の実態とゲノムリテラシーに関する調査研究」（2017 年 3 月）という報告書が公表される。「保険加入や結婚で遺伝差別 3% が経験」というアンケート結果も報告されている。
約款不備報道	2017 年 11 月 4 日一部の生保約款に「遺伝で危険選択」の文言があることが報道され、金融庁による各社調査と指導が行われ、行政において保険をめぐる遺伝情報の不適切取り扱いの懸念が高まる。
ゲノム医療実現推進協議会	2018 年 6 月 4 日第 11 回協議会では、金融庁の指導で民間保険の基礎書類から「遺伝」の用語の削除と生命保険協会でゲノムリテラシーの教育への取り組みがされることなどが報告されている。

出典：筆者作成（2018 年 11 月時点の情報）

表VI-1-7　米国の遺伝子差別禁止法（GINA）と医療保険加入の審査に対する具体的規制の抜粋

遺伝子情報の制限：
- 本人および家族へ遺伝子検査の実施を要求することの禁止
- 遺伝子検査の専門家に遺伝子検査結果のアドバイスを受けることの禁止
- 実施されている遺伝子検査の結果の要求の禁止

遺伝情報の制限：
- 遺伝情報を要求、入手の禁止

用語の定義：
- 家族：4 度近親（注）までの血縁者を含む
- 遺伝情報：本人、家族の遺伝子検査、家族の疾病情報を含む（性・年齢は除外される）
- 遺伝子検査：遺伝子型、遺伝子変異、染色体異常の確認につながるヒト DNA、NA、染色体、蛋白質、代謝産物の検査（遺伝子型、遺伝子変異、染色体異常の確認につながらない蛋白質、代謝産物の検査は除外、または直接的に発病の原因にならない蛋白質、代謝産物の検査は除外）

出典：GINA SECTION 101 より筆者訳（genetic test を遺伝子検査、genetic information を遺伝情報と訳した）

注：法律では「親等」を使用するが、遺伝学的には「近親」を使用する

291

規制の場合、医学の進歩に弾力的に対応できないことが問題になる。その意味で、筆者は英国方式の業界自主規制が医学の進歩に合わせて柔軟に修正可能であるためにベターと考えている。なお、家族の病歴情報の制限は、すでに日本では昭和50年代に各社が申込書から家族の病歴記載欄を削除し家族情報を使用しないようにしている。当時としては諸外国に先駆け日本の進んだ取り組みであった。取り組みの理由について調べた限り明文化されたものは残されていなかったが、当時、就職や各種契約における本籍情報を含めた個人の出自に関係する情報の取得に、厳しい目が向けられるようになったことが原因と考えている。

さて、日本において法律にしても、自主規制にしても、諸外国同様の規制をするならば**表Ⅵ-1-7**の内容と大同小異とならざるを得ない。しかし、微細な規制範囲のずれは保険実務に影響する。遺伝子検査は大きく次の2種類に分かれる。[20]

① 一般的に親から引き継ぎ、親族とも共有される遺伝情報が含まれている生殖細胞系列の遺伝子検査
② 病気になった組織の細胞の遺伝子検査である体細胞系列の遺伝子検査

である。世代を超え受け継がれ、親族で共有される究極の個人情報である①の遺伝子検査は体質を表し、商業用の遺伝子検査の検査対象とされている。また、疾病の罹患しやすさに関係する遺伝子検査も含まれ、単一遺伝子疾患や多因子疾患の遺伝子検査の多くが、①の遺伝子検査に該当している。当然、法規制の対象になるべき遺伝子検査である。現在知られている遺伝性のがんに関係する遺伝子検査も含まれ、アンジェリーナ・ジョリーの遺伝性乳がん卵巣がん症候群の原因遺伝子（責任遺伝子）の検査も含まれる。

一方、がんゲノム医療の進展で解説したように、がんの組織の遺伝子変異の検査が遺伝子パネルであり、その多くは②の遺伝子検査に該当する。がんの医療が進むほど②の遺伝子情報が、臨床情報として溢れかえるのである。すでに、遺伝子変異の名称を含んだ病名が多くの腫瘍で命名されるようになっている（一部の腫瘍で病理組織名から遺伝子病理名へ変化している）。特に血液系と脳腫瘍

20）実際に検査されているのは、3種類で外来微生物の感染を確認する際にはDNA、RNAも検査されている。

でその傾向が顕著である。すなわち、保険金請求用の証明書に②の遺伝子検査結果が包含された診断名として、保険会社へ提出されるようになるのである。

したがって、規制の対象が①だけなのか、②の遺伝子検査を含むのかによって、実務への影響は異なるのである。

同じく、**表Ⅵ-1-7**にある遺伝子検査の定義の部分も内容により、実務へ大きく影響する。表では、「遺伝子検査：遺伝子型、遺伝子変異、染色体異常の確認につながるヒトDNA、RNA、染色体、蛋白質、代謝産物の検査（遺伝子型、遺伝子変異、染色体異常の確認につながらない蛋白質、代謝産物の検査は除外、または直接的に発病の原因にならない蛋白質、代謝産物の検査は除外）」と定義されているが、現在多くの疾病でバイオマーカーが検査され、DNA、RNA、染色体、蛋白質、代謝産物が含まれている。このようなバイオマーカーについて、入手した医療情報を規制にしたがって分別して取り扱うことは難題である。

また、これまで業界で問題とされてきた新生児に対する先天性疾病の早期発見を目的としたマススクリーニング検査は、タンデムマス法でタンパク質や代謝産物を検出している。発見される疾病の多くが遺伝病であり、検査の結果を利用することは、GINAの規制に照らすと遺伝子検査情報と同等視されるはずの規制対象と考えられる。したがって、マススクリーニング検査結果は使用することができないことになる。

以上のとおり、規制の範囲により情報の利用可否、情報の分別等の作業負荷は避けられないのである。特に②の遺伝子検査が規制になれば、がん保険の支払い歴を引受けで参照する際に影響するため、支払い情報とのファイアーウォールも検討しなければならないことが予想される。これ以外にも現在、「家族性＊＊＊腫瘍」と命名されている疾患も存在し、がん保険に限らず病名の取扱いについては慎重に対応せざるをえない。

すでに、商業的遺伝子検査が普及しはじめ新たな問題も浮上している。中にはがんリスクを対象とした個人の体質検査も含まれている。医療機関が介在する場合もあれば介在しない場合（DTCタイプの遺伝子検査）もあり、被験者は一般の検査か、がんの遺伝子検査か明確に認識できない場合もある。このような遺伝子検査浸透化社会の訪れと、引き受け危険選択実務との折り合いをつけなければならない。

第Ⅵ章　がんとがん保険

表Ⅵ-1-8　商業用がん遺伝子検査の一部

商品名	検査対象のリスク	備考
消化器癌マイクロアレイ血液検査	消化器がん	
コロジック	大腸がん	海外検査
パナシー	膵臓がん	
グリーンコード	10 数種類のがん	
Cancer　Plus	36 項目のがん	
Colar BRCA1/2	遺伝性乳がん・卵巣がん	海外検査
マイコードがんパック	30 以上のがん	DTC
Genesis2.0	約 30 種のがん	DTC

出典：商業用に販売されている各社 HP（2018 年 11 月アクセス）

　ネットで確認できる商業的がん遺伝子検査の一部を**表Ⅵ-1-8**に提示する。一般クリニック向けの商品と DTC（消費者へ直接販売）の商品が含まれている。いずれもがんのリスクは GWAS 解析[21]の結果で評価されており、確認されるリスクの大きさは大きくないのが一般的である[22]。したがって、これらの遺伝子検査が増えたとしても、いまのところ検査結果による保険への逆選択リスクは少ないと考えられる[23]。なお、今後も表のような検査は増加すると考えられるが、DTC タイプの遺伝子検査については様々な懸念が示されているので[24]、個人的に利用するのは慎重でなければならない。特に医療機関を介在しない DTC タイプについては、単なる検査であり医療における診断行為すなわち医療行為と異なるという解釈により、行政は検査を許容している。また検査会社は、一切結果の解釈をせずに過去の GWAS 研究による結果の評価を被験者へ伝達するだけである（日本の検査会社は医療機関が介在しない場合、DTC で

21）DNA の塩基配列には、人それぞれ個性が見られ「多型」と表現されている。多型の違いによる病気の罹り安さを健常者と有病者で比較したのが、GWAS 解析という。
22）実験医学 Vol34No16, 2642, 2016 では、GWAS 解析で判明する遺伝子多型のリスクはオッズ比 1.05-1.3 の範囲とある。多くのがんは多因子疾患で、食事、喫煙、運動、仕事など様々な因子の 1 つである。多因子疾患に関して判明した遺伝要因の影響は小さく、GWAS 解析を中心としたこれまでの解析では、十分に遺伝的要因が解明されず Missing　Hereditability 問題とされている。
23）今のところ体細胞系列の遺伝子検査結果による逆選択は小さい。また単一遺伝子疾患は日本に有病者が比較的に多くないので、すでに逆選択が発生していても逆選択の影響は小さい。今後生殖細胞系列の遺伝子検査であり保因者数が多い BRCA1/2 の検査が普及したときに影響は、注視しなければならない。
24）日本人類遺伝学会「DTC 遺伝学的検査に関する見解」2008 年 10 月、米国 FDA が遺伝子検査会社 23 & Me に対して表明した懸念（2014 年）など、DTC への懸念が表明されている。

乳がん遺伝子BRCA1/2の検査はできない)。採用しているGWAS研究が異なると、検査結果も異なることを十分認識しておかなければならない。少なくとも民間保険会社も、DTCサービスに関心を持つ場合は、その点を十分理解する必要がある。

VI-2　支払い査定の課題

> **＋**主治医が、がんと説明していてもがん保険の給付対象とならない場合がある。なぜ、そのような違いが発生するのか理解する。
> **＋**請求用の証明書記載事項は、項目過剰や項目不備が見られる。
> **＋**医療機関との協議のあり方について理解する。
> **＋**その他、不知対応や標準外治療への対応について理解する。

1）がんの認識

　がん保険の支払い査定で契約者と保険会社の間で一番トラブルになりやすいのは、がん保険の請求に対して、がんではないことを理由に不払いにする場合である。担当者の折衝対応の稚拙さは別として、**約款で定義するがんと患者の認識のずれがトラブルの原因になることが多い。その背景には、侵襲の大きな治療や高額な治療を受けたのだからという患者サイドの思い込みの場合もあるが、多くの場合主治医の説明が影響している**。特に、「がんです」「がんの可能性があります」「将来がんになるかもしれないです」という説明は、医師のインフォームド・コンセントの習熟度やスキルによっては、いずれも、がんの告知に相当するのかもしれないと受け取られるのである。患者それぞれにがんの受け止め方や、がんという病気に対する理解度は大きく異なっている。このように医学の素人である患者の認識に基づいて保険給付の請求が始まるので、約款との離齬（そご）が生じることは日常的な出来事である。

　一方で、医療界にも問題がありWHOの基準では悪性新生物ではない腫瘍に対して、主治医が、がんと説明している場合がある。背景には、日本独自の部位別の癌取扱い規約のルールにしたがって上皮内新生物を悪性新生物と説明す

第Ⅵ章　がんとがん保険

る例や、前がん病変をがんと説明する例[25]、良性か悪性か不詳の場合の新生物[26]をがんと説明する例が、見受けられる。部位別に「早期がん」の定義が異なっていることも支払い査定時にトラブルになる原因としてあげられる。

　前述したとおり早期がんは、日本癌治療学会の用語集にも定義されているが、部位別の癌取扱い規約においても、いくつかの部位で独自の定義がされている。その中の一部の規約では、早期がんに上皮内新生物を含めている部位があるため[27]、実際は上皮内新生物であったとしても、早期がんなのだから悪性新生物としてがん保険の給付が受けられると患者は誤解して、保険給付請求をすることがある。このように専門家サイドの問題もがんの認識に大きく影響している。

　医師の説明、患者の認識およびインフォームド・コンセントに基づく、患者や家族の心理状態を踏まえながら、約款に基づく支払い査定の実務運用には査定者のスキルが求められるのである。しかし、いかにスキルがあったとしても、全ては約款のがんの定義が基本になるので、請求をされる患者やその家族あるいは治療を行った主治医に対しても、説明責任が果たせる約款の作成が重要である。パンフレットなどの募集資材に「粘膜内癌は、上皮内癌です」のような誤った記載が過去見られるなど、保険会社サイドから消費者に誤認を誘発するような例も見られていた[28]。初期がんや早期がん保障などの用語を医学用語として使用しているのか、保険販売用の造語として使用しているのか曖昧な記述も多く、保険会社自ら誘導した消費者の混乱は、支払い査定に困難を来す一因にもなっている。今後も、約款の定義、主治医の説明、患者の認識のはざまで支払い査定は揺れ動くことになるが、3者の意識の差を埋める間断なき努力が、がん保険を販売する会社には求められている。いずれにしても、約款に使用する医学的用語は、医学の定義に合わせるという基本原則を守る必要があろう。

　また、がんの定義以外では、前章で解説した「がんの治療を直接の目的とした療養」に関する約款解釈に関して、患者の認識、主治医の認識に差が認めら

25）乳癌の取扱い規約の例。様々な考え方があり、乳腺の上皮内新生物を前がん病変ではなく、浸潤前がん病変と考える専門家もいる。

26）国立がんセンターのホームページでは、GISTという腫瘍は全て悪性新生物と説明している。しかし、胃のGISTには、良性から悪性腫瘍まで存在する。

27）大腸癌取扱い規約

28）最近のパンフレットを見ると、ようやく上皮内がん・上皮内新生物の誤解説は見られなくなっているが、そもそも、しおりに解説がない会社もある。

れることはよくある。がん確定診断後に実施される治療選択のための検査は、果たして検査なのか治療の一環なのかは明確になってはいない。例えば、がんの転移の有無を確認するために行われる後腹膜のリンパ節生検手術[29]で、転移が判明すると抗がん剤が投与されることがあるが、実施された生検は、がんの治療を直接の目的とした療養といえるのか、支払い査定では判断しなくてはならない。また膀胱癌は再発しやすい腫瘍である。したがって、手術後数年は再発の確認のために厳重な経過観察が行われる。他の部位のがん以上に頻回に通院し、定期的に膀胱鏡の検査が実施されている。少しでも異常所見があると、「がんの再発疑いがあり」として入院が指示され、手術室で異常部位の切除が行われる。結果として再発がなかった場合も、がん治療後の経過観察は治療の一環であるという患者の認識により、保険給付請求が行われるが、保険会社は、その入院については、悪性新生物の病理診断がなかったことを根拠に不払いの支払い査定の判断をすることがあるはずである。このようなケースでは、主治医から保険会社に対して不払いの理由説明を求められることもあり、保険が保険者と契約者の関係にとどまらず、給付の関係者は複数存在していることを思い知らされる。場合によっては、主治医に約款の説明を行い、特に保険事故に関する理解をしてもらうことで、契約者の納得が得られやすい場合もあり、**患者の背景に存在する主治医との関係構築は重要である。患者に対する説明の背景を理解した上で、時に主治医に面談し意見交換をすることも考慮すべきであろう。このあたりの部分が、将来的にも AI では対応できない支払い査定の深層領域である。**

2) 請求用帳票の問題

2018 年 10 月 31 日に厚生労働省は、過労死防止対策白書（2018 年度版）[30]で医師に所定外労働の生じる理由として、診断書やカルテなどの「書類作成」をトップの理由として報告している（医師へ行ったアンケートでは 6 割近い数の医師がトップの理由としていた）。医療関係者の職業上の特殊性で、長時間勤務が生

---

29) 生検とは、病理組織診断のために病変の組織の一部を切除・提出する処置を伴う検査である。
30) 平成 30 年版過労死等防止対策白書 https://www.mhlw.go.jp/wp/hakusyo/karoushi/18/index.html、書類作成は所定外労働負担の理由として 57.1％であった。

第Ⅵ章　がんとがん保険

じやすい事情があることはよく知られており、月間 100 時間あるいは 80 時間を超える勤務を行っている者は多い。また働き方改革の流れの中で厚生労働省医政局は、詳細な医師の勤務時間調査を実施している[31]。書類作成時間は、大学病院、一般病院共に診療時間の 20 ％を超えている。もちろん、カルテを記載する時間も含まれているため、全てが民間保険用の診断書作成時間ではないが、診断書作成の負荷が大きいと認識された結果である。

　これまでも、病院関係の団体から保険業界へ診断書作成の負荷軽減に関して申し入れがあり、請求用医療証明書の記載項目の軽減、コピー証明書への押印対応の許容など生保業界も改善策を講じてきている。中でも、医師の証明負荷が大きかった診療経過欄への記載を削除するなどの対応は、一定の効果があったと考えられている。全傷病を保障する医療保険では、主病名、原因病名、初診日、入院・退院時期、転帰、手術、放射線治療など、給付する上で必要最低限かつ支払い漏れが発生しづらい視点で請求用医療証明書の項目見直しが行われている。証明する医師だけでなく、給付処理の自動化にも貢献したのである。

　このような状況と医師に関する働き方改革の問題を踏まえて、厚生労働省（医政局）では「民間保険会社が医療機関に求める診断書等の簡素化等に関する研究会」を立ち上げ、保険請求用の診断書等の簡素化の協議が、2018 年 8 月から開始された。生命保険協会作成のガイドライン[32]を改定する方向で議論は進んでいるが、各社の商品が異なることから、対応は容易ではない。

　特に、がん保険は事情が異なっている。給付事由が、「がんであること」「がんの治療を直接の目的とした入院等であること」の証明書が必要であり、一般の医療保険と証明書を統一することは困難である。

　がん保険の基本的保障内容だけでも、**表Ⅵ-2-1** に示した情報を入手しなければならず、医療保険とは異なることは、容易に理解できるはずである。当然、証明書記載項目は増え、それは医師の作業負荷を増大させ医師の働き改革とは逆行する。

　本書の冒頭でもがん保険の意義について述べたように、すでにがん保険は日

31）病院勤務医の勤務実態調査（タイムスタディ調査）第 8 回　医師の働き方改革に関する検討会
　　資料 4、40-41 頁
32）生保協会作成「診断書作成にあたってのガイドライン」

Ⅵ-2　支払い査定の課題

表Ⅵ-2-1　がん保険の請求用証明書で必要な情報

がんの診断	病理組織診断の有無、病理診断日、病理組織診断名、ICD-O の性状コード /3 の該当可否またはその代替情報、上皮内新生物・上皮内がんの除外情報
がんに特有な 治療情報	がんの手術、がんの放射線治療、抗がん剤治療等に関する各種必要情報
がん治療の入 院該当可否	三大治療の入院該当可否、がんの直接症状管理の入院該当可否 合併症入院支払いの可否判断のための情報（第Ⅴ章4節の標準解釈判断の 情報等）

出典：筆者作成

本のがん医療のインフラの一部となっている。またがん医療が高額化する中で、臨床医から民間保険に期待する声は大きくなっている。したがって、がん保険の宿命として証明書記載項目の一部は多くなることを医師に許容していただく反面、極力、証明書項目を減らすこと、記入のしやすさを確保することは絶対条件なのであろう。**医師の残業を増やして、保険会社社員の残業が減るのでは、「がん保険はがん医療のインフラ」などといえるはずはない。**

　さて、数社のオフィシャルホームページから確認できるがん保険請求用の帳票を見ると、証明項目の問題がいくつか確認されたので、以下に主要な点を列挙する。

- 過剰・重複記載項目（子宮頸部の CIN、浸潤・非浸潤、TNM の重複記載）
- 約款に記載されていない項目（TNM の項目、ICD-O の性状コード以外に形態コードの記載）
- 臨床で日常的に使用されていない情報の項目（ICD-O の情報の項目、臨床医は ICD-O の分類基準を手持ちしていない）
- 記載に悩む項目（浸潤・非浸潤、破壊的浸潤など用語の定義不明、TNM は UICC の分類なのか、7版8版どちらなのか、cTNM、pTNM または治療後の TNM か再発時点の TNM か不明[33]）

このように、一部の帳票を確認しただけでも、課題が浮かび上がるのである。過去医療保険の証明書で改良が進んだように、がん保険請求用医療証明書も改良を検討しなければならない。今後は、前述の研究会でも検討された電子カル

---

33) がんの進行度分類である TNM 分類は、国際対がん連合 UICC が作成しているが、UICC 作成以外にもあり、また頭文字に p は病理診断後、c は臨床診断の進行度を表している。帳票にどの分類の TNM を記載するのか明示していない会社がある。

299

第Ⅵ章　がんとがん保険

テとの連動やネットワークを通じた保険会社と医療機関の情報連携などを本格的に研究すべきなのであろう。

3）医療機関対応照会対応

　主治医が支払い査定の結果に関心を持つことがある、彼らは保険契約の直接の当事者ではないにしても、間接的なステークホルダーとして、その存在を認識しておかなければならない。中には、患者に対して実施した説明と保険会社の判断の違いに対して、過度に反応される場合もある。医師の職業的専門性に対して保険会社がそれを否定したと、感情的に反応される場合も見受けられる。また、高額医療が導入される中では、保険給付の有無が、治療の選択肢に影響することもあり主治医として関心を持つ場合もある。

　全ての傷病原因を給付対象とする医療保険や、同じく自殺以外の死因を保険金対象とする死亡保険と異なり、がん保険はがんによる経済的・精神的負担のみ担保する保険である。医療情報が曖昧であったり、不足していたりする場合には、医療機関照会が必要になる。照会の方法として、

- 文書によるもの
- 面談によるもの

が基本である。病理診断に関する情報不足の場合は、病理レポートの追加提出で代替されることもある。いずれにしても、保険会社が専門的な医学的情報取得に踏み込まざるを得ない請求に遭遇する。当然、的確な質問や、主治医の立場を理解した対応が必要である[34]。**主治医の説明が、がんであるにもかかわらず、がん診断について医療機関照会をする際には、慎重な対応が必要である。**主治医は自分の専門性の立場で患者に説明をするため、保険約款の給付事由と自身の説明の違いに必ずしも関心を持っているわけではない。また、癌取扱い規約は理解している主治医も、WHO の基準について習熟しているわけではない。多くの主治医は、WHO の病理の教科書（ブルーブック）の存在すら知らないのである。最近数年で発行される癌取扱い規約では、ようやく WHO の ICD-O におけるコードが付記されるようになり、臨床医が ICD-O の存在

34）臨床医の業務の負荷軽減は大きな課題である。当然、無駄な照会は極力避けるべきである。

300

Ⅵ-2　支払い査定の課題

を知るようになってきたが、ICD-O の分類基準書の冊子を所持している医師は少ないはずである。これらの事情も理解した上で医療機関照会をすべきである。前述したとおり、各種保険給付請求用の帳票に、腫瘍分類に関する詳細なコーディングを過度に求めることは、避けなければならない。

4）不知対応

　がん告知 100％の時代が到来しているといわれるが、実際には一定の率でがん不知の患者が存在する。そのパターンとしては、

- 幼小児や高齢者のため主治医の説明が理解されない場合
- 認知症などを含め知的障害が併存する場合
- 診断時に予後不良と判断される場合

が主な場合である。がんの告知も受けなければ治療も施されないケースは、高齢者や認知症患者を中心に介護施設等の入所者で多く見られている（無治療の率は、第Ⅲ章-6「抗がん剤治療給付金」参照）。家族と主治医が相談した結果、がんの告知がされないケースが多い。実際、そのようなケースではがん診断自体も様々で、中には内視鏡検査だけで病理診断が実施されていないケースも多い。さらには、臨床所見だけでがん診断がされているケースも経験する。このようなケースでは、医療機関照会をしても多くの情報が得られるわけではないため、限定した医療情報のままで家族と給付該当可否の折衝をしなくてはならない。しかし、保険会社として不知対応で悩むことは少ない。

　一方、診断時に進行がんで予後不良の場合に、告知されていないケースがある。国立がんセンターは、セカンドオピニオン外来の患者の不知率は 20％に達するとデータを公表している[35]。家族から受ける不知のケースの保険請求への対応は、不知対応として保険会社がなすべき最大の配慮事項である。**不知の人数は少なくなったとはいえ、支払部門としての不知対応を標準化しておくことも重要である。**しかし、不知対応は、現実には様々な問題が存在する。家族との連絡方法、書類の受け渡し方法、給付金の支払方法、保険料の引き落としなどについて検討しなくてはならない[36]。また患者の不知状態は固定したもの

35）国立がんセンター第 15 回市民公開講座 2003 年 11 月 19 日
36）保険料払込免除などの場合に、引き去り停止が間接的ながん告知になってしまう。

ではない。予後不良でも、副作用の多い抗がん剤治療をする場合に、告知をせざるを得なくなり、療養経過中にがんの告知の有無が変化することはよくあることである。いずれにしても、**主治医と患者の家族が相談して決定した、「患者にがんであることを知らせずにおくという意思」に反して、保険会社の取扱い粗漏により勝手にがん罹患の事実を患者に伝えることになれば、その責任は重いのである**[37]。保険金部門の担当者であれば、日常的に不知対応に対する緊張感を持ちながら業務の遂行が可能であるが、その他の部門では不知対応の習熟度にばらつきがあるので、悩ましいところである。

　特に引受け査定では過去の給付歴の資料を参考にしている。過去のがん給付情報は最重要の選択情報であるが、謝絶の連絡後に入る申込者からの問い合わせに対しては、知・不知の確認が必須である。確認のステップを省略したためにがん不知の申込者に、がん罹患事実を間接的に知らせてしまうことはあってはならない。失効後の復活申し込みでも同様の問題は発生するので、より罹患者のフォローと失効防止策は、不知対応の面でも重要である。したがって、知・不知が関係しない無効規定の運用を含め、全ての保険実務は第一に契約者・被保険者の知・不知の確認を行うことから始めなくてはならない。当然、家族へ確認も必要になるが、個人情報保護や契約者の高齢化、および独居者の問題など実務的には課題が山積している。

5）補完代替医療、標準外治療への対応

　ビタミンＣ療法、断食療法、飲尿療法、岩盤浴など、がんの標準治療として認められていない療法で入院している患者からの支払請求に接することがある。

　では、これらの標準外医療は、代替医療と呼ぶべきか怪治療なのか微妙であるが、後述する補完代替医療に関するガイドブックには、主な代替医療の範囲が示されている。病院で匙を投げられた患者や、侵襲的な医療から逃避した患者が、温和な補完代替医療に望みを託すことはよく知られていることである。それらの治療のために入院するケースもある。また、がん罹患の多くの患者が

37）約30年前の話であるが、婦人科癌の不知患者に対して、保険会社の取り扱いの中で患者に知らせてしまったミスにより当該会社の重役が頭を下げる写真が新聞の社会面に掲載されたことを覚えている業界人は少ないかも知れない。

VI-2 支払い査定の課題

補完代替医療に高額の支出をしている実態が、国立四国がんセンターの研究で調査されている[38]。研究は少し古いが調査結果では、がん患者の45％が1種類以上を利用し、平均支出額が月5万7000円であり、支出の多くはサプリメントだったと報告されている[39]。また、その後の厚生労働省の班研究でも、がんサバイバーの調査では、民間療法等に支出している患者の平均支出額が報告され費用の額は表（表VI-2-2）のとおりである。

表VI-2-2　民間療法等への支出額（万円／年）

	サプリメント・食品	漢方	民間療法
化学療法中の患者	16.6	27.4	35.4
治療後通院中の患者	18.3	23.7	17.3
通院終了のサバイバー	17.1	13.5	16.7

出典：患者の自己負担　厚生労働省班研究　平成18（2006）年度報告

　そもそも、全ての代替療法にはプラシーボ効果[40]があり、信じることで一定の効果が得られことも事実である[41]。科学的に代替療法が実施されるように、「がんの代替医療に関するガイドブック」も公開され[42]、さらに日本補完代替医療学会が設立されて代替医療をアカデミックに研究する環境も整ってきている。しかし、現実には明らかな怪治療のために、患者が医療の犠牲者になっているケースが散見される[43]。昨今、医療事故が問題になり、医師法21条にある異状

---

38) 我が国におけるがんの代替療法に関する研究、J.Clinical Oncology 2005年、http://www.shikoku-cc.go.jp/hospital/guide/useful/newest/cam/dl/pdf/cam_guide%283rd%2920120220_forWeb.pdf に患者の代替療法に全国調査が報告されている。

39) サプリメントなど民間療法で使用されている食品などには、国立健康・栄養研究所のホームページで「健康食品の安全性・有効性情報]というデータベースが公開されている。今後、遺伝子などの体質によらないエピジェネティックな発癌機構の研究が進めば、科学的に有用なサプリメントが確認されるかもしれない。

40) プラシーボ効果（またはプラセボ効果）は偽薬効果のことで、偽薬が投与された患者にも症状軽減が見られることがある。したがって、薬剤の臨床試験では、プラシーボ効果を除外するために2重盲検法が用いられている。また、アガリスクは販売関係が当時の薬事法違反で逮捕されている。

41) 偽薬効果について、サイモンシンほか『代替医療のトリック』（新潮社、2010年）で解説している。

42) http://www.shikoku-cc.go.jp/hospital/guide/useful/newest/cam/dl/index.html で「がんの補完代替医療ガイドブック」1版から3版まで公開されている。

43) 怪治療の代表はホメオパシー療法で、2010年8月25日に日本医学会と日本医師会は連名で、「科学的に治療効果が否定されていること、効果があると称して治療に使用することを慎むこと」という異例の見解表明をしている。よく見られるビタミンC療法も、科学的に有効との論文も発表されたが、現在科学的に有効性は否定されている。

303

第Ⅵ章　がんとがん保険

死の届出の問題とともに社会問題化し[44]、どのようなケースを刑法上の処罰対象とするのか行政でも議論されてきた。その中で、標準外医療に対して「逸脱した医療」という用語が使用されている。しかし、標準内外の線引きは難しい。

　一般の医療保険における「逸脱した医療」に関しては、給付金の受取人（第三分野商品では患者本人）と医療提供者における「逸脱した医療」の認識の有無により、4類型に分けられるのである[45]。医療提供者に逸脱性の認識があり、受取人（第三分野では患者本人）には認識がない場合は、患者が怪治療の犠牲者になっている状況であり、がん患者の受ける医療ではそのようなケースが見られることがある。

　表Ⅵ-2-3 のように医療保険とがん保険では「逸脱した医療」の認識により請求の背景が異なっている。標準外治療による給付請求については、がん診断の確実性と入院の必要性の確認が重要である、一方、がん治療に関して匙を投げられている場合は、終末期や高度進行がんの状態が多く、標準外医療であっても緩和医療の一環として給付することも検討は可能であろう。

表Ⅵ-2-3　標準外医療（逸脱した医療）によるモラル請求事案

医療保険	医療機関：逸脱の認識あり 患者（給付金受取人）：逸脱の認識あることが多い	患者が、モラル請求の主役のケースが多い
がん保険	医療機関：逸脱の認識あり 患者（給付金受取人）：逸脱の認識あることは少ない	患者は、効果が少ない（ない）、営利目的の医療の犠牲者

出典：筆者作成

6）支払い査定者教育

　がん保険に関する支払い査定者教育は特殊であり、一般の保険商品と異なる部分が存在する。伝統的な死亡保険の支払い査定は、各社に過去の知識や人的資産が豊富に存在しているはずであり、査定のスキルは伝承しやすい。また医療保険も、死亡保険と異なる判断業務が多いが、全ての疾病と不慮の事故を給付対象とするため、保険事故の判断は定型化しやすく、死亡保険と同様にスキ

44）異状死は、24時間以内に届出が義務づけられている。届出違反と異状死の認定基準が問題である。届出違反や医療過誤を理由に医療に対する司法の介入が続いている。

45）筆者「保険医学と倫理的課題」日本保険医学会誌107巻1号61-73頁（2009年）

304

VI-2 支払い査定の課題

ルの継承はし易いはずである。一方、がん保険においては、これまで本書に書いたとおり商品的に特殊な部分が多く、査定者教育も特別な工夫が必要になる。すなわち、がんの定義、がん保険特有の約款の知識、医学的ながんの知識、がん医療の実態など教育のテーマも多い。

がんの医療は日進月歩で進んでおり、支払い査定の任に就く読者はこれに追いつくこともままならないはずである。**過去の支払い漏れで保険業界は、社会から厳しい目を向けられるようになっているが、これに懲りて何でも支払う風潮になっているのかもしれない。しかし、主治医ががんといえば支払いをするのであれば、約款は不要であり、支払い査定者もその責務を果たすことができない。**保険支払い査定担当部門として約款外支払いを容認していることにほかならない。

一方、医学知識の不足により、給付しなければならない病名に対して、正しく給付されていないケースも存在する可能性がある。病名の分類は複雑であり、また変化しているため、全ての情報をキャッチアップすることは至難のことである。正しい支払いの管理と査定者教育については、がん保険の知識とがんの医学知識を有する専門家の存在と協力が必須である。

なお、支払い査定の課題として、裁定審査会に申し立てされた内容を理解し、支払い査定実務にその知見を生かしてほしいが、詳細は前章で触れたので割愛する。

305

おわりに

　がんの医療は、日本の医療の縮図であるように、がん保険の問題は、日本の民間保険の諸問題を映す鏡である。また、がんという特殊な疾病に罹患したがん患者と家族を支えるためのミッションが明確な商品でもあり、日本のがん医療を支える重要な医療インフラを形成する商品でもある。2人に1人が罹患する時代が到来し、高額化するがん医療と公的医療保険の縮小は避けることのできない現実である。今更ながら、がん保険加入を通じた自助努力が求められる時代になっていることが実感される。すでに、患者の経済格差が治療選択にも影響する時代であれば、健康でがん医療と無縁の消費者に対しても声を掛け、保険販売を通して医療インフラを整備しておく役割が、業界全体に求められているはずである。本文でも触れたとおり、がん患者の年間自己負担額の総額は1兆円にもなっているというが、データはやや古く現在は、患者数の増加、新しい抗がん剤の普及で金額はさらに増加しているはずである。その多くが民間保険からの保険金・給付金により、患者の実質的な負担が軽減されているが、まだ実損総額には追いついていないのが現実である。この点を業界に携わるもの、そして募集に直接携わる方は自覚し使命感を担っていただきたい。

　残念ながら、がん保険は、究極の特定疾病保険として様々な特性のある商品のため、理解するのが難しいという声も耳にする。第三分野商品は、そもそも医学に密接に関係している商品であり、簡単に説明できるものではない。特にがん保険においては、その傾向が強いのであろう。一方、元金融庁保険監督局保険課長の保井俊之氏は、保険商品認可制度の根拠として、保険者と消費者の長期にわたる契約の履行と両者間の情報の非対称の生じやすさのため、公権力で情報の非対称を是正することと述べている。すなわち、金融庁に認可制の目的を完遂できる審査能力としての、医学知識が備わっていなければならないはずである。しかし、現実には保険商品の質にばらつきも見られている。したがって、がん保険の適正な給付と正しい説明に基づく商品の販売と普及には、

1）第Ⅰ章脚注12）参照
2）保井俊之『保険金不払い問題と日本の保険行政』13-14頁、87頁（日本評論社、2011年）
3）一度、不完全な商品が業界に導入されると後発会社の無理解と思える追随（商品開発のコピペ文化）のため、悪貨は良貨を駆逐する状態で問題商品が普及してしまうことにもなる。

おわりに

公私共にがんの医療、がんを取り巻く環境変化について学習することは避けて通れないのである。しかし、学習するといっても、あまりに広範囲である。初版に引き続き内容を充実させて改訂した本書が、募集人の方々の学習の資料として、また各社の営業教育の体制強化の材料として活用されることを期待したい。

今後、がん保険は、がんの治療インフラから、がん療養全体にサービスを提供する商品として発展するはずである。専門病院から地域完結型医療という流れの中における、商品の位置づけや、サバイバーの就業あるいは所得補償という視点で商品を検討するなど、考えておくべき視点は多い。抗がん剤で解説した創薬の新技術は、がん以外の治療薬にも応用され始めている。本書をとおして薬剤に関する問題を見つめることで、がん保険に限定されない新たな第三分野商品の検討の参考にもなるはずである。

さて、初版後も全国をまわり営業現場で、募集に携わる多くの方の声を聞き、また商品に対するファイナンシャルプランナーの厳しい指摘にも、耳を向ける機会を得ることができた。各社の支払い査定の担当者とも意見交換をする場を得て、がん保険支払いについて多くの会社が直面している課題をできるだけ把握し、これらの関係者の声も本書に反映させたつもりである。

がん保険を中心に解説したが、多くの点でがん保険以外の第三分野商品にも共通する解説になっているので、参考にしていただきたい。保険会社に入社して、突然がん保険の販売や支払い査定を担当する社員にとっても、またがん保険は難しいと販売から遠ざけていた募集人の方にも、初版に引き続きがん保険あるいは第三分野保険の入門書や参考書として、興味のある部分や販売に関係する部分だけでも読んでいただくことをお勧めしたい。

なお、本書には、まだ紹介していない内容も多々あるが、紙面の都合上省略することとした点は、ご容赦願いたい。また法的な部分や約款解釈に関する多くの見解は、筆者の私見であり、これまで在職してきた会社等の考えや業界の考えを代表するものではない点は、改めて確認しておきたい。なお、約款等の解説は別途法律家および保険業界で商品開発に携わる約款の専門家に初版出版の際に内容を確認していただいている。また今回追加した約款解釈の記載は、裁定審査会の調査結果の解説部分に限定しているが、その内容についても日本

保険学会の発表や論文掲載時に専門家のチェックや査読を受けている内容である。

　最後に、これまで付き合いのある保険学の研究者や法学者・法律家からがん保険の教科書や資料が欲しいとの声を様々な機会に頂戴してきた。その最中、4年前に初版をそして今回本書をがん保険の教科書としてまとめる機会を保険毎日新聞社出版部から頂戴したことは、至上の喜びである。がん保険が日本に存在しなければ本書もなかったのである。いまや多くの会社が販売し、日本の医療インフラを支える重要な保険として存在価値はゆるぎないものである。これらの礎を築かれた方々に対して改めて敬意を表したい。また、これまで保険業界でご指導を賜った多くの諸先輩、様々な実務的課題についてご意見を頂戴した保険会社の社員と営業関係の方々に、この場を借りて深謝したい。

●追補（全国がん登録 2016 年罹患データ）

　本書執筆終了後の平成 31（2019）年 1 月 17 日に全国がん登録 2016 年罹患デ
ータが公表された。それまで最も信頼できるデータとしては平成 26（2014）年
の罹患者数が 87 万人というデータであったが、「がん登録等の推進に関する法
律」が平成 29（2017）年 1 月に施行されて初めての大規模データが開示される
ことになった。ようやく、国民全体をカバーしがんの全体像を知ることができ
る状況が整備されたのであり、その意義は大きい。本文の中で、修正できた部
分もあるが、以下に重要なデータの要約を表を提示し解説を加えておく。

表 I -2-1　罹患数の順位上位の罹患数、罹患率（再掲）

	罹患数順位	1 位	2 位	3 位	4 位	5 位	6 位	7 位	8 位	9 位	10 位	
男	部位	胃	前立腺	大腸	肺	肝臓	食道	膵臓	腎・尿路	悪性リンパ腫	膀胱	全部位
	罹患数（万人）	9.27	8.97	8.96	8.38	2.85	2.14	2.09	1.98	1.83	1.77	56.66
	粗罹患率	150.1	145.3	145.1	135.7	46.1	34.7	33.8	32.0	29.6	28.7	917.3
	年齢調整罹患率	73.9	68.3	77.5	65.3	22.8	18.2	17.0	18.0	16.7	13.3	469.8
女	部位	乳房	大腸	胃	肺	膵臓	子宮体部	悪性リンパ腫	肝臓	甲状腺	卵巣	全部位
	罹患数（万人）	9.48	6.85	4.2	4.16	1.98	1.63	1.59	1.43	1.4	1.34	42.85
	粗罹患率	145.5	105.1	64.4	63.9	30.3	25	24.5	21.9	21.5	20.5	657.5
	年齢調整罹患率	102.3	47.3	26.5	27.2	11.6	18.6	12.5	7.7	16.7	15.9	354.1

出典：全国がん登録データ 2016 年

　がん部位別罹患数の順位を見ると、男性では、これまで胃癌、肺癌、大腸癌
が上位を占めていたが、急増している前立腺癌は 2 位に入り近い将来 1 位にな
ると予想されている。女性の罹患部位順位では、乳房、大腸、胃の順になって
いる

　次に、都道府県別の罹患状況を確認するが、都道府県別に人口の年齢構造が
異なるため年齢を調整した罹患順位と調整しない場合の順位を比較したデータ

310

を提示する。なお、男女それぞれ罹患の多い5部位について提示した。がん全体で見ると男性では長崎県、女性は熊本県になっている。年齢を調整しないと、高齢者の割合が多い秋田県が男女ともに1位になっている。がんは、高齢者ほど罹りやすい病気のため、高齢化の影響を除いた年齢を補正したデータ（**表Ⅶ-1**）で上位にランクする都道府県は、より公衆衛生的な視点で、がん対策に取り組まなければならない。一方、実際にがんが多くなる都道府県（**表Ⅶ-2**）では、患者対策が重要になる。

このように、全国がん登録の制度が開始されたことにより、がん罹患の全体像や都道府県別の比較が容易になった意義は大きい。

表Ⅶ-1　都道府県別がん罹患の多い県・少ない県（人口の年齢分布を調整した順位）

男性	1位	2位	3位	45位	46位	47位
胃	新潟	秋田	山形	熊本	鹿児島	沖縄
前立腺	鹿児島	香川	奈良	大分	福井	富山
大腸	秋田	鳥取	青森 ≈	大分	熊本	岡山
肺	長崎	北海道	島根	群馬	岩手	長野
肝臓	愛媛	福岡	長崎	秋田	長野	山形・新潟
全部位	長崎	秋田	鳥取	群馬	長野	沖縄

女性	1位	2位	3位	45位	46位	47位
乳房	熊本	神奈川	東京	岐阜	山口	島根
大腸	青森	長崎	秋田	徳島	愛媛	奈良
胃	新潟	秋田	福島 ≈	熊本	鹿児島	沖縄
肺	長崎	宮崎	愛媛	栃木	岩手	沖縄
膵臓	北海道	青森・長崎	京都	山形	沖縄	佐賀
全部位	熊本	長崎	宮崎	群馬	山口	愛知

追補（全国がん登録 2016 年罹患データ）

表Ⅶ-2　都道府県別がん罹患の多い県・少ない県（人口の年齢分布を調整しない順位）

男性	1 位	2 位	3 位	45 位	46 位	47 位
胃	秋田	新潟	山形	愛知	東京	沖縄
前立腺	鹿児島	香川	山口	愛知	東京	沖縄
大腸	秋田	青森	鳥取 ≈	沖縄	岡山	愛知
肺	長崎	島根	鳥取	神奈川	東京	沖縄
肝臓	長崎	愛媛	高知・宮崎	愛知	新潟	沖縄
全部位	秋田	長崎	島根	東京	愛知	沖縄

女性	1 位	2 位	3 位	45 位	46 位	47 位
乳房	熊本	高知	神奈川	島根	滋賀	愛知
大腸	秋田	青森	長崎	岡山	奈良	沖縄
胃	秋田	新潟	山形 ≈	愛知	鹿児島	沖縄
肺	長崎	宮崎	愛媛	愛知	栃木	沖縄
膵臓	北海道	青森	岩手	神奈川	埼玉	沖縄
全部位	秋田	長崎	宮崎	栃木	愛知	沖縄

●主要資料・データ●

〈内閣、行政機関等関連〉
　厚生労働省、がん対策推進総合研究報告書
　厚生労働省、医療保険に関する基礎資料
　社会保障審議会及び傘下の各審議会、協議会、部会等資料
　中央社会保険医療協議会資料及び傘下の各審議会、協議会、部会等資料
　がん対策協議会提出資料および議事録
　内閣府、健康・医療戦略本部資料
　内閣府大臣官房広報室世論調査等資料
　ゲノム医療実現推進協議会の会議録および資料
　個人情報保護委員会資料
　国民生活センター消費者苦情処理専門委員会小委員会助言）
　規制改革・民間開放推進会議、および規制改革会議資料
　財務省財政制度分科会の議事録、資料
　国立研究開発法人日本医療研究開発機構（AMED）資料
　厚生労働省、健康局、保険局の各種局長通知
　社会保障制度改革国民会議報告書、2013 年
　外務省、日米通商交渉の歴史（概要）
　金融審議会議事録

〈学会関連〉
　日本精神腫瘍学会資料
　日本癌治療学会学術集会資料
　日本がん学会資料
　日本臨床腫瘍学会学術集会資料
　日本放射線腫瘍学会資料
　日本病理学会資料
　日本がん・生殖医療学会資料
　日本産婦人科学会資料
　特定非営利活動法人日本ホスピス緩和ケア協会のデータ
　日本糖尿病学会と日本癌学会合同の「糖尿病と癌に関する委員会報告」
　各種がん取扱い規約、診療（治療）のガイドライン

〈国の統計〉
　平成 29 年人口動態調査
　厚労省、地域保健・健康増進事業報告のがん検診データ
　国民生活調査のがん検診データ
　総務省、労働力調査
　厚生省、受療行動調査
　厚生省、社会医療診療行為別調査

主要資料・データ

〈国立がん研究センター、全がん協関連〉
　国立がん研究センター公表の地域がん登録全国推計
　国立がん研究センター公表の全国がん罹患モニタリング集計
　がん診療連携拠点病院等院内がん登録 2016 年全国集計
　がん研究振興財団、がんの統計'
　日本がん登録協会の資料
　国立がん研究センター、全国がん登録届出マニュアル
　全国がんセンター協議会資料、KapWeb データ
　国立がん研究センター先端医療開発センターの報告
　国立がん研究センター、企業のためのがん就労者支援マニュアル
　がん患者・経験者の就労支援のあり方に関する検討会報告書平成 26 年
　「若年がん患者に対するがん・生殖医療（妊孕性温存治療）の有効性に関する調査研究」
　　報告書

〈その他の医療関連〉
　一般社団法人日本専門医機構の資料
　医療産業政策研究所の報告
　独立行政法人医薬品医療機器総合機構の資料
　WHO, world health statistics
　医師会「病院における必要医師数調査」、2008 年
　薬価基準
　医科診療報酬点数表
　Harvard Global Health Institute 等の報告書
　米国 NCI（national cancer institute）の資料
　米国 NHI（natuional health institute）の資料
　公益財団法人日本医療機能評価機構の公表データ
　ICD-11 for Mortality and Morbidity Statistics（2018 version）　https://ICD.WHO.int/
　Particle therapy Statistics
　Choosing Wisely

〈その他〉
　東芝、日立製作所、三菱電機、住友重機械工業各社粒子線関係公開資料
　特定適格消費者団体消費者機構日本のサイト
　生命保険協会相談所裁定審査会の概要報告
　保険事例研究会レポート
　日本弁護士連合会と消費者問題対策委員会の破産事件及び個人再生事件記録調査

〈参考書籍〉
　岡田正彦　　がん検診の大罪、新潮選書、2008 年
　島崎謙治　　日本の医療　制度と政策、東京大学出版会、2011 年
　御田村卓司ほか　　生保商品の変遷（改訂版）、保険毎日新聞社、1996 年
　ニッセイ基礎研究所　　日本の生命保険、日本経済新聞研究所、2011 年
　生命保険協会報

堀田一吉　　民間医療保険の戦略と課題、勁草書房、2006 年

杉田健一　　医薬品業界の特許事情（第 2 版）、薬事日報社、2008 年

サリー・スミス・ヒューズ　　ジェネンテック遺伝子工学企業の先駆者、一灯舎、2013
　　年

山下友信・米山高生　　保険法解説、有斐閣、2010 年

落合誠一・山下典孝　　新しい保険法の理論と実務、経済法令研究会、2008 年

サイモンシンほか　　代替医療のトリック、新潮社、2010 年

保井俊之　保険金不払い問題と日本の保険行政、日本評論社、2011 年

福田弥夫・古笛恵子　　逐条解説改正保険法、ぎょうせい、2008 年

田畑康人・岡村国和　　人口減少時代の保険業、慶應義塾大学出版社、2011 年

中村健ほか編集　　諸外国の薬剤給付制度と動向、薬事日報社、2010 年

津金昌一郎　　がんになる人ならない人、講談社、2004 年

里見清一・吉村健一　　誰も教えてくれなかった癌臨床試験の正しい解釈、中外医学社、
　　2011 年

松田晋哉　医療のなにが問題なのか、勁草書房、2013 年

宇沢弘文・鴨下重彦　　社会的共通資本としての医療、東京大学出版会、2010 年

島崎謙治　　日本の医療─制度と政策、東京大学出版会、2011 年

堀真奈美　生命と自由を守る医療政策、東洋経済新報社、2011 年

内田伸一　医薬品業界　がん治療薬戦争スタート、ぱる出版、2013 年

甲斐克則　遺伝情報と法政策、成文堂、2007 年

清水耕一　　遺伝子検査と保険、千倉書房、2014 年

薬価基準のしくみと解説、薬事日報社、2012 年

（財）パブリックヘルスリサーチセンターがん臨床研究支援事業教育研修小委員会
　　がん臨床試験テキストブック、医学書院、2013 年

野上晴雄編著　　新組織学（改訂第 5 版）、日本医事新報社、2013 年

宮園浩平ほか監訳　　デヴィータがんの分子生物学、メディカルサイエンスインターナ
　　ショナル、2012 年

日合弘ほか監訳　　ペコリーノがんの分子生物学、メディカルサイエンスインターナ
　　ショナル、2010 年

西尾和人・西條長宏編　　がんの分子標的と治療薬事典、羊土社、2010 年

寺岡章雄・津谷喜一郎　　日本で承認されていない薬を安全に使う、日本評論社、2011
　　年

有吉佐和子　　華岡青洲の妻、新潮社、1970 年

〈本書初版以後の主要参考資料〉

池上直巳　　日本の医療と介護、日本経済新聞出版社、2017 年

日本医師会　　がん緩和ケアガイドブック、青海社、2017 年

大村敦志・道垣内弘人編　　民法（債権法改正のポイント）、有斐閣、2017 年

小黒一正・菅原琢磨編　　薬価の経済学、日本経済新聞、2018 年

堀田一吉　　現在リスクと保険理論、東洋経済新報社、2014 年

近藤克則　健康格差社会への処方箋、医学書院、2017 年

真野俊樹　治療格差社会、講談社、2018 年

加藤浩晃　医療 4.0、日経 BP、2018 年

主要資料・データ

宇沢弘文・渡辺格　　生命・人間・経済学、日本経済新聞社、2017 年
二木立　　医療経済・政策学の探求、勁草書房、2018 年
二木立　　安倍政権の医療・社会保障改革、勁草書房、2014 年
二木立　　地域包括ケアと福祉改革、勁草書房、2017 年
内富庸介編　　がんはもう痛くない、文藝春秋、2018 年
島崎謙治　　医療政策を問い直す―国民皆保険の将来、ちくま書房、2015 年
市川知幸　　明解わかる薬価基準、医薬経済社、2014 年
医薬業界研究会編　　医薬品、産学社、2017 年
藤田芳司　　ゲノム時代の医療と創薬、鹿島出版会、2011 年
Clinical Trails in Oncology（第 3 版）医学書院、2013 年
武藤正樹　　2025 年へのカウントダウン、医学通信社、2015 年
多田羅竜平ほか　　ホスピス緩和ケア白書 2017、青海社、2017 年
廣瀬哲郎ほか編　　ノンコーディング RNA、化学同人社、2016 年
特定非営利活動法人日本がん・生殖医療学会編　　乳がん患者の妊娠出産と生殖医療に
　　関する診療の手引き、金原出版、2017 年
印南一路　　再考・医療費適正化、有斐閣、2016 年
疾病、傷害及び死因の統計分類提要 ICD-10（2013 準拠）、厚生労働統計協会、2016 年
国際疾病分類・腫瘍学、厚生労働統計協会、2018 年
UICC 作成 TNM 分類 7 版、8 版
WHO, Classification of Tumours
ワインバーグ　　がんの生物学、南江堂、2017 年
真下知士・金田安史編、医療応用をめざすゲノム編集、化学同人、2018 年
河上裕編　　がん免疫療法（実験医学増刊）羊土社、2016 年
坂口志文・西川博嘉編　　がんと免疫、南山堂、2015 年
落合孝広・吉岡祐亮　　医療を変えるエクソソーム、化学同人、2018 年
津金昌一郎　　科学的根拠にもとづく最新がん予防法、祥伝社、2015 年
津金昌一郎　　生活習慣の改善でがんを予防する 5 つの法則、日東書院本社、2017 年

事 項 索 引

あ

アイソトープ治療　140
悪性新生物根治術　113
悪性新生物無効規定　251
アスベスト　177
アンジェリーナ・ジョリー　75, 189

い

医学の可変性　228
医学物理士　143
医師主導治験　124, 164
医師の所定外労働　297
1 次選択　281
一次予防　32
逸脱した医療　304
遺伝子改変養子免疫療法　161
遺伝子型　293
遺伝子検査　293
遺伝子差別禁止法　289
遺伝子パネル　65, 74
遺伝子変異　293
遺伝子変異別がん分類　65
遺伝性乳がん卵巣がん症候群　189, 292
意図した失効　262
意図しない失効　262
異物沈着症　282
医務委員会　102
医療格差　10
医療機関照会　229, 300
医療技術評価　10
医療用麻薬　47
入れ墨　281
イレッサ　64, 166
インターフェロン　168
院内がん登録　31
飲尿療法　302

う

ウィッグ　57

え

エクソソーム　70
エピゲノム　19
エピテーゼ　57
遠隔病理診断　21
円錐切除　239

お

オキシコドン　47
オーソライズド・ジェネリック薬品　161
オプジーボ　57, 61, 79
オプティマム保障　95
オンコパネル　74

か

外観の整容　172
外国価格調整　62
改正がん対策基本法　29
改正雇用対策法　88
怪治療　175, 302
解剖治療化学分類　169
外来化学療法　153
外来化学療法加算　150
科学的根拠に基づくがん予防 8 カ条　32
化学放射線療法　139
核酸製剤　160
革新的医薬品　61
拡大治験　164
確定診断　222
家系情報　289
下垂体腺腫　216
画像誘導放射線治療　140
家族性大腸腺腫症　189
家族性大腸ポリポーシス　284
家族の病歴情報　292
カタストロフィック保険　95
褐色細胞腫　287
過労死防止対策白書　297
簡易復活　264
がん医療圏　43
がんウイルス療法　76

317

事項索引

寛解　174
がん簡易検査　39
がん幹細胞治療　76
がん患者団体支援機構　28, 89
環境選択　243, 281
がんクリニカルシークエンス　65
がんゲノム医療　30
がんゲノム医療元年　67
がんゲノム医療推進コンソーシアム懇談会　73
がんゲノム医療中核拠点病院　73
がん研究10カ年戦略　28
がん研究振興財団　32, 36
がん検診　32
がん検診の有効性評価に関する研究　35
がん克服新10カ年戦略　28
間質　235
患者自己負担　11
患者申出療養　54, 74, 118, 124, 131, 164
患者申出療養サポート　133
患者申出療養評価会議　132
がん手術給付金　112
がん診療連携拠点病院　30, 42
ガン征圧全国大会　28
間接費用　53
完全寛解　79, 161
完全事前選択方式　285
完全奏功　162
がん増殖遺伝子変異　65
がん対策加速化プラン　26
がん対策基本法　26, 27
がん対策推進アクションプラン　28
がん対策推進企業アクション　17
がん対策推進基本計画　28, 30
がん対策推進協議会　29, 30
環太平洋経済連携協定交渉　99
がん治療認定医　51
がん登録推進法　31
がん取扱い規約　225
がん入院給付金　108
がんの社会学　89
がんの統計　36
がん光免疫療法　77
がん不知　300
官報掲載　207
ガン保険スマート　133
ガンマーナイフ　139

がん無効規定　244
がん薬物療法専門医　51
がんワクチン療法　78
緩和ケア　45, 49
緩和ケア病棟入院料　47
緩和告知型ガン保険　186
緩和査定　264
緩和的放射線療法　139
がんを防ぐ12カ条　32

き

規制改革会議　124
基礎的医療　95
基底細胞癌　179
基底膜　235
機能強化型在宅療養支援診療所　46
基本合意　118
基本分類コード　218
キメラ抗原受容体―T細胞療法　79
逆選択　244
キャンサーボード　44, 80
90日不担保条項　254
救命医療　95
境界悪性腫瘍　227
業界自主規制　292
業界内調整　134
業際区分　98
胸腺腫　287
強度変調放射線治療　136, 140
恐竜　18
居宅介護事業所　46
緊急放射線療法　139
近赤外色素　77
均てん化　29, 40, 50, 80

く

腔内照射　140
クリティカルパス　46

け

経済格差　10, 11
経済的毒性　10, 59
経済的副作用　10, 60
経済的有害事象　10, 59
軽度異形成　236
景品表示法　199

318

事項索引

契約時主義　227
血中循環腫瘍細胞　70
ゲノム医療実現推進協議会　72, 284
ゲノム創薬　157
ゲノムリテラシー　75, 284, 291
原因遺伝子　74
健康・医療戦略推進本部　71
健康・医療戦略推進会議　72
健康増進法　34
健康相談サービス　200
健診結果通知書扱　284
検診受診率　34
原発不明癌　191
現物給付　199

こ

コア的医療　95
高額療養費　58, 154
抗がん剤治療給付金　149
抗がん剤保障　166
抗腫瘍薬 8742　170
高精度放射線治療　140
抗体医薬品　160
公的管理の混合診療　54, 74, 95, 116
高度異形成　236
高度医療　122
高度医療評価会議　123
高度障害保険金　104
高度進行がん　9
高度先進医療　120
高度先進医療専門家会議　121
高度先進医療特約　119
後発医薬品　160
高分子医薬品　160
国際がん研究機関　5
国際疾病分類　207, 217
国際疾病分類 - 腫瘍学　212, 219
国際対がん連合　226
告示改正　208
告知義務違反　249
国民会議報告書　95
国民生活基礎調査　37, 86
国民生活センター　274
国民総医療費　155
国立がんセンター　27
国立健康・栄養研究所　302

国立保健医療研究所　63
50Gy 規定　138
55 年通知　166
個人識別符号　291
個人破産　58
個人輸入　166
5000 ラド　136
骨髄移植前放射線療法　139
個別化医療　93
混合診療禁止　117
根治的放射線療法　139
コンパニオン診断　67

さ

災害関係特約　211
サイコオンコロジー　9
催告規定　260
再生医療製品　168
財政制度審議会　63, 130
在宅療養支援診療所　46
在宅療養支援病院　46
裁定審査会　267
最適医療　95
最適使用推進ガイドライン　62
再燃　191
サイバーナイフ　139
再発癌　172, 190
細胞免疫療法　169
先駆け審査　165
削減法　197
錯誤無効　243, 249
殺細胞性抗がん剤　171
サバイバー　182
サバイバーシップ　86, 90
サプリメント　303
サルコイドーシス型肉芽腫　282
3 次選択　281
三次予防　32
三大死因　6
三大疾病保障保険　103, 212, 229, 230
三大治療　116
三大負担　179

し

死因占率　14
ジェネリック薬品　160

319

シエラレオネ　16
子宮頸癌取扱い規約　240
支持療法　47, 49, 170
刺青　281
疾病、傷害および死因統計分類提要　212
疾病障害保険　103
疾病の概念　228
私的財　96
自費診療　69, 118
刺文　281
集学的治療　32
自由診療　118
自由診療保険メディコムワン　187
集団検診　33
重度疾病障害保険　105
収入保障　12
10年相対生存率　23
重複癌　173, 190
重粒子線　126
就労問題　86
受診時定額負担　59
術後放射線療法　139
術前放射線療法　139
腫瘍DNA　70
受療行動調査　83, 256
生涯医療費　54
消化管間質性腫瘍　268
商業的遺伝子検査　293
小児がん拠点病院　45
小児がん中央機関　45
上皮　235
消費者機構日本　245, 250
消費者苦情処理専門委員会　275
上皮内癌　230
上皮内新生物保障　230
上皮内新生物無効規定　251
傷病手当金　61
初回無治療患者　152
初期がん　232
褥瘡予防　109
除斥期間　250
自立医療　95
新契約責任開始前がん診断確定無効規定　259
新契約説　263
進行度　178
進行度0　226

進行度分類　180
進行度別治療方法　151
浸潤　22
浸潤破壊的増殖　216
真性赤血球増多症　287
新専門医制度　52
診断給付金複数回支払　172
人道の見地から実施される治験　164
診療情報提供料Ⅱ　84
診療のガイドライン　80, 81
診療報酬連動　113

す

垂直的公平性　197
スイッチOTC薬品　59
水平的公平性　197
数理の公平性　289
杉田玄白　17, 68
ステージ　179
ストレス障害　202
ストレス反応　202

せ

生活習慣病入院特約　234
請求用医療証明書　298
精子凍結　91
性状コード　218, 220
生殖機能温存　90
生殖細胞系列遺伝子検査　292
成人T細胞白血病　236
精神腫瘍学　9
成人病入院特約　102
成人病予防対策協議連絡会　26
生存期間中央値　162
生存時間解析　189
生存率共同調査　22
精緻医療　67
制吐剤　172
性別変更の特例法　229
生命保険数理法　189
世界医学教育連盟　225
セカンドオピニオン　80, 82
セカンドオピニオン外来　205
セカンドオピニオンサービス　201
責任遺伝子　74
責任開始前発病不担保条項　248

世帯加入率　12
セルフメディケーション　59
全がん協　22
全国がん登録　27
全国罹患モニタリング集計　239
染色体異常　293
先進医療　54, 74, 143
先進医療 A　123
先進医療 B　123
先進医療会議　124
先進医療技術審査部会　124
先進医療専門家会議　121
先進医療保障　116
全身照射　139
先制医療　69, 75
全生存期間　162
選択情報利用制限付き復活査定　265
選択療養制度　124
先端医療特区　153
線虫がん検診　39
選定療養　54, 118
全面自由化　98
専門医紹介　201

そ

臓器移植法　229
早期がん　232
早期大腸癌　225
早期発見　5, 24
造血幹細胞移植　76
総合診療医　49, 53
総合診療専門医制度　48
総合判断説　250
組織学　68
組織内照射　140

た

ターミナルケア　49
第一次対がん 10 カ年総合戦略　28
第一相試験　163
対がん患者団体協議会　28
対がん 10 カ年総合戦略　27
体細胞系列遺伝子検査　292
対策型検診　33
第 3 項先進医療　122
第三次対がん 10 カ年総合戦略　28

第三相試験　163
多遺伝子検査　65
第 2 項先進医療　122
第二次対がん 10 カ年総合戦略　28
第二相試験　163
第四の治療法　79
唾液検査　39
多重癌　190
多焦点眼内レンズ　126
多発癌　190
ダヴィンチ　114
断食療法　302
単独行為説　263

ち

地域がん診療拠点病院　42
地域がん診療病院　42
地域がん診療連携拠点病院　40, 42
地域がん診療連携拠点病院（高度）　43
地域がん登録　22, 31
地域包括ケアシステム　45
地域包括ケア病棟　46
治験　163
痴ほう介護保険　103
中央アフリカ共和国　14
中間分別基準　270
中等度異形成　236, 240
長期収載薬剤　62
長鎖 RNA　19
調節性 T 細胞　79
直接支払いサービス　135
直接費用　53
治療医学　228
治療効果判定基準　162
治療準備入院　274

つ

23 & Me 社　68, 294
通算無制限　110

て

ティーペック社　204
定位放射線治療　139, 140
適応外使用　166
適応障害　201
テロメスキャン　77

テロメライシン　77
転移　22

と

東京海上メディカルサービス社　204
動態追尾放射線治療　141
道徳的公平性　289
糖尿病と癌　17
特異的免疫療法　78
特殊契約説　262
特定疾病保障保険　103
特定障害不担保特約　195
特定承認保険医療機関　121, 122
特定治療通院給付金　167
特定適格消費者団体　245
特定領域がん診療連携拠点病院　42
特定療養費制度　118
特別条件　192
特例拡大再算定　61
都道府県がん診療連携拠点病院　42
ドライバー遺伝子　65
ドラッグラグ　153, 163
トランスレーショナルリサーチ　76

な

内分泌療法剤　168
中分子医薬品　160
ナチュラルキラー細胞　76
ナノポア技術　69

に

二次医療圏　41, 42
2次選択　281
二次予防　32
2025年問題　46
日米貿易協議　99
日米包括経済協議　99
日本医療機能評価機構　81
日本医療研究開発機構　71
日本がん・生殖医療研究会　90
日本癌学会　17
日本癌治療学会　10
日本がん登録協会　36
日本再興戦略　71
日本専門医機構　50
日本糖尿病学会　17

日本版CU制度　165
日本標準商品分類　169
日本病理学会　20
日本放射線腫瘍学会　136
日本保険医学会　181
日本ホスピス緩和ケア協会　48
日本臨床腫瘍学会　10
日本ロボット外科学会　114
入院化学療法　153
乳腺パジェット　232
任意型検診　33
認定がん医療ネットワークシニアナビゲーター　203
認定がん医療ネットワークナビゲーター　203
妊孕性　57, 90

ね

粘膜　235
粘膜筋板　235
粘膜固有層　235
粘膜内癌　215
年齢調整死亡率　7
年齢調整罹患率　184

の

ノンコーディンDNA　19

は

バイオ医薬品　157
バイオ後続品　160
バイオシミラー薬　160
バイオマーカー　39, 70, 293
白内障治療　126
播種　190
橋渡し研究　76
白血球減少　172
発生時主義　227
華岡青洲　18
反対給付　200

ひ

B型肝炎訴訟　194
引受け緩和型医療保険　186
非コア的医療　95
非固形癌　179
久道茂元教授　35

事項索引

非侵襲医療　93
ビタミンＣ療法　302
非特異的免疫　78
ヒトゲノムプロジェクト　68
ヒトパピローマウイルス　176
皮膚悪性腫瘍根治術　115
評価療養　54, 118
病期　178
標準解釈　272
標準外治療　302
標準治療　80
病診連携　42, 46, 94
費用対効果　130
費用対効果指標　63
費用対効果評価専門部会　62
病病連携　42, 46, 94
病名告知　7
病理学　68
病理画像情報集積プラットフォーム構築事業　21
病理専門医　20
病理組織検査　223
病理組織診断　223
病理レポート　300
非臨床試験　162

ふ

ファーストオピニオン　80, 205
部位別年齢調整死亡率　14, 15
部位別年齢調整罹患率　15
フェンタニル　47
複合免疫療法　79
付帯サービス　199
不担保法　197
不知対応　9
復活契約　258
復活時責任開始期前がん診断確定無効規定　259
物品貿易協定　99
部分奏功　162
プラシーボ効果　303
不慮の事故　208
ブルーブック　221, 240, 300
プレシジョン・メディシン　67
吻合不全　174
分子標的薬　57, 158
文身　281

へ

平均在院期間　109
平均寿命　13
ベストドクターズ社　204
ヘリコバクターピロリ菌　16

ほ

法研　204
放射線医学総合研究所　147
放射線治療施設調査　142
放射線治療専門医　51
補完代替医療　302
保険外併用療養費制度　10, 54, 95, 117
保険加入動機　244
保険承認　163
保険適用　146
保険免責　63, 95
保険免責議論　130
保険料精算　245
保険料払い込み免除　9
補助放射線療法　139
ホメオパシー療法　303

ま

マススクリーニング検査　293
待ち期間　196
待ち期間規定　253
末期がん　9
マネージドケア　135
マルチスライスＣＴ　21
マンモグラフィー　35

み

未承認薬　162, 164
密封小線源療法　139, 140
みなし規定　248
ミニマム保障　95

む

無催告失効　260
無再発生存期間　188
無増悪生存期間　162
無治療経過観察　152, 193
無病生存期間　162

323

め

メーカー主導治験　164
免疫チェックポイント阻害剤　57
免疫抑制機構制御療法　78
免疫療法　78
メンタル相談　200

も

モルヒネ　47

や

薬剤費　155
薬剤被害救済制度　166
薬事承認　162
薬事法改正　168
薬物中毒　281
優しいがん保険　185
薬価基準　62
薬価調査　62
薬監証明発給　166
約款の世代管理　227
約款の不変性　228

ゆ

有償治験　165
ユニバーサルカバレッジ　58

よ

陽子線　126
要配慮個人情報　291
4次元放射線治療　141
予防医学　228
予防的放射線療法　139
余命告知　7, 8
寄りそう Days　185
よろず相談所　203

ら

ライフスタイル　17, 32
卵子・卵巣凍結施設　92

り

リードバイアス　24
罹患者用がん保険　185
リキッドバイオプシー　70

離職理由統計　54
リナック　139, 140
粒子線　126
粒子線治療施設　144
領域横断的癌取扱い規約検討委員会　225
臨床研究中核病院　88, 164
臨床試験　163
臨床腫瘍科　51
リンパ節摘出術　115
リンパ浮腫　172

れ

レーザー手術　238
レジメン　159

ろ

老人保険事業　33
労働者健康状況調査　36, 54
労働者健康福祉機構　87
労働喪失　88
労働損失額　54, 57
労働力調査　54
60日規定　104, 253
ロボット支援手術　93, 114

わ

割増保険料徴収法　195, 196

A〜

AI の応用　21
AMED　71
ATC 分類　169
ATL ウイルス　18
AYA　45, 57, 90
Blue Books　222
BRCA1　189
CAR-T 療法　78, 161
Choosing Wisely　145
CIN 2　241
CIN 分類　237
COI　53
Cost of illness　53
CTC　70
cTNM　226, 299
DFS　162
DPC 方式　94

事項索引

DPC 点数表　111
DTC 遺伝子検査　75, 294
EGFR　64
G47Δ　77
GIST　268
GLOBOCAN　5
GVHD　172, 174
GWAS 解析　294
HIMAC　148
HPV　177
HTA　10
HTLV-1　18, 236
ICD-O　219, 221
ICD-8　233
ICD-10　207
ICD-11　207
ICF　176
ICIDH　176
IGRT　140
IMRT　136
iPS 細胞　76
JPHC　18
KapWeb　22
miRNA　70
Missing Hereditability　294
MoonShot　29

MSK-IMPACT　67
NICE　63
NKT　76
OS　162
P4P　94
PDQ　82, 180
Peutz-Jeghers　189
PFS　162
precision medicine　67
PTCOG　145
pTNM　226, 299
RECIST　162
RFS　189
SIL 分類　237
TAG　99
Tis　226
TNM 分類　181
TPP　99
Treg 細胞　78, 79
Treg 除去療法　78
Treg 制御療法　78
T-VEC　77
UICC　226
V ガード　103
WFME　225
yTNM　226

325

◇ 著者紹介 ◇

佐々木 光信（ささき みつのぶ）
株式会社保険医学総合研究所取締役兼所長

【著者略歴】
慶応義塾大学医学部卒後、膀胱癌研究で学位取得、三四会賞受賞。
医療機関勤務を経て、千代田生命保険相互会社医事調査課長、医務部長。2001年アメリカンファ
　ミリー生命保険会社で医務部部長、CAOJ付メディカルディレクターを経て独立、現職。
保険医学を中心とした危険選択（保険引受、保険支払）実務、商品 開発実務に30年以上従事、代
　理店・FPへの情報提供や保険医学・営業教育に関する講演活動を行う。
医学の進歩と生命保険の関係や医療介護保険制度と民間保険を中心に研究活動に取り組み、この分
　野の論文など研究成果多数。保険にテレビ電話を使用した危険選択手法を導入、経済誌フィナン
　シャルタイムスやNHKクローズアップ現代などで取り上げられる。
日本保険医学会評議員、生命保険協会医務部会委員など歴任、現在インシュアランス誌客員論説委
　員。
医師、医学博士、介護支援専門員資格、日本保険医学会認定医、日本医師会認定産業医資格で、所
　属学会は、日本癌治療学会、日本泌尿器科学会、日本保険学会、日本保険医学会、日本生命倫理
　学会等。

【主要論文】
- 健康診断の意義（日本保険医学会宿題報告、四大新聞に掲載される）
- 生命保険の危険選択（保険学雑誌、駒澤大学で開催のシンポジウムでの講演発表の論文）
- 生命倫理と保険事業（日本保険医学会誌、生保における遺伝子問題の取り組み報告）
- 性同一性障害と性別変更（生命保険経営学会誌、性別変更の特例法による生保事業への影響を論説）
- 胎児の地位と保障の範囲（日本保険医学会誌、胎児治療と生保の問題を解説）
- 高次脳機能障害と保障の動向（生命保険経営学会誌、脳損傷後遺症に対する保障が損保より生保が遅れて
　いる問題を指摘）
- 知的障害と生命保険（日本保険医学会誌、生命保険協会長賞受賞論文）
- 生命保険と倫理的課題（日本保険医学会誌、生命保険協会長賞受賞論文）
- ポストシークエンス時代の遺伝子情報考察（保険研究、慶応保険学会で最近の遺伝子知見に基づいた保険
　論を論説）
- 幕を開けた抗がん剤治療保障（生命保険経営学会誌、抗がん剤保障を商品開発する際の課題を解説）
- 引受緩和型医療保険と条件体市場（生命保険経営学会誌、条件体市場に商品提供する際の課題を解説）
- 医学の進歩と保険約款（保険学雑誌、保険商品の長期性と医学の可変性を巡る問題を論説）
- 遺伝子検査と保険問題―アンジーの声明が意味するものは？―（生命保険経営学会、遺伝子検査浸透化に
　よる課題を論説）
- 医療保険制度改革と民間保険の今後（生命保険経営学会誌、公的医療保険の補完機能を解説）
- 医療機能分化と診療報酬包括化の影響（生命保険経営学会誌、病院機能分化について解説）
- がん保険約款の実務上の諸問題（保険学雑誌、裁定審査会申立て事案について解説）

がんとがん保険〔新版〕
〈がん保険基本マニュアル〉

著　　　者	佐々木　光　信
発　行　日	2019 年 6 月 15 日

発　行　所	株式会社保険毎日新聞社 〒101-0032　東京都千代田区岩本町 1-4-7 TEL　03-3865-1401／FAX　03-3865-1431 URL　http://www.homai.co.jp/
発　行　人	真　鍋　幸　充
カバーデザイン	塚　原　善　亮
印刷・製本	株式会社ミツワ

©2019　Mitsunobu SASAKI　Printed in Japan
ISBN978 - 4 - 89293 - 420 - 9

本書の内容を無断で転記、転載することを禁じます。
乱丁・落丁本はお取り替えいたします。